Naturforschende Gesellschaft in Danzig

Schriften der Naturforschenden Gesellschaft in Danzig

Naturforschende Gesellschaft in Danzig

Schriften der Naturforschenden Gesellschaft in Danzig

ISBN/EAN: 9783742875792

Hergestellt in Europa, USA, Kanada, Australien, Japan

Cover: Foto ©ninafisch / pixelio.de

Manufactured and distributed by brebook publishing software
(www.brebook.com)

Naturforschende Gesellschaft in Danzig

Schriften der Naturforschenden Gesellschaft in Danzig

Danzig für 1879,

erstattet vom Director derselben, Professor D r. B a i l, am 137. Stiftungsfeste, den 2. Januar 1880.

Meine Herren!

Wer hätte nicht, wenn ein Jahr zu Rüste geht, trauernd einen Scheide-
gruss Dem oder Jenem nachzurufen, der zu gleichem Streben mit ihm vereint,
das Morgenroth desselben begrüsste. Doch verschieden gross sind die Opfer,
welche gleiche Zeiträume von uns fordern, und lange schon hat der unerbittliche
Schnitter, der Tod, nicht so schonungslos in unsern Reihen gemäht, wie seit unserm letzten Stiftungsfeste. Entrissen hat er uns von unsern Ehrenmitgliedern
Dove, den grössten und populärsten Meteorologen und berühmten Physiker, der
bereits 1828 in die Gesellschaft aufgenommen wurde. Nicht viel kürzere Zeit, nämlich seit 1830, hat der nunmehr ebenfalls gestorbene Geheime Staatsrath v. Brandt
in Petersburg, zu den Unsern gezählt, der zuletzt im Jahre 1873 mehrere Wochen
bei uns weilte und uns auch durch einen Vortrag „Ueber das Alter des Typus der
Cetaceen" erfreute. Der Vorstand verlor in seinem langjährigen Hausinspector, Director Grabo, ein eben so biedres, als charakterfestes Mitglied, dessen Andenken in unserm Bunde fortleben wird, wie in den Räumen unsrer heutigen freundlichen Wirthin,
der Loge Eugenia, die uns zum ersten Male gastlich ihre Säle.öffnete, da er noch ihr
Meister vom Stuhle war. In hohem Masse betrübte uns ferner der Verlust des
bewährten Floristen unsrer Provinz, des Herrn Baron Dr. Carl Julius v. Klinggräff, wie unsres correspondirenden Mitgliedes und Landsmanns, des Dr. Sachs-Bey
in Cairo, dem wir sehr umfangreiche und werthvolle Beiträge für unsre Sammlungen zu danken haben, und der noch wenige Tage vor seinem Ende in Baden-
Baden sich auf das Wiedersehn seiner Freunde zu Danzig im nächsten Herbste
freute. Ferner verschied am 18. Juli unser correspondirendes Mitglied, der Ge-
nerallandschaftsrepräsentant Elsner v. Gronow zu Kalinowitz.

16 Jahre sind es her, dass unsere Gesellschaft regelmässig den Tag ihrer

Gründung auch durch ein solennes Mal feiert, und stets wurde dasselbe durch ein Festlied des ebenso jovialen, wie lebenslustigen Oberarztes Dr. Haeser verschönt. Aber wenn sie auch fortklingen in unsern Herzen, jene heitern Weisen, die uns alle entzückten, verstummt für immer ist der Mund, dem sie entquollen. Auch das Leben der bekannten Forscher Director Dr. Löw in Guben und Geheime Medizinalrath Lebert in Nizza, die beide lange Jahre der Gesellschaft angehörten und auch Abhandlungen in unsern Schriften veröffentlicht haben, fand 1879 seinen Abschluss, wie das eines noch jungen Mannes, der sich wenige Monate vorher zur Aufnahme gemeldet hatte, nämlich das des Premier-Lieutenant Hantel. Ja noch am heutigen Tage standen wir an dem offenen Grabe des Mannes, der eine Stätte der Liebe in dem Herzen jedes seiner Mitbürger gefunden hat, des Geh. Commerzienrath Bischoff, der in seiner seelenvollen Theilnahme für jegliches edle Streben sich früher sowohl als Mitglied des Provinziallandtages, wie auch als Schatzmeister unsrer Gesellschaft um dieselbe dauernde Verdienste erworben hat.

Lassen Sie uns, meine Herren, trauernd um alle die schweren Verluste, die wir erlitten, uns von unsern Sitzen erheben, um so treu der alten Sitte das Andenken der Gestorbenen zu ehren. Friede sei ihrer Asche, ihr Andenken aber soll fortleben in unsern Herzen und ihre Namen in den Annalen unsrer Gesellschaft!

Auch eine Anzahl von Austrittserklärungen, besonders in Folge des Domizilswechsels haben stattgefunden, darunter die des Herrn Oberstlieutenant und Ingenieur-Officier vom Platz Roose, der an den Gesellschaftsinteressen stets den lebhaftesten Antheil genommen hat, und des Herrn Stadtrath B. Haussmann, der für die Sammlungen interessante Objecte von seiner Reise nach Afrika mitbrachte. Noch in der letzten Stunde gehen mir die Abmeldungen der Herren Regierungsrath Sebaldt, welcher noch mit für Verschönerung unsres heutigen Stiftungsfestes thätig gewesen ist und des Herrn Gerichtsdirektor Kowalleck zu, die leider beide Danzig verlassen. Herr Apotheker Becker ist bei seiner Uebersiedelung nach Königsberg in die Reihe der auswärtigen Mitglieder übergetreten.

Mit Betrübniss erfüllte uns auch das Scheiden Sr. Excellenz, des Herrn Staatsminister Dr. Achenbach, der während der kurzen Zeit seines Hierseins nicht nur das günstigste Wohlwollen für die Bestrebungen unsrer Gesellschaft gezeigt, sondern dieselbe auch bereits aufs Kräftigste gefördert hat. Doch dürfen wir nach seiner eignen Versicherung hoffen, dass sein reges Interesse für die Gesellschaft auch in der Ferne nicht erkalten wird.

Trotz des vorhin besprochenen, sehr bedeutenden Abganges ist im verflossenen Jahre die Zahl der einheimischen Mitglieder von 260 auf 267 gestiegen, während sich die der auswärtigen auf 116 erhalten hat.

Wir begrüssen heut eine Anzahl neu aufgenommener Mitglieder und an deren Spitze den Oberpräsidenten unsrer Provinz, Herrn v. Ernsthausen, und geben uns der freudigen Hoffnung hin, dass derselbe an dem Gedeihen der Gesellschaft nicht minder Antheil nehmen und ihm die gleiche Förderung werde zu Theil werden lassen, wie sein Herr Vorgänger im Amte.

Ueber die in den ordentlichen Sitzungen behandelten Gegenstände wird

Ihnen nachher Herr Dr. Semon als Secretair Bericht erstatten. Ich erinnere hier nur noch an die Demonstrationen mit dem electrischen Lichte, indem ich noch einmal rühmend und dankend die Liberalität der Firma Siemens und Halske hervorhebe, die durch leihweise Ueberlassung aller erforderlichen Apparate die Gesellschaft in den Stand setzte, mit denselben in ausgedehntem Massstabe zu experimentiren.

Neu in Schriftaustausch mit der Gesellschaft traten:

1. Der naturwissenschaftliche Verein in Schneeberg.
2. Der Verein für Erdkunde in Metz.
3. Der Verein für das Museum schlesischer Alterthümer zu Breslau.
4. Die Société Linnéenne du Nord de la France zu Amiens.
5. L'ecole polytechnique de Paris.
6. L'observatoire royale de Bruxelles.
7. Das Bolletino Scientifico zu Milano.
8. Die Chemiker-Zeitung von Dr. G. Krause in Cöthen.

Wir stehen gegenwärtig mit 202 publizirenden Instituten in literarischem Tauschverkehr.

Sehr erheblich ist in diesem Jahre unsre Bibliothek durch Geschenke gewachsen.

Zunächst verdankten wir der gütigen Vermittelung der Excellenz Achenbach die Zusicherung der Hohen Ministerien des Handels, der landwirthschaftlichen Angelegenheiten und des Cultus, der Gesellschaft von jetzt ab regelmässig die durch sie veranlassten Publicationen zu übersenden. Die grossartigen Werke, von denen wir nur das über die „Preussische Expedition nach Ost-Asien" namhaft machen, sind aus dem zu druckenden Verzeichniss zu ersehen.

Herr Glaubitz sen. schenkte „Krombholz, naturgetreue Abbildungen und Beschreibungen der Schwämme"; der Magistrat zu Danzig „Lorinser, die wichtigsten essbaren, verdächtigen und giftigen Schwämme"; Herr Geheime Rath Dr Abegg: „Finsch, Reise nach Westsibirien und Ansichten aus Japan, China und Siam" Herr Commerz- und Admiralitätsrath Dr. Abegg die letzten Jahrgänge der Berliner Zeitschrift für die Erdkunde und Herr Provinzial-Schulrath Kayser seine Schrift „die Physik des Meeres".

Rücksichtlich der andern Büchergeschenke verweise ich gleichfalls auf den herauszugebenden Catalog.

Als Geschenkgeber für die naturwissenschaftlichen Sammlungen sind zu erwähnen die Herren Höne-Pempau (prächtiges ausgegrabenes Elchgeweih), Oberamtmann Nesselhauf (Mineralien), Dr. Kiesow (Versteinerungen), Oberlehrer Schubart Culm, Herr Geheimerath Göppert-Breslau (Knospe der Victoria regia und Anderes), Herr August Hoffmann, Oberlehrer Momber, Lieutenant Borowski in Riesenwalde bei Riesenburg, die Herren Dr. Schuster, Werner, Michelsen und v. Kries-Waczmirs.

Von Ankäufen mögen die trefflichen unter Anleitung von Dr. Zopf verfertigten Modelle der Pilze unserer Culturgewächse erwähnt werden.

Hier sei auch mit gebührendem Dank des Fischerei-Vereins für Ost- und Westpreussen gedacht, welcher in seiner diesjährigen Sitzung zu Danzig unsrer

Gesellschaft eine Subvention von 500 Mark zur Vervollständigung ihrer Sammlung ausgestopfter inländischer Fische behufs Beschickung der internationalen Fischerei-ausstellung zu Berlin bewilligte, und ganz besonders der opferfreudigen Thätigkeit unsres correspondirenden Mitgliedes des Kreisphysikus Herrn Dr. Grun in Brauns-berg, der sich wieder in uneigennützigster Weise der ebenso mühsamen, wie zeit-raubenden Präparation unterzog.

Auch in diesem Jahre bewilligte der hohe Provinzial-Landtag die Summe von 2000 Mark, welche der Gesellschaft um so wichtiger war, als deren Publi-cationen einen grössern Aufwand von Mitteln erforderlich machten.

Das neueste Heft der Schriften ist bis auf diesen Jahresbericht im Druck vollendet und auch für das nächste liegt bereits Material vor.

Einen neuen erhebenden Beweis des gütigen Wohlwollens, welches unser Ehrenmitglied, Herr Geheimerath Göppert, stets der Gesellschaft gezollt hat, bot uns die in höchstem Masse ehrende Zusicherung desselben, ihr die Herausgabe einer der umfangreichsten Arbeiten seines thätigen Lebens, der von ihm in Ge-meinschaft mit Professor Menge verfassten Bernsteinflora zu überlassen. Es wird selbstverständlich für sehr gute Ausstattung des schönen Werkes Sorge getragen werden.

Zum Theil mit Rücksicht auf dieses Unternehmen wurde in der ausser-ordentlichen Sitzung vom 17. Dezember eine besondere Redactionscommission, be-stehend aus den Herren Dr. Conwentz, Bibliothekar Kayser und Oberpostsecretair Schück gewählt.

Das Humboldtstipendium erhielt auch in diesem Jahre Herr stud. phil. Lakowitz, doch war wiederum auch von einem andern Bewerber eine so fleissige Arbeit eingereicht worden, dass sich die Mitglieder, wie schon mehrmals, veran-lasst fühlten, denselben aus eignen Mitteln behufs Fortsetzung seiner Studien zu unterstützen. Ich benutze hier die Gelegenheit, zur Förderung unsres Humboldt-stipendiums anzuregen, um so lieber, als es uns nicht schwer werden kann, in den nächsten Wochen das Capital bis zum Zinsenertrag für ein zweites Stipendium abzu-runden. Beiträge für dasselbe gingen uns im vergangenen Jahre von den Herren Geheime Sanitätsrath, Medizinalrath Dr. Abegg, Admiralitäts-Secretair Siclaff und Oberlehrer Finke zu.

Durch Gratulationstelegramme betheiligte sich die Gesellschaft an den Ju-biläen der Naturforschenden Gesellschaft zu Halle, des Nassauischen Vereins für Naturkunde, wie an der Einweihung des neuen Gebäudes der physikalisch-öcono-mischen Gesellschaft zu Königsberg.

Für das in Dorpat zu errichtende Denkmal ihres frühern Mitglieds, des Geheimerath Carl Ernst von Baer, in dessen Comité ihr Vorsitzender gewählt worden war, sammelte sie die Summe von 259 Mark.

War es auch natürlich, dass mit der Erhebung Westpreussens zur selbst-ständigen Provinz sich auch dessen Provinzial-Landtag gedrungen fühlte, noch mehr als bisher für Förderung der Wissenschaften und Künste in derselben einzutreten, so verdient doch das ebenso rasche, wie umsichtige und energische Vorgehen nach dieser Seite hin, bewundernde und dankbare Anerkennung. Schon sind für die Geschichte, für Kunst und Gewerbe, für Veröffentlichungen über die reichen Baudenkmäler unserer Provinz wie für die Naturwissenschaften neue Vereine und

Institute ins Leben gerufen, und zwar für letztere das Provinzialmuseum, als dessen Director der frühere Schüler des Vortragenden, Herr Dr. Conwentz gewählt worden ist, der in den nächsten Tagen sein Amt antreten wird. Freudig hat die Gesellschaft, was in ihren Kräften stand, zur Förderung dieses gemeinnützigen Unternehmens beigetragen, indem sie dem Provinzialmuseum die sämmtlichen ihr gehörenden naturgeschichtlichen Sammlungen zur Benutzung überwies und auch ihre bisherigen Sammlungssäle für die naturwissenschaftliche Abtheilung des Provinzialmuseums zur Verfügung stellte. Die Stadt Danzig aber hat in gewohnter Liberalität dem Institute für die nächsten 10 Jahre die schönen Saalräume des grünen Thores eingeräumt. Die Pläne für die Weiterentwicklung dieser neuen naturwissenschaftlichen Schöpfung sollen durch eine Subcommission entworfen werden, zu der ausser dem Vortragenden die Herren Dr. Lissauer, Dr. v. Klinggräff-Marienwerder, Dr. Anger-Elbing und Dr. Conwentz, also lauter Mitglieder unsrer Gesellschaft, gehören. Es ist mir eine angenehme Pflicht, hier die Männer aus unsrer Provinzialvertretung in ehrender Weise namhaft zu machen, welche der neuen Provinz schon als Pathengeschenk die Garantie für die Förderung des Geisteslebens entgegenbrachten, es sind der Vorsitzende unsers Provinzialausschusses, Herr Oberbürgermeister Geheimerath v. Winter, Herr Landesdirector Dr. Wehr und Herr Rittergutsbesitzer A. Plehn-Lubochin.

Für unsre Gesellschaft liegt grade in jener Gründung des Provinzialmuseums eine werthvolle Anerkennung, und dieselbe wird, während sie mit jenem in das Verhältniss wechselseitiger Befruchtung tritt, in immer gedeihlicherer Weise ihren bereits seit 137 Jahren verfolgten Zielen nachstreben.

Wenn nach dem bisher Gesagten das vergangene Vereinsjahr fürwahr kein an Ereignissen armes genannt werden kann, so bleibt doch noch die Thatsache zu erwähnen, welche wenigstens für die nächste Zeit den grössten Kraftaufwand unsrerseits in Anspruch nehmen wird, es ist die Wahl Danzigs als Ort für die 53. Versammlung deutscher Naturforscher und Aerzte, zu deren Geschäftsführern die beiden Vorsitzenden der Gesellschaft ernannt worden sind.

Es ist ein Segen für eine Stadt, meine Herren, wenn von Zeit zu Zeit in das materielle Getriebe unsrer Tage, das in allen Landen leider mehr und mehr zur Herrschaft gelangt, einmal ein Funke fällt, der die Flamme der Begeisterung in einem grossen Theile der Bevölkerung entzündet. Wem von uns hätte er nicht gefallen, der frische Zug, der eine solche Flamme im vorigen Jahre beim Besuch unsres Kaisers in Danzig anfachte. Ein ähnliches reges Leben werden wir der Naturforscher-Versammlung verdanken, und Sie alle, meine Herren, sind berufen, in dieser oder jener Weise sich an dem Gelingen des grossen Werkes zu betheiligen. Uebrigens dürfen wir sowohl in die dankenswerthe Unterstützung von Seiten unsrer Behörden, wie auf die bewährte Gastfreundschaft und das liebenswürdige Entgegenkommen unsrer Mitbürger das festeste Vertrauen setzen.

Ausser den berührten Gegenständen fanden in den 14 ausserordentlichen Versammlungen des abgelaufenen Jahres fast nur Mitgliederwahlen statt. In der vorletzten wurden sämmtliche Beamten wiedergewählt, mit Ausnahme der Inspectoren für die naturgeschichtlichen Sammlungen, deren Stellen durch die Einrichtung des Provinzialmuseums in Wegfall kommen. Der Director richtete an die

Inhaber derselben Worte des Dankes für ihre Amtsverwaltung und gleichzeitig im Namen der Gesellschaft und der Subcommission des Provinzialmuseums die Bitte, ihre Functionen bis zur Uebergabe weiter zu führen und dann ihren Rath und ihre bewährte Hülfe auch dem neuen Institute nicht vorzuenthalten.

Wie vor einem Jahre, so denken wir auch heut in diesem Hause, deren Besitzerin, der Loge Eugenia, ich für ihre liebenswürdige Gastfreundschaft den verbindlichsten Dank sage, unser Stiftungsfest durch ein solennes Abendbrod zu feiern.

Möge das neue Jahr der Gesellschaft zu Heil und Segen gereichen, mögen vor Allem ihre in das Feld der Wissenschaft gestreuten Saatkörner hundertfältig Frucht bringen, auf dass wir heut über ein Jahr ein freudenreiches Erntefest feiern dürfen!

Bericht über die im Jahre 1879 gehaltenen wissenschaftlichen Vorträge.

~~~~~~~

I. Allgemeines.

Herr Geheimrath Dr. Abbeg berichtete am 15. October über die von ihm besuchte Naturforscherversammlung zu Baden-Baden.

II. Astronomie.

1. Vortrag des Herrn Director Ohlert über die Gruppe der kleinen Planeten im Lichte der Laplaceschen Theorie, am 12. März.
2. Herr Astronom Kayser demonstrirt die Mondkarten von Julius Schmidt, Director der Sternwarte zu Athen, am 30. April.
3. Derselbe bespricht kritisch den gelegentlich der jüngsten Sonnenfinsterniss (29. Juli 1878) in Amerika vermeintlich entdeckten Planeten, am 14. Mai.
4. Herr Postrath Seiler spricht über Zeitballbeobachtungen, am 14. Mai.
5. Vortrag des Herrn Astronom Kayser über die Oberfläche des Jupiter und des Mars, am 26. November.

III. Physik.

1. Herr Postrath Seiler demonstrirt die zur electrischen Beleuchtung dienende Maschine, am 26. Februar.

IV. Chemie.

1. Vortrag des Herrn Dr. Schepky über den inactiven und den activen Sauerstoff, am 15. Januar.
2. Vorträge des Herrn Stadtrath Helm über das Wasser der Rieselanlagen, am 30. April.

V. Mineralogie.

1. Vortrag des Herrn Privat-Docent Dr. Jentzsch aus Königsberg über die geologische Untersuchung Westpreussens, am 12. Februar.

2. Herr Stadtrath Helm macht weitere Mittheilungen über Gedanit, am 30. April.
3. Herr Dr. Schepky demonstrirt eine Sammlung von mineralogischen und hüttenmännnischen Producten, am 30. April.
4. Herr Dr. Kiesow hält Vortrag über einige erratische Funde im Diluvium des nordöstlichen Deutschlands, am 29. October.
    Derselbe giebt eine Fortsetzung dieses Vortrags am 17. Dezember.

VI. Botanik.

1. Herr Prof. Bail berichtet über die botanischen Ergebnisse seiner Reise in der Provinz, insbesondere über seine Trüffelfunde im Culmer Kreise, am 15. October und am 12. November.
2. Derselbe demonstrirt eine interessante Ueberwallung an einem Rothbuchenstamme, am 29. October.
3. Herr Stadtrath Helm legt eine Collection von Samenkräutern aus den Südseeinseln vor, am 12. November.

VII. Zoologie.

1. Herr Realschullehrer Schultze demonstrirt das Geweih eines Riesen-Elchs, am 29. Januar.
2. Vortrag des Herrn Dr. Kiesow über den Zusammenhang der lebenden und fossilen Hufthiere, am 26. März.
3. Derselbe demonstrirt vorweltliche Nashornzähne aus unserer Provinz, am 14. Mai.
4. Herr Realschullehrer Schultze berichtet über eine bei Plehnendorf gefangene Kegelrobbe, am 12. November.

VIII. Medizin.

1. Herr Geheimrath Dr. Abegg zeigt einen Apparat zur Anwendung der Glühhitze mittelst Benzindämpfen, am 2. Januar.
2. Derselbe demonstrirt einen monströsen Lammschädel, am 26. März.
3. Vortrag des Herrn Dr. Hanff über Localisation im Gehirn.
4. Vortrag des Herrn Oberstabsarzt Dr. Hagens über Metalloscopie und Metallotherapie, am 29. October.

Bericht über die Thätigkeit der anthropologischen Sektion im Jahre 1879

erstattet von dem Vorsitzenden der Sektion

Dr. Lissauer.

~~~~~~~~~~

Die Sektion hatte 3 Sitzungen, in welchen folgende Vorträge gehalten wurden:

Am 5. Februar sprachen: Herr Helm über die Gräberfelder in Jacobsmühle bei Mewe,

Herr Schück über die Materialien zur Urgeschichte des Menschen im östlichen Europa I. Band. Jena 1874.

Am 3. Oktober sprachen: der Vorsitzende über den Silberfund von Adl. Usez bei Culm,

derselbe über den Bericht des Herrn Professor von Martens in Berlin über die in den Steinkistengräbern von Jacobsmühle gefundene Cypraea annulus,

derselbe über die neuen Arbeiten von Kopernicki und Tischler,

Herr Dr. Fröling über Ausgrabungen in den Kreisen Conitz und Schlochau,

der Vorsitzende über die Feuersteinzeit in der Provinz Westpreussen,

Herr Helm über die Generalversammlung der deutschen anthropologischen Gesellschaft in Strassburg i. Elsass.

Am 3. Dezember sprachen: Herr Schück über das Gräberfeld bei Belkau Ziegelscheune,

der Vorsitzende über die Bronzezeit in Westpreussen.

Ausgrabungen veranstaltete die Sektion in Roschau, Lahmenstein und Belkau im Kreise Danzig, in Oxhöft im Kreise Neustadt, an mehreren Punkten der Kreise Conitz und Schlochau, in Weissenberg im Kreise Stuhm und bei Mersin im Kreise Lauenburg.

schenkten die Herren Landrath von Stumpfeld in Culm, Herr Bertling - Lunau, Herr Justizrath Fleck in Conitz, Herr Oberförster Schütt in Wodziwoda, Herr Bergwerksdirektor Röpell aus Huelva in Spanien und Herr Major Kasiski in Neustettin; einzelne Gegenstände schenkten die Herren Hauptmann Schulz hieselbst, Gastwirth Freier in Lahmenstein, Heine - Gerdin, von Dizielski - Mersin, Oberförster Feussner in Liss, Dr. Prätorius in Conitz, Gefängnissinspector Neumann hieselbst und der leider zu früh verstorbene Dr. Sachs-Bey in Cairo. Auch an dieser Stelle sei für diese werthvollen Zuwendungen der Dank der Section ausgesprochen!

Jahresbericht der Section für Physik und Chemie für das Jahr 1879,

erstattet von dem Vorsitzenden derselben, **Prof. Dr. Lampe.**

Die Section für Physik und Chemie, welche, wie am Ende des Vorjahres, aus 21 Mitgliedern besteht, hat im verflossenen Jahre fünf ordentliche Sitzungen gehalten. Ausserdem vereinigten sich einige Mitglieder der Section auf Einladung des Herrn Postrath Seiler zu einer mehr privaten Zusammenkunft behufs wissenschaftlicher Demonstration, über welche weiter unten das Nähere berichtet werden wird. Ueber die in den einzelnen Sitzungen behandelten Gegenstände ist folgendes zu berichten:

1. Sitzung vom 10. Januar.

Herr Dr. Kiesow referirt

a) Ueber eine Arbeit von Toussaint, betreffend den „Mechanismus des Wiederkäuens."

b) Ueber die künstliche Darstellung des Orthoklas von P. Hautefeuille.

Erhitzt man ein Gemisch von Wolframsäure und einem sehr alkalischen Thonerde-Kali-Silicat, das ein Aequivalent Thonerde auf 6 Aequivalente Kieselsäure enthält, auf 900 bis 1000 Grad, so entzieht die Wolframsäure dem Silicat Kali, und es bleibt eine Verbindung zurück von der Zusammensetzung des Orthoklas, welche krystallisirt, als wäre sie in dem wolframsauren Kali gelöst gewesen. Da letzteres in siedendem Wasser löslich ist, kann man das Silicat leicht erhalten. Ein ähnliches Resultat erhält man, wenn man Kieselsäure, Thonerde und wolframsaures Kali auf einander einwirken lässt bei 900°. Bei passendem Mengenverhältniss ist in 14 Tagen Alles in Orthoklaskrystalle umgewandelt. Dieselben zeigten bei der Analyse genau die Zusammensetzung des Orthoklas, haben ein specifisches Gewicht von 2,55 bei 16 Grad und gehören dem monoklinen System an. Spaltbarkeit dieselbe wie beim Orthoklas, ebenso das optische Verhalten. Die Winkel stimmen gleichfalls bis auf wenige Minuten überein. Aehnlich kann man auch den Albit darstellen, und bestimmt also die Natur des Alkali den Dimorphismus. (Compt. rend. T. LXXXV. pag. 952.)

c) Ueber künstliche Darstellung des Korunds, Rubins und Sapphirs. E. Fremy und Feil stellten Korund künstlich dar durch tagelanges Erhitzen von Thonerde und Mennige in feuerfesten Tiegeln. Die Kieselsäure verdrängt aus dem Bleialuminat die Thonerde, welche sich in sechsseitigen Prismen abscheidet. Zur Darstellung von Rubin setzt man noch 2—3 Procent Kalibichromat hinzu. Um die blaue Färbung der Sapphire hervorzubringen, wird eine kleine Menge von Kobaltoxyd benutzt, dem eine Spur Kaliumbichromat zugesetzt ist. Die Krystalle zeigen alle Charactere der natürlichen Korunde und Rubine. Sie haben ihre Härte, ihren Diamantglanz, Dichte und Krystallform. (Compt. rend. T. LXXXV. p. 1029.)

d) Ueber ein diastatisches und peptonbildendes Ferment in den Gartenbohnen von L. J. van der Harst.

Aus den Cotyledonen der Gartenbohne wird durch Extraction mit Glycerin ein Ferment gewonnen, welches die Eiweisskörper in Peptone und Stärke in Glycose überführt. Dasselbe kommt nur in den Samenlappen vor und scheint die physiologische Aufgabe zu haben, in den ersten Jugendzuständen den Transport der Reserveeiweissstoffe als Peptone zu vermitteln, in welcher letzteren Form sie die Zellwände durchdringen können. Erst später treten Asparagin und demselben physiologisch gleichwerthige Verbindungen auf. (Maandblad voor Natuurwetenschappen, 7. Jhrg. No. 1.)

2. Sitzung vom 24. Januar.

Vortrag des Herrn Oberlehrer Momber über einige Arbeiten, welche sich mit der Theorie der Telephonströme beschäftigen, namentlich mit denjenigen, welche die Phasen der Telephontöne näher untersuchen.

Nach der Helmholtz'schen Theorie der inducirten Ströme ist bei fortwährender Veränderung des electromagnetischen Potentiales die Intensität des inducirten Stromes dem augenblicklichen Zuwachs des Potentiales proportional. Es wird hiernach, wie es zuerst Dubois-Reymond ausgesprochen, die Amplitude des Tones im Telephon des Hörers dem Cosinus der Phase proportional sein, wenn die Amplitude des erzeugenden Tones dem Sinus derselben proportional ist. Dadurch entsteht dann im inducirten Strome eine Verschiebung der Phasen, die ebenso stattfinden wird beim Klange der menschlichen Stimme, die in eine Reihe von einfachen Tönen zerlegt werden kann. L. Hermann (Pogg. A. N. F. Bd. 5, Heft 1) behauptet nun, dass der Klang im Telephon des Hörers seinen Character vollständig ändern müsste, da nicht nur die Phase, sondern auch die Amplitude der Obertöne im Verhältniss ihrer Schwingungszahlen vollständig verändert würden. Dass das aber in Wirklichkeit nicht der Fall ist, geht aus zwei verschiedenartigen Versuchen hervor. Einmal wird der Character des Klanges nicht verändert bei Inductionen höherer Art, von denen solche bis zur fünften Ordnung beobachtet sind. Dann aber hat Hermann auch die einfachen Telephonströme mit den inducirten Strömen zweiter Ordnung interferiren lassen und hat dann, je nach der Art der Verbindung, bedeutende Verstärkung oder Schwächung erhalten, während die Theorie seiner Meinung nach unter allen Umständen Verstärkung verlangt.

In einer Abhandlung im August-Heft 1878 der Schriften der Berl. Akademie widerlegt Helmholtz die Ansicht Hermann's, dass bei Inductionen höherer Ordnung die Amplituden und die Phasen nach seiner Theorie wesentlich verändert würden. Es hat Hermann nämlich nicht die Inductionen der Spiralen auf sich selbst berücksichtigt. In einer Rechnung hat Helmholtz dies gethan und gezeigt, dass die Amplituden bei einer Induction zweiter und höherer Ordnung nur sehr unbedeutend verändert werden, ebenso die Phasenverschiebung nur eine sehr geringe ist. Den zweiten Hermann'schen Versuch hat Helmholtz bei Abfassung seiner Arbeit noch nicht gekannt. Die Behandlung nach Helmholtz'-scher Methode giebt aber ein ähnliches Resultat. Ebenso ist auch von dem Vortragenden durch eine Rechnung gefunden, dass die Intensitäten der inducirten Telephonströme durch eingeschaltete Spiralen vermöge der Induction der letzteren auf sich selbst wesentlich geschwächt werden, und zwar erhält die resultirende Amplitude eines telephonisch übertragenen Tones im Nenner einen Factor, der gleich der Summe der Potentiale der einzelnen Spiralen auf sich selbst ist.

Der Vortragende berichtete ferner noch über einige von Siemens angestellte Telephon-Versuche, die den Bruchtheil der Schallstärke bestimmen wollen, welcher von der Membran des Hörers wieder gegeben wird, und findet für verschiedene Tonquellen $\frac{1}{390000}$ bis $\frac{1}{10000}$.

3. Sitzung den 21. Februar.

Vortrag des Herrn Dr. Schepky „über Ozon".

Der Vortragende erwähnte zuerst, wie eine Reihe müheroller Arbeiter festgestellt habe, dass das von Schönbein entdeckte Ozon eine Modification des Sauerstoffs sei und führt dann die von Schönbein aufgestellte Theorie vom Ozon und Antozon näher aus. Der gewöhnliche Sauerstoff besteht hiernach aus einer Verbindung von Ozon und Antozon. Die Oxyde zerfallen in zwei Gruppen, Ozonide und Antozonide, von denen die ersteren einen Theil ihres Sauerstoffs als Ozon enthalten, während der Sauerstoff der letzteren zum Theil aus Antozon besteht. Wenn ein Ozonid und ein Antozonid auf einander einwirken, so kann durch Vereinigung von Ozon mit Antozon gewöhnlicher Sauerstoff gebildet werden. Eine Sauerstoffentwickelung findet dagegen nicht statt, wenn Ozonide resp. Antozonide auf einander einwirken. Meissner nahm an, dass Ozon electronegativer, das Antozon electropositiver atomistischer Sauerstoff sei. Als characteristische Eigenschaft des Antozons wurde die Fähigkeit desselben, mit Wasser Nebel zu bilden, angesehen. Auf diese Eigenschaft des Autozons gründete Meissner seine Ansicht von der Wolkenbildung, nachdem er bei Wiederholung und Abänderung der Saussure'schen Versuche (Nebelbildung im Recipienten bei raschem Evacuiren) gefunden zu haben glaubte, dass diese Nebelbildung nur in einer sauerstoffhaltigen Luft vor sich gehen könne. Die Versuche von Engler und Nasse zeigten, dass das Antozon Meissner's Wasserstoffsuperoxyd sei, welches auftrete, wenn Ozon durch eine Lösung von Jodkalium (resp. eine Lösung von pyrogallussaurem Kali u. a. St.) zerstört werde, und dass ebenso das bei Einwirkung von Schwefelsäure auf Bariumsuperoxyd gebildete „Antozon" aus Wasserstoffsuperoxyd bestehe.

Auch die Gruppirung Schönbeins in Ozonide und Antozonide erwies sich nach den Untersuchungen von Engler und Nasse als irrthümlich. Da nun auch mittlerweile die Dichtigkeit des Ozons von Soret bestimmt und seine Formel (O_3) ermittelt worden war, konnte man die Natur des Ozons und Antozons als aufgeklärt betrachten. Nachdem der Vortragende eine dem jetzigen Stande unserer Kenntnisse entsprechende Erklärung von den reducirenden Wirkungen, die manche Oxyde auf einander ausüben und die auch Ozon, auf manche Oxyde wirkend, hervorbringt, gegeben, betrachtete er die Eigenschaften desselben. Es möge hier in dieser Hinsicht nur erwähnt werden, dass das Ozon (z. B. nach Carius) nicht die Fähigkeit besitzt, Wasser zu Wasserstoffsuperoxyd zu oxydiren, dass es dagegen Ammoniak unter Bildung von Wasserstoffsuperoxyd in salpetrigsaures Ammoniak überführt, und dass es in Wasser sich aufzulösen vermag, (Absorpt. Coeff. nach Carius 0,834) obwohl derartige Lösungen nicht lange haltbar sind. Nach Besprechung der Methoden, das Ozon darzustellen und nachzuweisen, zeigte der Vortragende schliesslich, wie unsicher der Nachweis des atmosphärischen Ozons sei. Gelegentlich der an den Vortrag geknüpften Discussion wurden von dem Vortragenden die wichtigsten Resultate der Schöne'schen Arbeiten, betreffend das atmosphärische Wasserstoffsuperoxyd mitgetheilt. Auch der Meissner'schen Arbeiten und seiner Theorie der Wolkenbildung wurde gedacht.

4. Sitzung vom 20. November.

Herr Astronom Kayser demonstrirte eine Theilmaschine zur Herstellung feiner Theilungen auf Glas, namentlich der Nobert'schen Liniensysteme und Interferenzplatten. Die Nobert'sche Interferenzplatte besteht bekanntlich aus einem Glas, auf dessen Oberfläche sieben Gitter mit dem Diamant geritzt sind. Der Abstand der einzelnen Linien von einander ist constant, ändert sich aber der Art von Gitter zu Gitter, dass bei etwas schräger Beleuchtung die sieben Spectralfarben entstehen. Um das paradox Scheinende zu erklären, dass an denselben Stellen die gleichen Farben auftreten, gleichviel, ob das Glas mit der geritzten Fläche nach oben oder unten gehalten wird, schliff Nobert die Seitenkante des Glases zu einer solchen Neigung, dass diese bei Umkehrung des Glases den gleich schrägen Beleuchtungswinkel bewirkte. Die Prüfung der Gleichheit der Farben lässt sich auch, wie der Vortragende an einem selbst gefertigten Glase demonstrirte, sehr geeignet vornehmen, wenn das Glas senkrecht zur Richtung der Gitter durchgeschnitten und die Hälften auf einander gelegt werden. Hier sieht man zwei Spectren, eins, welches in der Luft, und ein anderes, das im Glase entsteht; die Farben stimmen überein. Darauf zeigte H. K. eine interessante Erscheinung von schwarzen Zickzacklinien, welche in den Spectralfarben auftreten, wenn man durch die so aufeinander gelegten Gläser nach einer Lichtquelle sieht, und welche in der Gruppirung und Grösse je nach der Verschiebung der Gläser über einander variiren. Dieser optische Versuch ist bereits von Brewster angestellt worden und zwar in anderer Weise dadurch, dass er eine geritzte Glasplatte über eine geritzte Stahlplatte brachte und das an der Stahlplatte reflectirte und zweimal durchs Gitter gegangene Licht ins Auge gelangen liess. Schliesslich wurde das zwecklichste Arrangement Hinsichts der Untersuchung derartiger Erscheinungen vorgezeigt, bestehend zum Theil aus der Theilmaschine selbst, worauf das Glas geritzt worden ist.

Anknüpfend an den Vortrag des Herrn Kayser zeigte Herr Postrath Seiler einen Messkeil vor, und machte ausserdem noch eine vorläufige Mittheilung über eine von ihm gemachte Beobachtung, nach welcher ein Telephonstrom auf den Anker eines Relais, durch welches derselbe hindurchgeht, eine wahrnehmbare Wirkung ausübt.

5. Sitzung vom 5. December 1879.

Herr Oberlehrer Momber demonstrirte eine Helmholtz'sche Doppelsirene und zeigte an ihr speziell die Combinationstöne wie die Schwebungen des Tones bei der Drehung des oberen Sirenentheils.

Hierauf machte Herr Dr. Schepky zunächst einige Mittheilungen über dialytische Methoden, erwähnt die von Graham, Liebig, Graudeau und Reveille wie von Guignet ausgeführten Dialysen. Der Vortragende hat solche Dialysen sehr einfach in einem Trichter, der unten durch einen Quetschhahn verschlossen war, mit Hilfe eines Filters von Pergamentpapier angestellt. Auf solche Art gewonnene gelöste Kieselsäure zeigt der Vortragende vor.

Im Anschlusse an den vorher gehenden Vortrag erwähnte Herr Stadtrath Helm die Anwendung der Dialyse zum Scheiden der Melasse von der Zuckerbereitung.

Ausserdem erwähnte derselbe der neu hergestellten selbstleuchtenden Zifferblätter, bei denen die phosphorescirende Masse aus Schwefelcalcium bestehen soll.

6 Sitzung am 19. December.

Herr Astronom Kayser trug eine bisher noch nicht eingeführte Methode vor, die Quecksilberkuppe beim Barometer zu beobachten. Der sonst üblichen microscopischen Einstellung steht die durch Dioptern oder sonst an der Glasröhre direct mit blossem Auge ausführbare Weise zu sehr Hinsichts der Genauigkeit nach, als dass die neue einfache Einrichtung vor letzterer nicht den Vorzug haben sollte. Anstatt der Microscope werden Röhrchen verwendet, deren Enden von einer planconvexen Linse und einem Spiegelglas geschlossen sind. Zur Durchsicht auf die Kuppe wird das Spiegelamalgam in einer schmalen verticalen Zone entfernt. Durch die Mitte der planen, dem Auge zugekehrten Fläche der Linse ist eine Linie eingeritzt zur horizontalen Einstellung auf die Kuppe. Das Abbild der Linie durch den Spiegel giebt die Visirlinie, und zwar ohne Parallaxe, wenn die Stellung der Gläser richtig angeordnet ist. Werden die Dicken der Linse durch d, des Spiegels durch d', und der Glaswand des Barometerrohres durch d'' bezeichnet, und heissen die Entfernungen von der planen Linsenseite bis zur hinteren belegten Spiegelfläche a, und von letzterer bis zur Mitte der Quecksilberkuppe b, so ergiebt sich, mit Zugrundelegung eines mittleren Brechungsexponenten n aus der Formel für den Centralstrahl

$$a + \frac{n-1}{n}(d + d' - d'') = b$$

die bezügliche Stellung der Gläser des Apparates.

Unter Annahme von n = 1,5 muss die erste Entfernung um $\frac{1}{3}(d + d' - d'')$ kleiner sein, als die letztere. Die Anbringung von mehreren Parallelritzen und die Wegräumung des Spiegelbelages in den seitlichen Parthien empfehlen sich zur Beurtheilung des Meniscus des Quecksilbers behufs Feststellung der Capillarität. Um die etwaige Ungleichheit der Capillarität in den beiden Schenkeln des Heberbarometers zu messen, muss man bei ungeänderter Stellung der Skala zusehen, ob das Fallen des Quecksilbers im kürzeren Schenkel bis zum nächsten Parallelstrich ein eben so grosses Ansteigen im grösseren Schenkel zurFolge hat. Die Ungleichheit der Intervalle der geritzten Linien wird durch Beobachtung an der Skala ermittelt. Durch die Wahl einer Linse von 25^{mm} Brennweite erhält man schon eine hinlängliche Vergrösserung, um der Theilung der Skala in Hundertel der Paris. Linie gerecht zu werden.

Nimmt man Abstand davon, das Glas zu ritzen, so kann eine Fädenplatte, zwischen Spiegelglas und Linse eingesetzt, demselben Zwecke entsprechen. Ein anderes Arrangement verdient der Einfachheit wegen Erwähnung. Das Spiegelglas fällt fort, und es genügt die Linse mit der vor dieser an richtiger Stelle angebrachten Fädenplatte allein, wenn die hintere plane Seite der Linse die bezügliche Spiegelfolie erhält. Die bei allen derartigen Einrichtungen zur Deutlichmachung des gespiegelten Bildes nothwendige Beleuchtung gewährt das von Tages- oder Kerzenlicht während der Beobachtung beschienene Auge.

Es ist schliesslich eines Vorzuges der hier erörterten Construction vor der mit Microscopen zu gedenken. Während nämlich die Barometer-Skala abgenommen werden muss, um mittelst des Etalon's die Stellung der Microscope zu controlliren, genügt es hier, den Vergleichsstab direct dicht über der Theilung der Linsen zur Anwendung zu bringen, vorausgesetzt, dass die Spiegelflächen der beiden Einstellapparate parallel stehen. Um aber diesen Parallelismus zu untersuchen, würde es sich empfehlen, einen mit passender Suspension versehenen und gemäss der Schwerkraft sich selbst stellenden Spiegel zu benutzen, dessen Spiegelfläche unmittelbar hinter jede der beiden Spiegelplatten zu bringen ist. Die von dem Hülfsspiegel und dem festen Spiegel entworfenen Bilder müssen nun bei beiden Einstellapparaten gleiche Abweichung haben. Kann bei der Construction des Barometers von Hause aus angenommen werden, dass der obere und der untere Theil der Skala in derselben Ebene sich befinden, und ist eine Veränderung im Laufe der Zeit etwa durch Verziehen des Holzunterbaues nicht zu besorgen, so würde ohne freie Aufhängung das blosse Anlegen des Hülfsspiegels mit seiner Fassung an die Skalenebene zur Beurtheilung der Uebereinstimmung der Bilder ausreichend sein.

Der Vortragende erinnerte bei Gelegenheit der Ableitung der obigen Formel an eine Methode, welche er vor längerer Zeit der naturf. Gesellschaft mitgetheilt, aber nicht veröffentlicht hat, nämlich den Brechungsexponenten mittelst des Microscopes zu bestimmen. Das Nähere darüber werden die Schriften bringen.

Ausserdem führte Herr Dr. Schepky einen Gasentwickelungs-Apparat vor. Während der Pisani'sche Apparat aus zwei unten tubulirten Flaschen besteht, deren Tuben mit einander verbunden sind, erhält man den vom Vortragenden zusammengestellten Apparat ungefähr, wenn man zwei Spritzflaschen mit den Ausflussröhren durch einen Kautschuckschlauch verbindet, die eine Flasche z. B. mit Salzsäure und die andere, deren noch freies Rohr mit einem Hahn versehen ist, mit Glasstücken und dann mit Zink, resp. Marmor etc. beschickt.

Der Apparat kann leicht wie der Pisani-Mohr'sche in einen Gasometer oder Aspirator umgewandelt werden. Der Vortragende entwickelte mit dem vorgeführten Apparate Wasserstoff, welcher zu einem interessanten Diffusionsversuche verwendet wurde und zeigte ausserdem einige in verschiedenfarbigem Lichte leuchtende phosphorescirende Röhren.

Herr Postrath Seiler machte Mittheilung über eine Abhandlung von Siemens, betreffend die Kraftleistung der dynamo-electrischen Maschine bei der electromagnetischen Eisenbahn.

Ausser den regelmässigen Sitzungen fanden noch zwei Zusammenkünfte von Mitgliedern der Section statt. Zunächst im Januar in der Gasanstalt, in welcher mittelst einer von der Firma Siemens und Halske in dankenswerther Bereitwilligkeit hergegebenen dynamo-electrischen Maschine nach vorangegangenen erklärenden Vorträgen der Herren Gasdirector Henning und Postrath Seiler durch dieselben das electrische Licht unter Anwendung Jablochkoff'scher Kerzen demonstrirt wurde. Die Montirung der Maschinen, sowie die Herstellung der Leitungen zu den electr. Lampen, sowie die Aufstellung der letzteren war von den genannten Herren ebenfalls besorgt worden.

Ausserdem hatten sich im Herbste auf Einladung des Herrn Postrath Seiler einige Mitglieder der Section in dem Bureau desselben eingefunden, um von einer interessanten Erscheinung Kenntniss zu nehmen, welche von ihm zuerst an der Zeitballstation in Neufahrwasser beobachtet worden war.

Es bestand dort die Einrichtung, dass der Ball, welcher auf electrischem Wege von dem Postamt ausgelöst wurde, seinen Fall automatisch auf demselben Wege anzeigte. Die hierzu erforderlichen Einrichtungen bewirkten jedoch mehrfach eine Unterbrechung der Leitung, so dass die Auslösung des Balles dann nicht erfolgen konnte. Um diesen Uebelstand zu beseitigen, wurde die durch den Auslösungselectromagneten führende Leitung ohne Unterbrechung direct mit der Erde verbunden, aber auf der Strecke von dem Ende der Umwindungen des Electromagneten bis zur Erde eine Zweigleitung angelegt, in welche ein Mikrophon eingeschaltet war. Am anderen Ende der Leitung, auf dem Postamt, war ein Fernsprecher in der Leitung befindlich, mittelst dessen der, die Auslösung bewirkende Beamte die Geräusche beobachten konnte, welche durch das Aufziehen des Balles, sowie durch seinen Fall verursacht wurden und das Mikrophon erschütterten. Gelegentlich einer Beschädigung des Mikrophons stellte sich heraus, dass dasselbe wenig oder garnicht wirksam gewesen war, sondern dass ein anderes, unbeabsichtigtes Mikrophon an dem Zeitballapparat vorhanden sein musste, denn nach Wegnahme des Mikrophons konnte der Fall des Balles ebenso wie früher mittelst des Fernsprechers beobachtet werden. Dieses unbeabsichtigte Mikrophon war nur auf dem Stromwege und zwar da zu suchen, wo die Leitungsfähigkeit desselben durch eine Erschütterung beeinflusst werden konnte, also an einer etwaigen, nicht durch Verlöthen hergestellten Verbindungsstelle. Solche

Stellen waren nur 2 am betreffenden Orte vorhanden, nämlich die beiden Klemmschrauben des Auslösungs-Electromagneten.

Um nachzuweisen, dass diese Klemmschrauben wirklich den Ton zu übermitteln im Stande wären, wurden von Herrn Postrath Seiler mit verschiedenen Klemmschrauben, wie solche sich theils an beliebig ausgewählten Morseapparaten befanden, theils auf einem Brette in verschiedener Weise befestigt waren, Versuche gezeigt, welche das Vorgesagte bestätigten.

Die Tonübertragung mittelst der Klemmschraube ist bei Weitem nicht so vollkommen als diejenige mittels eines nach der Angabe von Hughes hergestellten Mikrophons, sie ist aber für den beim Zeitball vorliegenden Zweck, bei welchem es sich nicht um feinere Nüancirung handelt, völlig ausreichend und derjenigen durch das Mikrophon deswegen unbedingt vorzuziehen, weil letzteres sehr sorgfältig gegen äussere Einflüsse, wie deren auf dem Zeitballthurm verschiedene wirksam sind, geschützt werden muss, ohne dabei völlige Sicherheit zu bieten, während die Uebertragung mittelst der Klemmschraube einer Veränderung nicht wohl unterliegen kann, wie denn auch die bezügliche Einrichtung seit 9 Monaten unveränderlich functionirt.

Die besprochene Beobachtung dürfte ausserdem einiges Licht auf die Ursache der Geräusche werfen, welche in den Telegraphen-Leitungen mittelst des Fernsprechers wahrzunehmen sind.

Bericht über die Sitzungen der med. Section 1879,

erstattet vom Vorsitzenden derselben, Geh.-Rath **Dr. Abegg.**

1. Sitzung am 6. Februar 1879. Anwesend 14 Mitglieder.

Herr Dr. Baum demonstrirte und besprach einen Fall von Paraplegia urinaria, legte verschiedene Präparate vor, erörterte die Resection des Darmes bei carcinomatöser Erkrankung desselben und berichtete über zwei von ihm ausgeführte derartige Operationen mit tödtlichem Ausgange.

Herr Dr. Scheele demonstrirte 2 Herz-Präparate von vollständiger Umlagerung der Eingeweide.

Herr Dr. Loch referirte über einen neuen Fall von Halswirbelbruch.

Herr Dr. Abegg demonstrirte und beschrieb einige Fälle von Uterus-Polypen, und besprach die Vortheile der Sims'schen Specula und neuer Methoden zur Erweiterung des Cervical-Canales.

2. Sitzung am 1. April. Anwesend 15 Mitglieder.

Herr Dr. Wallenberg stellte einen Kranken mit Insufficienz der Aorten-Klappen und Aorten-Aneurysma vor.

Herr Dr. Hein demonstrirte und besprach ein Präparat von angeborenem Gehirnbruch (Encephalocele), und referirte einen bemerkenswerthen Fall von Abortus.

Herr Dr. Baum demonstrirte ein Cystosarkom des Eierstocks bei einem 9jährigen Mädchen, ferner das Präparat einer Fussgelenks-Resection, und legte sodann unter Schilderung des Falles einen nach Pirogoff amputirten Fuss vor.

Herr Dr. Loch gab einen neuen Beitrag zur Pathologie und Symptomatologie der Halswirbelbrüche, und sprach über einen bemerkenswerthen Fall von Nieren-Abscess.

3. Sitzung am 23. Mai. Anwesend 10 Mitglieder.

Herr Dr. Tornwaldt stellte einen Kranken mit tuberculöser Erkrankung der

Nasenschleimhaut vor, und demonstrirte und besprach sodann einen Fall von linkseitiger Broncho-Stenose, (Luftröhren-Verengung.)

Herr Dr. Abegg berichtete über einen erwähnenswerthen Fall von Uterus-Polyp.

4. Sitzung am 13. November. Anwesend 8 Mitglieder.

Herr Dr. Loch stellte einen Fall von Pachydermie,

Herr Dr. Hanff einen seltenen Fall von substernalem Abscess vor.

Herr Dr. Loch zeigte darauf den Curschmann'schen Apparat,

Herr Dr. Abegg besprach die totale Uterus-Exstirpation, und die Castration der Frauen.

A. Mitglieder-Verzeichniss

der

Naturforschenden Gesellschaft zu Danzig.

Am 2. Januar 1880.

I. Ehrenmitglieder.

II. Ordentliche und Correspondirende Mitglieder.

B. Mitglieder der anthropologischen Section.

Abegg, Dr., Geh. Sanitätsrath in Danzig.
Anger, Dr., Gymnasiallehrer in Elbing.
Bail, Dr., Professor in Danzig.
Bajohr, Oberpostkommissarius in Königsberg.
Baum, G., Kaufmann in Danzig.
Bertling, Prediger in Danzig.
Beuth, Buchhändler in Danzig.
Bramson, Dr., Arzt in Danzig.
Bujack, Dr., Vorsitzender der „Prussia" in Königsberg i. Pr.
Burrucker, Hauptmann in Danzig.
Busch, Gutsbesitzer in Danzig.
Clotten, Kataster-Controlleur in Carthaus.
Czechowski, Amtsvorsteher in Oliva.
Davidsohn, G., Fabrikdirector in Danzig.

Doering, Waffenfabrikant in Danzig.
Dickhoff, auf Przewosz.
Drawe, Rittergutsbesitzer auf Saskoschin.
v. Frantzius, Rittergutsbesitzer auf Kaltenort.
Froeling, Dr., Oberstabsarzt in Danzig.
Grentzenberg, Rob, Kaufmann in Danzig.
v. Grass, Rittergutsbesitzer auf Klanin.
Hasse, R·, Kaufmann in Danzig.
Hein, Dr med. in Danzig.
Helm, O., Stadtrath in Danzig.
Helm, Ad., Kaufmann in Danzig.
Hendewerk, Apotheker in Danzig.
Heyer, Landschaftsrath auf Straschin.
v. Hirschfeld, Regierungs-Rath in Marienwerder.

Hoene, Rittergutsbesitzer auf Pempau.
Hoepner, Rittergutsbesitzer auf Czernikau.
Hoffmann, Fabrikant in Danzig.
Holtz, J., Kaufmann in Danzig.
Horn, Rechtsanwalt in Elbing.
Joël, Rittergutsbesitzer auf Zankenczyn.
Kafemann, Buchdruckereibesitzer in Danzig.
Kasiski, Major z. D. in Neustettin,
Kauffmann, Walter, Kaufmann in Danzig.
Kayser, Astronom in Danzig.
Kelp, Dr.. Ober-Mediz.-Rath in Oldenburg.
v. Ketelhodt, Freiherr, Landrath in Dt. Krone.
Kosack, Dr., Stadtschulrath in Danzig.
v. Kries, Rittergutsbesitzer auf Waczmirs.
Krüger, F. W., Maurermeister in Danzig.
Labes, Oberstlieutenant in Danzig.
Lampe, Dr., Professor in Danzig.
Liévin, Dr., Arzt in Danzig.
Lissauer, Dr., Arzt in Danzig.
Lohmeyer, Oberlehrer in Danzig.
Mannhardt Dr. phil. in Danzig.
Marschall, Dr., Sanitätsrath in Marienburg.
Mencke, E, Kaufmann in Danzig.
Momber, Dr., Oberlehrer in Danzig.
Müller, Consul in Danzig.
Münsterberg, M., Kaufmann in Danzig
Neumann, Dr., San.-Rath in Neufahrwasser.
Oehlschläger, Dr., Arzt in Danzig
Ollendorf, Kaufmann in Danzig.
Otto, Stadtbaumeister in Danzig.
Penner, Rentier in Danzig:
Peters, Dr., Rector in Danzig.
Pfeffer, Dr., Oberlehrer in Danzig.
Pianka, Dr., Med.-Rath in Marienwerder.
Plehn, Rittergutsbesitzer auf Lichtenthal.

Plehn, Rittergutsbesitzer auf Lubochin.
v. Polkowski, in Labischin.
Rickert, Abgeordneter in Berlin.
Roeper, Dr., Professor in Danzig.
Rubehn, Literat in Bromberg.
Scharlock, Apotheker in Graudenz.
Scheele, Dr., Arzt in Danzig.
Scheinert, Buchhändler in Danzig.
Schiffer, Dr., Stabsarzt in Danzig.
Schimmelpfennig, Kgl. Postdir. in Pösneck.
Schliemann, Dr., in Neapel.
Schmechel, Landsch.-Secretair in Danzig.
Schneller, Dr., Arzt in Danzig.
Schück, Ober-Post.Secretair in Danzig.
Semon, Dr. med. in Danzig.
Sielaff, Admir.-Secretair in Danzig,
Staberow, Kaufmann in Danzig.
Starck, Dr., Arzt in Danzig.
Steimmig, R., Fabrikbesitzer in Danzig.
Steimmig, R, jun , Kaufmann in Danzig.
Strebitzki, Dr., Gymnas.-Lehrer in Neustadt.
Stryowski, Genre-Maler in Danzig.
Tornwald, Dr., Arzt in Danzig.
Wacker, Oberlehrer in Marienwerder·
Wallenberg, Dr., Arzt in Danzig.
Wedding, Rittergutsbesitzer auf Gulbien bei
    Deutsch Eylau.
Weinlig, Prediger in Danzig
Wilke, Kaufmann in Danzig.
v. Winter, Geh.-Rath und Ober-Bürgermeister
    in Danzig.
Witt, Reg.-Geometer in Danzig.
Zaczek, Dr., Arzt in Oliva.
Ziegner, Dr., Stadtrath und Arzt in Neuteich.
Zimmermann, Rentier in Ohra.

C. Mitglieder der Section für Physik und Chemie.

Alberti, F., Premier-Lieutenant im Ingenieur-
    korps in Danzig.
Bail, Th., Dr., Professor in Danzig.
Berger, Joh., Kaufm. u. Chemiker in Danzig.
Dahl, C. F., Chemiker in Legan bei Danzig.
Dommasch, F., Buchhalter in Danzig.
Evers, H., Realschullehrer in Danzig.
Freymnth, J., Dr., Oberarzt in Danzig.
Helm, O., Stadtrath in Danzig.
Henning, W., Gasanstalts-Director in Danzig.
Kayser, E., Astronom in Danzig.
Kiesow, J., Dr., Realschullehrer in Danzig.
Lampe, H., Dr., Professor in Danzig.

Marschalk, C., Kaiserl. Maschinenmeister in
    Neufahrwasser.
Momber, A., Oberlehrer in Danzig.
Müller, A. W., Consul, Ingenieur in Danzig.
Neumann, St., Dr., Töchterschul-Director in
    Danzig.
Pfannenschmidt, E., Fabrikbesitzer in
    Danzig.
Scheeffer, E, Realschullehrer in Danzig.
Schepky, B., Dr., Lehrer in Danzig.
Schimmelpfennig, K., Postdirector in Pösneck.
Schumann, E., Realschullehrer in Danzig.
Seiler, J., Kaiserl. Postrath in Danzig.

D. Mitglieder der medicinischen Section.

Die Herren Dr. Abegg, G.-R
„ Althaus.
„ Baum, O.-A.
„ v. Bockelmann, Med.-R.
„ Bredow, S.-R.
„ Freitag.
„ Freymuth, O.-A.
„ Fröling, O-St.-A.
„ Glaser, S.-R., Kreis-Phys.
„ Günther, S.-R.
„ Hanff.
„ Hein.
„ Heller, O.-St.-A.
„ Hinze.
„ Lentze, O.-St.-A·

Die Herren Dr. Loch.
„ Lissauer.
„ Müller.
„ Neumann-Fahrwasser., S.-R.
„ Oehlschläger.
„ Pieper, St.-A.
„ Scheele.
„ Semon.
„ Starck.
„ Schneider, O.-St.-A.
„ Schneller.
„ Tornwaldt.
„ Wallenberg.
„ Winkler, O.-St.-A.
„ Zeuschner, Reg.- u. Med.-R

E. Mitglieder des Vorstandes der Gesellschaft.

Für das Jahr 1879 sind gewählt worden als

Director: Professor Dr. Bail;
Vicedirector: Geh. Sanitätsrath Dr. Abegg;
Sekretair für innere Angelegenheiten: Dr. med. Semon;
Sekretair für äussere Angelegenheiten: Professor Menge;
Schatzmeister: Fabrikbesitzer R. Steimmig sen.;
Bibliothekar: Astronom Kayser;
Hausinspector: Fabrikbesitzer Pfannenschmidt;
Inspector des physikalischen Cabinets: Professor Dr. Lampe;
Vorsitzender der anthrop.-ethnogr. Section ist Dr. med. Lissauer;
Vorsitzender der medicinischen Section ist Geh. Sanitätsrath Dr. Abegg;
Vorsitzender der Section für Physik und Chemie ist Prof. Dr. Lampe;

Mittheilungen über Personalveränderungen der Mitglieder bitten wir an den Director der Gesellschaft einzusenden.

Verzeichniss

der

im Jahre 1879 durch Tausch, Kauf und Schenkung erhaltenen Bücher.

~~~~~~~~~~

Belgien.

Brüssel. Société entomol. de Belgique.
    Annales. T. 21. Br. 1878. 8.
    Comptes-Rend. Sér. 2. N. 58—68. 8.
  Observatoire R.
    Annales. N. S. Tom. 1, 2. Brux. 1878,79. 4.
    Observations météor. faites aux stat. internation. de la Belgique et des
      Pays-Bas, 1 Ann. 1877. Br. 1878. 4.
    Annuaire 1878. An. 45,46. 1877,78. 8.
Liège. Société géolog. de Belgique.
    Annales, Tom. 5. 1877—78. L. 1878. 8.

Dänemark.

Kopenhagen. K. Dänische Akademie d. Wiss.
    Oversigt over det K. D. Videnskabernes selskabs forhandl. i. Aar, 1878
    N. 2. 1879 N. 1,2. Kj. 1878,79. 8.
    Mémoires. 5. Sér. Classe des sc. Vol. 12. N. 1—4. Kj. 1878. 4.

Deutschland.

Augsburg. Naturhist. Verein.
    Bericht 25. A. 1879. 8.
Berlin. K. Preuss. Akademie der Wiss.
    Abhandlungen aus d. J. 1878. B. 1879. 4.

Monatsberichte 1878 Sept.—Dez. 1879 Jan.—Aug. 8.

Gesellsch. naturforsch. Freunde.

Sitzungsberichte i. d. J. 1878. B. 1878. 8.

Botan. Verein f. d. Prov. Brandenburg.

Verhandlungen. Jhg. 20. B. 1878. 8.

Verein f. Entomologie,

Deutsche ent. Zeitschr. Jhg. 23 H. 1. B. 1879. 8.

Bonn. Naturhist. Verein.

Verhandlungen. Jhg. 34 H. 2. Jhg. 35 H. 1,2. Jhg. 36 H. 1. B. 1877—79. 8.

Bremen. Naturwiss. Verein.

Abhandlungen. Bd. 6 H. 1. Br. 1879. 8.

Breslau. Schles. Ges. f. vaterländ. Cultur.

Jahresbericht, 56. Br. 1879. 8.

Generalregister über die i. d. Schriften. d. Schles. G. 1804—76 enthalt. Aufs. Br. 1878. 8.

Verein für das Museum Schles. Alterthümer.

Bericht 37—40. Br. 1878,79. 8.

Verzeichn. der Schles. Alterthümer. (2 Aufl.) Br. 1872. 8.

Statuten des Vereins. Br. 1876. 8.

Eine Audienz Breslauer Bürger bei Napoleon I. Br. 1878. 8.

Schles. Jnschriften. Br. 1878. 8,

Verein für Schles. Insectenkunde.

Zeitschr. f. Entomol. N. F. H. 7. Br. 1879. 8.

Brünn. Naturforsch. Verein.

Verhandlungen. Bd. 16. (1877) Br. 1878. 8.

K. K. Mähr.-schles. Ges. zur Beförd. d. Ackerbaues.

Mittheilungen 1878. Jhg. 58. Br. 4,

Cöthen. Chemiker-Zeitung. Redact: Dr. Krause.

Jhg. 3 N. 44—52. C. 1879. 4.

Dresden. K. Leopold-Carolin. deutsche Akademie.

Leopoldina H. 14. N. 23—24. H. 15 N. 1—22. Dr. 4.

Naturw. Gesellsch. Isis.

Sitzungsberichte 1878 Jan.-Dez., 1879 Jan.-Juni. D. 8.

Schneider, naturw. Beiträge zur Kenntniss der Kaukasusländer. (Herausgabe der Isis) D. 1878. 8.

Gesellsch. f. Natur u. Heilkunde.

Jahresbericht 1877—78. 1878—79. Leipzig u. Dresd. 1879. 8.

Elberfeld. Naturwiss. Verein.

Jahresbericht, 1878—79. E. 1879 8.

Emden. Naturforsch. Gesellsch.

Jahresbericht 64, f. 1878. E. 1879. 8.

Kleine Schriften, N. 18. E. 1879. 4.

Erlangen. Phys. med. Societät.

Sitzungsberichte. H. 10. E. 1878. 8.

Frankfurt a. M. Senckenberg. naturf. Gesellsch.
    Bericht 1878—79, Fr. 1879. 8.
    Physikal. Verein.
    Jahresbericht 1877—78. Fr. 1879. 8.
Freiburg i. Br. Naturforsch. Gesellsch.
    Bericht über d. Verhandl. Bd. 7 H. 3. Fr. 1878. 8.
Fulda. Verein f. Naturkunde.
    Meteor., phänol. Beob. aus d. Fuld. Gegend 1878. F. 1879. 8.
Görlitz. Oberlausitz. Gesellsch. d. Wiss.
    Magazin, neues L. Bd, 54 H. 2. Bd. 55 H. 1. G. 1878,79. 8.
    Naturforschende Gesellsch.
    Abhandlungen, Bd. 16. G. 1879. 8.
Göttingen. K. Gesellsch. d. Wiss.
    Nachrichten aus d. J. 1878. G. 1878. 8.
Graz. Naturwiss. Verein f. Steiermark.
    Mittheilungen, Jhg. 1878. G. 1879. 8.
    Verein der Aerzte in Steiermark.
    Mittheilungen. Vereinsjahr 1878 (15. Jahrg.) G. 1879. 8.
Greifswald. Universität.
    33 Dissertationen, Indices u. Verzeichn. d. Vorlesungen.
Halle a. S. Naturwiss. Verein.
    Zeitschrift f. d. gesammten Naturwiss. (Giebel) 3. Folge 1878 Bd. 3
    Berlin 1878. 8.
    Verein f. Erdkunde.
    Mittheilungen 1879. H. 1879. 8.
Hamburg. Naturwiss. Verein. Hamburg-Altona.
    Verhandlungen 1878 N. F., H. 3. H. 1879. 8.
    Verein f. naturwiss. Unterhalt.
    Verhandlungen 1876. B. 3. H. 1878. 8.
    Deutsche Seewarte.
    Uebersicht d. Witterung 1878 Jan.—Aug.
Hanau. Wetterauische Gesellsch. f. d. gesammte Naturlehre. 1875—79. H. 8.
Hannover. Naturhist. Gesellsch.
    Jahresbericht 27,28. 1876—78. H. 1878. 8.
Heidelberg. Naturhist. medic, Verein.
    Verhandlungen, N. F. Bd. 2 H. 3,4. H. 1879. 8,
Insbruck. Naturw.-med. Verein.
    Berichte. Jhg. 8. 1877. H. 1, 2, 3, I., 1879. 8.
Klagenfurt. Naturhist. Landesmuseum v. Kärnthen.
    Jahrbuch. H. 13. Kl. 1878. 8.
    Bericht 1877. 8.
Klausenburg. Botan. Verein.
    Magyar növénytanilapok. 2 Evf. Koloszo. 1878. 8.
    Enumeratio plantarum phan. (Porcius) Claudiop. 1878. 8.

Königsberg. Physik.-Oek. Gesellsch.
Schriften, Jhg. 19 H. 2. Jhg. 20 H. 1. K. 1879. 4.
Geol. Karten v. Ost- u. Westpreuss. Sect. 15,16.
Krakau. Akad. d. Wiss.
Pamietnik. Tom. 4. K. 1878. 4.
Sprawozdanie. T. 12. K. 1878. 8.
Rozprawie. T. 5. K. 1878. 8.
Litter. Mitth., Jan.-Mz. 1879. 8.
Landshut (Bayern). Botan. Verein.
Bericht 7, 1878—79. L. 1879. 8.
Leipzig. Naturforsch. Gesellsh.
Sitzungsberichte, Jhg. 5. 1878. 8.
Museum für Völkerkunde.
Bericht, 6. L. 1878. 8.
Linz. Verein f. Naturk. i. Oesterr. ob d. Ens.
Jahresbericht. 10. L. 1879. 8.
Lübeck. Vorstehersch. d. Naturaliensammlung.
Jahresbericht 1877,78. 4.
Lüneburg. Naturwiss. Verein.
Jahreshefte, 7. 1874—78. L. 1878. 8.
Metz. Verein f. Erdkunde.
Jahresbericht, 1. 1878. M. 1879. 8.
München. K. Bayerische Akad. d. Wiss.
Abhandlungen. Bd. 13. Abth. 2. M. 1879. 4.
Sitzungsberichte 1878 H. 4, 1879 H. 1,2. M. 1878,79. 8.
Meteor. u. magn. Beob. d. Sternwarte b. München 1878. M. 1879. 8.
Baeyer, über d. chem. Synthese (Festrede). M. 1878. 4.
Münster. Westphäl. Verein f. Wiss. u. Kunst.
Jahresbericht des Westpr. Prov.-V. 7 f. 1878. M. 1879. 8.
Neu-Brandenburg. Verein der Freunde d. Naturgeschichte in Meklenburg.
Archiv, J. 32. 1878. N.-B. 1879. 8.
Neustadt-Eberswalde. Forstakademie.
Beob.-Ergebn, d. forstl.-meteor. Stationen 1878. N. 7—12. 1879 No. 1—6
Berlin 1878,79. 8.
Jahresbericht üb. d. Beob.-Ergebn. Jhg. 4. 1878. Berlin 1880. 8.
Prag. K. Böhmische Ges. d. Wiss.
Abhandlungen. Folge 6. Bd. 9 1877—78. Pr. 1878. 4.
Sitzungsberichte 1878. Pr. 1878. 8.
Jahresbericht 1877,78.
Beobachtungen, astr., magn. und meteor. an d. K. K. Sternwarte i. J.
1878. Jhg. 39. Pr. 1879. 4.
Naturwiss. Verein Lotos.
Lotos, Jhg. 28 f. 1878. Pr. 1878. 8
Putbus. Entomolog. Nachrichten (Katter.) Jhg. 5 N. 1—20. P. 1879. 8

Regensburg. Zool.-miner. Verein,
    Correspondenzblatt. Jhg. 32. B. 1878. 8.
    Abhandlungen. zool.-miner., H. 11. München 1878. 8.
Schwerin. Verein f. Meklenb. Geschichte·und Alterthumskunde.
    Jahresbücher und Jahresberichte. Jhg. 43. S. 1878. 8.
Schneeberg. Naturwiss. Verein.
    Mittheilgn. H. 1. S. 1878. 8.
Strassburg i. E. Universität.
    10 Dissertationen.
Stuttgart. Württemberg. naturw. Verein.
    Jahreshefte. Jhg. 35. St. 1879. 8.
Thorn. Coppernicus-Verein.
    N. Coppernicus. Uebers. v. Menzzer, herausg. v. Copp. V. Th. 1879. 8.
Wien. K. K. Akademie d. Wiss.
    Sitzungsberichte. Math. naturw. Klasse.
            I. Bd. 76 H. 1—5.
              „ 77 H. 1—4,
           II. „ 76 H. 2—5.
              „ 77 H. 1—3.
          III. „ 76 H. 1—5. Jhg. 1878. Wien 8.
    Register zu Bd. 65—75 (VIII.)
    K. K. Geol. Reichsanstalt.
        Jahrbuch 1878. N. 4, 1879. N. 1—3. W. 8.
        Verhandlungen. Jhg. 1878. N. 14—18. 1879. N. 1—13. W. 8.
    K. K. Zool.-bot. Gesellsch.
        Verhandlungen 1878. Bd. 28. W. 1879. 8.
    K. K. Geogr. Gesellsch.
        Mittheilgn. N. F. Bd. 11. 1878. W. 8.
    Anthropol. Gesellsch.
        Mittheilgn. Bd. 8. N. 10—12. Bd. 9. N. 1—8. Wien 1878,79. 8.
    Verein zur Verbreitung naturw. Kenntnisse.
        Schriften Bd. 19. W. 1879. 8.
    Naturw. Verein an d. K. K. techn. Hochschule.
        Bericht III. W. 1878. 8.
Würzburg. Physik-med. Gesellsch.
    Verhandlungen. Bd. 13 H. 1—4. W. 1879. 8.
Zwickau. Verein f. Naturkunde.
    Jahresbericht 1878. Zw. 1879. 8.

Frankreich.

Bordeaux. Société des sciences phys. et nat.
    Mémoires. Sér. 2. Tom. 3. Cah. 1,2. Paris 1878,79. 8.
Cherbourg. Société des scienc. nat.
    Mémoires. Tom. 21. Paris. 1877,78 8.

Nancy. Société des sciences.
  Bulletin. Sér. 2. Tom. 4. fasc. 9. 1879. Paris 1879. 8.
Paris. Ecole polytechnique.
  Journal. Cah. 45. Tom 28. Paris 1878. 4.
Toulouse. Académie des sciences, inscript. et bell. lettr.
  Mémoires. Sér. 7. Tom 10. Toul. 1878. 8.

Grossbritannien.

Cambridge. Philosoph. society.
  Transactions, Vol. 12. P. 3. C. 1879. 4.
  Proceedings, Vol. 3. P. 3—6. C. 1878,79. 8.
London. Royal Society.
  Transactions, philos. Vol. 167 P. 1, 2. 1877.78., Vol. 168 1879., Vol.
    169. P. 1,2. 1878,79. L. 4.
  Proceedings. N. 184—196.
  Nature, a weekly illustr. journal of science. N. 479—529 (Es fehlen 498, 511,
    521, 528.)

Holland.

Amsterdam. K. Akademie.
  Verslagen en mededeelingen. Afd. Natuurk. 2 R. Deel 12,13. A. 1878 8.
  Processen-Verbaal. 1877—78. 8.
  Verhandelingen. Deel. 18. A. 1879. 4.
  Pavesi, idyllia. Amstelod. 1878. 8.
Haarlem. Hollandsche Maatschappij.
  Archives Néerl. Tom 13. Liv. 4,5. Tom 14 L. 1,2. H. 1878,79. 8.
  Snellen, télémétéorographe d'Olland. H. 1879. 8.
  Teylers Stichting.
  Archives du Musée T. Vol. 4 f. 2—4. Vol. 5 f. 1. H. 1878. 8.
Leiden. Nederl. Dierkundige Vereeniging.
  Tijdschrift, Deel 4. Afl. 1—4. L. 1878,79. 8.

Italien.

Bologna. Accademia delle scienze.
  Memoire. Ser. 3. Tom 9. f. 3,4. Tom 10. f. 1,2. B. 1879. 4.
  Rendiconto 1878,79, B. 8.
Milano. Bolletino scientifico (Giovanni) An. 1. N. 2. M. 1879. 8.
Modena. Società dei naturalisti.
  Annuario. Ser. 2. Anno 12. disp. 4. Anno 13. d. 1,2 M. 1878,79. 8.
Neapel. Zoolog. Station.
  Mittheilungen. Bd. 1 H. 2—4. Leipzig 1879. 8.
Padova. Società Veneto-Trentina di scienze naturali.
  Atti. Vol. 6 f. 1. P. 1879. 8.
  Bolletino 1879. T. 1. N. 1. P. 1879. 8.

Pisa. Società Toscana di scienze nat.
    Atti. Vol. 4. f. 1. P. 1879. 8.
    Process. verb. — P. 131.
Sassari. Annuario del circolo di scienze mediche et naturali. Anno 1. fasc. 2.
    S. 1879. 8.
Verona. Accademia d'agricolt, commercio ed arti.
    Memorie. Ser. 2. Vol. 55 f. 3. V. 1878. 8.

Luxemburg.

Société des sciences natur. et math.
    Publications. Tom. 17. Lux. 1879. 8.

Nord-Amerika.

Boston. American academy of arts and sciences.
    Proceedings. N. S Vol. 6. B. 1879. 8.
    Boston society of natural history.
    Proceedings. Vol. 19. P. 3,4. Vol. 20. P. 1. B. 1878,79. 8.
    Memoirs. Vol. 3. P. 1. N. 1,2. B. 1878,79. 4.
Cambridge, Mass. Harvard-College.
    Memoirs of the museum of comp. zöology. Vol. 6. N. 1. (1 Part) C.
        1879. 4.
    Bulletin. Vol. 5. N. 8—14. C. 1878,79 8.
Columbus Ohio. Staats-Ackerbaubehörde.
    Jahresbericht 32. f. 1877. C. O. 1878. 8.
Milwaukee. Naturhist. Verein von Wisconsin.
    Jahresbericht f. 1878—79. M. 1879. 8.
New-York. N. Y. academy of sciences. (Lyceum of natural history.)
    Annals. Vol. 11. N. 9—12, Vol. 1. N. 1—8. N.-Y. 1876—78. 8.
Philadelphia. Academy of natural sciences.
    Proceedings 1878. P. 1—3. Ph. 1878,79. 8.
Salem. Mass. Essex institute.
    Bulletin. Vol. 10. N. 1—12. S. 1878. 8.
San Francisco. California academy of sciences.
    Proceedings. Vol. 6 1875. Vol. 7. P. 1. 1876. S. F. 1876,77. 8.
Washington. Smithsonian institution.
    Smiths. miscellaneous collections. Vol. 13—15. W. 1878. 8.
    Report, annual, of the board of regents of the Smiths. inst. for. 1877
        W. 1878. 8.
    Department of the interior. U. S. geolog. survey.
    Report, 10 annual, of the U. S. geol. and geogr. survey of the territor.
        embracing Colorado. etc. by Hayden. Wash. 1878. 8.
    Miscell. publ. N. 1., 5, 9, 11. P. 1. (Hayden U. S. geol. surv.)
    Appendix B. of the monographs of N. Am. rodentia. W. 1877. 4.
    33 Pamphlete. Sketch of the life of Prof. J. Henry (12 Exempl.)

Mineral map. ot N. S. Wales Sydney etc. 1876. (6 Exempl.)

Contribucions al estudio geogn. for N. Saenz 1878. (pag. 399—410) Bogota 1878. 4.

U. S. naval observatory.

Observations, astron. and met., made during the year 1875. Wash. 1878. 4.

Newcomb, researches on the motion of the moon. P. 1. W. 1878. 4.

Gilliss, catalogue of 1963 s. stars. Wash. 1870. 4.

Hall, mural zones 1846—49. W. 1872. 4.

Harkness, longitude of. St. Louis. W. 1872. 4.

Newcomb, equat. fund. stars. W. 1872. 4.

Hall, transit zones 1846—49. W. 1872. 4,

Hall, merid. circle zones 1847—49. W. 1873. 4.

Yarnall, catalogue of 10658 stars. W. 1878. 4.

Eastmann, reduct. tables for transit obs. W. 1873. 4.

— longitude of Detroit, Carlin and Austin. W. 1874. 4.

— longitude of Ogden. W. 1876. 4.

Toucey, zones of stars (merid. circle 1846). Vol. 1. P. 1. W. 1860. 4.

Russland.

Dorpat. Naturforscher Gesellsch.

Sitzungsberichte Bd. 5. II. 1. 1878. D. 1879. 8.

Archiv f. Naturkunde Liv.-, Ehst- und Kurlands. Bd. 8. Lief. 3. (2 Ser.) D. 1879. 8.

Geogn. Karte v. Liv.,- Ehst- u. Kurl. von Grewingk. (2 Karten.)

Moskau. Société imp. des naturalistes.

Bulletin. 1878. N. 3, 4. 1879. N. 1. M. 1878,79. 8.

St. Petersburg. Académie imp. des sciences.

Bulletin. Tom. 25. N. 3, 4, 5. St. P. 1878,79. 4.

K. botan. Garten.

(Trudi) Acta horti Tom 5. f. 2. Tom. 6. f. 1. St. P. 1878,79. 8.

Schweden.

Lund. Sternwarte.

Müller, elementer och efemerid for Fayeska kometens aterkomst 1880. 8,

— nya elementer för Planet Pandora. 1879. 8.

Schweiz.

Bern. Hochschule.

30 Dissertationen u. Univers.-Schriften.

Chur. Naturforsch. Gesellsch. Graubündens.

Jahresbericht. N. F. Jhg. 21. 1876—77. Ch. 1878. 8.

Genf. Institut national.

Mémoires. Tom. 14. 1878—79. G. 1879. 4.

Nyon Société Murithienne.
Bulletins des travaux, 1877 et 78. Lausanne 1879. 8.
St. Gallen. Naturwiss. Gesellsch.
Bericht üb. d. Thätigk. 1877—78. St. G. 1879. 8.
Zürich. Naturforsch. Gesellsch.
Vierteljahresschrift. Jhg. 23. H. 1—4. Z. 1878. 8.

Angekauft wurden im Jahre 1879 folgende Werke:

a. Allgemein wissenschaftlichen Inhalts.

Abhandlungen, herausg. v. d. Senckenberg. naturf. Gesellsch. Bd. 11 H. 4. Frankfurt a. M. 1879. 4.
Comptes Rendus. Tom. 88. Tom. 89. Tables des Comptes Rendus à Tom. 87. 4.
Gaea, Zeitschr. zur Verbreitung naturw. u. geogr. Kenntnisse. Bd. 15. Köln und Leipzig. 1879. 8.
Journal, the American. 1878. Dec. 1879. Jan.-Dec. N. Haven. 8.
Mémoires de l'acad. des scienc. de St. Pétersbourg. Sér. 7. Tom. 26. N. 5—14 Tom. 27. N. 1. St. P. 1878,79. 4.
Monatsschrift, altpreuss. N. F. Bd. 15. N. 7—8. Bd. 16. N. 1—6. Künigsberg 1878,79. 8.
Natur, Zeitung zur Verbreitung naturw. Kenntniss. Bd. 28. Halle 1879. 4.
Naturforscher, Wochenblatt etc. Jhg. 12. Berlin 1879. 4.
Sammlung gemeinverständlicher wiss. Vorträge. N. 310—334. Berlin 1879. 8.
Universitäts-Kalender, Wintersemester 1879,80. II. Th. Berlin 1879. 8.

b. Physikalischen und chemischen Inhalts.

Annalen der Physik u, Chemie. Jhg. 1879. N. 1—12. Beiblätter N. 1—12. Leipzig 1879. 8. Geschichte der Physik. Vorlesungen von Poggendorff. Lief. 1. Leipzig 1879. 8.
Berichte der deutsch chem. Gesellsch. zu Berlin. Jhg. 11. N. 14—18.
Jahresbericht über die Fortschritte der Chemie. f. 1877. H. 3. f. 1878. H. 1—2. Sachregister. H. 2. 1867—76. Giessen 1878,79. 8.
Journal f. pract. Chemie. N. F. 1878. 15—20. 1879. N. 1—20. Leipzig 1878,79. 8

c. Astronomischen Inhalts.

Jahrbuch, Berliner astr. f. 1881. Berlin 1879. 8.
Nachrichten, astr. Bd. 94, 95, 96 N. 1—12. Kiel 1878,79. 4.
Sirius, Zeitschr. f. popul. Astr. Bd. 12. Leipzig. 1879. 8.

d. Zoologischen Inhalts.

Archiv f. Naturgeschichte. Bd. 44 H. 4,5. Bd. 45 II. 2—4. Bd. 46 H.1. Berlin 8.
Isis, Zeitschrift 1879. Berlin 8.
Murchison, Siluria. 3. Ed. London 1859. 8.
Quenstedt, Korallen. Bd. 5. Bd. 6. H. 1—3. Leipzig. 1878,79. 8.

Zeitschrift f. wiss. Zoologie. Bd. 32 H. 2—4. Bd. 33 H. 1—3. Namen und Sachregister zu Bd. 16—30 und Suppl. Bd. 25 u. 30. Leipzig. 8.

Zetterstedt, diptera Scandinaviae. Tom. 1—14. Lundae 1842—60. 8.

e. Botanischen Inhalts.

Albertini et Schweinitz, conspectus fungorum in Lusatiae sup. agro Nisciensi cres-
centium. Lips 1805.

Annales des sciences naturelles. Botan. Sér. 6. Tom. 6. N. 5,6. Tom. 7. N. 1—6.
Tom. 8. N. 1—6. Paris 1878,79. 8.

de Candolle, A. et C., monographiae phanerogamarum prodromi nunc continuatio
nunc revisio. Vol. 2. Paris. 1879. 8.

Cohn, Beiträge zur Biologie der Pflanzen. Bd. 3. H. 1. Breslau 1879. 8.

— Kryptogamenflora von Schlesien. Bd. 2. H. 2. Breslau 1879. 8.

Flora, Regensburger. Jhg. 1879. 8.

Heer, Beiträge zur Naturkunde Preussens. 2. Miocene balt. Flora. Königsberg
1869. 4.

Linnaea, Bd. 8. H. 3—7. Berlin 1878,79. 8.

f. Anthropologischen Inhalts.

Archiv f. Anthropologie. Bd. 11. Bd. 12. H. 1,2. Braunschweig 1879. 4.

Zeitschrift f. Ethnologie. Bd. 12. u. Suppl. Bd. 1879. 8.

Kohn uud Mehlis, Materialien zur Vorgeschichte des Menschen im östl. Europa.
Bd. 1. Jena 1879. 8.

Geschenke 1879.

Vom K. Ministerium der geistlichen, Unterrichts- und Medizinal-Angelegenheiten.

Die Preuss. Expedition nach Ost-Asien nach amtlichen Quellen. Bd. 1—4. Berlin
1864—73. 8.

Botan. Theil. Berlin 1866. 8.

Zoolog. Abth. Bd. 1. H. 1 und 2. Bd. 2. B. 1865—67. 8.

Schmidt, Charte der Gebirge des Mondes. 25 Blätter. Berlin 1878. fol.
Erläuternder Band dazu. 4.

Spieker, Baubericht üb. d. techn. Anlagen f. d. astrophys. Observatorium in Pots-
dam. Berlin 1879. fol.

Vom K. Ministerium für Handel, Gewerbe und öffentl. Arbeiten.

Zeitschrift für das Berg-, Hütten- und Salinen-Wesen. Bd. 20—26. (— 5. Lief.)
4. Nebst Atlas. fol. 1872—78.

Geolog. Karte von Preussen und Thüringen. Lief. 1—8. 11, .12, 13.
3. geogn. Karten üb. d. Gegend nördl. v. Halle a. S., Karte über
Insel Sylt, Karte zu Rüdersdorff.

Abhandlungen zur geol. Specialkarte. Bd. 1, 2, 3 H. 1.

Atlas zu den Abhandlungen. Bd. 2 H. 1, 4 Bd. 3 II. 1.
Einleitende Bemerkungen. Berlin 1870. 8. Erläuterungen Berlin 1870—79.
8. (61 Hefte.)

Vom K. Ministerium f. d. landwirthschaftlichen Angelegenheiten.

Protokolle der Sitzungen der Central Moor Commission 1878. Sitz. 1—9. (ausser 5.)
Landwirthschaftliche Jahrbücher. Bd. 8 H. 1—6, 1879. Berlin 1879. 8. Suppl. 1.

Von der K. Niederl. Gesandschaft in Berlin.

Vollenhofen, Snellen van, Pinacographia. Afl. 7, 8. S'Gravenh. 1878,79. 4.

Vom Magistrat in Danzig.

Lorinser, die wicht. eszb., verdächtigen und giftigen Schwämme. Mit 12 Taf.
Farbendr. Wien 1876. 8.

Von Herrn Geheimrath Dr. Abegg.

10 Hefte, Ansichten aus Japan, China und Siam. 1864—73. Fol.
Finsch, Reise nach West-Sibirien 1876. Abth. 1 u. 2. Berl. 1879. 8.

Von Herrn Commerz- und Admiralitäts-Rath Dr. Abegg in Berlin.

Zeitschrift f. d. Erdkunde in Berlin. B. 10 H. 5. Bd. 11 H. 1—6. Bd. 12 H.
1—6. Bd. 13 H. 1—6. Verhandlungen etc. B. 2 N. 8. Bd. 3. N. 1—10.
Bd. 4 N. 1—10. Bd. 5. N. 1—10. 1875—78. 8.

Von Herrn Brauereibesitzer Glaubitz sen.

Krombholz, naturgetreue Abbild. u. Beschreibung. der Schwämme. 10 Hefte Text
und 10 II. Abbildungen. Prag 1831—43, fol.

Von den Verfassern.

Conwentz, Aus d. botan. Garten 1879 von G. und C. I.
—   Ueber ein miocänes Nadelholz. Sep.-Abdr.
Göppert. sull'ambra di Sicilia. Sep.-Abdr. Roma 1879. 4.
Kayser, Joh., Physik des Meeres. Paderborn 1873. 8.
Kessler, Ist das Atomgewicht des Antimon's Sb 120 oder 122? Bochum 1879. 4.
Mehler, zur Theorie der Vertheilung der Electricität in leitenden Körpern. Berlin
1879. 4.
Möbius, acad. Rede. Kiel 1879 4.
Perels, Vorträge über Sinnesempfindungen. München 1876. 8.
Weyl, über Eiweissverdauung. Erlangen 1879. 8.

Die Fossilen Hölzer von Karlsdorf am Zobten.

Ein Beitrag zur Kenntniss der im norddeutschen Diluvium vorkommenden
Geschiebehölzer

von

Dr. H. Conwentz,
Assistent am Botanischen Garten der Kgl. Universität Breslau.

Mit acht zumtheil colorirten Tafeln in Lithographie und Lichtdruck.

1880.

Inhalt.

Vorwort.

Vorliegende Arbeit beschäftigt sich mit einem Gegenstande, der bisher nur eine geringe Berücksichtigung gefunden hat. Es ist allbekannt, dass im norddeutschen Diluvium weitverbreitet versteinte Hölzer fremden Ursprungs vorkommen, allein ihre ganze Naturgeschichte war noch in ein tiefes Dunkel gehüllt. Nachdem zuerst Göppert werthvolle Beiträge zur Kenntniss dieser Geschiebehölzer geliefert hatte, machte ich vor mehreren Jahren in meiner Inaugural-Dissertation den Versuch die aus einer langen Beobachtungsreihe gewonnenen hauptsächlichen Resultate zusammen zu stellen. Ich vermochte damals nicht mit einem Male das ganze Material gründlich zu bearbeiten und konnte auf einige interessante Fundstellen (*Karlsdorf, Oberkassel, Langenau u. a.*), nur kurz hinweisen. Es hat sich nun herausgestellt, dass die Hölzer von dort soviel Eigenthümlichkeiten zeigen, die zur Klärung allgemeiner Verhältnisse beitragen werden, dass eine monographische Bearbeitung jener nothwendig erscheint. In Nachfolgendem sollen die fossilen Hölzer, welche sich bei Karlsdorf am Zobten anstehend und im Diluvium eingebettet vorfinden, näher beschrieben werden, wobei auch auf anderweitige analoge Fälle Rücksicht genommen werden wird. Die karlsdorfer Exemplare sind insofern beachtenswerth, als sie einerseits abweichende Wachsthumserscheinungen zeigen, anderseits ein anschauliches Bild vom Vorgange bei der Versteinung geben und endlich, weil sich an ihnen mit grosser Sicherheit die Herkunft nachweisen lässt. Daher, hoffe ich, wird diese Schrift einen kleinen Beitrag zur Kenntniss der versteinten Hölzer im Allgemeinen und besonders der im norddeutschen Diluvium vorkommenden Geschiebehölzer liefern.

Die Tafeln wurden von mir gezeichnet und colorirt. Die Publikation derselben ist durch eine extraordinäre Unterstützung der Naturforschenden Gesellschaft in Danzig ermöglicht worden, wofür ich derselben hier ergebenst danke.

Schliesslich kann ich nicht umhin, meinem hochverehrten Lehrer, Herrn Geheimen Medicinalrath Professor Dr. Göppert für die eingehende Theilnahme und wohlwollende Unterstützung an dieser Stelle aufrichtig Dank zu sagen. Ebenso fühle ich mich Herrn Professor Dr. A. de Bary in Strassburg und Herrn Professor Dr. R. Hartig in München für gütige Auskunft und bereitwillige Mittheilungen zu Danke verpflichtet. Auch Herrn Professor Dr. P. Pinzger in Reichenbach i. Schl. und Herrn Lehrer B. Wiehle in Steine danke ich für die vielen freundlichen Dienste, welche sie mir in uneigennützigster Weise geleistet haben.

Breslau, Ende September 1879.

Conwentz.

I.

Einleitung.

Im S.W. von Breslau, etwa 33 Km. von hier entfernt, erhebt sich bis zu einer ansehnlichen Höhe plötzlich aus der Ebene aufsteigend das Zobtengebirge ohne sichtbaren Zusammenhang mit den Sudeten. Dasselbe zerfällt in zwei Haupttheile: einen centralen und einen peripherischen, welcher jenen südlich und östlich bogenförmig umgiebt[1]). Der Hauptstock wird von dem Zobten im engern Sinne nebst den drei nördlichen Vorbergen: Stoll-, Mittel- und Engelsberg gebildet, während der durch tief einschneidende Thäler getrennte Gebirgsbogen aus einer kettenförmigen Reihe einzelner Berge besteht. Die Mitte desselben ist der Geiersberg, an welchen sich westlich die Költschener und im Osten die Oelsner-, Karls- und Weinberge anschliessen. Diese Bergrücken werden durch mehr oder weniger tiefe Einsattelungen von einander geschieden, die in südlich sich öffnende Thäler auslaufen, in welchen kleinere Flüsse und Bäche ihren Lauf nehmen.

Geognostich besteht der Hauptstock aus Granit und Gabbro, während der grosse Gebirgsbogen durchweg aus Serpentin zusammengesetzt ist. Eine genaue Untersuchung dieser Verhältnisse fehlt bis jetzt und wir müssen uns daher auf die wenigen Angaben Sadebeck's und Roths'[2]) beschränken, soweit sie hier von Interesse sind. Nach ersterem findet sich dem Gabbro des Zobten Schwefelkies und Magneteisen beigemengt[3]), letzteres ist auch in dem Serpentin des peripherischen Gebirgszuges enthalten[4]). In den Ländereien, welche zwischen den Bergen liegen oder dieselben umschliessen, wird die feste Gesteinmasse von theilweise mächtigen Lehm- und Kiesmassen bedeckt. An einigen Stellen ist der Serpentin von kleineren oder grösseren Braunkohlenflötzen überlagert, welche oft nur eine schwache Diluvialdecke tragen und manchmal selbst zutage treten, wie z. B. bei Karlsdorf. Selten ist das Vorkommen so massig, dass es bergmännisch aus-

---

[1]) M. Sadebeck, Der Zobtenberg und seine Umgebung. Nova Acta Acad. Caesar. Leopold-Carol. Naturae Curiosorum Vol. XXV. P. II. 1856. Pag. 593 sq.

[2]) J. Roth, Erläuterungen zu der geognostischen Karte vom niederschlesischen Gebirge. Berlin 1867.

[3]) Sadebeck. l. c. pag. 687.

[4]) Sadebeck. l. c. pag. 689.

genützt werden könnte; früher ist dies lange Zeit bei Poppelwitz und Wilschko-
witz östlich vom Zobten der Fall gewesen[1]).

Am Abhange des peripherischen Gebirgszuges, ganz besonders in der Gegend von Karlsdorf finden sich überall im Diluvium versteinte Hölzer eingelagert.
Dieselben scheinen schon lange bekannt zu sein, da ich sie in einigen älteren Sammlungen bereits vorfand; nichts desto weniger ist in der Literatur erst sehr spät
hierüber berichtet worden. Sadebeck erwähnt dieselben ebensowenig wie Roth,
jedoch muss ersterer die Hölzer wol später kennen gelernt haben, denn 1863 erhielt Prof. F. Cohn von ihm aus Reichenbach fingerdicke Stücke einer fossilen
Conifere, „welche an der Luft vollständig in ihre einzelnen Holz-Zellen zerfallen
und alsdann ein schneeweisses Pulver darstellen[2])". Cohn giebt noch einige Notizen über das mikroskopische Aussehen dieser Zellen, woraus sich mit Bestimmtheit ergiebt, dass die besprochenen Nadelhölzer aus der Gegend von Karlsdorf
stammten. Bei Gelegenheit der Naturforscher-Versammlung 1874 in Breslau[3])
lenkte Dr. Pinzger aus Reichenbach von neuem die wissenschaftliche Aufmerksamkeit auf diesen Gegenstand und demonstrirte eine grössere Collection von
Karlsdorf herrührender Hölzer[4]). Er besprach anatomische Structurverhältnisse im allgemeinen, ohne aber die Species zu bestimmen und liess sich dann auf
Grund chemischer Analysen über den Verkieselungsprocess aus, auf den wir später
zurückkommen werden. Im Frühjahr 1876 schickte Herr Lehrer und Standesbe-
amter B. Wiehle in Steine bei Jordansmühle eine Suite Karlsdorfer Hölzer von
verschiedenartigem Aussehen an Herrn Geheimrath Göppert und an mich. Diese
schienen an sich und bezüglich ihres Vorkommens so interessant, dass wir noch
in demselben Sommer Veranlassung nahmen in loco Untersuchungen anzustellen,
wobei uns der Besitzer des Terrains Herr Major von Mens sowie Herr Wiehle
zuvorkommend Hilfe leisteten. In meiner Inaugural-Dissertation[5]) habe ich in
flüchtigen Zügen bereits die Ortsverhältnisse beschrieben, doch will ich zur bessern
Orientirung hier noch kurz jene Schilderung wiederholen und beziehungsweise
ergänzen.

Die Oelsner Berge entsenden nach Osten mehrere Ausläufer, von denen
einer flach gegen Karlsdorf hin abfällt, nachdem er kurz vorher eine tiefe Ein-
sattelung gebildet hat. Im Norden, mit diesem Höhenzuge parallel, geht ein Ausläufer der Karlsberge und beide schliessen ein langes Thal ein, in dem der Ort
Karlsdorf selbst liegt. Dies ganze, theilweise noch mit Wald bestandene Terrain
ist in der dortigen Gegend unter dem Namen der „Alten Fechtschule" bekannt
und hat gegenwärtig für eine Fasanerie Verwendung gefunden. In der erwähn-

---

[1]) Zobel. Ueber die Braunkohlen-Ablagerung u. s. w. im Nimptscher Kreise. Uebers.
d. Arb. u. Veränder. d. Schles. Ges. f. vaterl. Kultur. 1848.

[2]) Sches. Ges. f. vaterl. Kultur. XLI. Jahrg. 1863. pag 57.

[3]) Tageblatt der Versamml. d. Naturf. u. Aerzte in Breslau 1874. pag. 202.

[4]) In meiner Dissertation, pag. 16, sagte ich „Die von Dr. Pinzger untersuchten Hölzer rühren wahrscheinlich von derselben Stelle (d. h. Karlsdorf) her." Nachträglich theilte
mir Herr Prof. Dr. Pinzger brieflich mit, dass dies inderthat der Fall sei.

[5]) H. Conwentz. Ueber die versteinten Hölzer aus dem norddeutschen Diluvium.
Breslau 1876.

ten Schlucht tritt bereits durch blosses Schürfen die Braunkohle, allerdings in schlecht erhaltenem Zustande hervor. Bei Anlage eines Brunnens daselbst fand man, dass dieselbe in grosser Mächtigkeit vorhanden ist und erhielt dabei besser conservirte Holzstücke. Kaum hundert Schritte östlich und nordöstlich von hier entfernt liegen die versteinten Hölzer auf einem Raume von mehr als hundert Quadratmetern zerstreut umher; in viel grösseren Massen aber sind die Hölzer im Erdboden von Letten umschlossen, wo sie manchmal eine meterdicke Schicht bilden. In weiterer Entfernung von dort kommen sie auch in Kies eingebettet vor. Früher ist diese ganze Gegend bewaldet gewesen und wahrscheinlich sind die Hölzer erst infolge des Rodens an die Oberfläche gelangt; gegenwärtig ist ein Theil des Terrains mit Kartoffeln bestellt und durch die häufige Bearbeitung des Bodens kommen immer neue Stücke zum Vorschein, was den Kulturzwecken des Besitzers keineswegs förderlich ist. Wie wir oben erwähnt haben, besteht der ganze Gebirgsbogen aus Serpentin und dieser tritt auch an einzelnen Stellen nördlich von jenem Vorkommen zutage.

Während der letzten Jahre bin ich von den Herren Lehrer Wiehle und Professor Pinzger auf die bereitwilligste und dankenswertheste Weise theils durch neue Zusendungen, theils durch Mittheilungen von Beobachtungen vielfach unterstützt worden. Auch unternahm ich noch einige Ausflüge, um selbst an Ort und Stelle zu sammeln; so war ich im Juni vorigen Jahres mit Herrn Wiehle in Karlsdorf und im November machten Herr Professor Pinzger und ich eine Excursion in die Gegend von Schlaupitz und Mellendorf. Das Hauptmaterial für die gegenwärtige Schrift verdanke ich Herrn Wiehle, welcher es mit unermüdlichem Eifer während einer Reihe von Jahren zusammen zu bringen bemüht gewesen ist.

Was den Verbreitungsbezirk der fossilen Hölzer betrifft, so kann man vorläufig noch nicht die Grösse und Grenze desselben genau erkennen. Die Braunkohlenhölzer finden sich in der ganzen Gegend südlich und östlich jenes bogenförmigen Gebirgszuges sporadisch vor und von den verkieselten Hölzern dürfte man später wol eine ähnliche Ausbreitung nachweisen können. Mit Sicherheit sind letztere bis jetzt erst bei Schlaupitz und Karlsdorf gefunden, jedoch lassen verschiedene Angaben, die mir in dortiger Gegend gemacht wurden, darauf schliessen, dass sie auch anderweitig, namentlich in dem S. D. dem Prinzen Georg zu Schönaich-Carolath gehörenden Terrain bei Mellendorf und bei Langenöls auftreten. Die reichste Fundstätte unserer fossilen Hölzer ist unzweifelhaft Karlsdorf und wird es auch lange Zeit bleiben.

II.

Aussehen der Hölzer.

Die Hölzer von Karlsdorf sind nicht nur in Grösse und Form, sondern auch in Farbe und Consistenz durchaus verschieden. Diese Mannigfaltigkeit geht soweit, dass man gewisse Stücke von vornherein garnicht als von demselben Fundorte herrührend und specifisch als dasselbe Holz erkennen würde. Während die einen echte Braunkohle geworden sind, besitzen andere bereits einen hohen Kieselsäuregehalt, der sich durch die Farbe, Consistenz und Schwere der Hölzer bemerkbar macht; in noch anderen ist der Bitumengehalt so gut wie ganz geschwunden, sodass die Stücke völlig aus Opal bestehen. Dieser drei Kategorien gemäss werden wir in folgendem das Aeussere der Hölzer zu schildern versuchen

1. Braunkohlenhölzer.

Die Gestalt derselben ist entweder plattenförmig oder ungefähr cylindrisch. Während diese letzteren jüngere Hölzer darstellen, haben sich jene von älteren umfangreicheren Exemplaren parallel den Jahresringen schalig abgelöst; dies ist übrigens die gewöhnlichere, auch sonst in der Braunkohle am häufigsten vorkommende Form. Die Grösse ist begreiflicher Weise eine sehr wechselnde: die cylindrischen Hölzer sind im allgemeinen kleiner als die anderen; sie werden meistens nur 10 cm. lang und 1,5 cm. dick, dagegen erreichen die plattenförmigen eine Länge von 15 cm., eine Breite von 6 cm. und einen radialen Durchmesser von 3 cm. Freilich kann man aus dem Anstehenden bei Karlsdorf noch weit grössere Stücke erlangen, sobald sie aber in der atmosphärischen Luft trocknen, zerspringen sie und fallen nach ihren Jahreslagen auseinander. In dem ehemaligen Braunkohlenbergwerke von Poppelwitz, das nur eine Stunde nordöstlich von Karlsdorf gelegen ist, sind früher Fragmente grosser Stämme gefördert worden. [1] Die Consistenz ist bei wenigen noch die eines trockenen recenten Holzes, mit splitterigem Bruch, die meisten anderen haben eine festere Beschaffenheit angenommen und brechen durchweg muschelig. Mit diesem Verhal-

---

[1] cf. Zobel, l. c.

ten ändert sich auch die Farbe: bei den ersteren ist sie mehr oder weniger hellbraun und geht bei den letzteren allmälig ins dunkelbraun ja sogar ins fast
schwarze über.

Die Schalenstücke gehören durchweg dem Holzkörper an, dagegen
schliessen die cylindrischen im Innern noch ein schlecht erhaltenes Mark ein; Rinde
lässt sich auf keinen von beiden auch nur spurenhaft nachweisen.   Die Jahresringe sind, namentlich auf einer geglätteten Oberfläche, meist deutlich zu erkennen. Sie erscheinen auffallend eng und in der verticalen sowie horizontalen Richtung wellig verbogen. Die Structur ist an einzelnen Stücken so ausgezeichnet erhalten, dass man mit einfacher Lupe die Markstrahlen und Zellen deutlich erkennen kann. Diese Stücke sind immer von hellerer Färbung und holzartiger Beständigkeit, während die dunkleren mit muscheligem Bruch dem schwach bewaff-
neten Auge gar keine Einzelheiten zeigen.

Das Braunkohlenlager ist von einer Lettenschicht umgeben und über-
deckt; Theile derselben dringen häufig in das Holz ein und füllen dessen Klüfte
aus. So finden wir den Thon in den plattenartigen Stücken manchmal zwischen
den Jahresringen, bei den cylindrischen im Innern an Stelle des Markes vor.
Gewöhnlich ist er von grauem Aussehen, seltener infolge von Eisengehalt röthlich gefärbt.

2. Halb Braunkohlen halb Opalhölzer.

Einige Stücke, welche äusserlich der Braunkohle durchaus ähnlich sehen,
unterscheiden sich von dieser durch das bedeutend höhere specifische Gewicht und
beim Spalten derselben findet man im Innern durchweg Opalmasse vor. Die eigentliche Braunkohlenschicht, welche nur wenige Millimeter stark ist, lässt sich
mit dem Scalpel leicht schneiden und blättert an freier Luft grossentheils ab.
Der opalisirte Holzkern ist peripherisch noch von brauner Farbe, welche sich centripetal immer mehr verliert und der grauweissen des Opal Platz macht. Auch
diese Stücke sind sowol in ihrem braunkohlenartigen als auch in dem opalisirten
Theile so gut conservirt, dass die Structur deutlich erkennbar ist. Die Jahresringe
sind gleichfalls hin- und hergebogen, an manchen Stellen sogar stark verdrückt.
In der Gestalt unterscheiden sich diese Stücke kaum von den oben betrachteten
reinen Braunkohlenhölzern; es kommen beide Formen, die schalige und auch die
cylindrische vor.   In der Grösse finden keine wesentlichen Differenzen statt,
doch besitze ich grade ein nahezu cylindrisches Stück von hervorragender Länge:
es mass 25 cm. bei $9_{,0}$ und $4_{,5}$ cm. Dicke, ein anderes plattenförmiges Stück
zeigte die entsprechenden Dimensionen von $15_{,0}$, $8_{,0}$ und $6_{,0}$ cm.

Schon bei der Betrachtung dieser Stücke mit blossem Auge empfängt
man den Eindruck, dass dieselben genetisch in directem Zusammenhange mit den
Braunkohlenhölzern stehen. Es müssen die letzteren infolge irgend welcher Einwirkung einem Fossilisirungsprocesse unterworfen worden sein, wodurch deren
innerer Kern in Opal umgewandelt wurde. Auf diesen ganzen Vorgang kommen
wir in einem andern Abschnitte noch zurück, auch werden wir später den stricten

Beweis für die vorhin ausgesprochene Ansicht der Zusammengehörigkeit der betreffenden Hölzer zu liefern Gelegenheit haben.

Ein analoges Vorkommen von solchen Hölzern, welche theils noch Braunkohle, theils schon in Opal umgewandelt sind, ist in der Literatur meines Wissens nirgend bekannt gemacht, jedoch scheint es nicht so selten zu sein wie man demnach annehmen müsste. Ich habe in letzterer Zeit ganz ähnliche Stücke von drei verschiedenen Stellen erhalten: Mein Freund, Herr Dr. P. Trippke in Bonn sandte mir einige Exemplare verkieselten Coniferenholzes von Köflach in Steiermark, welche peripherisch braunkohlenartig ausgebildet waren; und durch Vermittelung eines andern Freundes, Herrn Bergdirector E. Treptow, z. Z. in Peru erhielt ich eins jener bekannten gelblich braunen opalisirten Nadelhölzer aus Ungarn, welches nach der einen Seite hin deutlich in Braunkohle überging. Kürzlich lernte ich aus den Schwefelgruben von Comitini bei Girgenti ein ähnliches Holz kennen, welches ich der Güte des Herrn Professor Dr. A. von Lasaulx in Breslau verdanke. Dasselbe bestand äusserlich noch aus Braunkohle und liess sich hier mit dem Messer bearbeiten, dagegen war der innere Kern völlig verkieselt[1]). Beiläufig erwähnt sei, dass auch andere Erhaltungsarten von der Braunkohle ihren Ursprung nehmen. So bin ich durch freundliche Vermittelung des Herrn G. Woitschach in den Besitz eines in Markasit umgewandelten Holzes gekommen, welches in den peripherischen Theilen die ursprüngliche Braunkohlenbeschaffenheit zeigt. Es stammt aus den Gruben von Ullersdorf bei Naum-

---

[1]) Die Schichten in welchen jene Stämme vorkommen, sind die der eigentlichen schwefelführenden Kalke mit den durch Geyler bekanntgewordenen Pflanzenresten. („Ueber fossile Pflanzen aus den obertertiären Ablagerungen Siciliens." Palaeontographica Cassel 1876.) Sie sind Süsswasserbildungen und müssen der obersten Grenze des Miocän zugerechnet werden, da unmittelbar über ihnen pliocäne Thone liegen. Ein näheres über die Verhältnisse der Lagerung und des Alters findet man in der kürzlich erschienenen Abhandlung von Prof. v. Lasaulx: Beobachtungen in den Schwefeldistricten von Sicilien (Neues Jahrbuch für Mineralogie etc. 1879 pag. 490.) — Das Holz ist der ganzen Masse nach aus Tracheiden zusammengesetzt, deren Wände auffallend dick sind, infolge dessen ihr Lumen oft bis auf ein Minimum reducirt wird. Wahrscheinlich ist diese Erscheinung nicht schon im frischen Holze vorhanden gewesen, sondern erst bei der Einwirkung stark gesäuerter Wässer aufgetreten. Die radiale Wand der Tracheiden wird von einer Reihe grosser Hoftüpfel bekleidet, welche oft einander berühren und sich dadurch etwas abplatten. Zerstreut in diesem Gewebe treten hier und da langgestreckte Parenchymzellen auf, welche im lebenden Baum Harz geführt haben. Die Markstrahlen sind einreihig und bis 16 Zellen hoch; diese besitzen auf ihren Wandungen rundliche oder schräggestellte elliptische Tüpfel. Aus vorstehenden Angaben erhellt, dass unser Holz grosse Aehnlichkeit mit dem von Göppert zuerst bei Laasau i. Schl. entdeckten und jetzt als sehr verbreitet nachgewiesenen Cupressinoxylon pachyderma hat. („Monographie der Fossilen Coniferen." Leiden 1850 pag. 199.) Ob es vollständig mit diesem identificirt werden darf, müssen eingehende Untersuchungen zeigen, zu welchen mir vorläufig noch hinreichendes Material aus Sicilien fehlt. Das Holz ist fast gänzlich in Opal umgewandelt, nur an einzelnen Stellen der Oberfläche kann man die ursprüngliche braunkohlenartige Consistenz bemerken; indessen ist die Färbung durchweg bituminös. Kleinere und grössere Sprünge durchsetzen das Stück in verschiedenen Richtungen und werden gewöhnlich durch amorphe, manchmal durch krystallinische Kieselsäure ausgefüllt. Ausserdem hat sich Schwefel auf den Klüften und an der Oberfläche ausgeschieden.

burg a. Qu.[1]). Im Allgemeinen, glaube ich, dürfte man wol unter den anstehend
und als Geschiebe vorkommenden Braunkohlenhölzern noch manche ähnliche interessante Stücke antreffen, wenn man diesem Gegenstande einige Aufmerksamkeit
widmen wollte.

3. Opalhölzer.

Die äusseren Formen derselben entsprechen vollständig denen der Braunkohlenhölzer, jedoch habe ich die cylindrischen hier im allgemeinen vorherrschend
gefunden. (Fig. 1—3, 5, 7). Die plattenförmige Gestalt ändert sich häufig dahin, dass der radiale Durchmesser auf Kosten des tangentialen bedeutend zunimmt
(Fig. 4); so erhalten die Stücke ein prismatisches Aussehen von nahezu quadratischem oder rhombischem Querschnitte. Häufig geht auch derselbe dadurch, dass zwei
Kanten abgeschliffen sind, in einen dreiseitigen über. Die grösten schalenförmigen
Stücke, welche ich gesehen, massen $13_{,0}$, $6_{,0}$, $1_{,5}$ cm., dagegen erreichten die säulenförmi-
gen die Dimensionen von $30_{,0}$, $7_{,0}$, $4_{,0}$ cm. Ausserdem sind mir noch drei andere Exemplare von ganz besonderer Grösse bekannt: das eine im Botanischen Museum zu Bres-

---

[1] Diese Stücke kommen in den dem Ueberquader angehörenden Braunkohlenlagern
vor, aus welchen H. B. Geinitz kürzlich Cycadeospermum Schmidtianum und Discophorites Schnei-
derianus beschrieben hat. (Neues Jahrbuch für Mineralogie etc. 1879. pag. 113.). Sie haben
meistens eine cylindrische oder conische Gestalt und zeigen auf dem horizontalen Bruch eine radial
verlaufende Faserung. Nur an wenigen Stellen der Oberfläche finden sich kleine Braunkohlenreste,
durch welche ich zuerst darauf geführt wurde, dass das ganze Stück wol ein fossilisirtes Holz
sein könnte. Im Uebrigen machte es mit blossem Auge betrachtet keineswegs den Eindruck eines
solchen, da auch die bituminöse Färbung völlig geschwunden schien, sondern sah wie ein gewöhnlicher Zapfen vor Binarkies aus. Die mikroskopische Prüfung bei Beleuchtung des Präparates von
oben lehrte, dass hier ein fossiles Nadelholz vorlag, welches stellenweise noch eine gut erhaltene
Structur zeigte, während diese anderswo schon gänzlich verloren gegangen war. Die Tracheiden
besitzen durchweg eine dünne Wandung, die noch etwas gebräunt ist und haben einen quadratischen oder radial verlängerten Querschnitt; Jahresringe werden von ihnen nicht gebildet. Die
radiale Wand der Tracheiden ist mit Hoftüpfeln bekleidet, die meist in zwei Reihen, aber nicht
immer gleich hoch angeordnet sind, oft stehen sie ganz zerstreut, manchmal auch nur in einer
Reihe. Holzparenchym ist nur sehr selten zu finden; Harzgänge fehlen gänzlich. Die Markstrahlen sind einreihig und sehr niedrig; gewöhnlich bestehen sie nur aus einer oder zwei, höchstens
aus sieben Zellen übereinander. Die radiale Wand derselben ist mit Tüpfeln versehen, die in
zwei Reihen, je zu 2 oder 3 alternirt gestellt sind. Das Stück gehört wahrscheinlich einer Coni-
ferenwurzel an und ist dem von Göppert als Cupressinoxylon aequale beschriebenen
Braunkohlenholze von Laasan sehr ähnlich. („Monographie der Fossilen Coniferen." Leiden 1850.
pag. 201). — Schliesslich sei bei dieser Gelegenheit noch der Meinung Ausdruck gegeben, dass
wol ein grosser Theil der amorph auftretenden Binarkies-Stücke fossilisirtes Holz sein mag, diese
Ansicht hat um so mehr Berechtigung, als ja erfahrungsmässig die Bildung von Schwefelkies an
die Gegenwart organischer Substanzen gebunden scheint.

lau befindliche von $38_{,0}$ $23_{,0}$ $18_{,0}$ cm.[1]), das zweite Herrn Professor Pinzger ge-
hörige ist etwas länger, aber nicht so stark und das dritte im Besitze des Herrn
Inspektor Knauthe in Schlaupitz miest etwa 60, 30, 45 cm. Die beiden Erschei-
nungsweisen entsprechen morphologisch denselben Theilen wie es bei den Braunkohlenhölzern der Fall ist; die Rinde ist hier ebensowenig kenntlich, dagegen
scheint das Mark meist besser erhalten.

Die gröste Mehrzahl der versteinten Hölzer von Karlsdorf ist äusserlich
schneeweiss bis schmutzigweiss oder hellgrau, im Inneren dagegen hell- bis dunkelbraun (Fig. 5.), ja manchmal sogar nahezu schwarz. Die Consistenz ist nicht
nur an den verschiedenen Stücken, sondern auch innerhalb des einzelnen eine sehr
wechselnde. Die schneeweisse Hülle (Fig. 5. a) besitzt meistens nur eine Stärke
von wenigen Millimetern und ist peripherisch so locker, dass sie bei blosser Berührung mit den Fingern leicht in ihre Bestandtheile zerfällt und dann ein fein-
nadeliges Pulver bildet[2]). Centripetal gewinnt sie an Festigkeit lässt sich aber gewöhnlich mit dem Scalpel noch bearbeiten. Dagegen ist der innere dunklere Kern,
(Fig. 5. b) welcher häufig den grösten Theil des Holzes in Anspruch nimmt, so
hart, dass er nur mittelst des Hammers angegriffen werden kann. Wol in allen
Stücken sind diese beiden Schichten sichtbar, wenn auch nicht immer so deutlich
von einander getrennt wie in Fig. 5. Die verschiedenen Färbungen haben fast
ausschliesslich in einem wechselnden Bitumengehalt ihren Grund; ursprünglich ist
das Holz der ganzen Masse nach durch Bitumen gebräunt gewesen aber infolge
der Einwirkung der Bodenfeuchtigkeit ist dies aus den peripherischen Theilen geschwunden. Hierdurch wird aber keineswegs die Aenderung der Consietenz bedingt, wie man sich experimentell überzeugen kann. Glüht man einen kleinen
Splitter des dunkeln Holzes, so verflüchtigt sich zwar das Bitumen und später
auch das Wasser, aber eine Lockerung des Zellverbandes tritt garnicht ein.
Daraus erhellt, dass das Abfasern des Holzes in anderen Erscheinungen seinen
Grund haben muss[3]).

Die Hölzer sind fast durchweg gut erhalten; viel besser als die obengenannten. Auf der horizontalen und verticalen Fläche lassen sich die Markstrahlen und Zellen der Holzkörpers sehr deutlich erkennen. (Fig. 3 a., 4.). Ob das
Versteinungsmaterial krystallinische oder amorphe Kieselsäure sei, ist von vornherein nicht ersichtlich. Kleinere und grössere Sprünge, welche namentlich in
der Längsrichtung des Stammes (radial und tangential) verlaufen oder denselben
quer durchsetzen. (Fig. 7. b.) sind durch Opal ausgefüllt. Ebenso ist derselbe
auch in das Innere, den zerstörten Marktheil von cylindrischen Stücken gedrungen
und hat sich hier entweder nur an den Wandungen traubenartig niedergeschlagen oder er hat die ganze Höhlung gleichmässig erfüllt. Dies Vorkommen
spricht dafür, dass auch die Masse des Holzes in Opal umgewandelt sein dürfte,

[1]) Der Director des Botanischen Museums, Herr Geheimrath Göppert erlaubte mir gütigst dies Stück hier abzubilden. (Fig. 7.)
[2]) cf. Ferd. Cohn l. c.
[3]) Vergl. Abschnitt V.

was wir später durch die mikroskopische und chemische Untersuchung bestätigt finden werden.

Manchen Hölzern haftet ebenso wie der Braunkohle von aussen Thon an, welcher auch hier zuweilen Spalten und Klüfte ausfüllt. Die Härte desselben ist sehr wechselnd je nach der Menge der ihn durchtränkenden Kieselerde; der Gehalt an dieser wird manchmal so bedeutend, dass der Thon direct das Aussehen von unedlem Opal erhält. So bildet er gewissermassen Breccien, die in ihrem Innern verschiedene Holzsplitter einschliessen; die bituminöse Färbung theilt sich oft jenen, wenigstens stellenweise mit.

Wenn wir schliesslich die Resultate zusammenfassen, welche wir bei der Betrachtung der dreierlei so verschiedenartig aussehenden Hölzer gewonnen haben, drängt sich uns die Vermuthung auf, dass dieselben untereinander in naher Beziehung stehen. Die Uebereinstimmung in Form und Grösse, das allmälige Uebergehen der Braunkohle in Opalhölzer und das gemeinschaftliche Vorkommen beider lassen darauf schliessen, dass letztere aus den ersteren hervorgegangen sind. Wir werden uns im folgenden Kapitel bestreben auf Grund des anatomischen Befundes in beiderlei Hölzern einen exact geführten Beweis hierfür beizubringen.

III.

Anatomie der Hölzer.

1. Braunkohlenhölzer.

Was die Art der Herstellung von geeigneten Präparaten betrifft, so lassen sich die Braunkohlenhölzer gewöhnlich nach Befeuchtung mit Wasser oder verdünnter Kalilauge gut schneiden. Von sehr harten und spröden Stücken habe ich auch brauchbare Dünnschliffe erlangt.

Wie die Braunkohle im Allgemeinen mikroskopisch meist nicht gut erhalten ist, ebenso in unserm besondern Falle. Zunächst fehlt die Rinde gänzlich und die Hauptmasse der Stücke macht der Holzkörper aus; das Mark ist selten und immer schlecht erhalten. Auf einem Schliffe oder Schnitte kann man gewöhnlich die Lumina der Zellen wahrnehmen, von denen einige mit Harz erfüllt sind. Dies zeigt eine sehr grosse Widerstandsfähigkeit, denn in Braunkohle, die völlig structurlos geworden ist, lässt es sich immer noch erkennen. Die Zellwände sind stark gequollen und radial oft gedrückt, so dass der innere Hohlraum nur als schmaler Streifen erscheint. Die Begrenzung der Zellen ist mit Ausnahme derjenigen Stellen, wo die primären Wandungen auseinandergetreten sind, um Intercellularräume (Fig. 8. i.) zu bilden, meistens nicht deutlich. Selten löst sich die secundäre Wand ringförmig los und liegt im Innern des Lumens. Dagegen giebt es einige Stücke welche inderthat eine recht gut erhaltene Structur zeigen und nach diesen lassen wir hier die Beschreibung folgen.

Der Holzkörper besteht aus einem regelmässigen Gewebe, im Querschnitte rechteckiger Tracheiden, welches durch keinerlei Gefässe unterbrochen wird (Fig. 8.) Die Jahresringe sind selten deutlich (g) und erscheinen in den Stücken, welche sie erkennen lassen, bald weit bald eng. In letzterem Falle, der der häufigere ist, bilden oft nur wenige Zellreihen den ganzen Ring. Auffallend ist durchweg die schroffe Grenze zwischen dem Herbst- und Frühjahrsholz innerhalb desselben Jahresringes. Nach H. v. Mohl's Untersuchungen[1] ist der Jahresring im Stamm der

---

[1] H. v. Mohl. Einige anatomische und physiologische Bemerkungen über das Holz der Baumwurzeln. Botanische Zeitung Jahrgang XX. 1862. pag. 225.

Coniferen aus drei verschiedenen Schichten aufgebaut, welche allmälig in einander übergehen. Die innere besteht aus dünnwandigen viereckigen Zellen, die mittlere aus an Wanddicke zunehmenden fünf- bis sechseckigen Zellen und die äussere aus stark verdickten, radial verkürzten viereckigen Zellen. Mit der wechselnden Mächtigkeit des Ringes ändert sich auch die Entwickelung der innern Schicht in der Weise, dass sie in weiten Jahresringen besonders ausgebildet ist, während sie in engen fast gänzlich zurücktritt. Jm Gegensatze hierzu fand Mohl, dass im Wurzelholze der Coniferen grade die mittlere Schicht die veränderliche sei, infolge dessen diese in den gewöhnlich sehr engen Jahresringen der Wurzeln bis zum gänzlichen Verschwinden reducirt wird. Dann grenzen die dünnwandigen, radialgedehnten Tracheiden schroff an die stark verdickten und radialcomprimirten, wie es in unserm Holze der Fall ist. Es erhellt daraus, dass dasselbe zufolge seiner anatomischen Structur nicht dem Stamme, sondern der Wurzel zugerechnet werden muss. — Die Tracheiden zeigen auf ihrer radialen Wandung Hoftüpfel (Fig. 9. t.), welche in zwei Reihen genau oder nahezu gleichhoch gestellt sind (c-c). Gewöhnlich befinden sich dieselben gedrängt neben- und untereinander, doch wird ihre regelmässige Anordnung oft durch einzeln stehende Hoftüpfel (e-e) unterbrochen; auch kommt es in Zellen von engerem Lumen vor, dass überhaupt nur eine Reihe die radiale Wand bekleidet (d-d). Auf der tangentialen Seite sind in wenigen Fällen kleine Tüpfel zu erkennen, die im lebenden Holze wahrscheinlich häufiger vorhanden gewesen, aber bei dem Fossilisirungsprocesse nicht mit erhalten worden sind.

Unterbrochen wird das gleichartige Gewebe der Tracheiden durch zahlreich auftretendes Holzparenchym (Fig. 10 hp.), welches auf dem Querschnitte schlechterdings nicht von jenem zu unterscheiden ist. Sowol in Beziehung auf das Lumen, als auch die Wanddicke stimmt dasselbe mit den benachbarten Tracheiden überein. Es wird aus langgestreckten, gradwandigen Zellen zusammengesetzt, deren Längsdurchmesser oft um das zehn- bis fünfzehnfache den Querdurchmesser übertrifft. Diese Zellen enthalten Harz (h) wol ebenso reichlich als es im lebenden Holze der Fall war. Dasselbe tritt in grossen homogenen Ballen von ellipsoidischer oder sphärischer Form auf und sieht in dünneren Particen hellbraun, in dickeren dagegen schwarzbraun, fast schwarz aus. Uebrigens ist die Anordnung dieser Harzzellen zwar keine bestimmte, doch kommen sie vorzugsweise in concentrischen Reihen sowohl im Frühjahrs- als auch im Herbstholze vor. Eigentliche Harzgänge fehlen durchweg.

Die Markstrahlen (Fig. 8—10 m.), welche radial den Holzkörper durchsetzen, sind einerlei Art: in manchen Stücken erreichen sie die Höhe von 1—5, in anderen wiederum bis 15 Zellreihen. Ersteres kommt namentlich an einem Exemplare vor, welches 1873 beim Brunnengraben in Schlaupitz gefunden worden war und das mir durch Herrn Professor Pinzger zuging. In der Abbildung (Fig. 10 zeigt der höchste Markstrahl 13 Reihen übereinander. Horizontal sind sie nur ein Zellschicht stark; treffen zufällig zwei benachbarte aufeinander, so erhält man tangential gesehen das Bild eines scheinbar zweireihigen Strahles. Die Form der Zellen ist eine parallelopipedische mit vertikal nach der einen oder andern Seite hin geneigten Wänden. Tangential sind sie ungefähr von quadratischem oder tonnenförmigem Umriss (Fig. 10), da sich ihre seitlichen Wandungen etwas nach aussen wölben und ihre Höhe meist bedeutender ist als die Breite; ihr radialer Durchmesser übertrifft die beiden anderen um ein vielfaches. Tüpfel habe ich nur auf der radialverlaufenden Wand wahrnehmen können (Fig. 9 a. b). Dieselben zeigen einen meist linsenförmigen oder elliptischen Contur und sind mit ihrer Längsaxe horizontal gestellt. Zwei oder drei nebeneinander kommen auf die Breite einer Tracheide (b), oft stehen auch in derselben Zelle zwei solcher Reihen alternirend übereinander (a). In lebenden Nadelhölzern treten oft auf der obersten und untersten Zellreihe der Markstrahlen Hoftüpfel auf, welche ich aber an unserm Holze nicht habe erkennen können. Auch die Tüpfel sind durchaus nicht immer deutlich und nur in wenigen Fällen so gut erhalten, wie es von einem Holze abgebildet ist (Fig. 9). Die Markstrahlen führen fast immer Harz, welches entweder so wie oben beschrieben oder in ganz kleinen Kügelchen an den Wandungen abgelagert erscheint. Harzgänge, die bei gewissen Nadelhölzern von Markstrahlen umschlossen werden, fehlen hier gleichfalls.

2. Opalisirte Hölzer.

Bei der Untersuchung verkieselter Hölzer empfiehlt P. Kaiser[1]) das Absplittern mittelst eines Hammers an Stelle der Herstellung von Dünnschliffen. Diese Methode habe ich schon seit mehreren Jahren, namentlich bei Coniferenhölzern oft mit gutem Erfolge angewandt; auch glaube ich, dass wol mancher Anderer dies einfachere Verfahren in vielen Fällen einschlagen wird. Wenn es sich aber um die Bestimmung und Beschreibung eines Holzes handelt, so benütze ich nie diese Art von Präparaten ausschliesslich, sondern ausserdem noch Schliffe (besonders in horizontaler Richtung), die ich überhaupt bei genauen Untersuchungen für unerlässlich halte. Die Dünnschliffe, welche der gegenwärtigen Arbeit zu Grunde liegen, habe ich zum geringsten Theile selbst angefertigt, die bei weitem grosse Mehrzahl ist auf durchaus correcte und saubere Weise in der wohlbewährten Werkstätte der Herren Voigt & Hochgesang zu Göttingen hergestellt. Dieselben beabsichtigen eine von mir zusammengestellte Collection Präparate der Karlsdorfer Hölzer in Bälde herauszugeben.

Die opalisirten Hölzer zeigen im grossen Ganzen dieselben mikroskopischen Einzelheiten wie die eben beschriebenen Braunkohlen, daher werden wir in Folgendem zweckmässiger Weise nur die abweichenden Merkmale berücksichtigen. Schon in einem frühern Abschnitte bemerkten wir, dass die opalisirten Hölzer in Bezug auf Grösse und Gestalt weit mannigfaltiger sind als die anderen; demzufolge finden sich hier auch mehr anatomische Verschiedenheiten bei den einzelnen Exemplaren. Mit dem Gewebe der Braunkohle stimmt im Allgemeinen das der grossen verkieselten Hölzer (Fig. 13—15) überein, dagegen ist das der kleinen (Fig 19—21) nicht so regelmässig. Die Form der Tracheiden

---

[1]) P. Kaiser, Ulmoxylon. Ein Beitrag zur Kenntuiss fossiler Laubhölzer. Zeitschr. f. d. ges. Naturwiss. Bd. LII. Halle 1879. pag. 94.

ist im Querschnitt zwar auch vorherrschend quadratisch oder rechteckig, geht aber vielfach in die polygonale, fünf- und sechsseitige über. Die Wandungen sind bald von mittelmässiger Dicke, bald auffallend dünn, ohne dass diese Erscheinungen in bestimmter Anordnung auftreten. Die Jahresringe erscheinen in den grossen Stücken immer deutlich und sehr eng, bis $0{,}_1$ mm. (Fig. 13 g-g'), während sie in manchen kleineren Stücken garnicht vorkommen (Fig. 19). In anderen sind sie nur wenig dadurch angedeutet, dass radialverkürzte Zellen in cyclischer Reihe nebeneinander liegen, aber keinen geschlossenen Ring bilden; eine stärkere Verdickung, wie sie sonst dem Herbstholz eigenthümlich, tritt hier nicht ein.

Die Tüpfelung der Tracheiden ist eine ganz ähnliche: gewöhnlich stehen zwei (Fig. 14 c.), selten drei auf gleicher Höhe nebeneinander; zuweilen sind sie nicht genau horizontal gestellt, sondern der eine Tüpfel steht wenig tiefer als der andere, aber nie kommt auf diese Weise eine spiralige Anordnung zustande. Die harzführenden Parenchymzellen (Fig. 14 h p.) besitzen nicht mehr so viel ihres Inhaltes als in der Braunkohle. Das Harz tritt hier in derselben Form und Färbung auf wie dort (h), jedoch sieht man häufig noch den ebenso gestalteten Hohlraum (h'), welcher von jenem ursprünglich eingenommen wurde. Wenn Dr. Pinzger in seinem Vortrage von Harzgängen spricht, so meint er damit das harzführende Parenchym, denn eigentliche Harzgänge kommen hier ebensowenig vor als in den Braunkohlenstücken.

Die Markstrahlen (Fig. 15 m.) des grossen opalisirten Holzes sind 8—14, höchstens 18 Zellen hoch; nur in einem Falle zählte ich deren 22. Im Gegensatze hierzu erscheinen die der jüngeren Hölzer ausserordentlich niedrig, sie bestehen gewöhnlich nur aus 1—2 (Fig. 21) oder 5 Reihen übereinander. Während diese Zellen in der Braunkohle mit Harz angefüllt waren, ist in den verkieselten Hölzern kaum etwas davon wahrzunehmen; manchmal ist eine schwarzbraune Färbung sichtbar.

Was die Vollständigkeit der Erhaltung betrifft, so ist auch hier vorzugsweise der Holzkörper vorhanden, doch finden wir an vielen unsrer jungen Wurzelhölzer noch Theile des Markes und der Rinde. In manchen ist der Markcylinder fast ganz erhalten und besteht aus polygonalen dünnwandigen Zellen, welche grössere Intercellularräume zwischen sich lassen. In andern Hölzern sind mehr oder weniger grosse Lücken eingerissen, welche das Mark bis auf wenige Zellen reducirt haben. Die Rinde tritt viel seltener auf, weil sie dem Einfluss der Atmosphärilien und der mechanischen Einwirkung am meisten ausgesetzt war. Das ganze Rindensystem habe ich nirgend deutlich conservirt vorgefunden, dagegen oft an einzelnen Stellen mehrschichtiges Periderm aus rechteckigen und dünnwandigen Zellen bestehend. Es befand sich nur selten im Zusammenhange mit dem übrigen Gewebe, meistens war es durch einen kleinen Zwischenraum von jenem getrennt, welcher durch die versteinende Masse oder durch den Thon ausgefüllt wurde.

IV.

Bestimmung der Hölzer.

Aus den Resultaten, die wir in den vorigen Abschnitten bezüglich der Braunkohlen- und Opalhölzer von Karlsdorf gewonnen haben, geht hervor, dass alle derselben Art angehören und es soll nunmehr unsere Aufgabe sein, diese näher zu bestimmen. Die eigenthümlichen anatomischen Structurverhältnisse lassen leicht die natürliche Ordnung erkennen, welcher unsere Exemplare angehören; denn der Holzkörper besteht gleichmässig aus Tracheiden, die auf ihrer radialen Wand mit Hoftüpfeln versehen sind und dieser Bau weist bestimmt auf die Coniferen hin. Indessen ist es weit schwieriger innerhalb dieser Abtheilung unsern Hölzern die richtige Stellung zu geben, weil die Nadelbäume unter sich bekanntermassen eine sehr ähnliche Structur zeigen. Aeltere Autoren[1] und ich[2] haben schon früher auf diese Schwierigkeiten hingewiesen, so dass es hier überflüssig erscheint die Begründung für jenen Ausspruch noch besonders beizubringen. In Bezug auf den anatomischen Bau der Coniferen unterscheidet man zunächst die vier Familien der Abietineen, Araucarieen, Taxineen, Cupressineen und bei den ersten wiederum die Form von Abies und Pinus s. str. Die Araucarieen kennzeichnen sich durch Tracheiden mit spiralig gestellten Hoftüpfeln, die Taxineen durch spiralige Verdickungsleisten auf der Längswand der Tracheiden und Pinus durch zusammengesetzte einen Harzgang einschliessende Markstrahlen. Die Abies und Cupressus ähnlichen Hölzer haben beide einreihige Markstrahlen, jedoch besitzen erstere fast garkein harzführendes Parenchym, während es bei letzteren sehr reichlich entwickelt ist. Nach dieser kurzen Characterisirung gehören unsere Hölzer zur Familie der Cupressineen[3], für deren fossile Repräsentanten Göppert[4] den Gattungs-

---

[1] Göppert in seinen verschiedenen Schriften, besonders in der „Monographie der fossilen Coniferen. Leiden 1850."

Kraus, „Mikroskopische Untersuchungen über den Bau lebender und vorweltlicher Nadelhölzer" Würzburger Naturwiss. Zeitschrift. Bd. V. 1864. pag. 144 sq.

[2] Conwentz, l. c. pag. 20. sq.

Conwentz, Ueber ein tertiäres Vorkommen cypressenartiger Hölzer bei Calistoga in Californien. N. Jahrb. f. Mineral. Geol. und Palaeont. 1878. p. 809 sq.

[3] In meiner Dissertation habe ich die Hölzer von Karlsdorf anhangweise zu Pinites Protolorix G. gestellt (pag. 25), mit dem sie inderthat viel Aehnlichkeit besitzen. Leider hatte ich damals versäumt einen horizontalen Dünnschliff von jenen anzufertigen, welcher mich über die Wurzelnatur hätte belehren können.

[4] Göppert, l. c. pag. 196.

namen Cupressinoxylon gewählt hat. Bei Aufstellung desselben liess er es unent-
schieden, ob das betreffende Holz einem Stamme oder einer Wurzel zuzurechnen sei,
weil es nach dem damaligen Stande der Wissenschaft überhaupt nicht möglich war, diese
beiden Theile nach ihrem anatomischen Bau präcise zu trennen. Seitdem H.
v. Mohl dies gelehrt hatte, machte Kraus darauf aufmerksam, dass einige
früher als Stammhölzer beschriebene Arten thatsächlich Wurzeln sind. Indessen ist bis jetzt nirgends ein so massenhaftes Vorkommen von Wurzelhölzern
bekannt geworden, als ich es hier aus der Gegend von Karlsdorf geschildert habe.
Voraussichtlich wird man in Bälde auch an andern Orten Baumwurzeln ange-
hörige Hölzer entdecken, wenn man den Merkmalen, die diese von dem Stamm-
holze unterscheiden, eine grössere Beachtung schenkt.   Ich halte es nun für zweckmässig die Wurzelhölzer der Cupressineen in eine besondere Gattung zusammen-
zufassen und dieselbe als

Rhizocupressinoxylon

dem Cupressinoxylon Göpp. zur Seite zu stellen.   In dem Bereiche der fossilen
Hölzer, wo es so ausserordentlich schwer fällt durchgreifende Unterschiede aufzu-
finden, darf man jene in den Structurverhältnissen der Cupressineen begründete
Differenzen nicht aufgeben, sondern muss dieselben zur Abtrennung der Wurzel-
von den Stammhölzern benützen.   Freilich soll man hierbei nicht vergessen, dass
diese palaeontologischen Gattungen bei weitem nicht gleichwerthig sind mit denjenigen
aus der recénten Flora. Wie schon Göppert bei der Aufstellung von Gattungen
für fossile Hölzer darauf aufmerksam machte, sind es nur Collectivbezeichnungen, welche verwandte Genera in unserm heutigen Sinne zusammenfassen.
Der Grund, warum wir solche Sammelnamen besonders bei den Coniferen wählen
müssen, liegt in den obenangeführten Umständen, dass der Bau verwandter Arten
und Gattungen nahezu übereinstimmend ist.
    Die neue Gattung Rhizocupressinoxylon m. würde sich von Göpperts Cu-
pressinoxylon etwa wie folgt unterscheiden. Die Jahresringe fehlen an jungen
Wurzeln entweder gänzlich oder werden unvollständig ausgebildet, an älteren sind
sie fast immer vorhanden.   Die Zusammensetzung des Ringes ist eine einfachere
als bei Cupressinoxylon, denn derselbe besteht aus nur zwei Schichten: der äussern
und innern, während die mittlere stets fehlt. Infolge dessen setzt das
Herbstholz mit seinen radial verkürzten dickwandigen Zellen gegen das Frühjahrsholz mit seinen quadratischen oder radial verlängerten dünnwandigen Zellen ganz
schroff ab. Dies ist der hauptsächlichste und durchgreifendste Unterschied. Die radial
verlaufende Wandung der Tracheiden ist in jüngeren Wurzeln nur mit einer oder
zwei, in älteren dagegen mit zwei bis drei Reihen Hoftüpfeln bekleidet. Das
Harz führende Parenchym fehlt in den jüngsten Wurzeln wol gänzlich, dagegen
ist es bei älteren ebenso häufig vorhanden als im Stamme.   Die Markstrahlen sind
in jenen auffallend niedrig, während sie in diesen eine ziemlich bedeutende Höhe
erreichen.   Daraus ergiebt sich folgende Diagnose.

Rhizocupressinoxylon Conwentz.

Cupressinearum radix e cortice, ligno et medulla centrali formata. Periderma e cellulis tabulaeformibus, lignum e tracheidibus, medulla e cellulis parenchymatosis composita sunt. Ligni strata concentrica aut desunt aut minus magisve sunt conspicua atque angustiora; zona exterior e tracheidibus pachytichis compressis, zona inferior e tracheidibus leptotichis multo latioribus formata, zona media abest. Tracheidum pori areolati in radicibus tenuioribus in simplici vel duplici, in annosioribus in du-vel triplici serie in eodem plano horizontali iuxtapositi. Cellulae parenchymatosae resiniferae in radicibus tenuissimis desunt, in annosioribus crebrae inveniuntur. Radii medullares homomorphi, uniseriales conferti in illis humillimi, in his altiores, cellulis parenchymatosis porosis. Ductus resiniferi nulli. Medulla obsoleta vel conspicua e cellulis paucioribus leptotichis composita.

Hiernach würde eine grosse Anzahl fossiler Cypressenholz-Arten, die von anderen Autoren früher aufgestellt worden sind, zu unsrer Gattung Rhizocupressinoxylon zu ziehen sein. Es scheint mir indessen nicht opportun, auf Grund der Diagnosen allein zu entscheiden, sondern behalte mir dies bis zur Prüfung des betreffenden Materials vor.

Was nun die Bestimmung der Art anlangt, so haben unter denjenigen Species des Cupressinoxylon Göpp., bei welchen die zweireihige Tüpfelung der Tracheiden vorherrscht, C. aequale und C. uniradiatum am meisten Aehnlichkeit mit den Karlsdorfer Hölzern. Beide besitzen sehr niedrige Markstrahlen, jedoch sind die Hoftüpfel von C. aequale klein und unregelmässig, oft zerstreut angeordnet, was mit unsern Exemplaren nicht übereinstimmt; von C. uniradiatum dagegen giebt Göppert folgende Diagnose[1]):

„C. stratis concentricis amplis, distinctis, cellulis prosenchymatosis leptotichis, poris magnis uni v. biserialibus remotis contiguisve, radiis medullaribus plerumque cellulis 1—2 rarius 3 formatis, ductibus resiniferis simplicibus inter strati zonam interiorem.

Inter strata geanthracis ad Brühl prope Bonnam in fodina Lövenich dicta."

Diese Characteristik trifft wenigstens für die jüngeren Exemplare der Karlsdorfer Hölzer vollständig zu und es kam mir nun darauf an das Material selbst zu vergleichen. Ich war so glücklich das Originalexemplar, worauf Göppert jene Species begründet hatte und welches gegenwärtig im hiesigen Mineralogischen Museum aufbewahrt wird, zu erlangen und konnte nach sorgfältiger Prüfung die Identität der Karlsdorfer Hölzer mit C. uniadiatum Göpp. feststellen.

Die Jahresringe sind meistens deutlich und werden aus wenigen Zellreihen gebildet; ihre mittlere Schicht fehlt durchweg. Auf der radialen Wand der Tracheiden stehen die Hoftüpfel in zwei, manchmal auch in drei Reihen nebeneinander. Die Markstrahlen erscheinen, wie Göppert in der Diagnose angiebt, sehr

---

[1]) Göppert. l. c. pag. 203. t. 27. f. 5—7.

niedrig, gewöhnlich nur aus 1—2 oder 3 Reihen übereinander zusammengesetzt; jedoch fand ich auch einige höhere bis aus 8 Reihen bestehend. Dies Braunkohlenholz von Brühl zeigt also dieselben Eigenthümlichkeiten wie die Hölzer von Karlsdorf; dass in den letzteren die Markstrahlen manchmal noch etwas höher sind, ist unwesentlich und erklärt sich aus deren grösserem individuellen Alter. Von ganz besonderem Interese ist, dass dieselbe Art in der dortigen Gegend auch verkieselt vorkommt, wie ich erst kürzlich an mehreren aus der Tertiärformation des Siebengebirges herrührenden Stücken constatiren konnte. Diese opalisirten Exemplare unterscheiden sich durch keinerlei Merkmale von den dasigen Braunkohlenhölzern, vor allem ist die Anordnung der Tüpfel und die Höhe der Markstrahlen genau dieselbe. Es tritt also an zwei verschiedenen und weit von einander entfernten Orten der Tertiärformation Norddeutschlands, am Zobten und am Siebengebirge, dasselbe Holz als Braunkohle und zugleich in verkieseltem Zustande auf. Weiter unten werden wir Gelegenheit nehmen noch auf andere Analogieen hinzuweisen, welche zwischen beiden Vorkommen bestehen. Leider kam ich in den Besitz der rheinischen verkieselten Hölzer, welche von Oberkassel und Oberdollendorf stammen, erst so spät, dass ich sie nicht mehr für diese Arbeit verwerthen konnte.

Den Artnamen „uniradiatum" hatte Göppert deshalb gewählt, weil in den von ihm geprüften Stücken die Markstrahlen vorherrschend nur eine Zellreihe hoch waren. Wenngleich nun diese Benennung für die Art im Allgemeinen nach unsern Untersuchungen nicht mehr ganz zutreffend ist, so behalten wir dieselbe doch bei und bezeichnen daher unsre Hölzer als

Rhizocupressinoxylon (Conw.) uniradiatum Göpp.

Periderma rarissime conservatum, lignum e cellulis poris areolatis magnis uni-triserialibus praeditis compositum. Radii medullares radicum tenuiorum e cellulis 1—3, annosiorum e cellulis 1—18 formati. Parietes laterales poris minutis uni-vel biserialibus instructi. Cellulae resiniferae in radicibus tenuissimis desunt, in annosioribus copiosae.

V.

Zersetzungserscheinungen der Hölzer.

Wenn wir bislang die Hölzer von Karlsdorf in ihrem normalen Zustande geprüft haben, so wollen wir uns in diesem und den nächsten Abschnitten mit einigen pathologischen Erscheinungen beschäftigen, welche sie in ausgezeichneter Weise darbieten. Oben wiesen wir darauf hin, dass die meisten Stücke, namentlich die etwas grösseren eine leicht zerreibliche Aussenfläche besitzen, da sich die einzelnen Zellen ohne Weiteres von einander ablösen lassen. Ich habe mich lange Zeit hindurch vergeblich bemüht eine Erklärung für diese auffällige Thatsache zu finden[1], bis ich beim Studium des jüngst erschienenen Werkes von R. Hartig[2] auf die richtige Deutung geführt wurde. Durch dessen classische Untersuchungen über die Zersetzungserscheinungen unserer Coniferenhölzer ist es dargethan, dass gewisse Pilze, wenn sie die Wurzel oder den Stamm derselben befallen, eine auflösende Wirkung auf die Zellwände ausüben. Und zwar ist es die primäre Lamelle, welche diesem Einflusse zunächst unterliegt, während die folgenden Wandungen erst später allmälig angegriffen werden; an mehreren Stellen hat Hartig diesen Vorgang trefflich illustrirt, so auf Taf. IV. Fig. 9, Taf. VI. Fig. 6 u. a. m. Infolge dieser Thätigkeit des Parasiten wird der Zellverband innerhalb des Holzes in der Weise gelockert, dass sich die Tracheiden bündelweise oder einzeln ablösen: eine Erscheinung, welche der an unsern fossilen Hölzern auftretenden ganz analog ist. Ich prüfte diese nun wiederholt auf das Vorkommen von Pilzen und fand auch mehrere Male deutliche Mycelfäden besonders in Präparaten des grossen Stammes (Fig. 7). Das Mycelium (Fig. 16. p.) ist wenig verzweigt, sparsam septirt und durchzieht das Lumen der Tracheiden in der Längsrichtung oder bohrt sich horizontal quer ein deren Wandungen hindurch. Wo es selbst nicht mehr erhalten, sieht man häufig noch die Bohrlöcher (b), welche es verursacht hat; bei b' dringt eben ein Zweig ein und bei b" hat sich das Mycel durch einen Hoftüpfel den Weg gebahnt. Es musste von Interesse sein zu prüfen, ob dies Mycelium ähnlichen Pilzen angehört, wie das in recenten zersetzten Hölzern gefundene. Ich konnte aber keine Eigenthümlichkeit daran erkennen, die eine Bestim-

---

[1] Vgl. den II. Abschnitt S. 16.

[2] R. Hartig, Die Zersetzungserscheinungen des Holzes der Nadelholzbäume und der Eiche. Berlin 1878.

mung ermöglicht hätte, und sandte daher die bezüglichen Präparate an Herrn Professor Hartig in München. Diesem gelang es an einer Stelle, die von mir bis dahin übersehen worden war, dasselbe oben erwähnte Mycel mit deutlichen Schnallenzellen und blasigen Hyphenanschwellungen (Fig. 17) zu entdecken. Diese sind in der Jetztwelt noch bei keinem andern Pilze als Agaricus melleus L. gefunden worden — demselben, welcher in den lebenden Hölzern die beschriebene Zersetzung herbeiführt; daher schreibt Prof. Hartig das fossile Mycel diesem selbst oder einem nahen Verwandten aus der Vorwelt zu. Die ganze Erscheinungsweise des Parasiten ist hier genau dieselbe, wie sie der genannte Autor an den lebenden Hölzern geschildert und abgebildet hat. Während im Allgemeinen das Holz von dem gewöhnlichen Mycel quer und längs durchzogen wird, treten zonenartig in zwei oder drei benachbarten Zellen jene blasige Bildungen auf und erstrecken sich nicht über dieselben hinaus[1]). Herr Professor Hartig hatte die Güte mir die Zeichnung einer characteristischen Stelle einzusenden, welche ich in Fig. 17 wiederzugeben mir erlaube; u. a. sind hier die Bohrlöcher en face und durchschnitten deutlich sichtbar.

Agaricus melleus tritt ausschliesslich in der Wurzel und am Basaltheile des Stammes auf[2]). Wenn nun dieser Pilz bereits in der Tertiärzeit existirt hat, so ist seine Lebensweise gewiss dieselbe gewesen als heute; und so wird durch dessen Erscheinen in den fossilen Hölzern von Karlsdorf ein neues Argument dafür beigebracht, dass sie Coniferenwurzeln angehört haben. Die Verbreitung des Parasiten ist durchaus nicht überall eine gleiche gewesen; er drang zunächst in den Hauptwurzeln von aussen nach innen vor und daher sehen wir peripherisch eine Schicht ausgebildet, welche die Einwirkung des Pilzes ganz besonders zeigt, indessen dehnt sich diese in manchen Stücken bis fast in die Mitte aus. In die jüngsten Wurzelverzweigungen gelangt er meistens nicht, weshalb auch alle dünneren Stücke von solider Consistenz sind und keine faserige Hülle besitzen.

Nachdem das Holz einmal infolge der Thätigkeit des Agaricus melleus zersetzt war, bildete es für andere saprophytische Pilze ein geeignetes Substrat. So fand ich an einer Stelle das Mycel eines Pyrenomyceten mit kettenförmig eingeschnürten Conidien (Fig. 18). Willkomm hat ähnliches unter dem Namen Xenodochus ligniperda beschrieben, von dem auch Hartig eine Abbildung liefert[3]). Ueber das Vorkommen dieses Pilzes schreibt mir Herr Professor Hartig: „Solche Bildungen habe ich bisher nur gesehen an zersetztem Holze, welches mit dem Erdboden in Berührung stand." Diese Beobachtung befindet sich wiederum in vollem Einklange mit der bereits aus anderen Gründen gewonnenen Ansicht von der Wurzelnatur der Hölzer.

Noch zweier anderer Erscheinungen möchte ich hier Erwähnung thun, wenngleich ich nicht dafür einstehen kann, dass sie zu den durch Parasiten hervorgerufenen Zersetzungen gehören. Unter den älteren Braunkohlen und opalisirten Hölzern besitzen einige auf der Längswand ihrer Tracheïden ein Netzwerk von

---

[1]) cf. Hartig, l. c. Taf. XI. Fig. 3.
[2]) Ibid. pag. 59. sq.
[3]) Ibid. Taf. XI. Fig. 9.

feinen, vielfach verzweigten und mannigfach gewundenen Linien, welches durchaus
an das Bild vom Mycelium des Polyporus fulvus Scop. erinnert, das Hartig auf
Taf. VII. Fig. 13 wiedergiebt. Es wäre denkbar, dass jene Erscheinung auf Verbreitung eines Pilzmycels zurückzuführen sei, allein dies zu constatiren war mir
nicht möglich. Anderseits bemerkt man auf vielen Zellwandungen ein in schräger
Richtung verlaufendes System ziemlich paralleler Spalten (Fig. 9. 18 s.), welche
häufig von den Tüpfelöffnungen ihren Ursprung nehmen, oft aber auch ganz un-
abhängig von diesen erscheinen. Ich glaube nicht, dass dies allein auf die bekannte physikalische Erscheinung der Zellmembran zurückzuführen sei; Hartig
bildet ähnliches bei der Zersetzung des Kiefernholzes durch Polyporus mollis
Fr. ab[1]).

Man könnte nun fragen, im Falle der Zusammenhang unter den Tracheiden des frischen Holzes völlig gelockert war, warum konnten uns diese überhaupt
erhalten bleiben? Nun, der Pilz wirkt nicht überall in gleicher Weise lösend
auf die primäre Wandung ein, sondern lässt diese wol hier und da unversehrt.
So behalten die Zellen, wenn auch nur partiell, immerhin einen organischen Zusammenhang, der vor einem gänzlichen Zerfallen des Holzes schützt. Oft genügt schon
ein leiser Druck, um dieses herbeizuführen und oft sind mir Hölzer beim Heraus-
nehmen aus dem Erdboden in der Hand auseinandergefallen. Zuweilen scheint
übrigens die ursprünglich geschwundene organische Wand durch Opal wieder ersetzt
worden zu sein. Dies beweisen einige querdurchschnittene Präparate, bei welchen
die Zellen gegeneinander verschoben, aber doch durch Opal gemeinschaftlich verbunden sind: eine Erscheinung, welche sich kaum anders, als in der erwähnten
Weise erklären lässt.

[1]) Hartig, l. c. Taf. IX Fig. 13.

VI.

Wurzeleinschlüsse in den Hölzern.

Es giebt noch eine andere Erscheinung, welche unsere Hölzer charakterisirt und bislang noch nirgend beobachtet worden ist. Nur selten treten dieselben so intact auf, wie wir sie im 2. und 3. Abschnitte geschildert haben, meistens wurden sie im frischen, mehr oder weniger zersetzten Zustande von verschiedenen fremden Wurzeln durchwachsen, welche dann mit petrificirt sind. Bevor ich hierauf näher eingehe, will ich zur Erklärung dieser Thatsache einen analogen Vorgang in der Gegenwart beleuchten.

Wenn in einem Nadelwalde Bäume gefällt werden oder durch Windbruch fallen, so siedeln sich bald auf der Oberfläche des stehen gebliebenen Stumpfes junge Keimpflanzen derselben oder verwandter Art an. Sie treiben ihre Wurzeln senkrecht in das Holz, welches durch die Einwirkung der Atmosphärilien und namentlich infolge der Zersetzung mittelst Pilze für die Eindringlinge empfänglicher geworden ist. In unsern wohl geregelten Forstculturen werden nun die Stöcke bald gerodet und jenen Keimlingen ist dadurch die Möglichkeit genommen zu grösseren Pflanzen auszuwachsen. Nur noch in Gebirgsgegenden kann man diese Verhältnisse beobachten, so sah ich vielfach im Kiessengrunde unterhalb des Schneeberges und auf der böhmischen Seite des Riesengebirges, z. B. an dem Wege von St. Peter im Elbthal hinauf, hohe Fichtenstämme aus den mittlerweile vermoderten alten Wurzelstöcken herauswachsen. Auf gütige Veranlassung des Herrn Forstmeister Guse erhielt ich in diesem Sommer durch Herrn Oberförster Wiczynski aus Carlsberg a. d. Heuscheuer und Herrn Oberförster Dr. Cogho aus Seitenberg am Glatzer Schneeberge solche alte Fichtenstöcke, auf welchen junge Pflanzen derselben Art aufsassen. Ein besonders schönes und noch gut erhaltenes Stück sandte mir Herr Oberförster Lignitz aus dem Nesselgrunde, in welches Fichten, Birken und Eberesche Wurzel geschlagen hatten. Alle diese Exemplare sind im Botanischen Garten hierselbst aufgehoben und weiter in Kultur genommen. Ausserdem kommt an unzugänglichen Stellen der Gebirgswälder noch eine andere Erscheinung vor, nämlich die, dass sich auch auf den alten umgefallenen und verrotteten Stämmen junge Pflänzchen ansiedeln und ihre Wurzeln entweder zwischen Rinde und Holz verbreiten oder in letzteres selbst hineinsenden[1]). Ist nun das Substrat später geschwunden, so schlagen die Bäume ihre Wurzeln natürlich in den Erdboden und es kommen auf diese Weise die wunderbarsten Wachsthumsformen zustande. Dieser Verhältnisse ist meines Wissens zuerst von Göppert ausführliche Erwähnung gethan worden[2]). Er hat diese eigenthümlichen Vorgänge namentlich an Fichten aus der Grafschaft Glatz und dem Böhmerwalde beschrieben und recht characteristische Abbildungen davon geliefert[3]). Wir enthalten uns deshalb detaillirter Mittheilungen hierüber und verweisen im Uebrigen auf die genannte interessante Schrift.

Unsere fossilen Hölzer sind wahrscheinlich Bruchstücke ähnlicher Stumpfe oder Asttheile derselben gewesen[4]). In dem betreffenden Walde, welchem die Rhizocupressinoxyla angehörten, herrschten wol die gleichen Vegetationsgesetze, wie in unsern heutigen Nadelholzwaldungen. Verwandte und auch fremde Pflanzen keimten auf dem Stocke und schlugen ihre Wurzeln hinein, welche ihn oft bis in die Enden der Verzweigungen durchzogen. In manchen Fällen kommen die Wurzeln so dicht gedrängt bei einander vor, dass von dem einschliessenden Holze nur wenig übrig geblieben ist. Vorzugsweise verbreiten sie sich parallel der Holzfaser, d. h. in derjenigen Richtung, in welcher ihnen der geringste Widerstand entgegengesetzt wird; doch kommt es auch zuweilen vor, dass sie senkrecht dazu verlaufen. Zufällig war dies Letztere grade in den Stücken der Fall, welche ich zuerst vor drei Jahren erhielt und darauf bezieht sich meine frühere Bemerkung, dass die Canäle „nur senkrecht zur Richtung der Längsaxe verlau-

---

[1]) Auch unter anderen Verhältnissen dringen Rhizome oder Wurzeln sogar von krautartigen Pflanzen in solches Holz, welches der Zersetzung erlegen ist. So sah ich ein Bruchstück vom untern Ende eines alten fichtenen Zaunpfahles, welches von dem Rhizom der Couvallaria malalis L. durchbohrt war; das Original ist von Herrn Apotheker Werner dem hiesigen Botanischen Museum geschenkt worden. Ich vermuthete, dass auch alte Telegraphenstangen hier und da etwas Aehnliches zeigen würden, jedoch scheinen sie durch das Ankohlen resp. Imprägniren gegen jede Zersetzung möglichst geschützt zu werden. Obgleich ich vielfach Nachforschungen in dieser Richtung angestellt habe, konnte ich noch keine Durchwachung an selbst sehr alten Stangen auffinden. Auffallend ist, dass ebenso gesunde lebende Holzgewächse in ihren unterirdischen Theilen manchmal durchwachsen werden; besonders scheint Agropyrum repens P. B. die Fähigkeit zu besitzen die Wurzeln junger Bäumchen zu durchdringen. Herr Oberförster Sprengel, Docent an der Kgl. Academie in Proskau, sandte mir freundlichst im April 1879 zwei Eichenstämmchen, deren Hauptwurzel an einer 5 mm. dicken Stelle die Quecke durchbohrt hatte. Einen ganz ähnlichen Fall hat übrigens Dr. Reichardt in der Regensburger Flora (55. Jhg. 1872 pag. 104) beschrieben. Häufig dringt die Quecke in unterirdische Pflanzentheile von geringerer Consistenz, so z. B. in Kartoffelknollen ein; dieser Vorgang kann von Landwirthen vielfach wahrgenommen werden und ist z. B. durch Caspary (Bericht über die 14. Vers. d. preuss. bot. Ver. zu Rastenburg 1875 pag. 9. Sep.-Abdr. a. d. Schr. d. Physik-Oekon. Ges. in Königsberg) und Treichel (Bericht über die 1. Vers. d. westpreuss. bot.-zool. Ver. in Danzig. 1878. pag. 24. Sep.-Abdr. a. d. Schr. d. Naturf. Ges. in Danzig) mitgetheilt worden.

[2]) Göppert. Skizzen zur Kenntniss der Urwälder Schlesiens und Böhmens. Nova Acta Acad. Caes. Leop.-Carol. Vol. XXXIV. Dresden 1868.

[3]) Ibid. Taf. 5. 6.

[4]) In der Sitzung vom 12. December 1878 der Botanischen Section der Schlesischen Gesellschaft zu Breslau machte ich in Bezug hierauf eine vorläufige Mittheilung „Ueber eine anomale Wachsthumserscheinung an fossilen Hölzern. (Bericht der Botan. Sect. 1878. pag. 150.)

fen[1]." Seitenverzweigungen habe ich selten bemerkt und wenn solche auftreten bleiben sie entweder ganz kurz oder wachsen anfangs zwar gegen die Holzfaser, neigen sich dann aber bald deren Längsaxe zu. Im Allgemeinen scheint das Holz gut erhalten zu sein und ist jedenfalls noch in keinem hohen Zersetzungszustande begriffen gewesen, als die jungen Wurzeln eindrangen. Einzelne der cylindrischen Stücke waren im Innern freilich ausgefault und in diese Höhlung hinein hatte sich ein völliges Conglomerat von Wurzeln erstreckt. Aeusserlich sahen diese Stücke ganz normal aus, aber durch einen leise auf sie ausgeführten Schlag spalteten sie auseinander und zeigten jene Erscheinung in schönster Weise (Fig. 5). Die Wurzeln sind häufig mit Hyalith überzogen und haben dadurch ein abweichendes traubiges Aussehen gewonnen. In einigen Fällen wurde der übrig gebliebene Hohlraum wieder durch Opal oder in selteneren Fällen durch jenen obenerwähnten Thon ausgefüllt.

Die Grösse der Wurzeln ist eine sehr verschiedene, man kann dieselbe nur relativ bestimmen, weil man kein vollständiges Wurzelsystem vor Augen hat. Die Länge mass ich im Innern eines Holzes 20 cm; doch zeigte die Wurzel auf dieser Strecke kaum eine merkbare Verjüngung, sodass sie im Leben um ein vielfaches länger gewesen sein muss. Der Durchmesser der am häufigsten vorkommenden Wurzeln beträgt $1_{,0}$—$1_{,5}$ mm. (Fig. 2 w. Fig. 3 w. w.' Fig. 4 w. w' w." Fig. 5 w.), selten mehr (Fig. 1 w. Fig. 5 w'); in einem Falle sah ich sogar eine eingedrungene Wurzel von 12 mm. Diameter (Fig. 5 w"). Auf dem Querschnitte lassen die Wurzeln zuweilen schon mit blossem Auge einen innern Kern und eine peripherische Hülle unterscheiden; der zwischen beiden liegende Raum ist oft hohl geblieben (Fig. 3. 4 w'). In einzelnen Stücken sind die Würzelchen sehr schlecht oder garnicht erhalten, sodass ihr einstiges Vorhandensein nur durch den entsprechenden Hohlraum angedeutet wird (Fig. 3. 4 w). Diese feine Canäle machen dann ganz den Eindruck von Insectengänge, wofür ich sie anfangs auch gehalten habe[2]).

Es sei hier noch besonders hervorgehoben, dass alle diese Vorgänge ihr Analogon in der Gegenwart finden. In Fig. 6 habe ich ein Stück verrottetes Stockholz einer Fichte abgebildet, in welches mehrere Wurzeln derselben Art eingedrungen sind. Diese besitzen sehr verschiedene Länge und Dicke: w ist ganz dünn, w' etwas stärker und w" ziemlich dick. Vorzugsweise wachsen dieselben in der Längsrichtung und entwickeln nur sehr kurze verkümmerte Seitenzweige: die fein punktirten Eindrücke bei e rühren von diesen her. Auch die Eigenthümlichkeit des Ablösens des Rindengewebes vom Centralcylinder ist an mehreren Stellen der Wurzeln (d) deutlich zu beobachten.

Das Versteinungsmaterial der eingedrungenen Wurzeln ist nicht von dem des umgebenden Holzes verschieden, also in den angeführten Fällen Opal. Wenn wir bisher von jener Erscheinung nur an den opalisirten Hölzern gesprochen haben, so geschah es deshalb, weil sie bei diesen am schönsten ausgebildet ist. Dieselbe findet sich aber gleichfalls in der Braunkohle und in allen Mittelstufen wie-

---

[1]) H. Couwentz, Ueber die versteinten Hölzer . . . pag. 25.
[2]) Ibid. pag. 25.

der, wobei die Wurzeln selbst auch aus Braunkohle bestehen. Sie sind auf der Längsfläche besonders deutlich und lassen sich mittelst eines Scalpels leicht herauspräpariren.

Das Eindringen junger Wurzeln in fremde Holzkörper ist in fossilem Zustande zwar noch nie beobachtet worden, doch glaube ich, dass dieser Vorgang — wenn einmal darauf aufmerksam gemacht ist — auch anderweitig bald entdeckt werden wird. Bei einem gelegentlichen Besuche des Mineralien-Cabinets im Zwinger zu Dresden bemerkte ich daselbst ein tertiäres Coniferenholz von Oberkassel bei Bonn, welches völlig von Wurzeln durchdrungen war. Herr Geheimer Hofrath Professor Dr. Geinitz hatte die Güte mir davon eine Probe zu überlassen, deren genauen Untersuchung das durch makroskopische Beobachtung gewonnene Resultat bestätigte. Später erhielt ich anderweitig eine grössere Collection ähnlicher Hölzer aus derselben Gegend, welche der Mehrzahl nach gleichfalls jene Erscheinung zeigten[1]). Schliesslich habe ich diese auch an mehreren Stücken aus den Dolerittuffen des Felsberges in Niederhessen im Mineralogischen Museum des Herrn Geheimen Hofrath Professor Dr. Schmid zu Jena gesehen.

Noch eines andern Verhaltens will ich anhangsweise hier Erwähnung thun. In Fig. 3 sind zwei Stücke (a. b.) abgebildet, die wahrscheinlich dem Wurzelsystem verschiedener Bäume angehört haben. Sie sind jetzt nachdem sich die peripherischen Holz- und Rindenmassen abgetrennt haben, noch eng mit einander verbunden und das grössere hätte bei fortschreitendem Wachsthum dass andere völlig überwallt. Diese Erscheinung erinnert an die von Göppert[2]) constatirte Thatsache der unterirdischen Verwachsung aller Fichtenbäume in einem Walde, jedoch wollen wir diesem einzigen von uns aufgefundenen Exemplare keine garzugrosse Beweiskraft beimessen.

---

[1]) Diese Hölzer gehören auch zu Rhizocupressinoxylon uniradiatum und ich habe ihrer bereits oben Erwähnung gethan. Sie zeigen nicht blos Wurzeleinschlüsse verwandter Pflanzen, sondern auch von Laubhölzern; ausserdem kommen mit ihnen zusammen Blätter der letzteren gleichfalls in verkieseltem Zustande vor. Aus dem bereits angeführten Grunde konnte ich die Betrachtung dieser rheinischen Fossilien nicht mehr in den Bereich vorliegender Untersuchungen ziehen.

[2]) Göppert, Beobachtungen über das sogenannte Ueberwallen der Tannenstöcke. Bonn 1842.

VII

Mikroskopische Betrachtung und Bestimmung der eingeschlossenen Wurzeln.

Die mikroskopische Prüfung lehrt, dass die eingeschlossenen Wurzeln dreierlei verschiedenen Pflanzen angehören; und zwar einer Cypressen ähnlichen, einer Erlen ähnlichen und einer von fraglicher Natur.

1. Cypressen ähnliche Wurzeln.

Diese Wurzeln sind bei Weitem am häufigsten verbreitet, sie stehen manchmal so gedrängt, dass man bei einer schwachen Vergrösserung im Gesichtsfelde nur deren Querschnitte und nichts vom einschliessenden Holzgewebe erblickt. Ihre Grösse ist sehr verschieden, gewöhnlich besitzen die feinsten einen Durchmesser von $0,_{25}$—$0,_{3}$ mm., jedoch kommen auch weit stärkere vor, die wir bereits mit blossem Auge beobachtet haben. Die jungen Wurzeln bestehen aus dem Rindenparenchym (a. in Fig. 19, 20, 23, 24, 29, 32.) und einem Centralcylinder. (g. in Fig. 23, 24 und 29—31.) Ersteres wird bei der angegebenen Durchschnittsgrösse der Wurzeln aus 4—6 concentrischen Reihen sechsseitiger dünnwandiger Zellen gebildet, welche tangential etwas in die Länge gezogen sind. In der Längsansicht sind sie entweder rechteckig oder langgezogen sechseckig (Fig. 23, 32.), dabei übertrifft ihr verticaler Durchmesser den radialen um das Doppelte bis Dreifache. Eine Epidermis hebt sich vom übrigen Rindenparenchym nicht ab (Fig. 24, 29); sie würde bei diesem eigenthümlichen Auftreten der Wurzeln ihre Bedeutung verloren haben. An solchen Stellen aber, wo jene nicht in die Holzmasse selbst, sondern in Hohlräume derselben gewachsen sind, kommt eine Oberhaut vor (Fig. 23 b.). Eine ganz besondere Ausbildung zeigt die vorletzte Rindenschicht, in welcher tangential mitten auf den Wandungen planconvexe Wulste verlaufen. Dieselben correspondiren stets mit den benachbarten Zellen (Fig. 23, 24 c.) und erscheinen daher im Querschnitte auf den radialen Wänden, wo zwei zusammentreffen, linsenförmig (γ). Die Färbung ist in den allerjüngsten Stadien mehr oder weniger eine hyaline, nimmt später aber einen intensiv gelben Ton an, welcher während der Fossilisirung völlig bewahrt wurde (Fig. 23. 24,). Diese Verdickungsleisten treten gewöhnlich zwar nur in der vorletzten Rindenschicht auf, jedoch in etwas grösseren und älteren Wurzeln erstreckt sich ihre Verbreitung auch auf die zwei bis drei zunächst vorhergehenden Zellreihen. Immer bilden sie ein zusammenhängendes, den Centralcylinder umschliessendes Gitterwerk, welches dazu dient der ganzen Wurzel einen festern Halt zu geben. Die letzte Schicht, die Endodermis, besteht aus im Querschnitt rechteckigen, oft etwas stärker verdickten Zellen, welche einen geschlossenen Ring bilden, (Fig. 29, 30. d,); deren radialverlaufende Wände sind manchmal in der charakteristischen Weise schwach wellig gebogen. Der Axencylinder zeigt einen bi- bis tetrarchen Bau; ersterer ist durchaus vorherrschend und erscheint meistens deshalb monarch, weil sich die Xylemgruppen zu einer einzigen Platte vereinigt und nach einer Seite gedrängt haben (Fig. 30.). Der Xylemtheil enthält Spiral- oder Ringgefässe (Fig. 23. g.). Beiderseits liegen Gruppen von kleinen dünnwandigen Bastzellen, welche mit jenen durch ein Gewebe grösserer polygonaler dünnwandiger Zellen verbunden werden (Fig. 30. f.). Diese Wurzeln, welche am häufigsten vertreten sind, gehören wahrscheinlich, da sie alle in verticaler Richtung nahezu parallel verlaufen, jungen Keimlingen und nicht etwa als Seitenwurzeln älteren Pflanzen an. An jetztweltlichen Beispielen findet man gerade in jenen die characteristische Verdickung der vorletzten Rindenschicht in ebenso ausgezeichneter Weise vor, als an unsern Schliffen, während sie in den feinen Verzweigungen etwas ältere Exemplare bis zum völligen Schwinden reducirt werden kann.

Ausser den oben besprochenen jüngsten Stadien kommen in manchen Hölzern auch grössere Wurzeln im Zustande der secundären Verdickung vor (Fig. 31). Aus dem Gwebe zwischen Gefäss- und Basttheil haben sich zwei Cambiumplatten herausdifferenzirt, die sich dann zu einem Ringe vereinigen und fortan nach Aussen secundäres Phloëm, nach Innen secundäres Xylem abscheiden. Die Jahresringe sind hier sehr verwischt, lassen sich aber manchmal noch annäherungsweise erkennen. Es finden sich unter diesen eingewachsenen Wurzeln einige vor die ein zwei- bis dreijähriges Alter repräsentiren. — Im Pericambium findet häufig eine Peridermbildung statt, wodurch schliesslich die ganze Aussenrinde abgeworfen wird[1]); dies kann natürlich nur in solchen Fällen geschehen, wo das Gewebe des Mutterstockes die eingewachsenen Wurzeln nicht gar zu eng umschliesst. Der Holzkörper dieser älteren Wurzeln besteht durchweg aus Tracheiden, deren radiale Wand mit ein- oder zweireihig gleichhoch gestellten Hoftüpfeln bekleidet ist. Die Markstrahlen sind sehr niedrig, nur etwa ein bis drei Zellreihen hoch und auf der radialverlaufenden Wandung mit linsenförmigen Tüpfeln besetzt. Gewöhnlich kommen deren zwei auf eine Tracheidenbreite und ein oder zwei Reihen stehen in einer Strahlenzelle übereinander. Harz führendes Parenchym fehlt fast gänzlich; nur höchst selten habe ich in zwei- bis dreijährigen Wurzeln solches wahrnehmen können. Auch bei lebenden Coniferen bilden sich das Harzparenchym sowie die echten Harzgänge erst in älterem Stadium aus.

Im Allgemeinen ist die Bestimmung von Wurzeln deshalb schwierig,

---

[1]) Vgl. De Bary, Vergleichende Anatomie der Vegetationsorgane. Leipzig 1877. pag. 569.

weil dieselben vom vergleichend anatomischen Standpunkte aus noch zu wenig bekannt sind. In unserm Falle kommt uns eine Eigenthümlichkeit der eingewachsenen Wurzeln zustatten, durch welche die bezüglichen Pflanzen einer ganz eng begrenzten Gruppe zugewiesen werden. Van Tieghem hat in seinen trefflichen „Recherches sur la symétrie de structure des plantes vasculaires"[1] festgestellt dass im Rindenparenchym der Wurzeln von Cupressineen und Taxineen jene merkwürdige Verdickungsform auftritt, welche wir oben beschrieben und abgebildet (Fig. 23, 24, c) haben. Die verwandten Familien sind durchaus davon frei, auch ist jene Erscheinung bei den höheren Gewächsen überhaupt nirgend wiedergefunden; nur noch einmal im ganzen Pflanzenreich, nämlich im Laube der Pellia wurde von Schleiden[2] zuerst eine ähnliche Verdickung angetroffen, Van Tieghems so werthvolle Entdeckung ist von Strassburger[3], Klein[4] und Reinke[5] bestätigt worden, letzterer hat ausserdem noch die Entwickelungsgeschichte und Structur der Wülste genau untersucht[6]. Demgemäss ergiebt sich, dass unsere Wurzeln entweder Cupressineen oder Taxineen angehört haben müssen. Nun besitzen die Tracheiden der Letzteren aber eine spiralige Verdickung, welche wir in keiner der holzbildenden Wurzeln wahrnehmen konnten und daher dürfen dieselben nur Cypressen ähnlichen Bäumen zugerechnet werden. Ob sie der nämlichen Art eigenthümlich gewesen sind, in welche sie hineinwuchsen, lässt sich schlechterdings nicht nachweisen. Freilich zeigen sie im Zustande der secundären Verdickung, wie bereits oben ausgeführt wurde, dieselben Merkmale, welche sich im umgebenden Holze wiederfinden, jedoch wäre es unberechtigt daraus ohne Weiteres auf die Identität beider Theile schliessen zu wollen, weil ja die Coniferen im Allgemeinen einen sehr übereinstimmenden anatomischen Bau besitzen. Jedenfalls gehören die Wurzeln — wenn nicht denselben Pflanzen — so wenigstens nahe verwandten an und können mit vollem Rechte der oben neu aufgestellten Gattung: Rhizocupressinoxylon zugerechnet werden.

Beiläufig sei noch bemerkt, dass der Uebergang von der jungen cypressenartigen Wurzel zu einem Holzkörper, der dem des Cupressinoxylon entspricht, eine sichere Bestätigung dafür ist, dass die von Göppert unter diesem Namen bereits vor mehreren Decennien zusammengefassten Hölzer inderthat Cypressen ähnlichen Bäumen und nicht etwa den anatomisch fast gleich gebauten Abietineen angehört haben.

Schliesslich wollen wir noch die Art und Weise, in welcher uns die Wurzeln erhalten sind, näher ins Auge fassen. In demselben Exemplare finden wir die Gewebe nie in der Vollständigkeit vor, wie wir es vorhin beschrieben haben; vielmehr liess sich die obige Characterisirung nur infolge vergleichender Betrachtung von recht vielen Präparaten so genau geben. Als ich mich vor drei Jahren

[1] Annales des sciences naturelles. V. Série. Botanique. Tome 13. Paris 1870/71. pag. 5 sq.
[2] Wiegmann's Archiv. Jahrg. 1839. pag. 280. und Grundzüge der Botanik. III. Ausg. Bd. I. pag. 63.
[3] Strassburger, Die Coniferen und die Gnetaceen. Jena 1872. pag. 346.
[4] Klein, Zur Anatomie junger Coniferen-Wurzeln. Flora, 55. Jahrg. 1872. No. 6. 7.
[5] Reinke, Morphologische Abhandlungen. Leipzig 1873. pag. 31. sq.
[6] Vl. auch De Bary, l. c. pag. 125.

mit diesem Gegenstande zu beschäftigen anfing, erhielt ich zuerst auf Quer- und Längsschliffen solche Ansichten wie sie in Fig. 19 und 21 wiedergegeben sind, d. h. von der ganzen Wurzel war nichts, als die durch ihr Eindringen verursachte Höhlung vorhanden. Ich fand hierfür nicht gleich die richtige Deutung und hielt jene anfangs für Bohrgänge kleiner Insecten. Auffallend war, dass die Wand der Canäle an einzelnen Stellen durch kleinere Zellen austapeziert erschien; an ein nachträglich zum Vorschein gekommenes Füllgewebe — etwa ähnlich wie in den grossen Gefässen mancher Laubhölzer — konnte hier nicht gedacht werden. Herr Professor R. Hartig machte mich zuerst darauf aufmerksam, dass jene Höhlungen und die darin noch vorhandenen Zellen sehr wohl von Wurzeln herrühren könnten, die in das abgestorbene Holz hineingewachsen seien. Bald wurde ich durch neue Dünnschliffe von der Richtigkeit dieser Deutung überzeugt und später erhielt ich solche Stücke von versteinten Hölzern (Fig. 2. 5.), an welchen man schon mit blossem Auge die eingedrungenen Wurzeln erkennen konnte. Unglücklicherweise war grade bei der Anfertigung meiner ersten Präparate eine Stelle getroffen worden, die sehr schlecht erhalten war und daher zu meinem anfänglichen Missverständniss Anlass gegeben hatte.

Kehren wir zur Besprechung der Erhaltungsart unserer Würzelchen zurück. Das Rindenparenchym ist meistens durch seine äussersten ein bis drei Schichten repräsentirt, während die mittleren mehr oder weniger fehlen. Dagegen ist das Verdickungsnetz, aber ohne die dazu gehörigen Zellen, und die Endodermis fast immer vorhanden. In seltenen Fällen sieht man das Rindenparenchym in allen seinen Theilen gut conservirt. Vom Centralcylinder sind die äusserste Schicht (Fig. 30. e.), welche gegen die Schutzscheide grenzt und die Gefässe meistens noch deutlich, während man vom Phloëm sehr selten einige Spuren wahrnehmen kann.

Zum Vergleich habe ich noch einen Querschnitt (Fig. 22,) des in Fig. 6 abgebildeten recenten von Wurzeln durchdrungenen Fichtenstockholzes gezeichnet, der ein den fossilen Stücken ganz ähnliches Bild giebt. An einigen Stellen (w.) sind nur noch die Hohlräume vorhanden, welche die Wurzeln zurückgelassen haben und an anderen ist der Querschnitt von diesen theilweise selbst erhalten (w.') mit Rinde (a) und Axencylinder (b); w'' ist die Längsansicht eines jungen Würzelchens. Mir stand leider kein frisches Material zu Gebote, welches deutlichere Präparate geliefert hätte; in diesem trocknen Zustande sind die Wurzeln gänzlich verrottet und lassen nur wenig Structur erkennen.

2. Erlen ähnliche Wurzeln.

Diese Wurzeln habe ich nur in drei Exemplaren und zwar gedrängt bei einander in einem grössern Stücke des Rhizocupressinoxylon eingewachsen gefunden. Sie besassen einen Durchmesser von 5—7 m. m. und waren gewiss mehrere Centimeter lang; da ich ein völliges Spalten des Holzes vermeiden wollte, konnte ich ihre Länge nicht genau bestimmen. Sie befanden sich natürlich alle im Stadium der secundären Verdickung, leider konnte ich jüngere Zustände nirgend auffinden. Alle drei. Gewebesysteme: Rinde, Holz und Mark sind zumtheil recht deutlich erhalten. Die Epidermis ist in diesem Alter schon abgestossen, dafür hat sich aber reichlich Periderm gebildet (Fig. 28. p.), dessen Zellen tafelförmig sind und noch die ursprüngliche röthliche Färbung zeigen. An der Aussenseite treten sie zuweilen auseinander, um Lenticellen zu bilden; dies erklärt sich daraus, weil die Wurzeln nicht eng von Holz rings umgeben, sondern in grössere Hohlräume desselben hineingewachsen sind. Der Querschnitt der Wurzeln ist der Hauptmasse nach aus kleinen vier- bis mehrseitigen dünnwandigen Zellen zusammengesetzt (Fig. 25 a. b.), welche durch kaum dickwandigere und meist zu 2—4 gruppirte Gefässe (g) unterbrochen werden. Diese sind in der horizontalen Ansicht übrigens wenig von jenen zu unterscheiden, da sie weder auffallend grösser sind noch in deutlich erkennbarer regelmässiger Anordnung auftreten. Im Allgemeinen stehen sie ebenso wie die Zellen radial gereiht, eine Differenzierung des Gewebes in Jahresschichten findet nicht statt. Die Gefässe besitzen auf ihrer ganzen Längswandung Tüpfel, welche oft so gedrängt stehen, dass deren Höfe sich gegenseitig abplatten. Ausserdem zeigen die schräge verlaufenden Querwände leiterförmige Durchbrechungen. Die Markstrahlen (Fig 25—27 m,) sind einerlei Art, und zwar immer einreihig und ziemlich niedrig, bis höchstens zehn Zellreihen hoch. Die jene zusammensetzenden Zellen sind in Bezug auf Grösse und Gestalt sehr verschieden. Ihr Höhendurchmesser übertrifft meistens um etwas den radialen und dieser wiederum bedeutend den tangentialen. Von der Rinde aus gesehen zeigen die Zellen einen rechteckigen oder tonnenförmigen Umriss (Fig. 27). Ob die Markstrahlenzellen auf einer ihrer Wandungen mit Tüpfeln bekleidet sind, habe ich nicht constatiren können; wahrscheinlich sind diese im lebenden Holze wenigstens auf der radialverlaufenden Wand vorhanden gewesen. Das Mark ist allerdings auf ein Minimum beschränkt, aber immerhin sichtbar, es besteht aus kleinen vierseitigen und dünnwandigen Zellen.

Geringe Störungen des Zusammenhanges kommen hier ebenso wie im einschliessenden Holze vor. Die längs verlaufenden Wände sind fast alle von der Peripherie aus mehr oder weniger gefaltet (Fig. 25) und theilweise zerrissen. Das Periderm hat sich an den meisten Stellen vom Holzkörper getrennt, was manchmal durch zwischendringende junge Rhizocupressinoxyla bewirkt wurde. Die entstandenen Lücken sind dann durch Opal wieder ausgefüllt worden.

Was die Bestimmung der Wurzeln betrifft, so haben sie die gröste Aehnlichkeit mit dem Holze der jetztweltlichen Erlen und Birken. Diese beiden unterscheiden sich dadurch von einander, dass bei den Ersteren die Tüpfel der Gefässe kleiner und die Markstrahlen fast durchweg einreihig sind[1]); ausserdem fand ich, dass sich die Getässe auf dem Querschnitte der Erlenwurzeln bei Weitem nicht so deutlich abheben als es in der Birkenwurzel der Fall ist. Hieraus erhellt, dass unsere eingewachsenen Wurzeln der recenten Gattung Alnus verwandt sind, von welcher meines Wissens noch keine fossile Hölzer beschrieben wurden; wir stellen daher eine neue Gattung

Rhizoalnoxylon Conwentz

---

[1]) vgl. hierüber auch P. Kaiser, Ulmoxylon. l. c. pag. 90.

auf, welche alle Wurzelhölzer vorweltlicher Erlen umfassen soll. Ich unterlasse es vorläufig hiervon eine Genusdiagnose zu entwerfen: einmal fehlt es mir dazu an genügendem fossilen Vergleichsmaterial und dann kann man von vornherein schlechterdings nicht entscheiden, ob manche Eigenthümlichkeiten der fossilen Erlenwurzel als solcher zukommen oder hier nur durch das anomale Auftreten bedingt wurden. Es wird daher zweckmässig künftigen ausgedehnteren Forschungen vorbehalten bleiben, diese neue Gattung Rhizoalnoxylon zu characterisiren. Als Speciesnamen wähle ich „inclusum" und gebe für diese Art folgende Diagnose.

Rhizoalnoxylon inclusum Conw.

Corticis periderma brunneum e cellulis tabulaeformibus compositum; ligni strata concentrica non distincta, cellulae parenchymatosae subpachytichae, vasa crebra. Parietes verticales eorum poris areolatis magis minusve confertis obsiti, septa obliquua scalariformia. Radii medullares homomorphi, uniseriales e cellulis 1—10 formati. Medulla parenchymatosa conspicua.

3. Wurzeln einer unbestimmten Pflanze.

Eine dritte Art von Wurzeln (Fig. 33—35) kommt in demselben Stücke, welches die Rhizoalnoxyla enthält, ziemlich häufig, wenn auch lange nicht so massenhaft wie die cypressenartigen vor. Sie bohren sich nicht in das Holz selbst hinein, sondern wachsen nur in grössere Hohlräume desselben, was wol in der zarten Beschaffenheit ihres Gewebes seinen Grund hat. Die Epidermis (a) besteht aus kleinen, peripherisch lang gestreckten Zellen und das daran grenzende Hypoderm (b) wird aus grossen cubischen oder polyedrischen Zellen gebildet, woran sich mehrere Schichten (2 – 4) parenchymatischen Grundgewebes anschliessen. Zuletzt scheidet eine Endodermis (c) das ganze Rindensystem, dessen Elemente im Uebrigen sehr dünnwandig sind, gegen den Axencylinder hin ab; sie besteht aus stärker verdickten pleurenchymatischen Zellen, deren tangentialer Durchmesser den radialen um etwas übertrifft. Der Centralcylinder wird aus einem ziemlich regelmässigen Gewebe dünnwandiger und im Querschliff polygonaler Tracheiden (d. d') zusammengesetzt, deren Grösse im Allgemeinen centrifugal abnimmt. Eine passende Längsansicht traf ich leider nicht an, jedoch erhielt ich das ähnliche Bild einer Nebenwurzel (Fig. 34. 35), welche von einer quer durchschnittenen grösseren Wurzel horizontal abging. Hiernach besteht das Innere aus engen Ring- oder Spiraltracheiden (l) und langgestreckten Zellen mit wagerechter Wandung. Ob wirkliche Getässe vorkommen, konnte ich nicht feststellen, ebenso war es mir unmöglich das übrige Detail zu ermitteln.

Die Epidermis ist nur selten erhalten, zumeist liegt das Hypoderm nach Aussen. Dies stellt gewöhnlich einen geschlossenen Ring dar, welcher concentrisch die Schutzscheide umgiebt, aber von derselben durch eine grössere Lücke getrennt wird, indem das dazwischenliegende Rindenparenchym meist nicht conservirt wurde. Dieser Hohlraum ist entweder thatsächlich leer geblieben oder es sind ganz junge Rhizocupressinoxyla (Fig. 34 w. w') hineingewachsen und als allgemeines Bindemittel tritt auch hier überall der Opal auf (Fig. 33 c).

Bei der Bestimmung dieser fremden Wurzeln stiess ich auf besondere Schwierigkeiten, da sie kein characteristisches Merkmal besitzen, welches auf ihre Verwandte in der Jetztwelt hinführen könnte. Bald glaubte ich die Pflanzen zu den Monocotylen, bald zu den Dicotylen stellen zu müssen, doch fand ich keinen Anhaltspunct zur sichern Bestimmung. Herr Professor de Bary in Strassburg, den ich um seine Ansicht über die Natur dieser Wurzeln bat, theilte mir mit, dass junge dicotyle Hauptwurzeln auf dem Querschnitte oft so aussähen. Leider können wir vorläufig keine definitive Entscheidung über die Zugehörigkeit jener Wurzeln treffen, vielleicht ist dies später einmal möglich, wenn erst umfassendere Untersuchungen über den Bau der recenten Wurzeln vorliegen werden.

4. Allgemeine Bemerkungen über das Eindringen der Wurzeln.

Wie schon oben hervorgehoben, war das Holz infolge der Einwirkung der Atmosphärilien und Parasiten so sehr gelockert worden, dass die jungen Keimlinge ohne Weiteres ihre Würzelchen in dasselbe hineintreiben konnten. Wenn die Zersetzung schon derartig vorgeschritten war, dass grössere Hohlräume in demselben entstanden, so schlugen die Wurzeln ihren Weg natürlich hier hinein. Das Mark, als der am Wenigsten resistente Theil, faulte zunächst aus und sein Raum wurde dann durch eine grosse Anzahl wirr durcheinander wachsender Wurzeln ausgefüllt. Auf diese Weise entstanden jene schöne Präparate, von denen in Fig. 2 und 5 einige abgebildet sind. Aber in durchaus den meisten Fällen musste sich das Würzelchen im Holze mühsam seinen Weg selbst bahnen, es finden sich nur wenige in dem festern Herbstholze, wenn solches überhaupt ausgebildet ist, sondern die meisten wachsen in das weichere Frühjahrsholz hinein. Dadurch dass infolge der Pilzthätigkeit die primäre Wandung der Zellen bald gelöst wird, ist das Vordringen der Wurzeln wesentlich erleichtert. Die angrenzenden Tracheiden werden auseinandergebogen und comprimirt; sie erhalten bei fortschreitendem Dickenwachsthum der Wurzeln oft starke Quetschungen (Fig. 19—22) und werden theilweise zerstört. Die Energie der Wurzeln kann eine so grosse sein, dass das Gewebe sogar auseinandergesprengt wird; dies geschieht namentlich, wenn sie auf der Grenze zweier Jahresringe oder zwischen Holz und Rinde wachsen. Bei diesem Vorgange können andere Wurzeln, welche nahe den Spalten, jedoch in anderer Richtung verlaufen, leicht zerrissen werden. Oft habe ich junge Wurzeln gesehen, deren Substanz quer durchrissen und nachträglich durch Opal wieder verkittet war; diese Erscheinung würde kaum eine andere Erklärung zulassen.

Die Beziehungen der Wurzeln und des umgebenden Holzes sind wechselseitige: nicht nur treten im Gewebe des Letztern Störungen ein, sondern auch die Wurzeln müssen sich in ihrer Form diesen anpassen. Viele sind freilich regelmässig cylindrisch, jedoch zeigen die meisten irgend eine Abweichung von dieser Gestalt. In derjenigen Richtung, nach welcher hin der grösste Widerstand entgegengesetzt wurde, ist der Durchmesser verkürzt. Der Querschnitt der Wurzeln ist meistens ein ellipsoidischer, wobei aber die einzelnen Zellen an und für sich durchaus regelmässig gebaut sind. Da sich die Wurzeln völlig den Conturen des durch sie erzeugten Canals im Mutterholze anpassen, so kommen manchmal sehr auffallende Figuren zustande. Dieselben sind nierenförmig, länglich, wobei der eine Durchmesser den andern um das Fünf- und Mehrfache übertrifft; einmal fand ich sogar eine Wurzel, deren beide Durchmesser $0_{,1}$ und $1_{,6}$ mm. massen. Auch einer andern eigenthümlichen Erscheinung muss ich hier noch gedenken. Nicht allein, dass eine Wurzel in das Holz hineinwächst, sondern es dringt in diese dann wiederum eine zweite ein und so weiter; auf diese Weise sind manchmal vier Wurzeln ineinandergeschachtelt und dabei ziemlich gut erhalten.

Der bei Weitem grösste Theil der eingewachsenen Wurzeln gehört zu Rhizocupressinoylon. Hieraus erhellt, dass in damaliger Zeit ähnliche Lebensbedingungen geherrscht haben müssen als heute. Wie oben mitgetheilt, siedeln sich in der Gegenwart auf alten Fichtenstücken meistens Keimlinge derselben Art an; ganz analog sind damals cypressenähnliche Pflänzchen auf cypressenähnlichen Baumstumpfen gewachsen. Ausserdem gingen auf diesen auch hin und wieder fremde Samen, z. B. von Erlen[1]) an und schlugen ihre Wurzeln in das Holz hinein.

Die Versteinungsart dieser Eindringlinge ist natürlich dieselbe als die des umgebenden Holzes. Der Hauptsache nach sind sie opalisirt und enthalten stellenweise noch Bitumen sowie Eisenverunreinigungen (Fig. 20. 21 e, e′, Fig. 26. 27 e u. s. w.). Besonders schön ist die gelbe Farbe des Verdickungswulstes der vorletzten Rindenschicht conservirt (Fig. 24 c). Kleinere Hohlräume sind durch Opal gleichmässig ausgefüllt, wo die Wurzeln dagegen in grössere Höhlungen hineinwuchsen, hat er sich nur an diesen traubig niedergeschlagen und deren Wände austapeziert; im Uebrigen blieb das innere Lumen leer.

---

[1]) Wie wir in einem früheren Abschnitte bemerkt haben, sind es in der Jetztwelt, abgesehen von den Pflanzen derselben Art, namentlich B i r k e n und Ebereschen, die sich auf alten Fichtenstöcken ansiedeln. Ich war daher von vornherein mehr geneigt die unter VII. 2 beschriebenen Wurzeln für die einer Birke zu halten, indessen weist der anatomische Befund mit Bestimmtheit auf die Erlennatur jener hin.

VIII.

Prüfung der versteinenden Masse.

Zur nähern Untersuchung des Materials, welches die Fossilisirung der Hölzer bewirkte, stehen uns zwei Wege offen: der eine der mikroskopischen Beobachtung und der andere der chemischen Analyse. Aber keine von beiden Methoden schliesst die andere aus, vielmehr ergänzen sie sich gegenseitig und dienen einander zur Controle. In Folgendem wollen wir den Versuch machen die Resultate zu vereinigen, welche wir nach diesen verschiedenen Richtungen hin gewonnen haben.

Diejenigen Holzstücke, über deren anatomischen Bau wir zuerst berichtet haben, sind reine Braunkohle und lassen weder mikroskopisch noch chemisch fremde Beimengungen erkennen. Die Wände bestehen aus der tief braun gefärbten Holzsubstanz und im Parenchym sowie in den Markstrahlen finden sich grössere Mengen von Harz vor. Dagegen andere Hölzer, welche bereits die anfangende Versteinung zeigten, besitzen mehr oder weniger anorganische Bestandtheile Die Zellwandungen sind allerdings noch braun gefärbt, jedoch im Lumen hat sich Opal, sehr oft in hyalithischer Ausbildung niedergeschlagen (Fig. 11. 12). Im Querschliff bemerkt man, dass sich diese traubigen Gebilde sowol von den Kanten aus, als auch an den Wänden selbst ansetzen und ein Längsschliff lehrt, dass sie diese der ganzen Länge nach austapeziren, wobei aber das Innere der Zelle frei bleibt. Diese hyalithische Erscheinungsweise des Opal hat Prof. Cohn auch schon beobachtet, denn er sagt: „häufiger sind in den Zellen concentrische Kieselblasen sichtbar[1]." Anderweitig hat Mercklin[2]) in den Tracheiden von Cupressinoxylon sequoianum ähnliche traubigschalige Ablagerungen aufgefunden und abgebildet. An vielen Stellen unsers Holzes hat sich der Opal gleichmässig in das Innere ergossen und in parallelen Schichten abgesetzt. Dies scheint Prof. Pinzger wahrgenommen zu haben, wenn er berichtet[3]): „die Zellen des Prosenchymgewebes sind innen hohl, gleichsam mit Kieselerde überzogen". Was den Versteinungs-Process im Allgemeinen betrifft, so ist es durch

---

[1]) F. Cohn. l. c. pag. 57.
[2]) Mercklin. Palaeodendrologikon Rossicum 1855. Taf. XVII. Fig. 7.
[3]) P. Pinzger. l. c. pag. 203.

Crügers[1]) Untersuchungen der Cautorinde dargethan, dass — wenn heutzutage im lebenden Baume eine Verkieselung der Zellen eintritt — diese von Innen nach Aussen erfolgt. An der innern Wandung schlägt sich die Kieselsäure schichtweise nieder und lässt entweder einen kleinen Hohlraum übrig oder füllt das ganze Lumen aus; erst später werden die Zellwände und die Intercellularsubstanz ersetzt. Ein ähnlicher Vorgang mag manchmal auch in der Vorwelt bei der Fossilisirung von Vegetabilien stattgehabt haben. So z. B. zeigt Rhizopterodendron oppoliense nur selten die Wandungen der Zellen und Gefässe selbst, sondern meistens sieht man nur die Kieselkerne, welche gewissermassen den Abguss derselben darstellen; die versteinende Masse hat nicht hingereicht auch die Wand mit zu erhalten. Ebenso spricht ein von Dr. Jentzsch[2]) beschriebenes Stück aus Halbendorf, an dessen Zellkernen die Tüpfelhöhlungen als linsenförmige Erhabenheiten auftreten, für einen ähnlichen Process. Dagegen finden wir an unsern Hölzern von Karlsdorf keinerlei Beweise dafür, dass sich die Versteinung der einzelnen Zellen hier in derselben Weise vollzogen hätte, vielmehr glaube ich, dass Lumen und Wand ziemlich gleichzeitig fossilisirt wurden. Die kieselsäurehaltige Flüssigkeit, welche die Wandungen imbibirten, versteinte diese allmälig, setzte aber auch zugleich im Innern der Zelle die mineralischen Bestandtheile ab. Hierbei kam es oft vor, dass die Wand infolge ihrer eignen Versteinung früher aufhörte imbibitionsfähig zu sein, als das Lumen ausgefüllt war, daher sehen wir bei vielen Hölzern einen kleinen Hohlraum in der Zelle übrig geblieben, während die Wand mehr oder weniger verkieselt ist. In manchen Fällen (Fig. 11. 12) ist das Innere nur zum geringsten Theile ausgefüllt und die Wand dabei auch schon versteint; dies spricht entschieden gegen die Ansicht von dem Fortschreiten des Processes nach Aussen, wie Crüger es in der Cautorinde beobachtet hat und wie es Professor Cohn auch für die karlsdorfer Hölzer annimmt[3]).

Die Kieselsäure, welche sowol in den Braunkohle ähnlichen, als auch in der völlig versteinten Hölzern auftritt, ist ihrem optischen Verhalten nach im grossen Ganzen Opal, resp. Hyalith, und mit dieser Beobachtung stimmt der chemische Befund durchaus überein. In seinem Vortrage theilte Pinzger das Ergebniss einiger Analysen mit und zwar:

A. Substanz der äussern weissen Stellen eines Holzes

I. $88,_3\%$ SiO^2 $9,_4\%H^2O$ $1,_6\%$ Fe^2O^3, $3H^2O+Al^2O,^3$ $,H^2O$.

II. $93,_1\%$ „ $6,_{86}\%$ „ geringe Spuren von „ „

B. Substanz der inneren bituminösen Stellen desselben Holzes.

III. $80,_1\%$ SiO^2 $9,_8\%H^2O$ $5,_8\%$ organ. Subst.

IV. $80,_2\%$ „ $10,_5\%$ „ $6,_0\%$ „

In vorigem Jahre hatte Herr Professor Pinzger die Güte noch einige andere Analysen für mich auszuführen, welche sich auf dasselbe Stück beziehen und die ich hier kurz wiedergebe. Die erste Probe ist wiederum der äussersten

---

[1]) Herman Crüger, Westindische Fragmente. Botan. Ztg. XV. Jhg. 1857. pag. 281 sq.

[2]) Schriften d. Physik.-Oekon. Gesellsch. zu Königsberg. Bd. XVIII. 1877. pag. 238.

[3]) Bericht über die Thätigkeit der Botanischen Section der Schlesischen Gesellschaft im Jahre 1878. Breslau 1879. pag. 151.

völlig weissen und leicht zerreiblichen (cf. A. I. II.), die zweite einer mehr nach Innen zu gelegenen, bräunlich gefärbten Zone und die dritte dem innersten schwarzbraunen Kerne entnommen.

1) $90_{,00}$% Si O^2 $8_{,25}$% Glühverlust $1_{,75}$% Eisenoxyd und Thonerde
2) $86_{,00}$% „ $13_{,00}$% „ „ Spuren von „ „ „
3) $76_{,40}$% „ $21_{,75}$% „ „ $1_{,30}$% „ „ „

Aus allen diesen Analysen geht hervor, dass das Versteinungsmaterial eine dem Opal sehr nahestehende, wasserhaltige Kieselsäure ist[1]). Fragen wir nun nach dem Ursprunge dieser Substanz, so dürfte derselbe auf die nahen Serpentingesteine zurückzuführen sein, welche den Untergrund der Braunkohlenlager bilden und sie auch theilweise umschliessen. Durch Einwirkung der Atmosphärilien wird eine Zersetzung des Serpentins bewirkt und es ist eine bekannte Erscheinung, dass Kluftflächen dieses Gesteins sehr häufig von Opal oder Hyalith überzogen werden. Es scheint also der Serpentin eine besondere Neigung dafür zu besitzen die Kieselsäure als Opal abzugeben und daher sind denn die Hölzer alle in Opal umgewandelt. An und für sich ist diese Art der Versteinung bei tertiären Hölzern ziemlich selten. Nur die von Oberkassel und aus Ungarn, welche beide ja auch in anderer Beziehung mit den karlsdorfer Hölzern Aehnlichkeit zeigen, sind opalisirt, während nahezu alle von mir untersuchten tertiären der norddeutschen Ebene aus krystallinischer Kieselsäure bestehen. Es kommen freilich unter diesen Exemplare vor, deren Substanz theilweise in amorphe Kieselsäure umgewandelt ist, jedoch ist dies sehr selten; bis jetzt kenne ich nur einige Beispiele hierfür aus der Gegend von Danzig. In analoger Weise sah ich in den karlsdorfer Hölzern hier und da kleinere Hohlräume durch ein achatartiges Gemenge von amorpher und krystallinischer Kieselsäure, selten durch Letztere allein ausgefüllt; und zwar entsprechen diese Höhlungen meistens den durch die eingedrungenen Wurzeln verursachten Canälen. Auch auf grösseren Klüften erscheint die Kieselsäure zuweilen ganz ähnlich und hier kann man den Vorgang besser verfolgen. Zunächst scheidet sich der Opal gleichmässig, sodann in hyalithischer Ausbildung ab und geht endlich in ein concentrisch schaliges achatartiges Aggregat über; zuweilen tritt peripherisch noch rein krystallinische Kieselsäure auf. Diese Vorkommnisse sind aber ganz und gar verschwindend im Verhältniss zum Gros des Versteinungsmaterials.

Während sonst ähnliche Hölzer einen mehr oder weniger hohen Kalkgehalt besitzen, fehlt dieses hier fast gänzlich. Nur in einem oder zwei von all' den Stücken, die ich mikroskopisch prüfte, sah ich in den am äussern Rande gelegenen Zellen einige nadelförmige Krystalle, die in Hinsicht auf den unten zu erwähnenden chemischen Befund wol als kohlensaurer Kalk in der Form des Arragonites angesprochen werden müssen. Die oben angeführten Analysen von Pinzger weisen gar keinen Kalk nach und brieflich theilt er mir noch mit: „Nicht die kleinste Spur von Kalk konnte bei Anwendung aller Vorsichtsmassregeln, namentlich gänzlichem Ausschlusse aller atmosphärischen Luft bei Fällung des Eisens und der Thonerde, wodurch sonst öfter Spuren von Kalk mit jenen zusam-

---

[1]) Vergl. auch Pinzger, l. c.

menfallen können, — aufgefunden werden." Übrigens habe ich selbst früher einmal an jenem Holze, in welchem mikroskopisch Kalk sichtbar war, auch chemisch denselben nachweisen können[1]).

Die Kieselsäure erscheint sehr selten hyalin und rein; häufig sind derselben sowol in der Zellwand als auch im Lumen und in Hohlräumen dunkele feinkörnige Einlagerungen beigemengt, die bei auffallendem Licht meist gelbbraun erscheinen. Es lag die Vermuthung nahe diese für Eisenverbindungen zu halten, welche ja in allen Fossilien so häufig auftreten, und die chemische Analyse weist jene auch nach. Die gelbbraune Masse dürfte Eisenoxydhydrat sein und ausserdem giebt es andere Einschlüsse, welche bei reflectirtem Lichte schwarz erscheinen; diese rühren wahrscheinlich von Magnetit her, den ich überhaupt in fossilen Hölzern oft antraf. Diese Eiseneinlagerungen sind manchmal so häufig und massenhaft, dass das ganze vom Opal übrig gelassene Lumen der Zellen und namentlich auch die linsenförmigen Hohlräume der Hoftüpfel damit ausgefüllt sind. Genetisch können wir diese geringen Eisenmengen auf das anstehende Serpentingestein umsomehr zurückführen, da in diesem ja besonderes Magnetit aufgefunden worden ist.

Aus der chemischen Analyse ergeben sich schliesslich noch Spuren von Thonerde. Dieser Gehalt rührt von den Ausfüllungen kleiner Sprünge durch Thon her, die oft so fein sind, dass man sie nicht mit blossem Auge sieht; in der versteinenden Masse des Holzkörpers selbst ist kein Thon vorhanden.

Oben bemerkten wir bereits, dass die braune Färbung unsrer Hölzer von Aussen nach Innen zunimmt und diese Beobachtung wird durch den chemischen Befund (1—3) noch näher präcisirt. Es erhellt aus den letzten drei Analysen des Professor Pinzger, dass die Kieselerde im Holze in derselben Weise centripetal abnimmt wie der Bitumengehalt zunimmt. Letzterer ist allerdings nicht an sich berechnet, sondern mit dem Wasser zusammen als Glühverlust, aber man darf wol annehmen, dass sich Bitumen und Wassergehalt ungefähr gleichmässig verändern. Ursprünglich war das Bitumen gewiss überall im Holze gleich stark vertreten, aber durch die eindringende Erdfeuchtigkeit wurde es aus den peripherisch gelegenen Theilen bald entführt. Uebrigens kommen jetzt auch noch immer einige Stücke vor, die durch und durch gleichmässig gebräunt erscheinen.

---

[1]) H. Conwentz. Ueber die versteinten Hölzer . . . pag. 17.

IX.

Schlussfolgerungen.

Nachdem wir in vorliegender Arbeit unsere Beobachtungen an den fossilen Hölzern von Karlsdorf mitgetheilt haben, wollen wir hier am Schlusse noch kurz die hauptsächlichsten Ergebnisse zusammenstellen:

1) Die bei Karlsdorf vorkommenden Braunkohlen- und versteinten Hölzer zeigen einen übereinstimmenden anatomischen Bau.

2) Dieselben sind identisch mit Braunkohlen- und versteinten Hölzern vom Siebengebirge bei Bonn.

3) Alle von mir geprüften Exemplare sind Wurzelhölzer.

4) Diese Wurzelhölzer gehörten Bäumen aus der Familie der Cupressineen an und können zweckmässig zu einer neuen Gattung **Rhizocupressinoxylon** vereinigt werden, welche dem alten Genus Cupressinoxylon coordinirt ist.

5) Viele der karlsdorfer Stücke waren, bevor sie versteinten von einem Parasiten (cf. Agaricus melleus L.) befallen, der ihre Zersetzung herbeiführte. Aus dessen Thätigkeit erklärt sich die faserige Beschaffenheit mancher Exemplare.

6) In die Hölzer sind viele Wurzeln von solchen Pflanzen eingedrungen, deren Samen sich auf dem frischen Stumpfe angesiedelt hatten.

7) Diese Würzelchen rühren zum überwiegend grösten Theile von Exemplaren derselben Art wie das Stockholz oder einer nahe verwandten her. Ausserdem kommen darin noch Wurzeln von Erlen und einer unbestimmten Pflanze vor.

8) Die unter 6 und 7 mitgetheilten Erscheinungen finden gegenwärtig ihr Analogon ganz besonders in den Wachsthumsverhältnissen der Fichten auf unsern Gebirgen.

9) Die versteinten Hölzer sind durchweg opalisirt.

10) Dieselben besitzen tertiäres Alter und ihre Herkunft ist auf die in der Nähe vorkommenden Braunkohlenabgerungen zurückzuführen.

Schliesslich will ich hier ein Resultat aus dieser Arbeit noch besonders hervorheben, welches mir von grösserer Tragweite zu sein scheint. Unsere versteinten Hölzer von Karlsdorf gehören zu jener grossen Klasse von Hölzern, die sich häufig eingebettet im norddeutschen Diluvium vorfinden. Bislang gewährten dieselben keinen Anhalt, um ihre Herkunft nachweisen zu können, und man sprach nur Vermuthungen darüber aus, dass sie wahrscheinlich von tertiären Stätten herrührten, die meistens durch das Diluvialmeer später zerstört worden seien. Durch die uns gelungene Identificirung der versteinten mit den Braunkohlenhölzern aus der Gegend des Zobten und des Siebengebirges ist der Beweis dafür beigebracht, dass jene Hypothese wenigstens in unsern speciellen Fällen zutreffend ist. Voraussichtlich wird es künftighin möglich sein, noch andere ähnliche Localitäten ausfindig zu machen, mit denen die versteinten Hölzer direct in genetischem Zusammenhange stehen. Es braucht kaum bemerkt zu werden, dass mit der Frage von der Herkunft auch die von dem Alter der Hölzer beantwortet wird. Ebenso wie in unserem Falle dürfte es sich auch bei allen ferneren Untersuchungen herausstellen, dass die bei Weitem gröste Zahl der im norddeutschen Diluvium vorkommenden Hölzer tertiäres Alter besitzen[1]). Bereits am Schlusse meiner Dissertation habe ich den Satz ausgesprochen: 1) „Die grosse Mehrzahl der verkieselten Hölzer unsers norddeutschen Diluviums stammt sicher aus der Tertiärzeit (Pinites Protolarix G. Quercites primaevus G.)" und 2) „Die primäre Lagerstätte der Hölzer ist von ihrem gegenwärtigen Vorkommen nicht weit entfernt gewesen, aber nur selten noch erhalten." Herr Dr. A. Jentzsch, welcher in seinem „Bericht über die geologische Durchführung der Provinz Preussen im Jahre 1877[2])" über meine Arbeit referirt, findet in obigen Sätzen einen Widerspruch gegenüber dem bei Langenau constatirten Vorkommen von versteinten Hölzern (Pinites Protolarix) in glaukonitischem Gesteine. Er scheint anzunehmen, dass ich diese auch für tertiär gehalten habe und doch hatte ich schon vorher[3]) darauf hingewiesen, dass die ungebene Hülle „ein ganz ähnliches Material ist wie das, in welchem die senonen Fossilien sitzen", womit ich die Zugehörigkeit der Hölzer zur Kreideformation andeuten wollte. Trotz dieses verschiedenen Alters ist aber kein Grund vorhanden das Holz mit einem andern Namen zu belegen, solange nicht in seinem anatomischem Bau Abweichungen von dem in der Braunkohlenformation auftretenden Pinites Protolarix nachgewiesen werden. Wir haben schon öfters Veranlassung gehabt zu betonen, dass wir in Beziehung auf die fossilen Hölzer nur Collectivbezeichnungen aufstellen können, welche verschiedene Arten und wol auch Gattungen im heutigen Sinne umfassen. Es ist höchst wahrscheinlich, dass alle Hölzer,

---

[1]) Auch in dem von Dr. L. Meyn, einem leider zu früh verstorbenen, um die Erforschung der norddeutschen Ebene viel verdienten Geologen, mitgetheilten Vorkommen von versteinten Hölzern in einer zwei kleine Braunkohlenflötze einschliessenden Schicht von Quarz- und Glimmersand ist es wahrscheinlich gemacht, dass jene tertiären Ursprungs und auf die Braunkohlen zurückzuführen sind. (L. Meyn-Uetersen, über das verkieselte Coniferenholz des norddeutschen Diluviums und dessen Ursprung. Zeitschr. d. deutschen geolog. Gesellschaft. XXVIII. Bd. 1876 pag. 190. sq.)
[2]) Schriften d. Physik.-Oekon. Gesellschaft zu Königsberg. Bd. XVIII. 1877. pag. 236 sq.
[3]) H. Conwentz, l. c. pag. 11.

welche wir als Pinites Protolarix zu nennen genöthigt sind, mehr als eine Species repräsentiren, jedoch halte ich es nicht für opportun eine ausschliesslich auf
das geologische Alter gegründete Unterscheidung eintreten zu lassen. Einmal lehrt
uns ja die Zoopalaeontologie, dass sich dieselbe Art auch durch verschiedenalterige
Schichten hindurchziehen kann und ausserdem treten ja die Hölzer meistens ohne
Zusammenhang mit dem Muttergestein auf, sodass sich aus ihrer blossen Erhaltungsart garnicht die Formation erkennen lässt, welcher sie angehören. Uebrigens
dürfte die Prüfung besser erhaltener Stücke als diejenigen waren, welche mir damals zugebote standen, vielleicht eine Abtrennung dieses Holzes von Pinites Protolarix ermöglichen, worüber ich in nüchster Zeit entscheiden zu können hoffe.
Wenn nun auch dies Holz von Langenau dem Senon und ein anderes in meiner
Dissertation besprochenes dem Oxford angehört, so muss ich doch — ganz besonders nach vorliegender Untersuchung des karlsdorfer Vorkommens — die allgemeine Schlussfolgerung aufrecht erhalten, dass die grosse Mehrzahl der
norddeutschen verkieselten Geschiebe-Hölzer sicher aus der Tertiärzeit stammt und die primäre Lagerstätte derselben von ihrem
gegenwärtigen Vorkommen nicht weit entfernt gewesen ist.

X.

Erklärung der Abbildungen.

Wenn nicht anders angegeben, so wurden die Abbildungen den opalisirten Hölzern entnommen.

Die mikroskopischen Zeichnungen wurden mittelst der Camera lucida ausgeführt.

Der in Klammern gesetzte Zahlenbruch drückt die Vergrösserung der Figur aus.

TAFEL I.

Fig. 1. Kleiner Stumpf mit drei Wurzelästen (a, b, c). w in diesen eingedrungene junge Wurzeln derselben Art. ($\frac{2}{3}$)

Fig. 2. Ein ähnliches Stück mitten aufgespalten, um das ausgefaulte Innere zu zeigen, in welches hinein die dünnen Wurzeln (w) wahrscheinlich von Keimpflanzen derselben Art gewachsen sind. Das Wurzelstück hat offenbar zwei Aeste besessen, von denen der eine (b) noch erhalten, während der andere (a) abgebrochen ist. ($\frac{2}{3}$)

Fig. 3. Eine Wurzel a hat sich an eine grössere b gelehnt und in diese eingedrückt; bei fortschreitendem Wachsthum wäre a von b überwallt worden. w sind die Querschnitte der Hohlräume, welche die von oben eingedrungenen Würzelchen hinterlassen haben; bei w' sind diese selbst noch mit sichtbarem Axencylinder erhalten. ($\frac{2}{3}$)

Fig. 4. Radiale Ansicht eines Wurzelstückes, welches unten behufs Anfertigung von Dünnschliffen grade abgeschnitten wurde. Auffallenderweise verlaufen nahezu alle eingedrungenen Wurzeln senkrecht oder etwas schräge gegen die Holzfaser (w, w', w''); parallel derselben fast keine. Die meisten erblickt man im Querschnitt (w, w'), wenige in der Längsansicht (w''). Häufig ist nur noch der Kanal sichtbar, welchen die Wurzel (w) gebildet hat, manchmal aber auch das Gewebe selbst, namentlich der Axencylinder (w'). Die schon mit blossem Auge kenntliche, verticalverlaufende feine Streifung deutet auf die Tracheiden, die horizontale auf die Markstrahlen hin. ($\frac{2}{3}$)

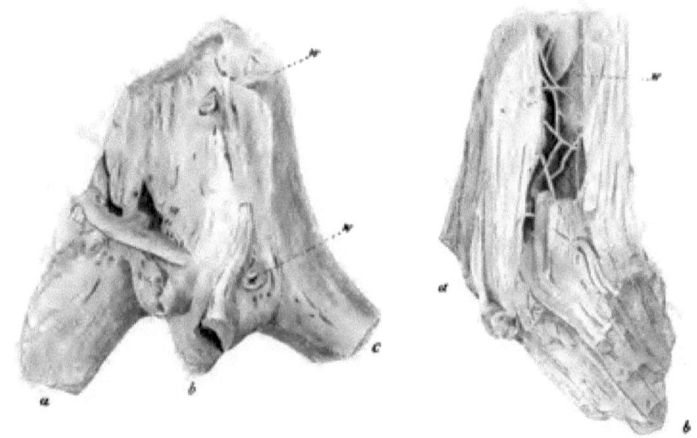

Fig. 1.   Fig. 2.

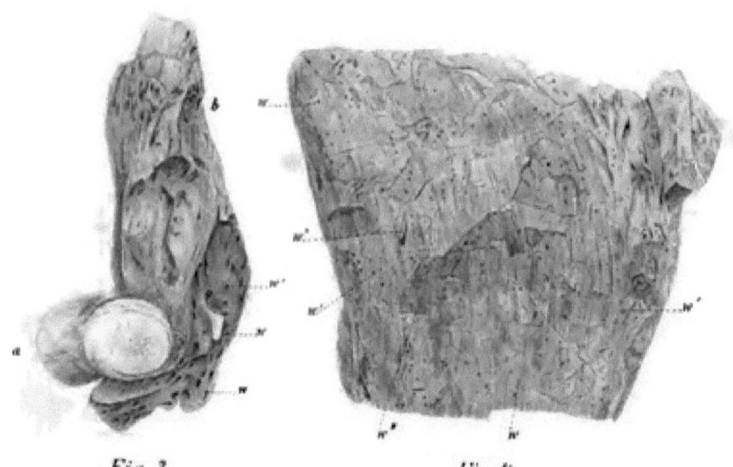

Fig. 3.   Fig. 4.

TAFEL II.

Fig. 5. Ein grösserer Wurzelast, dessen Aussentheile schneeweiss sind (a) und leicht abfasern, während die mehr nach Innen gelegenen consistenteren Partien noch viel Bitumen enthalten (b). Das Innere ist ausgefault und dann von einer Masse schwer zu entwirrender junger Wurzeln erfüllt worden (w). Ausserdem ist eine etwas dickere (w') und eine noch weit stärkere vieljährige Wurzel (w'') in das Holz eingedrungen. ($\frac{3}{1}$)

Fig. 6. Dies Bild stellt vergleichsweise ein recentes altes Wurzelstück einer Fichte aus dem schlesischen Gebirge dar. Das Holz ist so gespalten, dass die rechte hellere Seite des Bildes genau radial und die nach vorne gekehrte Breitseite etwas abweichend von dieser Richtung verläuft. Dünnere und dickere Würzelchen junger Fichtenkeimlinge sind vertical durchgewachsen (w, w', w'') und deren Seitenverzweigungen, die übrigens stets kurz bleiben, haben namentlich an den Rändern vielfache Eindrücke hinterlassen (c). Eine von oben herunterwachsende Wurzel kommt bei a heraus, um dann im Bogen durch das Holz und bei b in der alten Richtung wieder zurückzuwachsen. In manchen Fällen löst sich das umgebende Grundgewebe von dem innern Axencylinder der Wurzel los, wie z. B. bei d. ($\frac{3}{1}$)

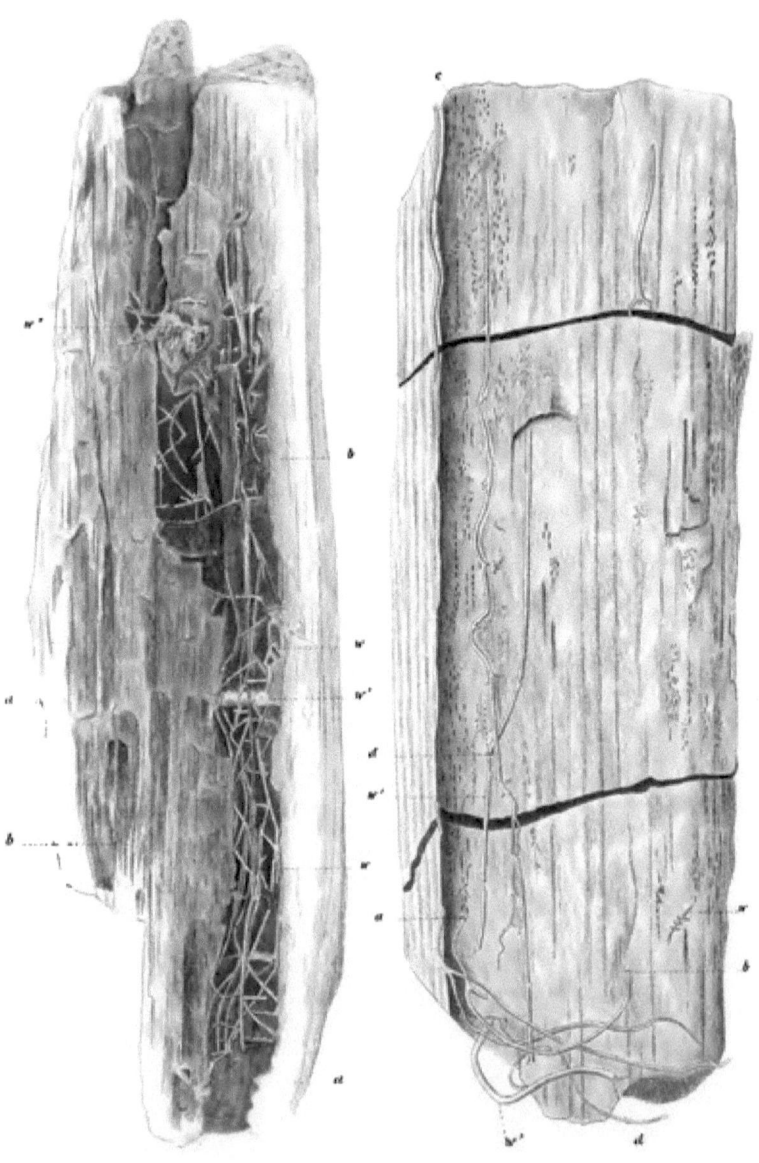

Fig. 5.   Fig. 6.

TAFEL III.

Fig. 7. Das drittgröste Wurzelstück, welches aus der Gegend von Karls-dorf bekannt geworden ist. Bei *a* ging ein Ast ab, der aber nicht mit erhalten wurde. An der Aussenseite erscheint es durchweg weiss, von oben bemerkt man jedoch den grossen bituminösen inneren Kern. Die äusseren Theile fasern leicht auseinander, so namentlich bei *c* und *d*; an letzterer Stelle sieht man diese feine losgetrennten Splitter noch am Holze haften. Bei *b* durchsetzt ein grosser Sprung fast das ganze Stück und ist nachträglich durch Opal theilweise wieder ausge-füllt worden. ($\frac{1}{2}$)

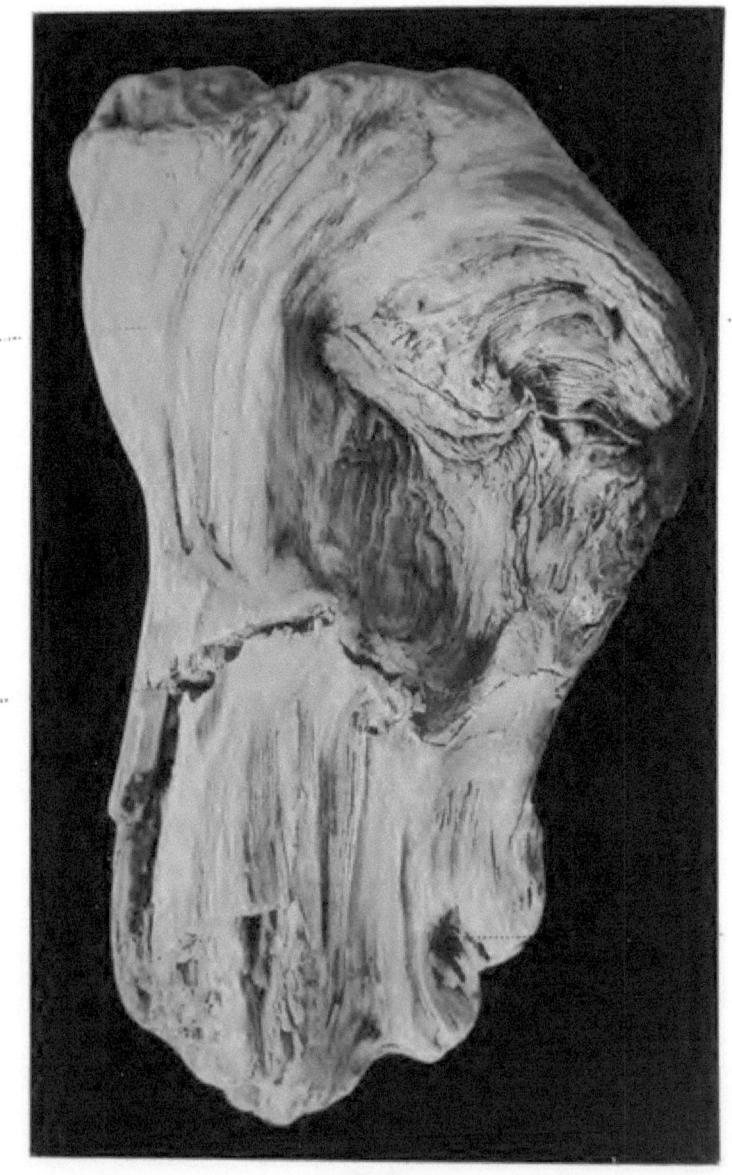

Fig. 7.

TAFEL IV.

Fig. 8. Querschnitt durch ein Braunkohlenstück. *g* die Grenze zweier Jahresringe, deren äusserste und innerste Schicht direct nebeneinander stehen, ohne Vermittelung einer mittlern. Die Zellen sind auseinandergewichen und haben Intercellulargänge (*i*) gebildet, die sonst bei Coniferen ungewöhnlich auftreten. Das Holzparenchym ist häufig an dem Harzinhalte kenntlich (*h*). *m* die einreihigen Markstrahlen. ($\frac{112}{1}$)

Fig. 9. Radiale Ansicht desselben Stückes. Die Wandung der Tracheiden ist meistens mit zwei Reihen Hoftüpfeln (*t*) besetzt (*c—c*), seltener nur mit einer (*d—d*); manchmal finden sich beide Anordnungen innerhalb derselben Zelle (*e—e*). Die Markstrahlen (*m*) besitzen entweder zwei (*a*) Reihen Tüpfel (*b*) oder nur eine; häufig führen sie Harz (*h*). *s* sind spiralig verlaufende Risse in der Wand der Tracheiden. ($\frac{112}{1}$)

Fig. 10. Tangentialer Schnitt desselben Stückes. Die Wand der Tracheiden zeigt keinerlei Unterbrechungen; *t* sind die Durchschnitte der auf der radialen Seite stehenden Hoftüpfel. *hp* Holzparenchym, welches meist Harz (*h*) enthält, ebenso wie die Zellen der Markstrahlen (*m*). Diese erscheinen hier 2 bis 13 Reihen hoch. ($\frac{112}{1}$)

Fig. 11. Querschliff durch ein Braunkohlenholz, welches in der Opalisirung begriffen ist. Die Wände der Tracheiden (*c*) sind noch bituminös, haben aber bereits Kieselsäure aufgenommen. Nach Innen ist dieselbe traubenartig als Hyalith niedergeschlagen (*a. b*), wobei ein mehr oder weniger grosses Lumen (*l*) übrig blieb. ($\frac{190}{1}$)

Fig. 12. Längsschliff desselben Stückes. *c* die ursprüngliche Wandung der lebenden Zelle, *c'* eine gleichmässig auf derselben abgelagerte Opalschicht. Die traubigen Formen sieht man hier en face cyclisch begrenzt, während sie in voriger Figur halbkreisförmig erscheinen; häufig finden Verschmelzungen der einzelnen Gebilde statt. ($\frac{190}{1}$)

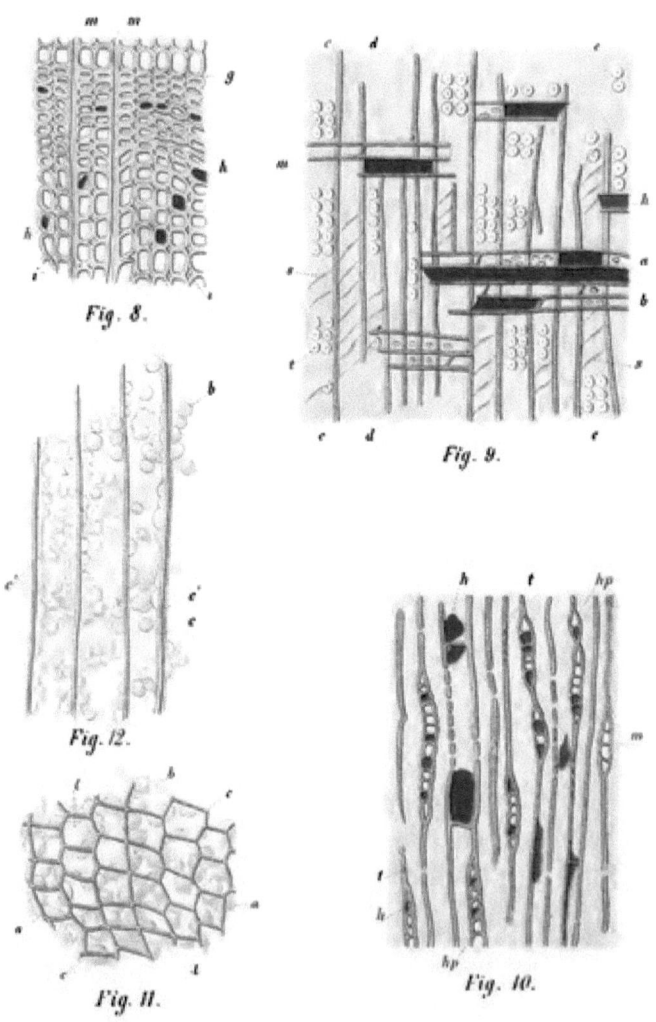

Fig. 8.

Fig. 9.

Fig. 12.

Fig. 11.

Fig. 10.

TAFEL V.

Fig. 13. Horizontalschliff des grossen verkieselten Stammes (cf. Fig. 7.) Bei g ist die Grenze zweier Jahresringe, bei g' setzt das Herbst- gegen das Frühjahrsholz desselben Ringes schroff ab; m die einreihigen Markstrahlen. Die Intercellularsubstanz ist an vielen Stellen nicht mehr erhalten, daher lösen sich einzelne Zellen voneinander ab und sind bei der Anfertigung des Schliffes herausgefallen; so an den Ecken des Bildes und in den mittleren Lücken. ($\frac{112}{1}$)

Fig. 14. Radialschliff von einer benachbarten Stelle desselben Holzes. Die Hoftüpfel bekleiden meistens in zwei Reihen ($c—c$), seltener in einer ($d—d$) die Wandung der Tracheiden; ebenso besitzen die Markstrahlen zwei (a) oder eine Reihe (b) von Tüpfeln. Das Holzparenchym (hp) enthält noch Harz in natürlicher Form und Färbung (h); manchmal ist nur der Hohlraum kenntlich, den es ursprünglich eingenommen hat (h'). ($\frac{112}{1}$)

Fig. 15. Tangentiale Ansicht einer ähnlichen Stelle. In der durchschnittenen Wand der Tracheiden sind die radialen Hoftüpfel (t) sichtbar, deren Hohlraum meistens durch Magnetit ausgefüllt wurde. Die Markstrahlen sind hier 2 bis 17 Zellreihen hoch. ($\frac{112}{1}$)

Fig. 16. Zersetzung des cypressenartigen Holzes durch ein Pilzmycel, welches dem des Agaricus melleus L. sehr ähnlich sieht. b sind Bohrlöcher des Pilzes; bei b' wächst derselbe durch ein solches und bei b'' durch einen Tüpfelraum hindurch. ($\frac{312}{1}$)

Fig. 17. Eine andere Stelle desselben Präparates. Das Mycelium zeigt hier die für Agaricus melleus so characteristischen blasenartigen Erweiterungen (e). Bei b ein Bohrkanal von oben, bei b' ein anderer im Durchschnitt gesehen. s eine Schnallenzelle.

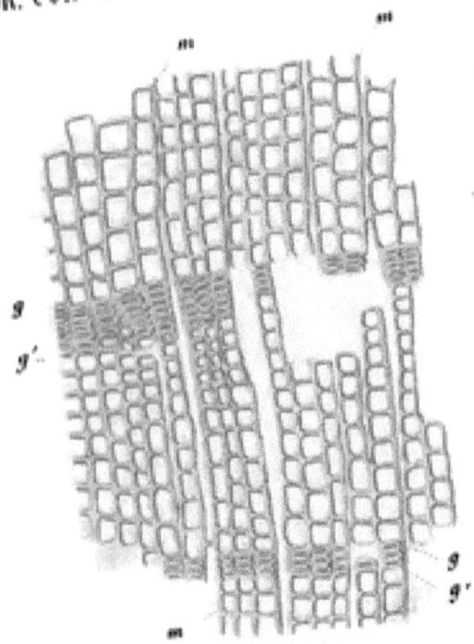

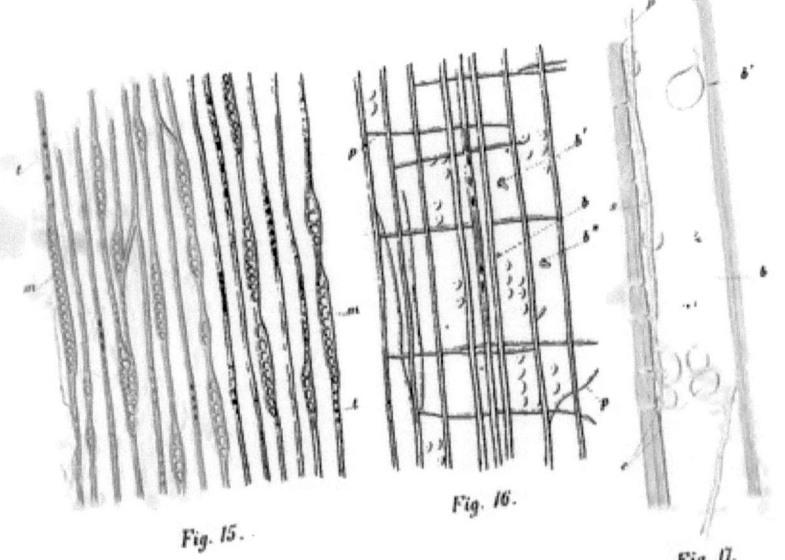

Fig. 13.

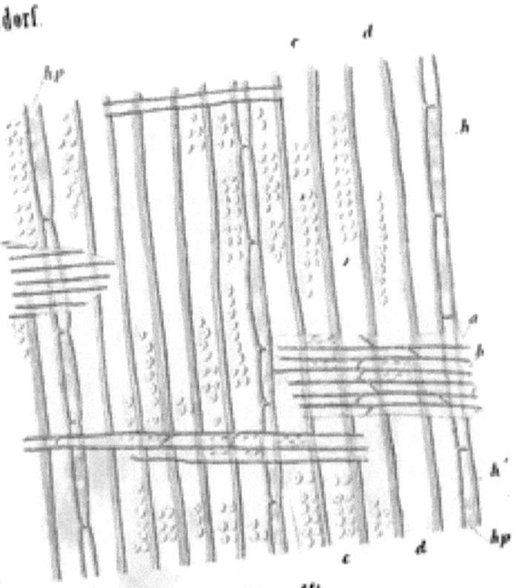

Fig. 14.

Fig. 15.

Fig. 16.

Fig. 17.

TAFEL VI.

Fig. 18. Weitere Zersetzungserscheinungen durch das Mycel eines Pyrenomyceten (p), welches bei g Conidien entwickelt hat. Der Pilz ist ähnlich dem
Xenodochus ligniperda Willk. ($\frac{120}{1}$)

Fig. 19. Horizontalschliff durch das in Fig. 4. abgebildete Holz. Derselbe zeigt keinen Jahresring. w und w' sind Hohlräume, welche durch senkrecht
eindringende Wurzeln verursacht wurden; w'' ein solcher von einer horizontal
wachsenden Wurzel. Bei w ist von dem Gewebe derselben nichts mehr erhalten,
bei w' ist die äussere Schicht des Grundgewebes (a) vorhanden. An den Wandungen der Kanäle hat sich mehr oder weniger gleichmässig Opal niedergeschlagen
(o), der durch feinkörnige Eisenbeimengungen dunkler gefärbt wird. ($\frac{45}{1}$)

Fig. 20. Radiale Ansicht desselben Stückes. Bei w' sind auch wieder
einige Zellreihen (a) aus dem Rindenparenchym erhalten; das Lumen wird durch
Opal ausgefüllt, welcher ganz im Innern reichlich Magnetiteinlagerungen enthält
(e). Der dunkle Ring (r), welcher den conservirten Gewebetheil umgiebt, ist
durch die zusammengedrückten Tracheidenwandungen gebildet und tritt infolge
ähnlicher Eisenbeimischungen deutlicher hervor. Diese finden sich auch besonders
häufig im Innern der Zellen (e'). Die Stellungsverhältnisse der Hoftüpfel (t) auf
der Wand der Tracheiden sind hier ganz ähnliche wie in Fig. 9. und 14. Die
Markstrahlen besitzen meistens nur eine Reihe von Poren. ($\frac{45}{1}$)

Fig. 21. Tangentiale Ansicht desselben Stückes. w Durchschnitte der in
radialer, w'' in nahezu tangentialer Richtung gewachsenen Wurzeln. Von ihrer
vegetabilischen Substanz ist keine Spur vorhanden. Die Wände der Hohlräume
sind durch Opal (o) austapeziert, welcher peripherisch viel Magneteisen enthält (e),
Dasselbe füllt anderseits auch die Lumina der Zellen theilweise aus (e'). Die Markstrahlen (w) sind sehr niedrig, nur 1 bis 3 oder 4 Reihen hoch. ($\frac{45}{1}$)

Fig. 22. Querschnitt durch das in Fig. 6. dargestellte recente Fichten-
wurzelholz. Bei g ist die Grenze zweier Jahrringe, bei g' die zwischen Herbst-
und Frühjahrsholz innerhalb desselben Ringes. w sind die Kanäle der eingedrungenen, aber nicht mehr vorhandenen Wurzeln; w' Querschnitt einer solchen mit
Rinde (a) und Axentheil (b); w'' Längsschnitt mit ziemlich gut erhaltenem Grundgewebe. ($\frac{40}{1}$)

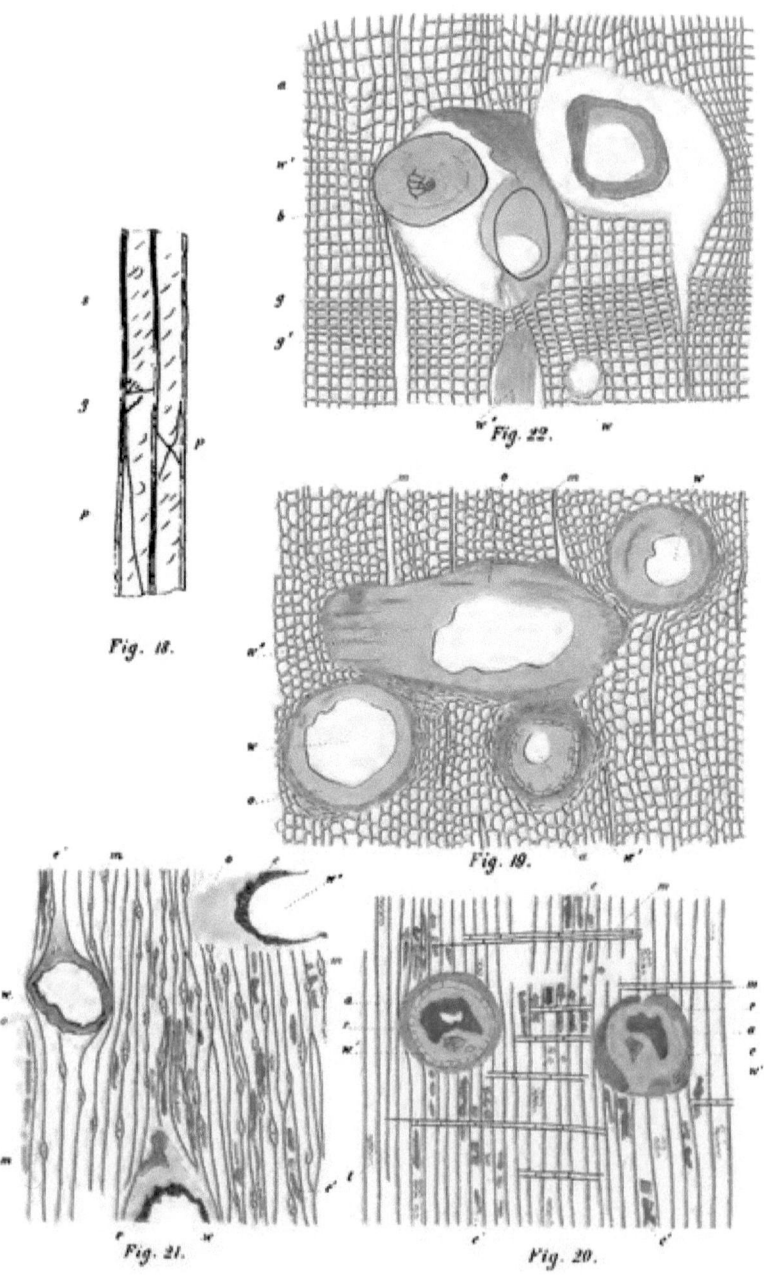

Fig. 22.

Fig. 18.

Fig. 19.

Fig. 21.

Fig. 20.

TAFEL VII.

Fig. 23. Längsschliff einer frei in den Hohlraum hineingewachsenen Wurzel, die opalisirt und in ihrem centralen Theile namentlich bitumenhaltig ist. Das Grundgewebe (a) ist sehr gut und vollständig conservirt, von demselben hebt sich deutlich differenzirt eine Epidermis (b) ab. c sind die Verdickungsleisten in der Längsansicht und γ deren Querschnitte. Der Bau des Axencylinders ist weniger deutlich, nur oben kann man das Stück eines Spiralgefässes erkennen. Einzelne Zellen im Rindengewebe (k) enthalten auch Bitumen. ($\frac{5.7}{1}$)

Fig. 24. Querschliff einer in das Holz gedrungenen Wurzel. Das Rindenparenchym (a) ist noch bituminös und ohne Epidermis. c ist der in natürlicher Färbung erhaltene eigenthümliche Verdickungsring der vorletzten Rindenschicht, welche selbst nicht conservirt ist; die intensiver gefärbten linsenförmigen Stellen (γ) deuten auf die radialverlaufenden Zellwände derselben hin. Bei l ist der Beginn der Peridermbildung sichtbar und im Innern sind noch einige Gefässe erhalten. u ist die übriggebliebene structurlose organische Substanz vermischt mit feinkörnigen Magnetiteinlagerungen. ($\frac{112}{1}$)

Fig. 25. Querschliff durch eine in Rhizocupressinoxylon eingewachsene Erlenwurzel, die opalisirt und noch bitumenhaltig ist. Diese sowie alle übrigen Ansichten hiervon zeigen keine Jahresringe. Das Holz besteht aus Zellen (a) und Gefässen (g), welche in diesem Stadium kaum merklich weiter sind. Das Innere beider (b) ist häufig durch Magneteisen ausgefüllt. m einreihige Markstrahlen. ($\frac{112}{1}$)

Fig. 26. Radialer Schliff durch dieselbe Wurzel. a Holzzellen. t getüpfelte Gefässe mit schrägen leiterförmig durchbrochenen Querwänden (g. l), m Markstrahlen, e Magnetitanhäufungen. ($\frac{112}{1}$)

Fig. 27. Tangentiale Ansicht desselben. a Holzzellen. t getüpfelte Gefässe und g. l leiterförmige Durchbrechungen der Querwände. m die Markstrahlen. e Eisenverbindungen. Diese Schliffe sind etwas schief gerathen. ($\frac{112}{1}$)

Fig. 28. Tangentialer Schliff durch den pheripherischen Theil der Erlenwurzel, um das aus tafelförmigen Zellen bestehende Periderm (p) zu zeigen, welches noch die natürliche Färbung besitzt. m Markstrahlen. ($\frac{112}{1}$)

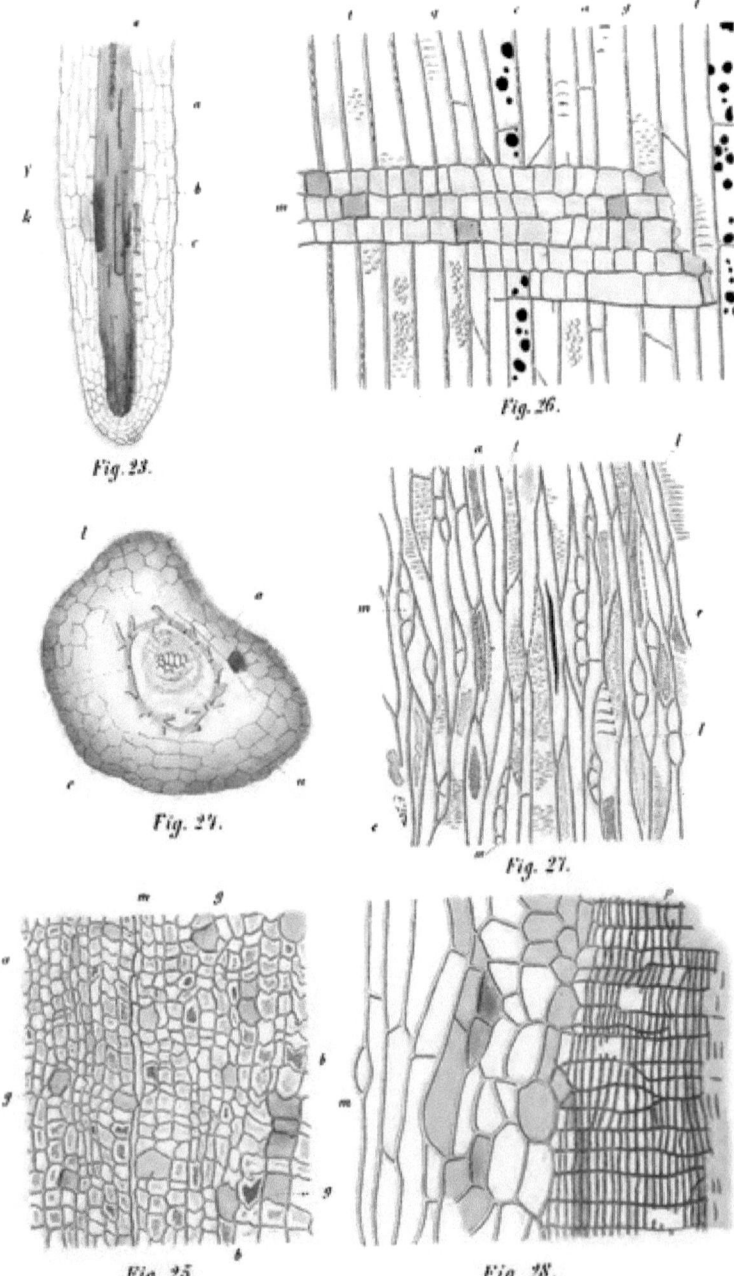

Fig. 23.

Fig. 26.

Fig. 24.

Fig. 27.

Fig. 25.

Fig. 28.

TAFEL VIII.

Fig. 29. Eine andere Stelle desselben Präparates, welchem Fig. 19. entlehnt ist, mit besser erhaltener Wurzel. a Grundgewebe derselben, ohne Epidermis, d letzte Rindenschicht (Endodermis), g einzelne Gefässe aus dem Centralcylinder. $(\frac{118}{1})$

Fig. 30. Centralcylinder einer jungen Wurzel. d ist die an der Aussenseite stärker verdickte Endodermis, e die erste Schicht des Centralcylinders; f einige kleine unverholzte Zellen, welche das Xylem mit dem (hier freilich nicht erhaltenen) Phloëm verbinden und aus welchen das Cambium hervorgeht. g Gefässe. $(\frac{192}{1})$

Fig. 31. Centralcylinder einer andern etwas ältern Wurzel. l das reichlich gebildete Periderm; g die den axilen Strang zusammensetzenden Gefässe. $(\frac{192}{1})$

Fig. 32. Andere Stelle desselben Präparates, von welchem die Zeichnungen in Fig. 19. und 29. entnommen sind. Auf der einen Seite A das quergeschnittene Mutterholz und bei B die daran grenzende längsverlaufende Wurzel. $r\!-\!r$ ist die Contactzone der Wachsthumsverhältnisse beider; es sind die bis zur Unkenntlichkeit verdrückten und zerstörten Holzzellen, deren Masse durch Eisenbeimengungen noch dunkler erscheint. a Grundgewebe der eingedrungenen Wurzel. $(\frac{112}{1})$

Fig. 33. Horizontalschliff durch die opalisirte Wurzel einer unbestimmten Pflanze. a wahrscheinlich die Epidermis, b Hypo- und c Endodermis. d ist der Centralcylinder aus Tracheiden bestehend. Die durch feinkörnige Eisenablagerungen begrenzten Stellen (e) sind aus Opal gebildet; der dazwischen liegende Raum ist leer. f grössere Mengen von Magneteisen. $(\frac{45}{1})$

Fig. 34. Aehnlicher Schliff; vom Querschnitt zweigt sich nach unten eine Seitenwurzel ab. In dieser erhält man die Längsansicht der Endodermzellen (c') und Tracheiden (d'). w ist ein schiefdurchschnittenes junges Rhizocupressinoxylon, welches in das jetzt nicht mehr erhaltene Grundgewebe gedrungen ist; bei w' sind Theile ähnlicher Wurzeln in der seitlichen Ansicht. Alle Hohlräume zwischen den Geweben sind durch Opal ausgefüllt worden. $(\frac{45}{1})$

Fig. 35. Diese kleine Zeichnung stellt den untern Theil der vorigen, d. h. einen Längsschliff der Seitenwurzel stärker vergrössert dar. c' sind bituminöse Zusammenhäufungen, welche den Wänden der Endodermzellen entsprechen; l die ringförmig und spiralig ausgebildeten Tracheiden. Den Zusammenhang haben Opalmassen gestört (o), die dazwischen eingedrungen sind. $(\frac{142}{1})$

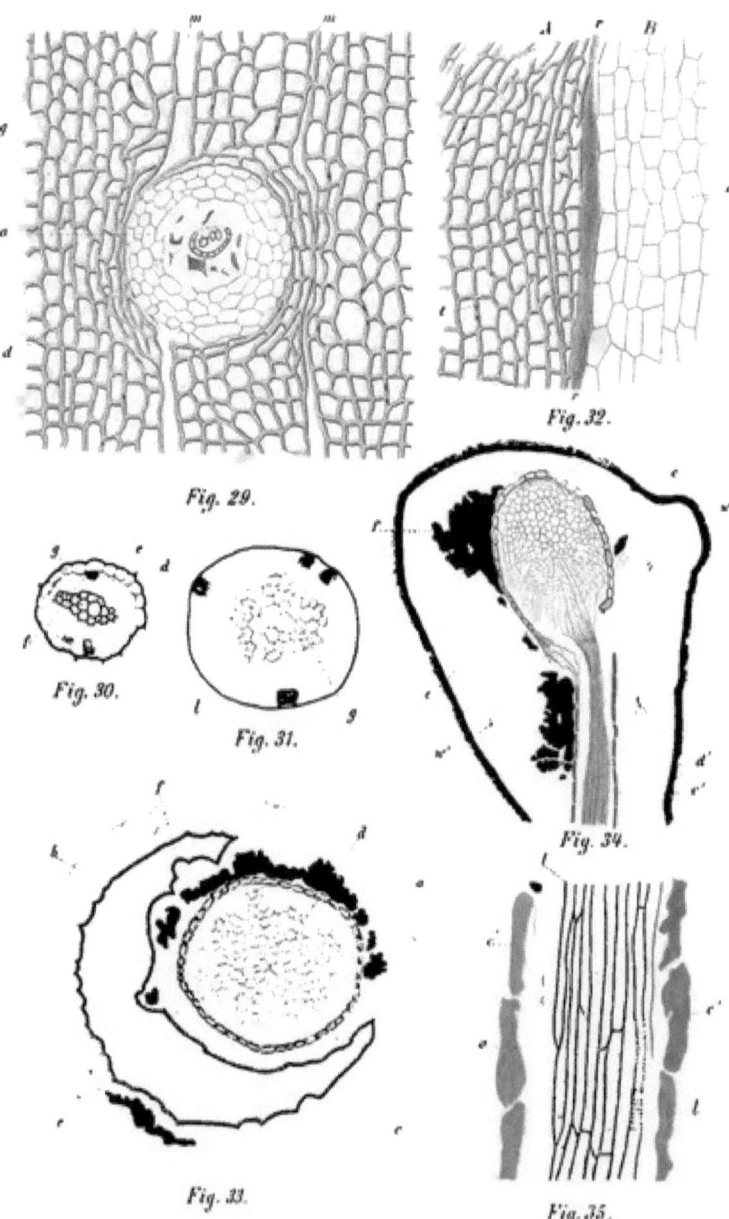

Fig. 29.

Fig. 32.

Fig. 30.

Fig. 31.

Fig. 34.

Fig. 33.

Fig. 35.

Bericht

über die zweite Versammlung des westpreussischen botanisch-zoologischen Vereins zu Marienwerder am 3. Juni 1879.

Vom Vorstande.

~~~~~~~~~

Die diesjährige (zweite) Versammlung des westpreussischen botanisch-zoologischen Vereins fand am 3. Juni 1879 in Marienwerder statt. Es waren zu derselben durch Circular nicht blos die Vereinsmitglieder, sondern alle Freunde der Naturkunde freundlichst eingeladen. Dem ausgegebenen Programm gemäss wurden bald nach Ankunft und Empfang der auswärtigen Mitglieder am vorhergehenden Tage, Montag, noch einige der wichtigsten Sehenswürdigkeiten der alten Stadt Marienwerder unter kundiger Leitung besichtigt. Der Weg führte in das neue, mit vieler Sorgfalt und Sachkunde geordnete reichhaltige Museum des hiesigen historischen Vereins, in den herrlichen Dom, das Kreisgericht mit dem prächtigen Schwurgerichtssaal, endlich in das Regierungsgebäude. Allenthalben wurden die Auswärtigen grösstenteils zum ersten Mal in Marienwerder anwesenden Teilnehmer durch die überaus lieblichen und freundlichen Aus- und Ansichten des im schönsten Blütenflor und im frischesten Grün sich ausbreitenden Marienwerder überrascht und erfreut.

In Hintz' Hôtel, in dessen Garten man sich gegen Abend behufs erster geselliger Vereinigung begab, fand demnach die erste vertrauliche Besprechung der Vereinsangelegenheiten statt. Die trotz beschwerlicher Communication zahlreiche Beteiligung von Seiten Auswärtiger, besonders Danziger, sowie die ungemein freundliche, sympathische Aufnahme, welche die geplante Versammlung bei Marienwerderer Mitgliedern und Nichtmitgliedern gefunden, liessen in Vereinigung mit der Aussicht auf Beständigkeit des herrschenden schönen Wetters die Stimmung von vornherein als eine freudige, gehobene erscheinen. In der That verlief denn auch das Fest in jeder Beziehung glücklich.

In den herrlichen Räumen des hiesigen Casino, von der Gesellschaft mit grösster Liberalität bewilligt, versammelten sich am Dienstag, den 3. Juni, die Teilnehmer von Morgens $^1/_4$9 Uhr an. Um $^3/_4$9 Uhr eröffnete der Vorsitzende Herr Dr. v. Klinggräff, die Versammlung, indem er zunächst dem Schmerz Ausdruck gab, den der Verein über den Verlust seines zweiten Vorsitzenden empfunden, welcher am 26. März d. J. durch einen raschen Tod der Wissenschaft und den Seinigen viel zu früh entrissen worden sei.

Die Versammlung ehrte das Andenken des Verstorbenen durch Erheben von den Sitzen.

Auf besondere Bitte des Vorstandes hat der Bruder des Entschlafenen, Herr Dr. v. Klinggräff jun., nachstehenden Nekrolog zum Abdruck in der Vereinsschrift uns übergeben:

Mein Bruder Carl Julius v. Klinggräff wurde am 23. April 1809 auf dem Gute Kl. Watkowitz im Kreise Stuhm, dessen Besitzer unser Vater, der Hauptmann Carl Heinrich v. Klinggräff damals war, geboren. Durch Privatunterricht vorbereitet, wurde er im Jahre 1822 in die Tertia des Gymnasiums zu Elbing aufgenommen; später Familienverhältnisse wegen nach Königsberg in das Collegium Friedericianum übergesiedelt, erhielt er von diesem Gymnasium im Frühjahr 1828 das Zeugniss der Reife und bezog die Königsberger Universität.

Schon seit frühester Jugend eine grosse Liebe für die Naturwissenschaften, besonders Naturgeschichte hegend, entschloss er sich zum Studium der Medizin, weil er bei diesem Brotstudium am ehesten Gelegenheit und Musse zu haben hoffte, seine Lieblingswissenschaft, die Botanik zu treiben. Neben seinen Fachstudien war es daher auch am meisten Botanik, die er unter der Anleitung des Professor E. Meyer mit mehr Eifer betrieb, als sonst Mediziner meistens pflegen; auch kam er schon damals mit bedeutenderen Botanikern in Verbindung, z. B. mit Schur, der sich zu der Zeit in Königsberg aufhielt. Im Herbste 1832 promovirte er als Dr. med. et chir. mit der Dissertation „De carie vertebrarum" und machte in dem darauf folgenden Herbst und Winter das Staatsexamen als praktischer Arzt.

Nach vollendeten Studien beschloss er im Jahre 1833 einen Besuch bei den Eltern zu machen, welche damals nach Oesterreich übergesiedelt waren und bei Agram in Croatien wohnten. Auf dieser Reise hatte er nun die erste Gelegenheit die Alpenflora und auch eine südlichere Flora wenigstens im Fluge kennen zu lernen, denn er dehnte die Reise bis Fiume und Triest aus, machte die Bekanntschaft dortiger Botaniker, Biasoletto, Tommasini, Noé, und besuchte mit letzterem die Inseln des Quarnero. Da er erst im Sommer bei uns in Agram eintreffen konnte, so hatte er mich beauftragt die mir auffälligen Frühlingspflanzen für ihn zu sammeln. Es machte mir jetzt bei Durchsicht seines Herbariums eine wehmütige Freude, diese Pflanzen, welche ich damals, ein zwölfjähriger Knabe, ohne Verständniss gesammelt, z. B. *Erythronium Denscanis, Haquetia Epipactis, Epimedium alpinum* u. A., wohlerhalten wiederzusehen.

Nach Preussen zurückgekehrt, liess er sich im Jahre 1834 in Marienwerder als praktischer Arzt nieder, und heiratete im Herbste desselben Jahres seine Cousine Johanne v. Klinggräff. Durch Erbschaft fiel im Jahre 1836 seiner Frau das Gut Palechken im Kreise Stuhm zu. Mein Bruder entschloss sich dasselbe selbst zu bewirtschaften, gab daher seine ärztliche Praxis auf und zog dorthin. Unter recht günstigen Verhältnissen konnte er sich nun neben der Leitung seiner Landwirthschaft seiner Lieblingswissenschaft widmen. Ausser kleineren Reisen machte er 1844 eine grössere durch Oesterreich, die Schweiz und Oberitalien, überall eifrig botanisirend; vor allem aber durchforschte er seine nächste Umgegend, machte auch öftere Ausflüge in andere Gegenden der Provinz und trat mit den meisten einheimischen und vielen auswärtigen Botanikern in Verkehr. Die erste literarische Frucht dieser Forschungen war seine „Flora der Provinz Preussen", die im Jahre 1848 erschien und zu der er 1854 einen Nachtrag lieferte.

Im Verein mit namhaften Botanikern der Provinz, Dr. Klinsmann in Danzig, Pfarrer Kühler in Marienfelde bei Pr. Holland, Direktor Dr. R. Schmidt in Elbing, Inspektor Seidler in Bromberg u. A., stiftete er die Versammlung botanischer Freunde, welche jährlich am Dienstag nach Pfingsten in Elbing zusammen kam, und die den Zweck hatte die persönliche Bekanntschaft und den gegenseitigen Austausch der botanischen Beobachtungen und Entdeckungen im Bereich der Provinz zu vermitteln. Es waren ganz freie Versammlungen, ohne Statuten und Jahresbeiträge, zu denen jeder, der sich für Botanik interressirte, eingeladen war. Auf der Pfingstversammlung in Elbing 1862 konstituirte sich dieser Verein auf Antrag des Professors R. Caspary zum botanischen Verein der Provinz Preussen, dessen erster Schriftführer mein Bruder mehrere Jahre war. Mit fast allen Botanikern der Provinz in Verbindung, erhielt er natürlich von allen Seiten die Nachrichten über neue Entdeckungen nebst den dazu gehörigen Belagstücken, so dass ihn diese zusammen mit seinen eigenen Forschungen in den Stand setzten in seinem 1866 erschienenen Buche: „Die Vegetationsverhältnisse der Provinz Preussen" die Artenzahl sowohl, als die Standortsangaben unserer Flora bedeutend zu vermehren. Zu fast allen seinen floristischen Angaben finden sich die Belagstücke in seinem Herbarium, und ist daher ihre Richtigkeit vollständig zu kontrolliren.

Ausser seinen Studien in der systematischen Botanik und besonders in Rücksicht unserer Provinzialflora, deren Erforschung er vor allem seine wissenschaftlichen Bestrebungen widmete, waren es besonders pflanzengeographische und klimatologische Untersuchungen, die er trieb. Seine Bibliothek, die ausser systematisch-botanischen Werken besonders reich an Reiseliteratur ist, giebt davon Zeugniss. Eine Frucht dieser Studien ist sein 1878 in zweiter Auflage erschienenes Buch: „Zur Pflanzengeographie des nördlichen und arktischen Europas". Unter seinem schriftlichen Nachlasse fand ich noch sehr viele Entwürfe und Auszüge zu pflanzengeographischen Arbeiten. Sehr zahlreich sind die Beiträge, die er zu verschiedenen botanischen Zeitschriften und Vereinsschriften geleistet; er war Mitglied der Königsberger phys. ökonomischen Gesellschaft, der Naturforschenden Gesellschaft in Danzig, des märkisch. botanischen Vereins und der geographischen Gesellschaft in Berlin; diese Arbeiten einzeln namhaft zu machen bin ich ausser Stande, hätte auch keinen Zweck.

Wie so viele ältern Naturforscher, denen noch die letzten Ausläufe der

sogenannten Naturphilosohpie in ihrer Jugenderinnerung als abschreckendes Beispiel vor Augen stehen, war er ein Feind aller Spekulationen und wollte nur dem
erfahrungsmässig thatsächlichen wissenschaftlichen Werth zuerkennen. Daher
konnte er sich auch mit den neuen Hypothesen, die eben als solche der Erfahrung
vielfach vorgreifen müssen, wenig befreunden. Er verkannte nach meiner Meinung
den Wert der Hypothese als Führer bei den Beobachtungen, indem mit Hilfe
derselben die Fragen formulirt werden, die man der Natur vorlegt, hatte aber in
so fern recht, dass sie ein sehr gefährlicher Führer, wenn man sie für eine unum-
stössliche Wahrheit hält, sein Urteil also gefangen giebt.

Diesem treuer Pflichterfüllung und wissenschaftlichem Streben gewidmeten
Leben machte, im noch nicht vollendeten siebzigsten Jahre, am 26. März d. Js.
nach nur kurzem Unwohlsein ein Herzschlag ein plötzliches Ende. Was seine
Familie und näheren Angehörigen an ihm verloren, gehört nicht hierher, den Verlust, welchen unser Verein erlitten, wird jeder der ihm wissenschaftlich näher stand
ermessen. Sein Name wird wohl, so lange in Preussen und überhaupt in Deutschland die botanische Wissenschaft blüht, in gutem Andenken bleiben. —

Der traurigen Mitteilung durch den Vorsitzenden folgte der Geschäftsbericht über das abgelaufene Vereinsjahr, mitgeteilt durch den Schriftführer.
Dem Bericht entnehmen wir folgendes:

1) Der in der vorjährigen Versammlung zu Danzig gefasste Beschluss,
betreffend Abfassung eines allgemeinen Aufrufs zu reger Beteiligung bei den
Bestrebungen des Vereins (s. Bericht über d. dam. Vers. p. 7. 1) hat aus mehr-
fachen Gründen, unter A. wegen des oben erwähnten eingetretenen Todesfalles,
noch nicht ausgeführt werden können; es soll dies in dem jetzigen Jahre noch
geschehen.

2) Von Herrn Brischke sind bis jetzt, im Anschluss an den in der vorjährigen Versammlung gefassten Beschluss (s. Bericht p. 7. 2) einige 30 Kasten
mit Präparaten für den Verein geliefert. Diese waren im Versammlungslocal aus-
gestellt und erregten wegen ihrer ungemein instructiven und wahrhaft schönen
Einrichtung ungeteilte Bewunderung. Die Sammlung wird natürlich auf Kosten
des Vereins fortgesetzt. Ausserdem sind die Sammlungen des Vereins von Herrn
Brischke vermehrt worden durch unentgeldliche Ueberweisung mehrerer Kisten
von Vertretern der verschiedenen Ordnungen der Insekten. Es sei hier gleich bemerkt, dass im Versammlung-Local auch Gelegenheit geboten war, einen Teil (12
grössere Kisten) der schönen und vielleicht in ihrer Art einzig dastehenden Sammlung
deutscher Käfer zu sehen, welche der königl. Landrath des hiesigen Kreises, Herr
Herwig, Mitglied unseres Vereins, schon in früheren Jahren mit grösster Sorgfalt
und Sachkenntniss aufgestellt hat.

Die Anwesenden erkannten durchweg an, dass es im Interesse der Wissenschaft liege, diese Sammlung jedenfalls erhalten, und wo möglich fortgesetzt
zu sehen.

3) Was Bereisungen einzelner Teile der Provinz behufs ihrer wissenschaf-
lichen Durchforschung anlangt, so wurde mitgeteilt, dass leider Herr v. Klinggräff im vergangenen Sommer durch die Ungunst der Witterung verhindert worden sei, die geplante Durchforschung der Danziger Torfmoore zu beginnen. Da-

gegen sind die Einleitungen und verbreitenden Schritte zur botanischen Durchforschung des Kreises Strasburg, Westpr., von Seitzn des Vorstandes getroffen
worden, und zwar ist Hr. Dr. Hielscher aus Danzig für einige Zeit deshalb nach dem
Kreise Strasburg gesandt worden. Ebenso konnte in den Michaelisferien Realschullehrer Schulz aus Danzig durch den Verein mit den notwendigen Mitteln
versehen werden, um eine Zeit lang den Kreis Carthaus in zoologischer und botanischer Hinsicht zu durchforschen. Herr Dr. Hielscher wie Herr Schulz haben
Berichte über ihre Reisen geliefert, die in der diesjährigen Vereinsschrift abge-
druckt werden sollen. (s. unt.)

4) Es wurde auch über die Theilnahme des Vereins-Vorstandes an den
Verhandlungen über Errichtung eines Provinzial-Museums und Bewilligung von
Subventionen für den Verein Seitens des hohen Provinzial-Landtages berichtet. Herr
Rittergutsbesitzer Plehn-Lubochin als Mitglied des westpreussischen botan.-zoolog.
Vereins anwesend und selbst eines der thätigsten und einflussreichsten Mitglieder des
von dem hohen Landtage zu dem genannten Zwecke ernannten Commité's, erstattete
freundlichst über den Erfolg der Verhandlungen Bericht. Darnach schweben die
Vorbereitungen zur Errichtung eines Provinzial-Museums noch, während betreffs
der Subvention dem westpreussischen botan.-zoologischen Verein diesmal die zu
dem genannten Zwecke ausgesetzten 1000 Mark voll und ganz bewilligt seien.
Letztere Nachricht nahm die Versammlung mit freudiger Erregung und mit grossem Danke gegen die hohe Provinzial-Verwaltung auf. —5) Endlich entnehmen
wir noch dem Geschäftsbericht, dass die Zahl der Vereinsmitglieder bereits 142
beträgt.

Der Schatzmeister des Vereins, Herr Münsterberg aus Danzig, legte darauf Rechnung für das Vereinsjahr 1878/79. Sein Vorschlag, das Etatsjahr mit
dem 31. Mai zu schliessen, wird angenommen. Zur Prüfung der Rechnungen,
die in Einnahme und Ausgabe mit 969 Mark abschliessen, werden die Herren
Rittergutsbesitzer Treichel und Dr. Schuster gewählt. Auf ihren Antrag hin
wurde dem Rendanten Decharge ertheilt.*) Bei der darauf folgenden Vorstands-

1878
Uebersicht:

Tit.	Einnahme.	Mk.	Mk.	Tit.	Ausgabe.	Mk.	pf.	Mk.	pf.
I.	Regelmässige Einnahmen.			I.	Aufwendungen für wissenschaftliche Arbeiten.				
	a. Beiträge von 120 Mitgliedern pro 1878 à 3 M.	360			A. G. Brischke für Insecten - Präparate Mk. 192. — für 30 Hefte Separat-Abdruck der Ichneumoniden Ost- und Westpreussens „ 16.—			208	
	b. desgleichen von 3 Mitgliedern pro 1879 à 3 M.	9	369		B. Realschullehrer Schulz Reisegelder und Auslagen für Excursionen im Kreise Carthaus			76	35
II.	Ausserordentliche Einnahmen.				C. Dr. Hielscher Reisegelder und Auslagen für Excursion im Kreise Strass-				
	Von dem Provinzial-								

wahl wird als 2. Vorsitzender Herr Professor Dr. Bail-Danzig, sonst die bisherigen Vorstandsmitglieder durch Acclamation erwählt. Bei der Beratung über die Feststellung eines Planes für die Vereinsthätigkeit im nächsten Jahre wurden die mannigfaltigsten Wünsche laut, schliesslich aber der Antrag des Vorstandes einstimmig angenommen, „ihm innerhalb der Vereinszwecke und disponibeln Mittel Vollmacht zu geben, über die Mittel unter möglichster Berücksichtigung der laut gewordenen Wünsche zu verfügen, ohne vorher die einzelnen Unternehmungen

1878
Botanisch-zoologischer Verein für Westpreusen.

	Einnahme.					Ausgabe.			
	Mk.	Mk.	Tit.				Mk.	pf.	Mk.	pf.
Landtag bewilligter Zuschuss		600		burg			110	65		
				D. Druckkosten für den Bericht der ersten Versammlung des Vereins . . . . . . Mk. 168.— Buchbinderarbeit für die Berichte . . . . „ 11.— Für Papier und Druck einer Tafel zu dem Aufsatz des Prof. Menge . „ 11.—			190	—	585	—
			II.	Allgemeine Unkosten. Kosten etc. bei der Errichtung des Vereins und Abhaltung der ersten Versammlung			69	—		
				Druck der Statuten			26	·		
				Nachruf auf den verstorbenen Vorsitzenden des Vereins in der Königsberg. Zeitung			5	—		
				Druckkosten für 100 Aufforderungen zur Zahlung der Beiträge			3	—	103	—
			III	Porto und Unkosten für Einziehung der Beiträge. Prof. Bail für Porto-Auslagen Mk. 2.30 Prof. Klinzer desgl. 6 u 9 Mk. „ 15.— für Telegramm an den botanischen Verein in Berlin am 11/4. 78. . . . Mk. 1.90			17	30		
				Für Incasso Mk. 114.— à 3½ Pf . . . . . „ 3.80			3	70		
				Verauslagte Porto 4/3. 78. Mk. —.72 8/10. 78. „ 3.24 23/3. 79. „ 2.69			6	65	29	65
				Baarer Cassen-Bestand					251	35
				wovon Mk. 200 in Sparkassenbuch						
		969							969	—

genau bezeichnen zu dürfen. Dabei seien aber in erster Linie die ortsheimischen Kräfte heranzuziehen."

Herr Landrath Herwig weist auf die Pflege der Fischzucht hin, bittet, ihm wissenschaftlich sichere Auskunft zugehen zu lassen über das Vorkommen wirtschaftlich nützlicher Fische in der Provinz, und erklärt sich bereit, das gewonnene Material geordnet dem Verein wieder zur Verfügung zu stellen.

(Hierbei sei erwähnt, dass es den energischen Bemühungen des Herrn Herwig gelungen ist, den Fischerei-Verein für Ost- und Westpreussen zur Bewilligung von 500 Mark zu bestimmen, um die Kosten zu bestreiten, welche die Herstellung einer Sammlung ost- und westpreussischer Fische in der Form von Präparaten verursacht, wie sie meisterhaft aus der Hand des Herrn Dr. Gruhl in Braunsberg hervorgehen. Diese Sammlung soll zu der internationalen Fischerei-Ausstellung gesendet werden, welche im Jahre 1880 zu Berlin eröffnet werden wird. Nachher soll sie der naturforschenden Gesellschaft zu Danzig als bleibendes Eigentum überwiesen werden. Bei den nahen Beziehungen unseres Vereins zu der genannten Gesellschaft ist deshalb diese Acquisition auch für uns eine höchst schätzenswerte.)

Im weiteren Verlauf der Verhandlung stellte Herr Realschullehrer Wacker den Antrag: „eine topographische Flora und eine desgleichen Fauna von Westpreussen in Angriff zu nehmen, worin alles vorliegende Material gesammelt würde." Da sich die anwesenden Zoologen vielfach gegen die Aufstellung einer Fauna als noch nicht spruchreif erklärten, wurde, einem Amendement Bails entsprechend, der Wacker'sche Antrag ohne die Worte „und eine desgleichen Fauna" angenommen.

Das Anerbieten des Herrn Realschullehrer Wacker, zunächst für die Phanerogamen und des Herrn v. Klinggräff, für die Kryptogamen die Arbeit in Angriff nehmen zu wollen, wird bestens acceptiert.

Bei der demnächstigen Wahl eines Ortes für die nächste (3.) General-Versammlung wird schliesslich auf den Vorschlag des Herrn Treichel Neustadt in Westpr. gewählt, zugleich aber der Antrag des Herrn Stadtrath Helm-Danzig angenommen, dahin lautend: „Wegen Wahl eines Geschäftsführers wird der Vorstand mit Mitgliedern aus Neustadt in Unterhandlung treten, eventuell wenn sich für Neustadt unüberwindliche Schwierigkeiten herausstellen sollten, wird dem Vorstand Vollmacht gegeben, die Wahl eines andern Ortes selbst vorzunehmen."

Damit war die Tagesordnung für den geschäftlichen Theil etwa um $^3/_4$11 Uhr beendet. Es folgte eine kleine Frühstückspause, während welcher die Teilnehmer der Versammlung, von denen die ausgelegte Präsenzliste eine Zahl von ca. 40 zeigte, sich in den schönen Räumen des Casino sowie des zugehörigen Gartens erholten, und die ausgestellten Sammlungen einer eingehenden Besichtigung unterzogen.

Um $^3/_4$11 Uhr rief die Glocke des Herrn Vorsitzenden zu den wissenschaftlichen Vorträgen, welche durch ihren botanischen oder zoologischen, oder klimatologischen Inhalt (letzterer in Bezug auf Pflanzenleben) lebhaftes Interesse erregten und die Versammlung reichlich beschäftigten. Wegen des näheren Inhalts wird auf die weiter unten folgenden Arbeiten dieser Vereinsschrift verwiesen. Hier sei nur noch erwähnt, dass Vorträge gehalten wurden von den Herren v.

Klinggräff, Bail, Treichel, Brischke, Wacker, Helm, Künzer, Schulze, Eggert. Herr Ross aus Danzig vertheilte folgende selbstgesammelte Pflanzen:

Aus der Umgegend von Danzig:

Potamogeton gramineus L., Neukauer See

Litorella lacustris L., Lappiner See

Myrica Gale L., Pasewark und Neue Welt auf der danziger Nehrung. (Zwitterblüten)

Empetrum nigrum L., Neufähr und Bohnsack

Listera cordata R, Br., Wordel auf der frischen Nehrung

Linaria Loeselii Schmgg., danziger frische Nehrung

Aster Tripolium L., auf dem Holm

Sonchus paluster L., auf dem Holm und im Radaunetal

Bupleurum longifolium L., im Radaunetal hei Borkau.

Libanotis montana Crtz., im Königstal

Verbascum phoeniceum L., zwischen dem Ganskrug und Heubude.

Potamogeton obtusifolius M. K., Lesener-See.

Eryngium campestre L., bei Weichselmünde.

Mercurialis annua L., auf Ballast bei der Westerplatte.

Helminthia echioides Gärtn., auf Ballast bei der Möwenschanze.

Aus dem Kreise Culm:

Sedum reflexum L., Paparczyn.

Salvia pratensis L., Elisentalerbusch.

Trifolium rubens L., Elisentalerbusch.

Dianthus arenarius L., Paparczyn.

Elatine Alsinastrum L., See von Robakowo.

Orobanche coerulea Vill., auf *Medicago lupulina L.*, Gottersfeld.

Herr Stadtrath Helm zeigte nachstehende, von ihm bei Danzig gefangene Käfer vor, deren Vorkommen in der Provinz bis dahin noch nicht oder nur selten beobachtet wurde:

Dromius obscuroguttatus Dfs.

Aëtophorus imperialis Germ.

Chlaenius tibialis Dej.

Carabus marginalis Fabr.

Calosoma reticulatum Fabr.

Elaphrus cupreus Dfs.

Pterostichus subcoeruleus Schl.

Amara convexiuscula Marsch.

Amara silvicola Zimm.

Bradycellus lacustris Redt.

Bembidium gilvipes Strm.

Bembidium lunotum Dfs.

Bembidium bruxellense Wasm.

Cybister Roeselii Fabr.

Dytiscus lapponicus Gyll.

Helephorus bituberculatus Gyll.

Helephorus aëripennis Thoms.

Philhydrus maritimus Thoms.

Anisotoma Triepkii Schm.

Anisotoma obesa var. brunnea Str.

Myrmedonia laticollis Märk.

Homalota gagatina Baudi.

Tachyporus tersus Er.

Aleochara bilineata Gyll.

Baptolinus alternans Grav.

Xantholinus distans Mulls.

Philonthus agilis Grav.

Philonthus fimetarius Grav.

Quedius scintillans Grav.

Stenus contractus Grav.

Micropeplus porcatus Fabr.

Sphaerius acaroïdes Waltl.

Gnathoncus punctulatus Thoms.
Soronia punctatissima Illig.
Carpophilus hemipterus Linn.
Rhizophagus coeruleus Waltl.
Monotoma quadrifoveolata Aub.
Cryptophagus setulosus Sturm.
Mycetophagus decempunctatus Fabr.
Simplocaria semistriata Ill.
Elmis cupreus Müll.
Cytilus auricomus Dft.
Heterocerus fusculus Kies.
Aphodius scrofa Fabr.
Psammodius sulcicollis Ill.
Aegialia globosa Kug.
Dicerca aenea Linn.
Ampedus pomonae Steph.
Cryptohypnus elongatus Redt.
Corymbites aëruginosus Fabr.
Cardiophorus asellus Er.
Megapenthes tibialis Lap.
Hapalochrus femoralis Er.
Ptinus pallipes Duft.
Ptinus latro Fabr.
Anobium angusticolle Ratz.
Anobium pini Muls.
Ebaeus appendiculotus Er.
Hallomenes flexuosus Payk.
Rhinosimus aeneus Ol.
Anaspis ruficollis Fabr.
Apion ruficrus Germ.
Apion filirostre Steph.
Rhynchites aeneovirens Marsh.
Chlorophanus salicicola Germ.
Polydrosus coruscus Gyll.
Erirhinus aethiops Fabr.
Erirhinus minutus Schh.
Erirhinus Pilumnus Schh.
Anthonomus spilothus Redt.

Thylacites pilosus Fabr.
Balaninus villosus Herbst.
Otiorrhynchus rotundatus Sieb.
Omias mollicomus Ahr.
Omias pruinosus Schh.
Orchestes rufitarsis Germ.
Rhyncolus porcatus Germ.
Scleropterus serratus Germ.
Bostrychus dispar Hellw.
Clytus arietis Linn.
Clytus massiliensis Linn.
Molorchus salicis Muls.
Pachyta octomaculata Fabr.
Mesosa nebulosa Fabr.
Donacia rustica Kuntz.
Donacia nigra Fabr.
Donacia hypochaeridis Fabr.
Haemonia Curtisii Lac.
Lema flavipes Suffr.
Zeugophora rufotestacea Kraatz.
Clythra aurita Linn.
Cryptocephalus hypochaeridis Linn.
Cryptocephalus gracilis Fabr.
Pachybrachis hieroglyphica Fabr.
Lina lapponica Linn.
Lina lapp. var. bulgarensis Fab.
Adimonia laticollis Sahlb.
Agelastica halensis Linn.
Calomicros pinicola Duft.
Haltica hilaris All.
Haltica chloris Foudr.
Psylliodes marcida Ill.
Longitarsus castaneus Foudr.
Dibolia rugulosa Redt.
Dibolia cryptocephala Ent.
Halyzia tigrina Linn.
Rhizobius litura Fabr.
Cycoperdina succincta Linn.

Von Herrn Oberlehrer Dr. Eggert wurde eine Form von Carex filiformis vorgelegt (aus einem Bruche bei Jenkau) an welcher sich eine Erscheinung zeigt, die auch bei Carex hirta u. C. panicea beobachtet worden ist und auf die Herr Dr. v. Klinggräff sen. im vorigen Jahre bei unserer Jahresversammlung an mehreren vorgezeigten Exemplaren dieser beiden Arten aufmerksam gemacht hat. Eine der weiblichen Aehren und zwar nicht die unterste hat nämlich einen Stiel, der verlängert ist und mit der Richtung des Stengels fast einen rechten Winkel

bildet. Es liegt die Vermutung nahe, dass diese Bildung durch einen Insecten-
stich verursacht wird, und es lässt sich annehmen, dass sie auch noch bei andern
Carex-Arten vorkommt. Diese Form ist als Varietät C. hirta (panicea) refracta
benannt worden.

Ferner zeigte Herr Dr. Eggert mehrere Exemplare von Viola tricolor
(aus der Umgegend von Jenkau), bei denen die verschiedenen Blüten der beiden
Varietäten vulgaris und arvensis d. h. grosse, violett und blau gefärbte und kleine
weisse Blüthen, so wie auch Uebergänge derselben in einander, zusammen auf
einem und demselben Stengel stehen.

Ausserdem legte er folgende von ihm gefundene Pflanzen vor:

Thalictrum aquilegifolium bei Bankau gefunden,

T. — minus bei Golmkau,

T. — angustifolium desgl.,

T. — flavum bei Nassenhuben

Ranunculus cassubicus bei Golmkau

Geranium silvaticum bei Kahlbude

Hypericum humifusum in grosser Menge auf den Brachfeldern bei Jenkau,

Vicia silvatica bei Golmkau

V. cassubica degl.

Peplis Portula Kahlberg (Ottomin)

Saxifraga Hirculus Prangschin

Hydrocotyle vulgaris Ottomin

Falcaria Rivini Zankenzyn

Galium boreale Gr. Bölkau

Galinsoga parviflora (Wiborgia Acmella). Diese aus Peru stammende
Pflanze ist mit Sämereien aus Erfurt herüber gekommen, verbreitet sich stark und wuchert sehr fort bei Jenkau,

Arnoseris pusilla bei Jenkau auf den Feldern zwischen Roggen in
grosser Menge,

Achyrophorus maculatus Golmkau

Chondrilla juncea desgl.

Digitalis ambigua Gr. Bölkau

Linaria minor Kahlbude

Mentha silvestris Golmkau

Salvia pratensis Praust bei der Schleuse

S. verticillata Meisterwalde

Stachys annua Kahlbude

Androsace septentrionalis Schönfeld

Carex Pseudo-Cyperus Ottomin

Nardus stricta Jenkau.

v. Klinggräff sprach über die Schwierigkeit in so vielen formenreichen
Organismengruppen scharfumgrenzte Gattungen und Arten aufzustellen. Bei jeder
monographischen Bearbeitung einer solchen Gruppe mehre sich diese Schwierigkeit bei zunehmender Kenntniss; man findet dann Uebergangsformen zwischen den
früher als wohlumgrenzt erscheinenden Arten, so dass statt solcher ununterbrochene

Entwickelungsreihen sich darstellen. Er führte als solch ein Beispiel die kleine Farrengruppe der Aspidia spiculosa an, indem er eine vollständige Entwickelungsreihe aller Formen derselben in trockenen Exemplaren vorlegte. Auch der rigoroseste Vertheidiger der Unveränderlichkeit der Species würde, wenn er nur die typischen Formen von Aspidium dilatatum Sm., A. spinulosum Sw. und A. cristatum Sw. sähe, diese für drei zweifellos gute Arten erklären, bei Kenntniss sämmtlicher Formen aber alle zusammen als eine einzige Art mit ungeheuer grosser Variabilität bezeichen müssen.

Die vorgelegte Reihe bestand aus: Aspidium dilatatum Sm. var. oblongum Milde, A. dilatatum Sw. typ., A. spinolosum Sw. var. exaltatum Lasch. A. spinulosum Sw. typ. A. spinulosum Sw. var. elevatum Al. Braun, A. Boottii Tuckerm. A. cristatum Sw., denen noch einige zweifelhafte Formen zwischengeschoben waren.

An Bastardbildungen, welche früher von Lasch. und Milde angenommen wurden, ist hier wohl nicht zu denken; denn unzweifelhafte Farrenbastarde sind bis jetzt nur als grösste Seltenheit und nur in einzelnen Stücken gefunden worden, während diese Zwischenformen den sogenannten typischen an Zahl der Individuum gleichkommen, an vielen Orten sie übertreffen. So ist z. B. in der Gegend von Marienwerder Aspidium Bootii Tuckerm., ehemals von Milde und Lasch. A. spinulosum x cristatum genannt, weit zahlreicher als das typische Aspidium cristatum Sw.

Ausserdem machte Herr Dr. v. Klinggräff noch folgende Mitteilung:

Herr Kaufmann Zobel übergab mir ein in einen Blumentopf gepflanztes Cyclamen sp., welches durch entwickelte Stengelglieder ausgezeichnet erschien, um es der Versammlung des botanisch-zoologischen Vereins vorzuzeigen. Die Art war ich nicht im Stande zu bestimmen, da mir kein umfassendes Werk über diese Gattung, die jetzt bei den Blumenfreunden sehr beliebt, zu Gebote steht.

Nach Herrn Zobel's Angabe verhielt sich die Pflanze im ersten Frühjahr, als er sie vom Handelsgärtner erhielt, ganz in der für die Gattung normalen Weise, indem die Blütenstichle sowohl als die Blätter unmittelbar aus dem knollenförmigen Rhizom entsprangen. Jetzt, anfangs Juni, hatte sich ein 12 Cm. hoher etwa strohhalmdicker Stengel mit 4 entfernt stehenden Blätter aus der Mitte des Rhizoms entwickelt, der an seiner Spitze eine Blüte trug. Die unmittelbar auf dem Rhizom stehenden Blätter und Blüten waren sämmtlich verschwunden. Mir ist es nicht bekannt, ob in dieser Gattung Arten vorkommen, bei denen sich normal entwickelte Stengelglieder finden, oder ob die abnorme Entwickelung solcher eine schon öfter beobachtete Erscheinung ist.

Um ½2 Uhr schloss die Versammlung. Es folgte in denselben Räumen das gemeinsame Mittagsmahl, welches unter zündenden Toasten und den witzigsten Reden den allerfröhlichsten Verlauf nahm.

Um 3 Uhr fand die Ausfahrt nach Kurzebrack statt, wo der von Sr. Excellenz dem Herrn Handelsminister in huldvollster Weise bewilligte Dampfer der hiesigen Deich-Commission die Teilnehmer aufnahm und nach dem herrlich gelegenen Wessel führte, von wo die Gesellschaft in fröhlichster Laune nach dem henachbarten Fiedlitz zog, freilich nicht ohne recht eindringliche Erinnerung das nicht blos das Brod vom Menschen im Schweisse seines Angesichts zu essen sei, sondern dass auch der edelste und idealste Genuss, wie ihn nur die Betrachtung der freien schönen Gottesnatur bieten kann, nicht ohne schwere Mühe und Arbeit erlangt werden könne. Indess war der Gang von Wessel nach Fiedlitz wohl „des Schweisses der Edlen werth!"

Nach längerem Verweilen an dem durch sein üppiges Waldgrün und seine herrliche Aussicht nach der schönen fruchtbaren Niederung hinüber bei den Bewohnern der ganzen Umgegend berühmten Orte Fiedlitz brachte der Dampfer die fröhliche Gesellschaft nach Kurzebrack und von da die Wagen nach Marienwerder, wo sich von $\frac{1}{2}$10 Uhr ab die Räume des Casino wieder mit den Teilnehmern füllten, die ihrer vollen Befriedigung über das in jeder Beziehung durchaus gelungene Fest lauten Ausdruck gaben. Wiederholt wurde unter grossem Jubel und allgemeiner Beistimmung der Dank ausgesprochen allen denen, die zum Gelingen des Festes so redlich beigetragen, besonders auch dem wackeren Geschäftsführer, Herrn Wacker, der Casinogesellschaft und den von Fern und Nah so zahlreich herbeigeeilten Teilnehmern. Man trennte sich nur schwer und mit dem Rufe: Auf Wiedersehen im nächsten Jahre!

Am folgenden Tage, Mittwoch, 4. Juni, machte noch eine Anzahl Mitglieder in früher Morgenstunde einen Spaziergang nach dem schön gelegenen Hammermühle, um daselbst unter der liebenswürdigen und instructiven Führung des Herrn Landraths Herwig die Fischbrut-Anstalt zu besichtigen, deren ganze Existenz ja nur der mit grösster Opferwilligkeit an Zeit und Mühe verbundenen Einsicht und Energie des genannten Herrn zu verdanken ist. Schnell verliefen die fröhlichen, anregenden Stunden. Um 10 Uhr Vormittags bereits mussten, um die letzten Eisenbahnzüge noch zu erreichen, auch die letzten unserer liebenswürdigen Gäste Marienwerder verlassen. Wir zurückbleibende aber hoffen und wünschen, dass das freundliche Bild, welches die Mitglieder unseres Vereins Gelegenheit hatten in diesen Tagen von Marienwerder und seinen Bewohnern zu erhalten, ein bleibendes sei und manches Vorurteil, das wohl über unsern Ort anderwärts bisweilen herrscht, vertilgen möge.

Gern fügen wir dem vorstehenden Berichte noch die Worte bei, welche eines der auswärtigen Mitglieder, Herr Professor Bail, nach seiner Ankunft in der Heimath uns schrieb: Es fand in der That der Naturforscher, wie der Naturfreund bei dem erwähnten Ausfluge in jeder Beziehung die vollste Befriedigung. Ganz besonders fesselte die Botaniker und Zoologen der prachtvolle Münsterwalder Forst, ja so gross war dessen Anziehungskraft, dass auf der Heimfahrt ein Theil der Gesellschaft sich von demselben noch einen halben Tag lang zurückhalten liess. Die Danziger Mitglieder trafen hier in Menge und Ueppigkeit circa ein Dutzend Pflanzen, die der Flora ihres Kreises ganz fehlen, darunter den Latyrus pisiformis, der besonders durch seine grossen Nebenblätter sehr an die Erbse erinnert; den Bruder des Waldmeisters Asperula tinctoria mit gelber Wurzel; den übelriechenden aber ungemein stattlichen Wanzentod, Cemicifuga foetida; das auf verschiedenen Pflanzen schmarotzende nacktblütige Verneinkraut (wir glaubten die seltsamen, oft kaum mehr gebrauchten deutschen Namen den Lehrern nicht vorenthalten zu dürfen) Thesium ebracteatum, die abgebissene Grundfeste Crepis praemors, die ausgebreitete Küchenschelle Anemone, patens, das erdbeerartig blühende weisse Fünffingerkraut, die in stattlichen Blüthentrauben prangende Vicia tenuifolia, den vielblüthigen Ranunculuspolyanthemus, das stattliche seltene Hügel-Veilchen und das warzige Pfaffenkäppchen Evonymus verrucosus, wie zwei prächtige Doldenpflanzen: die Hirschwurz Peucedanum Cervaria und das preussische Laserkraut Laserpitium prutenicum, auf welchen beiden letzteren Pflanzen Herr v. Klinggräff im nunmehr abgelaufenen Vereinsjahre die Haarstrangs-Sommerwurz als neu für die Provinz entdeckt hat. Auch ein nicht sehr häufiger Pilz, der zitzenförmige Spundstäubling Tulostoma mammosum, wurde in der Nähe von Czerwinsk gesammelt. Nicht minder gut vertreten als das Pflanzenreich zeigt sich das der Thiere, wie schon das herrliche Vogelconcert kündete, welches die Besucher der Versammlung auf Weg und Steg begleitete. Auch in der Insectenwelt, die z. B. reich an Schmetterlingen sich zeigte, forderten viele interessante Einzelnheiten förmlich zum Verweilen und Beobachten heraus. Während das schöne Geranium sanguineum mit seinen prächtigen roten Blüten weithin leuchtete, dienten die fünf Blumenblätter des blütenreichen Waldstorchschnabels Geranium sylvaticum so regelmässig einer kleinen sehr merkwürdigen schwarzen Fliege als Sessel beim Mittagsmahle, das sie mit langem Saugrüssel aus den tiefer liegenden Honigbehältern schlürfte, dass es aussah, als gehörte diese zur Blüte selber; auch waren die Thierchen von ihrem Meth so benommen, dass man ruhig die Blüte abpflücken konnte, ohne auch die geringste Bewegung unter ihren fünf Insassen hervorzubringen. Dergleichen Tischgänger leisten bekanntlich, statt Kostgeld zu zahlen, Botendienste, indem sie den Blütenstaub auf andere Blumen derselben Art übertragen, und in der That waren jene Fliegen auch ganz bestäubt mit den grünlichen Pollenkörnern des in Rede stehenden Storchschnabels. Kann man nicht hier auch von Thier und Pflanze sagen: Die müssen wohl beid' für einander sein? Ja, wer solchem Tischgelage zugeschaut hat, kann sich der Anpassungstheorie kaum verschliessen. Doch wir müssen zurück aus jenem Naturfrieden, aus unserm Münsterwalde und Waldmünster, uns auch wieder anzupassen unserm Berufsleben; aber die stolze Freude bleibt in uns wach, dass es eine schöne Provinz ist, die wir bewohnen. Die reiche Natur unseres Westpreussens zu durchforschen zum Genuss und Nutzen seiner Bewohner und zur Förderung der Wissenschaft, das ist das Ziel, dass sich unser Verein gesteckt hat, zu dessen Förderung auch hierdurch wieder unsere Mitbürger auf's herzlichste eingeladen sein mögen!

Vortrag

des Herrn Professor Bail,

gehalten in der General-Versammlung am 3. Juni 1879 zu Marienwerder.

Auch im vergangenen Jahre hatten wir die Freude mehrere sehr tüchtige botanische Arbeiten junger aus Danzig stammender Männer zu begrüssen. An der Spitze derselben steht die in den Schriften unsrer naturforschenden Gesellschaft zur Veröffentlichung gelangende des Herrn Dr. Conwentz über die fossilen Hölzer von Karlsdorf am Zobten, ein Beitrag zur Kenntniss der fossilen Geschiebehölzer der norddeutschen Ebene. Es wird diese Abhandlung, sowol wegen der erschöpfenden Behandlung des Gegenstandes, wie wegen mehrerer sicher festgestellten sehr interessanten Thatsachen gewiss nicht verfehlen, in naturwissenschaftlichen Kreisen sehr ausgedehntes Interesse zu erregen. Es folgt eine Arbeit des Herrn Dr. Hielscher unter dem Titel: „Anatomie und Biologie der Gattung Streptocarpus" mit 3 Tafeln, veröffentlicht in F. Cohns Beiträgen zur Biologie der Pflanzen und 2 als Bewerbung um das Humboldtstipendium der naturforschenden Gesellschaft eingereichte Manuskripte, deren eines von Herrn stud. Lakowitz, als Fortsetzung seiner vorjährigen Untersuchungen über die Anatomie von Amorphophallus Rivieri Durieu de Maisonneuve, sammt den sehr saubern und naturgetreuen Abbildungen der Versammlung vorgelegt wird, und endlich die sorgfältige Bearbeitung eines der in jüngster Zeit epochemachenden Themata „Ueber die in höhern Pflanzen schmarotzenden Algen" von Herrn stud. Schwabe gleichfalls mit zahlreichen Originalabbildungen.

Von eignen Funden berichtet sodann der Vortragende genauer über den Melanogaster ambiguus Tul. Nachdem ihm ein paar sehr alte Exemplare schon im Jahre 1877 im Jäschkenthaler Walde aufgestossen waren, fand er am 17. September 1878 ein 1,5 cm. im längeren Durchmesser haltendes Individuum eingesenkt in die Erde unter Buchen in derselben Gegend. Der Pilz war auf der Oberfläche gelbbraun mit sehr starken deutlich aus der Peridie in Gestalt von Aussackungen entspringenden, verzweigten, jener selbst anliegenden Wurzelfasern und erinnert in diesen Beziehungen ganz an Tulasnes Abbildungen von Melanogaster variegatus β Broomejanus (s. besonders Fungi hypogaei Taf. II. Fig. 4. und IV

2 u. 3.) Im Durchschnitt erschien er wegen hohen Alters feucht und sah einem Polysaccum ähnlich. Getrocknet schrumpfte er sehr zusammen und wurde hart. Jetzt erschienen bei Durchschnitten die sporenführenden Kammern tief schwarz, die Zwischenwände schneeweiss, so dass eine schöne Marmorirung entstand. Obgleich die lebhaft braun gefärbten, verkehrteiförmigen, mit einem, bisweilen auch mit 2 Cytoblasten versehenen Sporen sich meist schon sammt einem Stück des Sterigma abgelöst hatten, waren die Basidien doch noch deutlich, und es fanden sich an ihnen auch noch wiederholt 4 nicht ganz gereifte Sporen. Die reifen Sporen massen meist wenig über 0,012 mm. in der Länge und 0,006 mm. in der Breite, während die des Melanogaster variegatus von Lubochin kaum über 0,003 mm. breit und nur 0,006 mm. lang waren.

Als die Schnittfläche des feucht angeschnittenen Exemplars an der Luft getrocknet war, erschienen die Kammern grubig vertieft und glanzlos, während sie an andern Stellen des getrockneten Exemplars nach der Befeuchtung glänzend wurden und dann etwas aufgeschwollen blieben.

Was die übrigen Standorte des Melanogaster ambiguus anbetrifft, so wächst derselbe im Winter und Frühling in Eichenwäldern Tessins. Von Tulasne wurde er 1843 in Weissbuchen- und Kastanienwäldern bei Paris (Romainville) 30 bis 50 cm. unter der Erde, und halbversenkt im Mai, Juli und September in Eichen- und Weissbuchenbeständen des Bolonieser Wäldchens gefunden. Nach Berkeley kommt er an verschiedenen Stellen Englands, nach Lespiault bei Nerac in Frankreich (Departement Lot et Garonne,) nach Wallroth in gypshaltigen Gegenden Thüringens und nach Klotzsch, der ihn unter dem Namen Hyperrhiza liquaminosa beschreibt und abbildet (S. auch Bail System der Pilze Tab. 14 und S. 11) vom Juli bis October ziemlich einen Fuss tief in der Nähe von Lindenwurzeln im Neu-Schöneberger Garten bei Berlin vor.

Von Gautieria graveolens fand Prof. Bail am 17. September 1878 ein Exemplar von der Grösse einer Lambertsnuss, dass aussen noch weisslich erschien, und dessen Hymenium kaum hell zimmtbraun war. Es erinnert im Durchschnitt lebhaft an den Lebensbaum des kleinen Gehirns. Eine Peridie d. h. besondere Umhüllungshaut fehlt. Schon Zobel in Corda Icones Fungorum tom. VI. sagt: „Von der Wurzel steigt in dem Querschnitte eine weisse Ader aufwärts, und verbreitet sich dendritisch. In der That ist eine solche dendritische Verbreitung der weissen Adern von einem gemeinsamen Stamme auch bei unsern Exemplaren nachweisbar, wenn sich jener Stamm auch nicht immer bis zur Wurzel verfolgen lässt. Die Oberfläche des Pilzes wird dann oben von den äussersten Verzweigungen jenes Stammes gebildet. Dass eine „Massa radicalis", wie sie Vittadini von Gautieria Morchellaeformis abbildet und beschreibt, bei unserm Pilze nie vorkommt, kann der Vortragende, nachdem er ihn 2 Jahre lang beobachtet hat, sicher feststellen, wohl aber ist seine Wurzel bisweilen mehrfach verzweigt. Auch an dem besprochenen jungen Exemplare waren die Sporen schon reif. Ihre Länge betrug 0.012 mm. bei höchstens 0,006 mm. Breite. Sie zeigen an der Basis stets ein scharf abgegrenztes Stielchen. Zwischen den Basidien trifft man hier und da grosse fast kugelige bis verkehrt eiförmige Cysten mit winzigen in steter Bewegung begriffnen Inhaltskörperchen an, die an die Pollinarien der Autoren bei andern Pilzen erinnern. Uebrigens hat Schreiber dieser Zeilen, da er die Keimung im Zimmer nicht erzielen konnte, die Sporen im natürlichen Lager bis Ende Juni beobachtet. Sie hatten bis zu dieser Zeit nicht gekeimt; aber am 5. September fand er bereits ein 1 cm. im Längsdurchmesser haltendes Exemplar. Es muss also die Keimung im Juli oder August erfolgt sein, was auf eine 9monatliche Sporenruhe würde schliessen lassen.

In der Pilzflora von Kassel wird Gautieria morchellaeformis als von Riess gefunden angegeben. Das Herbarium von Riess ist in den Besitz der Universität Marburg übergegangen; Da aber nach gütiger Mittheilung des Herrn Professor A. Wigand Riess die höhern Pilze nicht aufbewahrt hat, so muss dahingestellt bleiben, ob der von Riess gefundene Pilz nicht vielleicht ebenfalls G. suaveolens gewesen ist.

Am 17. Oktober 1878 sammelte der Secundaner der Realschule zu St. Johann Ross Rhizopogon luteolus bei Bordel unweit Bohnsack in zahlreichen Exemplaren. Eins derselben und zwar noch nicht das grösste mass 5 cm. in der Länge und 3,5 cm. in der Höhe. Die gelbe Peridie war ganz mit anliegenden, vielfach ästigen und anastomosirenden Fasern übersponnen, während andre solche Fasern an der Basis wie eine dichte Faserwurzel herabhingen. Die Basidien waren meist 6sporig. Die Exemplare wurden im Innern schmierig und rochen dann ganz wie Menschenkoth, und zwar sehr energisch.

Rhizopogon rubescens ist jedenfalls in der Provinz sehr verbreitet. Der Vortragende hat denselben neuerdings auch noch gefunden bei Pelonken, auf dem Karlsberge, bei Zoppot und in sehr grossen und zahlreichen Exemplaren bei Groddeck, Kreis Schwetz. Auch aus Arnsdorf im Riesengebirge wurde ihm jüngst der Pilz als dort sehr häufig in Menge übersandt. Ebenso ist Hydnotria Tulasnei, die der Vortragende erst 1877 für Deutschland entdeckte, sehr verbreitet. Sie kommt im Jäschkenthaler Walde an den verschiedensten Stellen vor und wurde neuerlich von Professor Bail auch in Zoppot gefunden und zwar schon im August. Im jüngeren Zustande besitzt der Pilz eine hellröthlich-braune, dünne Peridie und nicht so zahlreiche, wie weniger tiefe Einfaltungen als im höheren Alter.

Von Elaphomyces-Arten wurden festgestellt E. variegatus in Jäschkenthal, Ottomin, Pelonken etc. und granulatus, welchen Redner in grossen Nestern in der Tuchler Haide am Teufelssteine bei Groddeck aufdeckte. Auf ersterem wuchs häufig Torrubia (Claviceps) ophioglossoides Tul., einmal, und zwar am 3. Oktober 1878 im Pelonker Walde hinter dem 6. Hofe wurde darauf auch Torrubia capitata gefunden. Beide Pilze, die Jeder sofort als zu ein und derselben Gattung gehörend erkennt, unterscheiden sich nicht nur durch die Verschiedenheit der Keule und dadurch, dass die ophioglossoides erst mit ihrem gelben Wurzelgeflecht, die capitata dagegen direct dem Elaphomyces aufsitzt, sondern auch, wie schon Tulasne in der Carpologia Fungorum zeigt, durch die Sporen. Auch unser Exemplar bestätigt nämlich die Worte Tulasnes „Prae Torrubia ophioglossoide et caeteris pyrenomycetibus, qui seminibus partilibus item utuntur, amplis sporarum dimensionibus et varia crassaque articulorum s. sporidiorum forma insignitur. Diese Glieder sind nämlich entweder direct stäbchenförmig, oder gleichen in der Gestalt gewissen Naviceln, besonders der Frustulia appendiculata Ag.; oder sind endlich breit-citronenförmig, und zwar werden auffallender Weise diese verschiedenen Fornem in ein und demselben Schlauche gebildet, indem sich neben schmalen Fäden oft ein bedeutend breiterer in Theilsporen zergliedert. Claviceps capitata ist auch im Riesengebirge, wo ihn der Vortragende in den Wäldeen bei Schreibershau, sammelte, und, wie es scheint, überhaupt erneblich seltener als ophioglossoides.

Vorgelegt wurde noch eine eigenthümliche Isarien-Form mit ganz platter, elchgeweihartiger weisslich gelber clavula, welche sich sehr zahlreich von einem weit hinkriechenden Myzelium unter hohem Moose erhob. Dieselbe stammte vom Teufelssteine bei Groddeck, Kr. Schwetz. Ihre Entwickelungsgeschichte ist noch weiter zu untersuchen.

Auch Torrubia Sphingum Tul. von Pelonken (hinter dem 6. Hof) wurde als neu für die Provinz vorgelegt. Dieselbe überzog zum Theil in zusammenhängender hellgelber Schicht, wie eine Haut, ein trotz dieser Vermummung sehr an Cerastis vaccinii erinnerndes Insect. Nur die Augen des Thieres und einzelne Schuppen waren unverhüllt geblieben. Von der erwähnten Haut erhoben sich zahlreiche spitze Vorsprünge, ganz nach Art des Acanthomyces aculeatus Lebert. Bei der Cultur in einem Blumentopfe zwischen Erde und Moos, die beide vorher gekocht waren, entwickelten sich diese Vorsprünge zu zarten bis 1 cm. langen Keulchen, welche in ihrem obern Theile in Ketten Conidien abschnürten, von denen bei Befeuchtung mit Alkohol bis 10 übereinander sitzen blieben. Sie waren oval, circa 0,003 m.m. lang und halb so breit, und keimten bereits bis zum nächsten Tage, gelangten aber binnen 5 Tagen selbst auf Zusatz von Pasteurscher Culturflüssigkeit oder von Eiweiss, indem sie sich sonst kräftiger entwickelten, nicht zur Conidienbildung. Die Spitzen der Keulen färbten sich schliesslich schön citronengelb, doch konnte der Pilz nicht bis zur Perithezienbildung cultivirt werden. Immerhin aber bestätigt die Weiterentwickelung bis zu den Keulchen, die nach Anheftung, Gestalt und Farbe ganz die der Torrubia Sphingum sind, die Richtigkeit der Behauptung Tulasnes „Nec fortassis immerito huc quoque ducas Aconthomycetem aculeatum Leberti (apud. Lieb. et Koellik. Ephem. Zoolog. t. IX. 1858.)

Endlich wurde aus dieser Gruppe von Sphaerien auch noch die Hypocrea (Sphaeria Fr.) citrina Tulasne vorgelegt, die bei Pelonken und Zoppot auf faulendem Holze vorkommt und an jüngern weissen Stellen Conidien trägt, die in Wasser nicht zur Keimung gelangten. Noch wurden vorgezeigt oder besprochen Boletus calopus und Nyctalis asterophora, Ende September in Heiligenbrunn gesammelt, ferner Agaricus chioneus Pers. von Pelonken, eben daher, wie aus Ottomin und Jäschkenthal Peziza onotica Pers.., Clavaria pistillaris von Pelonken und Agaricus mucidus, der im Oktober in den 3 Schweinsköpfen und in Jäschkenthal vorkommt. In letzterm Orte decorirte er durch die Gruppen seiner sehr verschieden grossen, rein weissen Individuen, die mit ihren glockenförmigen in Folge des Schleimüberzugs glänzenden Hüten in sehr verschiedener Stammhöhe entsprangen, malerisch eine alte, noch lebende, aber im Absterben begriffne Rothbuche. Ausführlicher demonstrirt wurden noch der Agaricus rutilans Schaeff. von einem Baumstumpf des Birkenwäldcheus von Biechowko, Kr. Schwetz Mitte October. Der Pilz, dessen gelber Stiel, wie sein Hut mit einem dichtfilzigen, dunkelpurpurfarbnen Ueberzuge bedeckt ist zeichnet sich besonders durch die dicke, fasrige Schneide einer Lamellen aus. Es setzt sich nämlich die trama dieser nach der Schneide hin in Fäden fort, die mit mehreren Zellen und langen keulenförmigen Enden über letztere hervorragen. Die Basidien tragen auf 2 bis 3 Sterigmaten kuglige Sporen.[1]

Als Beweis üppiger Entwickelung wurde ein Agaricus campestris besprochen, den der Vortragende am 10. Oktober von Herrn Realschullehrer Schulze erhalten hatte. Derselbe war 439 gr. schwer und 21 cm. hoch. Sein 18 cm. langer Stiel war über der noch weit dickern Knolle 6 cm., oben 4 cm. breit. Der horizontale Umfang des Hutes betrug 35 cm., der verticale 21 cm. Der kräftige nach unten gerichtete und hier mit doppeltem Rande versehene Ring war im freien Theile 1,5 cm. breit.

Dann wurden Mittheilungen über die Entwickelung von Buxbaumia aphylla L. gemacht. Dieselbe wurde mit Dr. Hielscher bei Pelonken am 3. Oktober in allen Altersstadien gefunden. Das kleinste Exemplar war kaum ein paar Millimeter hoch. Der dicke, dem blossen Auge fasrig erscheinende, Knollen ist eine vagina, aus der man den ganzen Fruchtstiel herausdrücken kann. Dieser besteht, soweit er in der vagina steckt, ganz aus länglich runden, zarten, völlig farblosen Zellen, an der Austrittsstelle ist er rothbraun und warzig und wird nach obenhin grün. Diese Beschreibung gilt für jüngere Exemplare, bei denen die Frucht noch ohne den gesonderten Hals am Grunde und gleichförmig, etwa wie ein Fingerhut, erscheint.

So sah das Moos wie ein Phallus impudicus en miniature aus. Während an der vagina jene gefransten braunen Blättchen sitzen, wurden am Grunde derselben fast stets zungenförmige gesägte beobachtet, die übrigens auch schon in Bischoffs Terminologie Tafel LI. Fig. 2406 abgebildet sind, so dass die durch den ersten Blick nahegelegte, von Carl Müller in Deutschlands Moosen. 1853 noch nicht als sicher behandelte, enge Verwandschaft zwischen Buxbaumia und Diphyscium durchaus nicht zu bezweifeln ist.

Als neu für die Provinz legte Prof. Bail die von seinem Sohne Hugo am 26. September im Königsthale gefundene Potentilla recta L. vor. Sie wächst hier in einer Kieferschonung in zahlreichen Exemplaren. Da dieselbe Pflanze auch noch von dem Secundaner der Johannisschule Ritter am Schwedendamm, am Abhange nach Schwabenthal, gefunden wurde, ist dieselbe sicher als einheimisch zu betrachten.

Ein im Juni 1874 gefundener und im selben Jahre in Exemplaren und Abbildungen dem preuss. bot. Verein vorgelegter Hahnenfuss, der häufig auf einer Wiese bei Zoppot vorkommt, ist Ranunculus Steveni Andrz, den 1876 v. Uechtritz „die wichtigsten Ergebnisse der Durchforschung der schlesischen Phanerogamenflora" von Schweidnitz beschrieben hat. Er hat mit der Schweidnitzer Form auch den horizontalen Wurzelstock gemein, wie noch an der seit 5 Jahren im Garten cultivirten Art ersichtlich ist. Herr v. Uechtritz hat die Zoppoter Exemplare selbst als identisch mit den Schweidnitzern recognoscirt.

Für Iuncus obtusiflorus Ehrh. war bei Zoppot ein neuer Standort aufgefunden worden.

Sonst wurden gezeigt oder vertheilt Salvia verticillata von den drei Schweinsköpfen, Potamogeton obtusifolius aus dem See bei Leesen vom Johannisschüler

Ross und Alisma natans L. in einem Graben bei Conitz vom Johannisschüler Carl Bischoff gesammelt, ferner die in der Danziger Nehrung z. B. bei Einlage häufige Scutellaria hastifolia und Cucubalus bacciferus L. von Lubochin Kreis Schwetz in einem Silberpappelwäldchen. Aus dem ziemlich umfangreichen Pflanzen-Verzeichniss des in Rede stehenden Ortes mögen hervorgehoben werden: Iuncus capitatus Weig. mit Radiola Millegrana Sm. und Salsola Kali L., die dort häufige Potentilla norvegica L., Seseli annuum L., Sparganium minimum Fr., Cirsium acaule All. (am Teufelssteine bei Groddeck) und Carlina acaulis L., Salvia pratensis L. und Silene chlorantha Ehrh. Von Epipactis latifolia All. wurde in Lubochin ein Exemplar gemessen, das 51 Früchte trug und 129 cm. lang war. Seine Blätter hielten bis 14 cm. in der Länge und 9,5 cm. in der Breite. Als Gegensatz dazu wurde eine vollkommen entwickelte, aber nur dreiblüthige, 23 cm. hohe Epipactis rubiginosa Gaud. von der Westerplatte gezeigt. Es wurden ferner Blätter von Syringa vulgaris aus dem Garten des Herrn Wegner-Danzig herumgezeigt, von denen das eine 28,3 cm. lang. ein anderes 26 cm. breit war.

Von den zahlreichen vorgelegten monströsen Formen werde 1. ein Wasserhahnenfuss hervorgehoben, bei welchem ein dreilappiges Schwimmblatt gleichzeitig die borstenförmig getheilten Lappen trug, und 2. ein Trifolium pratense, von dem viele monströse Blüthen im Präparat herumgereicht wurden. Gewöhnlich hatte sich der Fruchtknoten geöffnet und es war aus seinem Grunde direct unter dem einzelnen Staubgefäss ein Stiel meist mit 6—7 Blüthen hervorgetreten, während an seinem obern Ende oft noch Griffel und Narbe, und selbst Eichen sassen.

Noch hatte Prof. Bail mitgebracht Lathyrus Nissolia L., der in einem grasreichen Wäldchen auf der Westerplatte dauernd vorkommt, und für den der Kerner'sche Name Lathyrus gramineus in Rücksicht auf die fiederlosen lanzettlichen Blattstiele der bezeichnendere sein würde. Sodann kamen Isoetes lacustris und echinospora, letztere von Herrn Lehrer Lietzow aus dem Wooksee mitgebracht, zur Vertheilung unter Besprechung ihrer Unterscheidungsmerkmale.

Vertheilt wurden endlich Impatiens parviflora D. C., die sich neuerdings auch bei Danzig eingebürgert hat, wie diesjähriges Epimedium alpinum L. und Aspidium lobatum Swartz mit dem Hinweis darauf, dass beide erst im vorigen Jahre beobachtete Pflanzen vielleicht schon im nächsten der Cultur zum Opfer gefallen sein dürften. Von Ballastpflanzen gezeigt wurden noch Fumaria capreolata wie Pulicaria dysenterica Gärtn. gesammelt in Neufahrwasser von den Johannisschülern Bischoff und Witt.

Myrica Gale lag in sehr schönen Fruchtexemplaren vor, die der Johannisschüler Mroch von Putzig mitgebracht hatte, und an denen die Früchte demonstrirt wurden, endlich in blühenden Exemplaren, deren männliche am 18. Mai gestäubt hatten, von Neue Welt und Pasewark, gesammelt vom Johannisschüler H. Ross. Auf Veranlassung des Prof. Bail hatte dieser auch bei Myrica Gale nach androgynen und Zwitterblüthen gesucht, und die von ihm gefundenen entsprechen, wie der Vortragende vorausgesehen hatte, ganz den von diesem bei Comptonia beobachteten.

Bericht

über die im Auftrage des Westpr. bot.-zool. Vereins im Kreise Strasburg

vom 12. bis 24. September 1878

ausgeführten Excursionen.

Im September v. J. erhielt ich von Seiten des Westpreussischen botanisch-zoologischen Vereins durch Vermittlung des Herrn Prof. Dr. Bail den Auftrag, zum Zwecke der weiteren botanischen Erforschung der Provinz Westpreussen Excursionen vorzunehmen und zwar für das Mal in dem bisher in dieser Beziehung sehr wenig bekannten Kreise Strassburg. Aus mehreren Gründen, insbesondere wegen der schon stark vorgerückten Jahreszeit konnten diese Excursionen wesentlich nur als vorbereitende gelten, um zunächst einige Punkte kennen zu lernen, die bei künftigen Gelegenheiten hauptsächlich zu berücksichtigen sein werden.

Ich begab mich nach den nöthigen Vorbereitungen am 12. September 1878 von Danzig nach Jablonowo und habe mich bis zum 24. September wo ich durch die Ungunst der Witterung genöthigt wurde umzukehren, im Kreise Strasburg aufgehalten. Ueber die während dieser Zeit unternommenen Excursionen erlaube ich mir im Folgenden zu berichten; was die Ausbeute an Pflanzen betrifft, so muss vorher bemerkt werden, dass die lange Trockenheit in der letzten Hälfte des Sommers auf die Vegetation sehr merklich ungünstig eingewirkt hatte und ferner, dass ich leider gerade die Zeit antraf, wo fast überall die Wiesen eben wieder gemäht waren.

Ehe ich speciell auf meine Excursionen eingehe, dürfte es für Viele nicht unwillkommen sein, wenn ich zunächst zur Orientirung einige Worte über den Kreis im Ganzen vorausschicke.

Der Kreis Strasburg, der südöstlichste der Provinz Westpreussen, erstreckt sich mit seiner Längsausdehnung wesentlich von W. nach O. längs der polnischen

Grenze, im W. stösst er an die Kreise Thorn, Culm und Graudenz, im Norden an Rosenberg und Löbau, im Osten hat er eine kurze Strecke die Grenze mit Ostpreussen gemein. Seine Ausdehnung von N. nach S. schwankt zwischen 2 und 4 Meilen. Die einzige Eisenbahn, die durch den Kreis geht, die Linie Thorn-Insterburg, berührt denselben in der äussersten Nordwestecke (Bahnhof-Jablonowo, jetzt auch Endstation der Bahn Graudenz-Jablonowo). In Bezug auf die Bodenverhältnisse kann man den Kreis in drei Theile theilen, so dass die Grenzlinien etwa von N-W nach S-O laufen. Es sind dies eine Linie von Jablonowo nach dem Westrande des Forstes Mszanno westl. von Strasburg, und eine andere etwa eben so weit östlich von Strasburg, parallel mit dieser. Der zwischen diesen beiden Linien liegende mittlere Theil, auf den sich meine Excursionen beschränkten, ist ausgezeichnet durch 3 Reihen von grossen Seen, die denselben ebenfalls in der Richtung der oben angegebenen Linien durchziehen. Während nun in dem östlichen Drittel des Kreises sehr zahlreiche, meist kleinere Seen ganz unregelmässig vertheilt sind, fehlen derartige Wassersammlungen dem westlichen Drittel fast vollständig, was wohl damit zusammenhängen wird, dass dieser Theil auch fast vollständig grösserer Wälder entbehrt, die in den beiden andern theils als Königl. Forsten, theils im Privatbesitz, noch reichlich zu finden sind.

Nach diesen einleitenden Bemerkungen gehe ich zum detaillirten Bericht meiner Excursionen über.

Ich langte am 12. September 1878 Nachmittags in Jablonowo an und benutzte den Nachmittag dazu, um die Gegend um Jablonowo selbst zu untersuchen. Ich begab mich bis an das Dorf heran und verfolgte dann die Lutrine, einen kleinen Nebenfluss der Ossa, ein Stück stromabwärts, kehrte dann über Feld an dem Kirchhof vorbei nach Jablonowo-Bahnhof zurück.

An den Rändern der Chaussee fand ich: *Datura Stramonium* V4 Z3, *Xanthium Strumarium* V3 Z2, *Amarantus retroflexus* Z2. Weiter nach dem Fluss zu *Bidens tripartita* Z3, *B. cernua* Z, *Crepis tectorum* Z2. In und am Flusse zeigte sich: *Valeriana officinalis* V3 Z2, *Silene inflata*, *Ononis arvensis* flor. alb., *Glyceria spectabilis vivipara*, *Glyceria fluitans* Z2, *Glyceria plicata* Z3, *Potamogeton crispus* V Z3 *Calamogrostis epigeios*, V4 Z3, *Poa nemoralis*, eine bemerkenswerthe Form, fast im Wasser gewachsen, *Veronica Anagallis* V2 Z2. Weiterhin fand ich in und bei einem kleinen Teiche in der Nähe des Kirchhofs: *Sparganium simplex* Z3, *Peplis Portula* Z3, *Galium uliginosum* Z2, *Leontodon hispidus* Z2) *Poa compressa*, *Bidens tripartita var. integra*. — In Bezug auf *Glyceria plicata* und *G. fluitans* muss ich bemerken, dass durch das ganze von mir durchwanderte Gebiet die erstere weitaus die häufigere ist, während sie bekanntlich anderwärts (Flora v. Danzig) meist nur zerstreut unter *fluitans* vorkommt.

Am Freitag, den 13. September ging ich längs des Bahndammes bis in die Umgebung des Schlosses, wandte mich dann nordwärts durch die kleinen Gehölze auf der W.-Seite des oben erwähnten Lutrineflusses bis nahe an die Grenze des Kreises, von dort nordostwärts über Szepanken nach Neudorf, machte gegen Abend noch einen Ausflug nach dem Plowenzer See und kehrte am folgenden Morgen direct von Neudorf nach Jablonowo zurück. Der grösste Theil des eben beschriebenen Weges ist in botanischer Hinsicht herzlich uninteressant.

Auf den Hügeln zwischen der Kirche und dem Schloss von Jablonowo einer- und dem Bahndamm andererseits fand ich: *Anthyllis Vulneraria* V2 Z2, *Plantago arenaria* VZ3, *Rosa tomentosa*, *Tunica prolifera*, *Seseli annuum* V3 Z2, *Thalictrum flexuosum* Z3, *Thalictrum angustifolium*, *Hippophaë rhamnoides* VZ4 (angepflanzt? auf einer sonst vollständig uncultivirten Sandfläche). Weiter nördlich hinter den beiden Fichtengehölzen, die nichts Erwähnenswerthes boten, im Flusse: *Chara foetida*, *Callitriche sp.*, *Myriophyllum spicatum*. An den Feldrändern von hier bis Neudorf *Artemisia Absinthium* VZ. In einem kleinen Torfbruch *Hieracium praealtum*. Im Neudorfer See: *Myriophyllum spicatum* Z4, *Potamogeton perfoliatus* Z3. Den Südrand des nur theilweise innerhalb der Kreisgrenzen liegenden Plowenzer Sees konnte ich leider der vorgerückten Tageszeit wegen nicht genauer untersuchen, derselbe ist von dichtem Gebüsch von *Corylus Avellana*, *Salix cinerea*, *triandra*, *purpurea* und *auria*, *Viburnum Opulus* etc. eingefasst, theilweise sehr quellig oder sumpfig. Das Wasser selbst war, wenigstens bis in die erreichbare Entfernung, fast frei von Pflanzen (ausser *Potamogeton lucens* Z2.)

Den Vormittag des 14. Septembers benutzte ich, um das bisher Gesammelte einzulegen und begab mich dann am Nachmittage über Piecewo nach Hochheim (Gorzechowko). In einer etwas feuchten Senkung links vom Wege: *Triglochin palustre* Z3, *Glyceria plicata* Z2. *Peplis Portula*. In Torfbrüchen dicht bei Hochheim: *Riccia fluitans* VZ2. Die Vegetation des Hochheimer Sees, dessen Fläche an vielen Stellen von einer grünen Alge dicht bedeckt war, ist sehr geringfügig, weil der Boden ausserordentlich steinig ist, sie besteht fast ausschliesslich aus *Myriophyllum spicatum* und *Stratiotes aloides*. Nur die Ränder sind theilweise dicht bewachsen mit *Phragmites*, *Scirpus lacustris* und *palustris*, *Equisetum Telmateja*, *Typha latifolia*. Die zum See führenden Gräben bieten etwas mehr: *Potamogeton obtusifolius* VZ3 mit reifen Früchten, *Oenanthe Phellandrium*, *Lemna trisulca* V3 Z4, *Lemna minor* V3 Z2. Beiläufig sei hier erwähnt, dass die Wasserpest, *Elodea canadensis*, weder in diesem See, noch in einem andern der von mir besuchten vorkommt, dass sie mithin bis hierher überhaupt noch nicht vorgedrungen zu sein scheint. Im Hochheimer Park wurde mir *Arnica montana* angegeben.

Sonntag, den 15. September begab ich mich von Hochheim in südöstlicher Richtung durch die in einer langen Reihe sich hinstreckenden Torfbrüche, verfolgte dieselben ungefähr eine halbe Meile und wandte mich dann nach der Försterei Goral; durchstrich am Nachmittage unter freundlicher Führung des Försters Herrn Wienskowski das Revier Goral und kehrte am Abend nach Jablonowo zurück.

Die Torfbrüche boten meistens nur die allergewöhnlichsten Formen dieser Lokalitäten, grossentheils waren sie von *Cirsium lanceolatum*, *Bidens tripartitus* und *Inula Britannica* vollständig überwuchert. Ausserdem erwähne ich nur *Carex Oederi* VZ4. *Rumex maritimus* V4 Z, *Comarum palustre* V2 Z2, *Trifolium fragiferum* VZ2, *Andromeda polifolia*, *Rumex acetosella* VZ3, auf ganz lockerer Torferde, eine eigenthümliche Form, kaum 5 cm. hoch, (vielleicht Varietät?) Im Wilhelmsberger Forst, Revier Goral, fand ich: *Hypochoeris radicata* V3 Z, *Hieracium murorum*, *Epilobium palustre* mit weissen Blüthen, *Utricularia intermedia* (letzteres in einem mitten im Revier gelegenen kleinen See, den ich leider, da zu der Zeit gerade kein Boot vorhanden war, nicht befahren konnte; Ufer sehr sumpfig und unzugänglich), *Hieracium floribundum*, *Pirola umbellata* V4 Z2, *Calamagrostis arundinacea* *Cimicifuga foetida*, *Digitalis ambigua*, *Sedum maximum*, *Hypericum montanum*, *Aquilegia vulgaris*.

Nachdem ich am 16. September Montags wiederum den Vormittag zum Einlegen benutzt hatte, siedelte ich nach Strasburg selbst über, konnte jedoch am Nachmittage inzwischen eingetretenen Regenwetters wegen keine Excursionen unternehmen.

Dienstag, den 17. September machte ich folgenden Weg: Längs des kleinen Abflusses des Niskebrodnoer Sees in die Drewenz bis zum Südende des Sees, von da direct westlich bis zum Forsthaus Strasburg. Weiterhin begleitete mich freundlichst Herr Förster Stollfuss durch den westlichen Theil des Reviers; wir kamen am Nordende des Choyno-Sees aus dem Walde und verfolgten den See auf der Ostseite. Erwähnt möge hier werden: Auf der Strecke von der Stadt bis zum Walde: *Rumex maximus*, (in der Nähe konnte ich nur *R. hydrolapathum*, nicht aber *R. aquaticus* entdecken), *Chara foetida*, *Selinum Carvifolium*, *Plantago media* VZ, *Laserpitium Pruthenicum*, *Callitriche sp. Cimicifuga foetida* V Z. *Sedum maximum*. Im Walde: *Potentilla alba*, *Trifolium procumbens* V3 Z3, *Trifolium medium* V3 Z4, *Genista tinctoria*, *Juncus fuscouter* V Z2, *Carex vulpina var.* (der C. muricata äusserst ähnlich). *Evonymus verrucosa* V5 Z2, *Lathyrus silvestris*. Am Choyno-See: *Carex echinata*, *Carex distans*, *Juncus compressus*, *Triglochin palustre*, *Angelica silvestris* V4 Z2, *Scirpus compressus*.

Den Choynoer See selbst konnte ich eines ziemlich heftigen Sturmes wegen, der auch die folgende Tage anhielt, leider nicht befahren und daher die in demselben befindliche interessante Insel (Schwedenschanze, versteinertes Holz etc.!) nicht besuchen.

Mittwoch, am 18. Sept. wanderte ich, grösstentheils unter Regen von Choyno aus südwärts durch das Forst-Revier Mszanno bis an die Drewenz (polnische Grenze!), ging ein Stück dieselbe entlang, dann über das Dominium Mszanno und durch das Dorf Szabda nach Strasburg zurück.

Auf diesem Wege fand ich nur: *Chara foetida*, *Verbascum phlomoides* V3 Z2 (hier überall viel häufiger als die übrigen Arten), *Triglochin palustre*, *Neslea paniculata*, *Scrophularia aquatica*, *Polypodium Dryopteris* V. Z2, *Carex vulgaris chlorocarpa*, *Evonymus verrucosa* V4 Z2. (im ganzen Gebiet über *Evonymus europaea* V3 Z überwiegend), *Hypericum montanum*, *Hypochoeris radicata*.

Donnerstag, den 19. September nachmittags fuhr ich bis Grzybno, ging von da aus bis an den Grzywinek-See und verfolgte diesen, sowie den Oleczno- und Wonsiner See auf der Ostseite. Der Weg führte meist durch gepflügte Felder und gehauene Wiesen, so dass nur etwa zu erwähnen wäre: *Selinum Carvifolia*, *Jasione montana* mit weissen Blüthen, *Dianthus superbus* V Z3, *Polygonum Bistorta* V Z4, *Glyceria plicata* V3 Z2.

Freitag, den 20. September ging ich von Strasburg nordwärts durch den südlichen Theil des Karbowoer Waldes und besuchte die leider eben geschnittenen Wiesen an der Drewenz. Der Wald, grösstentheils aus Kiefern bestehend untermischt mit Buchen, einigen Linden, sowie Sträuchern von *Juniperus*, *Evonymus* (meist) *verrucosa*, war schon recht kahl. An der Drewenz fand ich noch einige von der Sense verschonte schöne Exemplare von *Achillea cartilaginea*, sowie *Thalictrum angustifolium*.

Sonnabend, den 21. September besuchte ich von Karbowo aus, wo ich für einige Tage die freundlichste Aufnahme fand, vormittags den Wald auf der Ostseite des Niskebrodnoer Sees, der von ähnlicher Beschaffenheit war, wie der eben erwähnte, nur dass das hügelige Terrain und die Nähe des Sees mehr Abwechslung hineinbringt, am Nachmittage die Umgegend um den Ostrow-See, sowie die Torfbrüche am Südrand des Waldes zwischen diesem See und Gaidi. Der Wald am Niskebrodno-See, dessen Ufer steil abfallen, brachte unter Anderem: *Evonymus europaea* V 2 Z, *Asclepias Vincetoxicum* in Früchten, *Turritis glabra* gleichfalls fruchtend, *Primula officinalis* (sehr grosse Blätter!) *Lysimachia thyrsiflora*. An dem See selbst fischte ich heraus: *Potamogeton lucens*, *Potamogeton pectinatus*, *Fontinalis antipyretica*, *Najas major*. Die Ufer des Ostrow-Sees sind von Erlen umgeben (A. glutinosa), ein Eindringen war wegen des unüberwindlichen Brennesseldickichts nur an wenigen Punkten möglich: *Aspidium Thelypteris* V 3 Z 3, *Rumex maritimus*, *Hypericum quadrangulum*, *Thalictrum angustifolium*.

Sonntag, den 22. September: Von Karbowo an das Südende des Bachottek-Sees, nach Bachottek, dann einige Stunden auf dem See, von dessen Westseite über Margaretenhof nach Karbowo zurück. Der Bachottek-See ist im mittleren Theil festgrundig, an den beiden Enden schlammig. Bis an das Nordende vorzudringen hinderten dichte Massen von *Stratiotes aloides*. Es fand sich hier: *Potamogeton compressus* (stark incrustirt). *P. praelongus*, *Fontinalis antipyretica*, *Ceratophyllum demersum*, letzteres, wie überall, die Hauptmasse bildend. Im westlichen Walde zeigte sich wieder: *Cimicifuga foetida*, Reste von *Asarum europaeum*, in einem kleinen dicht mit Blättern von *Glyceria* (fluitans und plicata) bedeckten und von unbestimmbaren Carices umgebenen Teich *Potamogeton pectinatus*.

Montag, den 23. September ging ich, wiederum bei häufigem Regen, von Karbowo nach dem Nordende des Niskebrodno-Sees und auf der Westseite desselben nach Strasburg zurück.

Auf diesem Wege bemerkte ich unter Anderem. *Asarum europaeum*, *Eupatorium cannabinum* V 3 Z, *Glyceria fluitans* Z 2 und *plicata* Z 3, *Verbascum nigrum*, *Najas major*, *Calamagrostis arundinacea*. Uebrigens bot die Westseite des Sees der Ostseite gegenüber nichts wesentlich Neues.

Dienstag, den 24. September. Nachdem ich bis Mileszewo gefahren, ging ich von dort längs der Lutrine bis Jablonowo zurück. Die Vegetation war der Anfangs geschilderten im untern Laufe des Flüsschens vollständig gleich, so dass ich hier darauf verweisen kann.

Mit dieser kurzen Tour beendigte ich meine Excursion, an deren Schluss es mir besonders leid that, theils des Wetters, theils anderweitiger Verpflichtungen wegen nicht wenigstens noch den Wilhelmberger Forst, der mir als sehr interessant geschildert war, besuchen zu können.

Allen den Herren, die mich auf vielfache Weise gütigst unterstützten, besonders indem sie mich freundlichst bei sich beherbergten, welches letztere bei den primitiven Verhältnissen des Strasburger Kreises ganz besonders dankenswerth war, insbesondere dem Herrn Administrator auf Neudorf, den Herren Rgbs. Bieling auf Hochheim, Freudenfeld auf Choyno, Krieger auf Karbowo erlaube ich mir hiermit meinen ergebensten Dank auszusprechen.

Bei mir haben meine Excursionen trotz der eingangs berührten ungünstigen Umstände den lebhaften Wunsch zurückgelassen, sie zu günstigerer Zeit wieder aufnehmen zu können.

Kiel, den 4. April 1879.

Dr. Traugott Hielscher.

Bericht

über eine botanisch-zoologische Excursion

für den botanisch-zoologischen Verein der Provinz Westpreussen,

ausgeführt vom

Realschullehrer **S. S. Schultze** in Danzig.

Im October 1878.

~~~~~~~~

Unter Zustimmung des Vorsitzenden des botanisch-zoologischen Vereins für Westpreussen, Herrn Dr. von Klinggräff, unternahm ich behufs der Durchforschung des Kreises Karthaus in botanisch-zoologischer Hinsicht schon im Herbst des Jahres 1878 im genannten Kreise eine Excursion. Das Wetter war günstig und es war besonders in Bezug auf Kryptogamen, namentlich auf Laub- und Lebermoose, eine Ausbeute wol zu erwarten. So trat ich denn am 8. October genannten Jahres meine Reise zunächst nach Mariensee an.

Ehe ich jedoch das Resultat meiner Excursion mittheile, sei es mir zuvor erlaubt, in ganz kurzen Umrissen die physische Geographie des Kreises zu schildern. Derselbe nimmt fast die ganze sogenannte obere Seeterrasse des Westpreussischen Höhenzuges ein, dessen Plateau von 500' bis gegen 800' hoch ist und sich bei Schöneberg, fast in der Mitte des Kreises in dem vielgenannten Thurmberg bis zu 1067' (324,87 m) erhebt. Auf diesem Plateau befinden sich viele grosse und kleine Seen. Die grösseren, mehr oder weniger in Verbindung stehenden, bilden zwei Systeme. Das eine ist das der Radaunensee'n in einer Ausdehnung von etwa 22 km. von NO. nach SW., das andere westlich vom ersteren, das des grossen Mausch- und des Lupowker-See's.

Von Schöneberg nach Kolanikrug am Kolani-See, beide Orte sind etwa 3–4 km. von einander entfernt, fallen die Schönberger Höhen von 1067' bis 300' ziemlich steil ab, an den Abhängen reich von Fuchserde durchsetzt. Während auf den höheren Theilen des Plateaus Sand als oberste Decke vorherrscht, tritt weiterhin Lehm- und Kalkmergel an die Stelle des Sandes und in den Thälern, an den Ufern der Seen und in deren Grund zeigt sich ein für den Ackerbau vorzüglicher weisser Mergel, — von Herrn Dr. Jentzsch Seekreide genannt. — Diesen Mergel findet man noch an den Ufern der Radaune bis hinter Kielpin lagernd. Die Kälte des Winters macht sich oft noch bis in den Sommer hinein fühlbar. Von Zuckau, etwa 400' über dem Meeresspiegel bis nach Karthaus und weiterhin habe ich am 24. Juni frühmorgens Eis an den Bachrändern, Reif auf den Wiesen und erfrorene Blätter an den niedrigen Stämmchen der Schonungen gesehen. Die Torfgräber finden namentlich nach einem harten Winter beim Torfstechen noch Eis in den untern Schichten. Der Winter kommt früher und geht später weg als z. B. in Danzig; daher kommen sowohl die Feld- und Gartenfrüchte, als auch die wildwachsenden Pflanzen 8—14 Tage später zur Entwicklung als im Tieflande. Der Landmann hat deshalb mit der Ungunst des Bodens und der Witterung vielfach zu kämpfen und erzielt nicht zu oft befriedigende Ernten.

Die Wälder sind theilweise Kiefernwälder, oft untermischt mit Laubholz, oder, wie im Forstrevier Bulowo bei Karthaus, prächtige Laubwälder, stattliche Eichen, Buchen, Schwarzpappeln aufweisend. Seit etwa 25 Jahren werden in den Staatsforsten auch Rothtannen und Lärchen angepflanzt.

Vom Jahre 1838 ab habe ich selbst besonders in dem nächsten Umkreise von Karthaus in einer Ausdehnung von 2 bis 3 Meilen fleissig botanisirt und nach und nach verschiedene, meist seltene Pflanzen als neu zuerst aufgefunden, zum Beispiel Cypripedium Calceolus, Orchis ustulata, Corallorrhiza innata, Coeloglossum viride, Dentaria bulbifera, Bupleurum longifolium, Laserpitium latifolium, Pleurospermum austriacum, Aquilegia vulgaris, Spiraea filipendula, Lilium martagon, Drosera longifolia, Saxifraga Hirculus, Aspidium Trichomanes u. a. m.

Den Kreis haben aber auch die hervorragendsten Botaniker Ost- und Westpreussens durchforscht: ich nenne nur den Herrn Professor R. Caspary, der unter anderm namentlich die Flora des grössten Theils der Seen des Kreises untersucht hat; der seit mehreren Jahren verstorbene Dr. Klinsmann und die Gebrüder von Klinggräff.

Auf Grund der bedeutenden Forschungen dieser Herren, sowie mit Hülfe meiner eignen Erfahrungen und Terrain-Kenntnisse wird es mir wol gelingen, durch fortgesetzte Excursionen ein möglichst vollständiges Bild der Flora des genannten Kreises zu schaffen. Auch werde ich gleichzeitig auf die Thierwelt meine Aufmerksamkeit richten.

Meine erste Excursion trat ich, wie schon erwähnt, am 8. October 1878 an. An diesem Tage fand ich in Mariensee selbst noch blühend Inula salicifolia, auf der Insel in Mariensee Mercurialis perennis $V^2 Z^5$, Salix fragilis und aurita, Pulmonaria officinalis $V^2 Z^3$, Ulmus campestris $V Z^2$, Geranium Robertianum $V Z^3$, Spiraea Ulmaria $V^2 Z^4$, Prenanthes muralis $V Z^3$, Chrysanthemum Leucanthemum $V^2 Z^3$, Scrophularia nodosa $V Z^3$, Polyanthemum anceps $V Z^2$, Lythrum Salicaria, Lysimachia vulgaris, Arundo Phragmitis, Asperula odorata, sämmtlich $V^3 Z^5$. Cladonia furcata und pyxidata, Z^5, Cerocaulon furcatum Z^5, Poa aquatica Z^5. Im See: Potamogeton angustifolium Z^3, Myriophyllum spicatum Z^5. Auf dem Wege nach Nieder-Klanau Campanula glomerata, Crepis tectorum, Thymus serpyllum, Stachys arvensis, Chrysanthemum segetum, alle blühend und $V^5 Z^5$. Im See Chara foetida, Ceratophyllum submersum. Ober-Klanau — Kamehlen — Schöneberg: Glyceria fluitans $V^4 Z^5$, Juncus communis $V^5 Z^5$, Calluna vulgaris $V^4 Z^4$, Eriophorum vaginatum $V^3 Z^4$.

9. October. Von Schöneberg nach Karthaus. Um Schöneberg Ranunculus Flammula, V^3Z^4. Origanum vulgare V^3Z^5, Hypericum humifusum VZ^3, Mentha arvensis V^4Z^5. Herniaria glabra VZ^3. Tormentilla erecta V^4Z^5. Jasione montana V^4Z^4.

Kolanikrug: Veronica Beccabunga V^5Z^5, Spiraea Ulmaria, Thymus Acinos V^4Z^4, Alisma Plantago V^3Z^3, Eupatorium cannabinum VZ^3. Alchemilla vulgaris V^3Z^2. Von Ostritz bis Nieder-Brodnitz: Thalictrum flavum VZ. Längs der Radaunen-Seen bei den Dörfern Brodnitz und Savorri: Artemisia Absynthium V^5Z^5. Ueberhaupt findet man diese Pflanze vom Ostseestrande bis weit in die Kassubei hinein in der Nähe der Dörfer. Cichorium Intybus V^2Z^2, Evonymus europaeus V^2Z^2, Prunus spinosa V^4Z^3, Delphinium consolida V^5Z^5, Galeopsis Tetrahit V^4Z^4, Filago arvensis, Marrubium nigrum V^2Z^3, Campanula persicifolia und rotundifolia V^3Z^3, Myosotis palustris V^3Z^3, Myosotis minimus VZ und M. arvensis V^3Z^5, Erythraea Centaurium, noch blühend VZ^4, Geranium pusillum V^5Z^5, Robertianum V^5Z^5, Lolium temulentum.

Am 10. October. Bei Karthaus zwischen Babiewka- und Klostersee. Wald: Kiefer- und Laubholz untermischt. Andromeda polifolia V^2Z^4, Ledum palustre V^2Z^5, Vaccinium uliginosum V^2Z^4, V. Oxycoccos und Myrtillus, Monotropa Hypopites VZ^3, Smilacina bifolia V^4Z^5, Empetrum nigrum VZ^5, Fragaria vesca V^4Z^5, Trientalis europaea V^3Z^4, Oxalis Acetosella V^4Z^4, Viola sylvestris V^3Z^3, Lycopodium clavatum V^2Z^3, Ranunculus Flammula V^3Z^3, Pyrola secunda V^3Z^4, Prunella vulgaris V^4Z^4, Hieracium pilosella V^4Z^5, H. umbellatum V^3Z^3, Calluna vulgaris V^4Z^5, Comarum palustre V^2Z^5, Hypericum quadrangulare V^2Z^2, Galeopsis pubescens und Tetrahit.

Am 11. October. Von Karthaus über Grzybnow nach der Försterei Kossowo: Galeopsis versicolor auf dem Acker. Der Wald vorwiegend Laubwald, Fagus silvatica, Carpinus Betulus, Betula alba, Quercus robur, Populus tremula, Salix caprea. Von Nadelholz vorherrschend Pinus sylvestris, zerstreut Larix und neuerdings angebaut Pinus Abies. Pyrola minor, secunda V^3Z^4, Hypericum perforatum, Lapsana communis V^3Z^4, Asperula odorata V^4Z^5, Daphne Mezereum, zerstreut; Galeobdolon luteum V^4Z^4, Equisetum hiemale V^3Z^5, Cornus sanguinea, zerstreut; Stachys sylvestris V^2Z^5, Aspidium Filix mas, Asplenium Filix femina, beide V^4Z^5. Impatiens nolitangere VZ^4, Paris quadrifolia VZ^2, Jasione montana V^3Z^5, Veronica officinalis V^5Z^4, Scabiosa arvensis, zerstreut; Solidago Virgaurea, Campanula rotundifolia V^4Z^4, Viola palustris Z^4, Hottonia palustris Z^4, Alisma Plantago V^3Z^4, Lysimachia Nummularia Z^4, Menyanthes trifoliata Z^5, Polygala vulgaris. Am Wege nach Prockau-Abbau im Walde auf feuchtem Boden Mentha arvensis VZ^3, M. parietariaefolia Becker.

Am 12. October. Von Karthaus nach Savorri, durch den Wald zurück nach Karthaus. Zwischen Dorfsee und stillem See rechts von der Chaussee kurz vor dem Walde vor dem stillen See auf einem Torfgraben schwimmend: Riccia fluitans Z^5, dann Ceratophyllum submersum. Am stillen See Equisetum limosum 1,20 m. hoch, Geum rivale Z^5, Impatiens nolitangere auf trocknem Boden auf der halben Höhe des Schlossberges. — Lycopodium clavatum VZ^2, annotinum VZ^3, Selago VZ^2, Asperula odorata Z^5, Trollius europaeus, Circaea alpina und lutetiana. Savorri: in einer Schlucht Asplenium Trichomanes VZ^3, Polystichum spinulosum.

Am 13. October. Karthaus — Mieloukasee — Bülowo, Lychmis Flos cuculi blühend, Spiraea Ulmaria, Viola palustris, Hottonia palustris, Pedicularis palustris Z³, Lycopus europacus Z⁴, Geum rivale, Polygonum Bistorta. blühend. Im Mielonkasee: Chara foetida; Bülowo: Pyrola chlorantha Z². Circaea intermedia Z³. Am 14. October. Karthaus — Seeresen — Borowo — Borkau. Seeresen am See Heleocharis palustris, Uferform. Borowo- Glembecko- und Zydno-See: Litorella lacustris, Borowo-See: Sagina stricta, Parnassia palustris. Borkau: Marchantia polymorpha, Buxbaumia aphylla, Comarum palustre, Ranunculus flammula, Pteris aquilina, Agrostemna Githago blühend, Calla palustris. Hydrocotyle vulgaris auf einer Wiese am Glembecko-See Z⁵. Drosera rotundifolia und longifolia, Torfbruch zwischen Borowo- und Zydno-See Z⁵; am Glembecko-See: Laserpitium latifolium Z⁴, Aquilegia vulgaris Z³. Am 15. October. Von Borkau durch das Radaunenthal bis Neu-Glincz und Drathhammer: Asarum europaeum, Viola mirabilis, Polypodium vulgare. — In der Radaune Potamogeton graminea Z⁵. — Epipactis latifolia Z⁵, Veronica spicata blühend Z⁵, Dianthus Carthusianorum blühend Z⁵, Verbascum nigrum blühend Z³, Campanula glomerata blühend Z³. Laserpitium latifolium Z³, Bupleurum longifolium Z⁴, Aconitum variegatum Z⁵, Digitalis ambigua Z⁵, Lilium Martagon, Galium boreale Z⁴, Spiraea Filipendula Z⁵, Pleurospermum austriacum Z⁵.

In Betreff der Thierwelt des Kreises führe ich vorläufig folgende an:

Säugethiere: Dachs zerstreut, Fuchs häufig, Baum- und Steinmarder, Iltis, Hermelin häufig, Igel, Spitzmäuse: Sorex fodiens, pygmaeus und vulgaris, Maulwurf, Eichhörnchen, Siebenschläfer (Revier Bülowo) Brandmaus, Zwergmaus, Waldmaus, Ackermaus (Hypudaeus agrestis.) Hase und Reh nicht zu vergessen.

Vögel: Seeadler, Hühnerhabicht, Schneeeule, Uhu, von Spechten: Picus martius und viridis, Wendehals, Kukuk, Mandelkrähe, Würger (Lanius collurio), von, Drosseln: Turdus viscivorus, merula und pilaris; ferner Sylvia curruca (kleines Weisskelchen), Loxia curvirostris Kreuzschnabel, Dompfaff, Kernbeisser, Wiedehopf. In den Hochwäldern der Auerhahn, Birkhahn, das Haselhuhn und das Rebhuhn, der schwarze Storch.

Amphibien: Pelias berus Kreuzotter und ihre schwarze Varietät Pelias prester, Blindschleiche.

Lurchen: Hyla arborea Laubfrosch, Rana esculenta, temporaria; Pelobates fuscus, Bombinator igneus, Bufo cinereus, B. calamita, Triton palustris, lacustris, cinereus und punctatus.

Fische: Flussbarsch, Kaulbarsch, Kaulquabbe; Lachsforelle Salmo furio, Aesche Thymallus vexillifer (Radaune), Osmerus eperlanus Stint, Marräne, Karpfen und Brassen, Karausche, Abramis Blicca Güster, Schleihe, Gründlinge, Ellritze, Schlammpeizger, Plötz, Hecht oft bis 4′ lang, Quappe und Aal.

Aus den Reihen der Gliederthiere führe ich nur einige Ordnungen aus der Klasse der Insecten an:

Käfer: Carabus auratus Buschkau Z³. Dytiscus latissimus in den Seen Z⁵, Osmoderma eremita Z³ bei Karthaus, Trichius fasciatus Z⁴, im Walde bei Schöneberg, Dorcus parallelepipedus V³ Z³ in Wäldern bei Karthaus, ebenso Synodrendon cylindricus Z³, Corymbites signatus am stillen See bei Karthaus Z⁴, Pyrochroa coccinea, Balaninus nucum ebendaselbst.

Schmetterlinge: Argynnis Euphrosyne, Aglaja, Latonica und Paphia; Vanessa cardui, Atalanta, Antiopa, polychlorus, urticae, Hipparchia Galatea, Papilio Machaon, Coleas Rhamni, Pontia cardamines, Polyommatus Argus, virgaurea; Hesperis Comma, Sphinx ligustri.

Netzflügler: Aeschna grandis, Libellula virgo, quadrimaculata, depressa. Cordulia aenea, Agrion puella, Calopterix virgo und splendens. Osmylus maculatus Radaunenthal.. V. Z.

Weichthiere: In der Radaune bei Borkau — Babenthal. Unio crassus, batavus, pictorum. In den Seen: Unio tumidus, pictorum. Anodonta piscinalis, cellensis. Cyclas cornea, lacustris und rivicola.

Helix pomatia, hortensis, fruticum. Clausilia bidens. Limnaeus stagnalis, auricularius, ovatus.

In der Radaune und im Radaunensee Neritina fluviatilis V³Z⁵.

Nachschrift.

Die von Herrn Realschullehrer Schultze auf diesen Exkursionen gesammelten Moose sind folgende:

Riccia fluitans, Plagiochila asplenioides, Sphagnum cymbitolium. Dicranum scoparium, undulatum, Fissidens adiantoides, Mnium curpidutum, Homalia trichomanoides, Eurhynchium striatum, Hypnum cupressiforme, Hylocomium triquetrum.

H. v. Klinggräff.

Druckfehlerberichtigung.

Botanische Notizen.

Mitgetheilt von Herrn A. Treichel in der General-Versammlung zu Marienwerder am 3. Juni 1879.

Herr A. Treichel referirte zunächst wegen des Standortes von *Pedicularis Sceptrum Carolinum* L., welchen er in der vorigen Sitzung von 1878 (S. 23.) als um Schloss-Kischau angegeben hatte, dass derselbe Gefahr drohe, ganz und gar einzugehen, da der bezeichnete Camp zum grössten Theile von der Landwirthschaft in Angriff und Besitz genommen sei; nur am Rande, wo das Gebüsch von *Salix livida* Whlbg. steht, seien einige wenige Exemplare übrig geblieben. Ebenfalls anknüpfend an den in der vorigen Sitzung (S. 24.) vorgezeigten r. g. Hexenbesen (aus dem Kiefernwald bei Miruschin, jetzt Brünhausen), erwähnte derselbe einer volksthümlichen Ansicht über seine Entstehung, wie er sie erst kürzlich von einem Laien gehört hat. Es sollen sich nämlich schwärmende Bienen über Nacht auf einen solchen deformirten Ast gesetzt haben und auf dieser Stelle unter Mitwirkung des ausgelassenen Honigs und auch wohl in Folge etwaiger Einstiche jene Wucherung veranlassen. Wenn ich diese Auffassung im Gegensatze zu den wissenschaftlichen Erforschungen, wie ich sie zum Schlusse zusammen fasse, auch nur des Aberglaubens wegen erwähne, so darf dieselbe auch schon deshalb nicht stichhaltig scheinen, weil Bienen sich kaum viel in Kiefernwäldern aufhalten oder andererseits etwa im Buchenwalde sich gerade eine vereinzelte Kiefer zur Ruhe aussuchen möchten. Aus einem reinen Kiefernbestande entstammte aber der vorgelegte Hexenbesen. (Mein Gewährsmann, Hofmeister Blawat, glaubt übrigens zu fest daran und will eine gleiche Thatsache sogar bei einem Apfelbaume [jetzt leider abgestorben und abgehauen] in Alt-Bukowitz gesehen haben.) Aber niemals weiss ich mich einer solchen Wucherung bei einer Buche zu erinnern. Dagegen entsinne ich mich, solche wuchernden Zweigsprossungen in mehr oder minder grosser Ausbildung, freilich zur Zeit des abgefallenen Laubes, fast an jedem Baume namentlich bei den Birken gesehen zu haben, welche als Wegbäume für die von Kl. Starzin nach Reddischau bei Putzig (Kreis Neustadt W.-Pr.) führende Strasse dienen; es soll ein Insekt die Ursache davon sein. — Bei der Kiefer nimmt man an, es geschehe diese Bildung durch den Kiefernmarkkäfer, *Hylesinus piniperda*. Andere vermuthen als Ursache einen Pilz, *Cladosporium penicilloides* Preuss., nach einer Beobachtung von Hoffmann 1871. So soll auch ein Staubpilz, *Caeoma pinitorquum*, bei der Kiefer eine an das Geweih des Damhirsches erinnernde Monstrosität hervorrufen; bei jungem Holze lässt er durch Bildung eines mit staubfarbigen Pilzsporen gefüllten Wulstes die ganze Pflanze absterben, bei älteren Exemplaren aber zerstört er nur den oberen Trieb, wo sich dann Nebenknospen bilden, die in wuchernde, gedrehte, mit einander verbundene Zweige auswachsen. Die Hexenbesen der Kiefer sind gewöhnlich scheibenförmig, bei der Rothtanne kugelig. Auch bei Stockausschlägen der Eller soll jene Monstrosität häufiger vorkommen. Vergl. den Vortrag von Dr. Buchmann in der Sitzung des Aller-Vereins (zu Alvensleben) vom 15. April 1879. Ein Verwandter jenes Staubpilzes, *Caeoma laricis*, ist an Nadeln der Lerchen beobachtet, die er zum Abfallen bringt. Für die Weisstanne hat De Bary die Ursache der ähnlichen Erscheinung bereits 1867 in dem *Aecidium elatinum* Alb. und Sch. nachgewiesen. Göppert (1873) sieht die Ursache der Hexenbesen der Nadelhölzer aber nicht in Pilzen, noch Insecten, sondern lediglich in einer localen Wucherung der Cambialschicht.

Derselbe überreichte für die betr. Sammlungen der Naturforschenden Gesellschaft:

1. *Arctostaphylos Ura ursi* Spr., gelegentlich einer gemeinsamen Excursion durch Professor P. Ascherson aus Berlin zu Ende April d. J. im Revier Koenigswiese, Oberförsterei Okonin aufgefunden, eine Siphonandraceae, welche nach Klinggräff's Flora gerade bei Marienwerder sehr gemein sein soll, die aber in Nadelwäldern und Haiden oder in grösseren Kiefernbeständen stets jedoch nur strichweise vorkommt, wie es auch hier der Fall ist. — Der genannte Standort ist zugleich der für *Pulsatilla vernalis* Mill. und *patens* Mill. (vergl. Sitz. Ber. 1878 S. 24.), wovon wir natürlich auch fanden, *P. patens* freilich nur in einem Exemplare. — Auch in diesem Jahre entnahm ich davon zur Verpflanzung in meinen Garten und da es dieses Mal mit grösseren Stücken Originalerde geschah und die langbärtig-geschweiften Früchte sich thatsächlich ausgebildet haben, so ist auf ein besseres Fortkommen der Pflanze zu schliessen. Ebenso ist zu sehen, dass *Arctostaphylos Ura ucsi* angenommen hat.

2. Eine *Astarte*-Art, etwa im Jahre 1870 vom verstorbenen Bahntechniker Sparagnapani aus Greifswald auf Diluvialboden am Serrad um Berbosch zwischen Braila und Galacz in Rumänien gefunden, eigentlich eine Meeresconchylie.

Derselbe führte in Bezug auf die Verbreitung der *Senecio vernalis* W. K. für die Reihe sicherer Beobachtungen die Thatsache an, dass, während diese Wucherblume nach Aussage des Pfarrers v. Trętowski in Hoch-Stüblau vor 12 Jahren, als er dorthin gekommen, noch nicht dort zu bemerken gewesen sei, dieselbe vielmehr nach Erbauung der Eisenbahn (Dirschau-Schneidemühl) sich dort, also vor etwa 9 Jahren allmählig mehr und mehr eingebürgert habe. Ich selbst habe die Wucherblume auch hier längst dieser Bahntrace bis über Konitz hinaus verfolgen können. Für Konitz und die weiter gelegenen Städte Landeck und Jastrow wird *Senecio vernalis* schon 1863 als gemein und überall angegeben durch C. Lucas in Bd. VI. S. 304. der Verhandl. des Bot. Ver. d. Prov. Brandbg. Ebenso folgt sie von der Bahn ab dem Laufe der Chaussee und dann weiter der Vicinalwege. So kam sie erst nach Hoch-Paleschken, an einer Chaussee gelegen, und dann erst nach Neu-Paleschken, von wo mir Herr Lehrer Bagdahn Exemplare zeigte, sowie andererseits nach Czernikau, wo sie ihr Wesen nach Versicherung des Herrn Rittergutsbesitzer J. Höppner erst seit drei Jahren treibt. Sodann bemerkte ich sie immer nur auf mehr oder minder gerührtem Boden, meist Sand mit Lehmuntergrund, immer aber säurefrei (Brache und Kleeschlag), wie man andererseits ihre Anverwandte, die *Senecio palustris* D. C., stets nur bei oder auf alten oder frischen Torfstichen findet. So fand *Senecio vernalis* auch in unserer Gegend den Weg auf die Aecker und Felder, welche sie gänzlich überwuchern wird, wenn nicht zeitig eine allgemeine Abhülfe eintritt. Rottet auch ein einzelner Grundbesitzer dieselbe aus, so droht doch immer die Gefahr vom Nachbar, der sich nicht darum kümmert. Es ist aber bei der Entfernung der Wucherblume, welche ja besser durch Kinder, denen das Bücken, ebenso wie beim Absammeln der Kleesteine, nicht so schwer fällt, geschehen mag, durchaus geboten, dass man die losgerissenen oder besser ausgestochenen Exemplare in Säcke sammelt und deren Inhalt entweder möglichst tief vergräbt oder bei grösserer Austrocknung etwa in einem umkellerten Backofen verbrennt. Wollte man sich jedoch die Arbeit des Ausjätens nur dazu machen, um die ausgerissenen Massen, wie ich diese Thatsache zuweilen selbst antraf, ruhig auf dem Wege liegen zu lassen, so werden die durch Wind und Sonne auch bei noch ganz grünen Exemplaren bald genug nachgereiften Samenfäden (Achaenen) sich zu gleicher Zeit wie von einem Mittelpunkte aus je nach der Richtung des Windes über die Fruchtfelder verbreiten, Keimung fassen, den Culturpflanzen Platz und Nahrung rauben und somit das alte Uebel wiederum herstellen. Aus diesem Grunde soll die obige Warnung von Neuem ergangen sein! — Von einem solchen, namentlich allen Compositen eigenthümlichen Nachreifen kann sich aber wohl ein Jeder einen Begriff machen, welcher in der Lage ist, Pflanzen zu pressen. Man wird erfahren, dass, wenn nicht schon unter der Presse, so doch gewiss im Herbarium die Compositen, noch so frischblüthig eingelegt, alle Stadien der Entwickelung durchmachen und sich zu unserer Verwunderung plötzlich mit reifen Samen vorstellen.

Derselbe legte einige ausländische Früchte vor:

1. der *Bertholletia*, der dreikantigen s. g. Paranuss, wie sie jetzt schon oft genug auf unseren Weihnachtstischen aufgebaut wird, in grösseren und ganz kleinen (jungen) Exemplaren, wo die auf den 3 Seiten tiefer gehenden Einschnitte noch nicht zur Auswachsung gelangten. — Hin und wieder findet man unter gekauften Quantitäten dieser Paranuss absonderliche, oben konisch geformte, nach unten lang abgespitzte und seitlich mit unregelmässigen Rillen oder Einbuchtungen versehene Bildungen, welche man für missrathene Früchte zu halten geneigt sein könnte; es sind das die obersten Spitzen des Blüthenstandes!

sodann von zwei Früchten, die in letzterer Zeit stark in den Handel zu kommen beginnen und es auch wegen ihres angenehmen Geschmackes wohl verdienen (vergl. Bot. V. d. Prov. Brandbg. J. G. XIX. 1877. Sitz.-Ber. S. 1.):

2. der *Carya olivaeformis* (Marsh.) Nutt., der nebst ihren Geschwistern (*C. alba* Nutt. und *C. tomentosa* Nutt.) s. g. Hickorynuss, häufig in den nördlichen Vereinigten Staaten Nordamerikas gebaut und von da exportirt;

3. der *Arachis hypogaea* L., der Erdmandel, über welche mein Freund Fr. Kurtz in seinen eingehenden Untersuchungen über ihre dimorphen Blüthen (Bot. V. der Prov. Brdbg. J. G. XVII. 1875. Sitz.-Ber. S. 42ff.) sehr interessante

Mittheilungen gemacht hat. Als Culturpflanze im ganzen tropischen und subtropischen Erdgürtel kommt die Erdmandel namentlich in ganz Afrika reichlich vor, werde aber auch aus Amerika (peanuts), sowie aus Java stark exportirt. Sie giebt ein Oel, ähnlich dem von Mandeln, bringt, reichlich genossen, Kopfschmerzen hervor (Hartmann) und dient zu schmerzlindernden Kataplasmen bei Quetschungen und Schlangenbissen (Piso.)

Derselbe entnahm einem früheren, in der Sitzung der Naturforschenden Gesellschaft zu Danzig vom 27. März 1878 gehaltenen längeren Vortrage, der sich namentlich auf gütige Mittheilungen und Zusendungen von Herrn Enrique Mangels, K. Deutschen General-Consuls in Asuncion in Paraguay (Südamerika), stützte, besonders die mehr auf Botanik bezüglichen Stellen und Stücke. Es kam zur Vorlage das von Herrn General-Consul Mangels edirte Album del Paraguay (Asuncion. p. I. 1873. p. II. 1876.) mit photographischen Ansichten von grossartigen Gebäuden aus der Hauptstadt selbst, von landschaftlich bevorzugten Punkten mit staunend üppigem Pflanzenwuchse und von einzelnen ländlichen Thätigkeiten, wie der Einschnitt des Tabaks (Cosecha de tabaco) und die Vorbereitung der Ernte des Mate-Thees (Preparacion de la yerba (Mate). — Besondere Aufmerksamkeit galt der *Victoria regia* en la laguna de Asuncion; um die Tragkraft der Blüthen zu beweisen, ist ein auf einer der minder grossen Blüthen aufgestellter Sclave mit abgebildet worden. Eine noch grössere Tragfähigkeit wohnt den grossen, flach-tellerartig ausgebreiteten, dickstieligen Blättern mit zahlreichen, lufterfüllten Gewebslücken in Stiel und Spreite inne. Schon bei unseren heimischen Nymphäaceen zeigt sich diese Tragfähigkeit, wenn etwa die Wasserhühner und andere Vögel darüber leicht hinweggehen können. Eine grössere Möglichkeit dafür begreift aber unzweifelhaft, wer die *Victoria regia* im Kgl. botanischen Garten zu Berlin oder auch das Nymphaeenhaus (s. g. Mummelhäuschen) mit seinem überraschend reichen Inhalte, welches der eifrigen Pflege und Fürsorge des Herrn Prof. R. Caspary untersteht, im botanischen Garten zu Königsberg in Ostpreussen gesehen hat. — Ferner ein in spanischer Sprache geschriebenes Monatsschriftchen: El agronomo. Boletin de la Sociedad agricola y de aclimatacion del Paraguay., welches nach halbjährlichem Bestehen suspendirt wurde und manche Artikel über dortige pharmazeutische und cultivirte Pflanzen brachte, wie über Kaffe, Cana, Alfalfa, Taback, Jaborandi, Arbol de Leche (*Galactodendron utile*), Igname de la China (*Dioscorea batatas*). — Aus den Zuschriften des Herrn Mangels wurde eine Stelle verlesen, welche eine allgemeine Schilderung der Vegetation des Landes zur Octoberzeit als im dortigen Frühlinge giebt. Da aber auch andere Stellen einigen Anhalt für die Pflege unserer Wissenshaft in jenem so entfernten Lande darbieten, so möchte ich nicht verfehlen, selbige aus seinen Briefen hier im Ganzen wiederzugeben.

Assuncion, 11 XII. 1876. . . . . Als ich im Jahre 1872 nach Deutschland reiste, beauftragte mich die hiesige Regierung, eine wissenschaftliche Kommission, bestehend aus einem Botaniker, einem Geologen und einem Geographen, für Paraguay zu contrahiren, behufs Erforschung des Landes und Bekanntmachung seiner Producte im Auslande. Ich setzte mich mit Prof. Dr. Bastian in Verbindung als Präsidenten der Gesellschaft für

Erdkunde; Gelehrte, die bereit waren, eine Erforschungsreise nach Paraguay zu unternehmen, fanden sich bald und ich brachte der hiesigen Regierung die Antwort zurück, dass Leute bereit wären, zu kommen, die Regierung möchte aber für etwaige Eventualitäten 5000 Thaler deponiren, damit die Reisenden im fremden Lande durch irgend ein unvorhergesehenes Ereigniss nicht in die Lage kämen, ohne Mittel zu sein und nicht zurück zu können. Die Regierung, statt auf diesen Vorschlag einzugehen, zog vor, ihren Minister in London mit Sendung einer derartigen Kommission zu beauftragen. Der Minister engagirte den franzözischen Botaniker Benj. Balansa und zwei Engländer, die aber gleich nach ihrer Ankunft wieder abreisten, da die Regierung die vom Minister eingegangenen Bedingungen nicht hielt. Balansa hat bisher ausgehalten und eifrigst gesammelt. Die Kommission hatte aber bei ihrer Ankunft hier dem Lande schon mehr Geld gekostet, als die deutsche Kommission forderte, da der Minister jedem Mitgliede 1500 Dollars im Voraus zahlte, sowie die Reise- und Ausrüstungskosten, woraus hervorgeht, dass das Land mit der deutschen Kommission besser gefahren wäre, wie mit der englisch-französischen, die viel gekostet, aber wenig genützt hat. Balansa scheint sich in Paraguay heimisch machen zu wollen. Unter seiner Leitung bildet sich jetzt ein landwirthschaftlicher Verein unter dem Titel „Sociedad agricola y de Aclimatacion," der mit auswärtigen ähnlichen Vereinen behufs Wechsels von Sämereien etc. in Verbindung zu treten wünscht und auch correspondirende Mitglieder ernennt.

Ich war als Knabe und Jüngling in Deutschland ein eifriger Pflanzensammler und hatte auch hier vor etwa 10 Jahren ein kleines Herbarium zusammen gebracht, das ich dem bekannten englischen Reisenden, Capt. Burton, schenkte. Wiewohl mein Enthusiasmus für die Botanik keineswegs erloschen ist, so erlaubten mir meine mannigfachen Beschäftigungen nicht, mich damit mehr abzugeben. Ich habe aber auf meinem Landsitze in der Nähe von Assuncion angefangen, Pflanzen aus kälteren und wärmeren Gegenden, besonders Fruchtbäume aller Art zu akklimatisiren, wozu ich einen deutschen Gärtner angestellt habe, und bin somit immer in Contact mit der Pflanzenwelt geblieben.

Die naturhistorische Monatsschrift „La Plata", von meinem Freunde Richard Napp herausgegeben, wird wohl mit diesem Jahre eingehen, da sie dem Herausgeber stets Verluste verursacht. Es wird aber an deren Stelle eine ähnliche Zeitschrift in spanischer Sprache treten.

Ich lieferte einen kleinen Beitrag „Briefe aus Corrientes" für das Nappsche Blatt, ich glaube, im ersten Jahrgange der Zeitschrift, und um Paraguay, wie es nach dem grossen Kriege ist, in Europa bekannt zu machen, schrieb ich zwei Artikel, die in Dr. Delitsch' „Aus allen Welttheilen" im Jahre 1872 publicirt wurden.

Asuncion, 20. X. 1877. „Ihre werthen Zeilen vom 3. II. d. J. kamen s. Z. in meinen Besitz, sowie auch die übersandten kleinen Schriften, welche ich alle mit Vergnügen gelesen habe, da dieselben mich in die Heimath zurückversetzten und an längstgeschwundene schönere Stunden, die ich auf botanischen Ausflügen erlebt, erinnerten. Freilich beschlich mich auch die Wehmuth dabei, da ich einmal wieder so recht lebhaft fühlte, was ich hier entbehre. Es giebt gegenwärtig keinen Menschen in Paraguay, der Verständniss und Interesse für Botanik hätte, wenn ich mich hinsichtlich des Interesses ausnehme. Balansa ist nach Europa gegangen, um seine Sammlungen zu verkaufen.

Es ist jetzt aber Hoffnung vorhanden, einen tüchtigen deutschen Botaniker zu bekommen in der Person des Professor Dr P. G. Lorentz, der Ihnen aus der Napp'schen Monatsschrift bekannt sein wird, welcher zum Director eines hier zu gründenden Gymnasiums berufen wurde und diese Berufung hoffentlich annehmen wird. Ich stelle mir vor, dass Dr. Lorentz die sterile Pampa wohl satt haben und sich nach einem dankbareren Arbeitsfelde sehnen wird, weshalb er für die erwähnte Stelle in Vorschlag gebracht wurde.

Die kleine Zeitschrift des hiesigen landwirthschaftlichen Vereins ist vorläufig suspendirt und der Verein, der zu Anfang 58 und bald darauf 73 Mitglieder zählte, demnach bis auf Weiteres eingeschlafen. Ich hoffe aber, es wird im nächsten Jahre gelingen, denselben zu neuer Thätigkeit zu wecken; es fehlte augenblicklich an Kräften, um geeignetes Material für die Publikation zu beschaffen.

Ich lege gegenwärtig auf meiner Besitzung in der Nähe der Stadt einen kleinen Wald von Dattelpalmen an; ausserdem pflanze ich Samen der verschiedensten Palmen aus allen Welttheilen. Die Palmen im Allgemeinen, so kostspielig ihre Cultur in Deutschland auch ist, sind in einem warmen Klima leicht zu ziehen, erfordern wenig Aufmerksamkeit und ertragen jede Unbill der Witterung, besonders Trockniss und Hitze.

Wir haben jetzt Frühling in Paraguay und die Natur steht in vollem Schmucke. Wenn man von Ferne auf einen Wald blickt, so leuchten aus dem dunklen Laube der Bäume ganze Strecken von Blüthen hervor. Es giebt hier viele Waldbäume, die im Winter oder auch erst im Frühlinge ihre Blätter verlieren und sich gleich darauf mit grossen rosenrothen, gelben oder blauen Blüthen bedecken, die vorlaufend sind und die erwähnten bunten Flecke im Urwalde produciren.

Diese Bäume sind ausserordentlich schön, besonders wenn sie allein stehen in der Nähe menschlicher Wohnungen. Sie gleichen den grossen Blumensträussen, die jene Wohnungen weit überragen. Andere Bäume sind derartig mit grossblumigen Schlingpflanzen bedeckt, dass ihr eigenes Laub kaum durch das Blüthendach durchschimmert, das sie in dieser Jahreszeit überspinnt.

Bäume und Schlingpflanzen sind die herrlichsten Erscheinungen in der hiesigen Pflanzenwelt, die ausserdem viele blumistische Schönheiten aufzuweisen hat, z. B. die Königin der Nacht, die in allen Hecken blüht, und die *Victoria regia* im Hafen von Assuncion."

Derselbe sprach über *Polycystes aëruginosa* Kützing als Ursache von rothgefärbtem Trinkwasser. Auf dem s. g. unteren Gartenteiche des Gutes Niedamowo, Kreis Berent in West-Preussen, zeigte sich 1877 seit Monat Juni ein Tagsüber burgunderfarbener oder rothbroncener, zur Zeit des Sonnenuntergangs grün aussehender und in allen Schattirungen dieser Farben schillernder Ueberzug, welcher in Mitten grüner Rasenflächen namentlich dann ein prächtiges Bild abgab, wenn die dunkleren Schatten der umstehenden, mehr oder minder hohen Bäume seine Oberfläche noch wechselnder erscheinen liessen. Eine Abends, also bei grün schimmernder Oberfläche auf Papier geschöpfte Probe, welche mir Herr A. v. Zitzewitz, ein in wissenschaftlichem Interesse thätiger Mann, überbrachte, zeigte bei der Uebergabe zu unserem Erstaunen die rothbraune Farbe. Ich ergriff die Gelegenheit zur genaueren Einsicht in diese mir gerühmte Erscheinung, dem Eigenthümer, Herrn Rittergutsbesitzer Rob. Weiss, einen Besuch zu machen, und fand im Ganzen die mir gewordenen Angaben bestätigt. Der trübe Tag liess auch zur frühen Nachmittagsstunde den Teich grün erscheinen, also nicht roth, und durchzogen wallende Fäden oder Stränge von stärkerer oder geringerer Dicke die Oberfläche. Namentlich bei Regenwetter schien es nach Aussage des Herrn R. Weis von Weitem wie eine Wolke von bleigrauer Färbung darüber zu schimmern; auch dieses Phänomen konnte ich nicht beobachten. Noch soll gesagt werden, dass, wenn auch nur ein einziger Abflussgraben mit seichtem Wasserstande vorhanden ist, auf diesem dennoch ein farbiger Ueberzug nicht bemerkt werden konnte. Mit der Zeit trat etwa im August ein Interwall ein; zuerst schwand die rothe Decke und gegen Ende des Monats zeigte sich nur einmal noch Abends der grüne Ueberzug. Von diesem letzteren stammte ein grösserer Abzug, der zu Anfang bei Licht so stark geblitzt haben soll, als ob Tausende von Silbererzen darin steckten.

Bei der Frage, welcher Art dieser farbige Ueberzug wäre, musste es kurzweg von der Hand gewiesen werden, dass etwa irdische Bestandtheile die Ursache waren. Ist auch ein früherer Teich an dieser Stelle im vorigen Jahre 1876 örtlich fast nur durch Zuschüttung, besonders aber nicht unter Blosslegung einer etwaigen Schicht Eisenockers, verändert worden oder hat auch eine Aussetzung der Uferstrecken, ausser mit eichenen Stäben, nur zum kleinsten Theile mit fichtenen Hölzern stattgefunden, so dürfte der Befund dennoch keineswegs mit solchartigen Ursachen in Einklang zu bringen sein. Vor der örtlichen Veränderung des Teiches soll diese Erscheinung nicht gesehen worden sein. Ebenso wenig will ich an eine wirksame oder sichtbare Ausstrahlung eines thierischen Organismus, etwa aus der Klasse der Bacterien, glauben, die Ursache vielmehr in einer Alge suchen, worüber die mikroskopische Untersuchung, zu welcher mir selbst hier keine Mittel zu Gebote stehen, gewiss ein genaueres Ergebniss darbieten wird. Späterhin sind die betreffenden Unterlagen von Herrn Dr. P. Magnus in Berlin gütigst untersucht und in der That als jene Alge bestätigt worden. — Uebrigens möchte ich nachträglich noch bemerken, dass auch der auf meinem Gute Hoch-Paleschken befindliche Gartenteich in einer Ecke etwa im Monat Juni 1877, als ich verreist war, nach Aussage meiner Frau in Betreff seiner dunkelrothen Oberfläche eine ähnliche Erscheinung gezeigt haben soll.

Im Jahre 1878 hat sich diese Alge, wie mir Herr Rittergutsbesitzer Weiss versichert, abermals an der bezeichneten Stelle gezeigt und sah ich selbst auf unserem Teiche, aber Anfangs September und in nur einer Ecke, dieselbe grüne Decke. Vielleicht ist die Ursache hiervon, was ja bei stehenden Gewässern eigenthümlich, dass das Wasser durch längere Zeit hindurch anhaltende Windstille nur unvollkommen aërisirt wurde. Von einem Fischesterben ist aber weder hier, noch in Niedamowo Etwas bemerkt worden.

Ueber grünes oder rothes Teichwasser, welches Herr Conrector Seydler aus Braunsberg vorlegte, vergl. auch Ber. über d. 14. Versammlung des preuss. bot. Vereins zu Rastenburg am 4. October 1875. (S. 36.); über dessen Ursache konnte nichts Gewisses ermittelt werden.

Im Anschlusse daran entnehme ich einer Nummer der Danziger Zeitung vom Juni 1877 eine Notiz über ein Fischesterben im See von Barlewitz, Kreis Stuhm, wozu die Ursache in der Fäulniss vieler Sumpfpflanzen und in der Entwickelung zahlreicher Algen (hier also wohl die *Polycystes ichthyoblabe* Kützing) zu suchen ist, wodurch der zum Leben der Fische nothwendige Sauerstoff vollständig absorbirt wurde. Die gestorbenen Fische aber begannen Gefahr für die Gesundheit der Anwohnenden zu entwickeln, theils durch ihre Fäulniss, theils durch ihr Verzehrtwerden durch Hausthiere und das nachfolgende Verenden von Hunden, Katzen, Hühnern und Enten. Es ist vielmehr ihr tägliches Aufsammeln und Vergraben geboten. Im Anschlusse mache ich darauf aufmerksam, dass nach vielfachen Beobachtungen solche Stellen, wo besonders Thier- oder Pflanzenreste unter Zutritt von Wasser verwesen, die von Irrlichtern bevorzugten Orte sind. Je schneller unter dem Einflusse der Wärme jene Zersetzung vor sich geht, um so stärker ist die Entwickelung von Gasen und damit auch die Irrlichtflammen.

Derselbe demonstrirte einen Einschnitt in Rothbuche. Das entsprechende Object verdanke ich der liebenswürdigen Güte meines Freundes Rud. Heyer, Gutsbesitzers in Neustettin. Nach seiner gefälligen Mittheilung stammen die übersandten Stückchen Holz von einer Buche, welche im Frühjahre 1876 auf einer Anhöhe nahe einer Brücke geschlagen wurde, über welche der Weg zur Stadtforsterei bei Neustettin führt, und entdeckte Herr Heyer erst gelegentlich des Spaltens des Holzes, wohl weniger durch die deformirte Rinde, als besonders durch die schwarzgewordenen Buchstaben im Innern des Stammes veranlasst, die Spuren von ehemaligen Messeraffairen, welche zur Zeit des Einschneidens einem damals schon ziemlich starken Stamme, wie er aus der so geringen Wölbung der Schnittfläche schliessen will, zugefügt sein müssen. Ausser den in den vorgelegten Stücken Holz vorhandenen Buchstaben will Herr Heyer die Buchstaben *A E I N O B* und mehrere andere in den verschiedenen, nachher verlorenen Stücken Holz gefunden haben, ohne dass es ihm aber gelungen ist, aus dem leider zu spät Entdeckten einen ganzen Namen oder eine Jahreszahl herauszulesen. Das vorliegende Stück trägt nun folgende Buchstaben in drei, kaum von einander getrennten Etagen eingeschnitten:

$$T$$
$$A \quad H$$
$$I \quad W$$

Selbstverständlich ist die Reihenfolge der neben einander stehenden Buchstaben für die Thatsache des Einschneidens als in umgekehrter Reihenfolge geschehen anzunehmen. Das kleinere Zeichen *I* neben *W* ist wohl ohne Bedenken als die das Tausend bezeichnende Ziffer der Jahreszahl zu betrachten. Es ist zu bedauern, dass wir nicht die drei folgenden Ziffern ebenfalls vor uns haben, um festzustellen, ob die Jahresringe wirklich auf die entsprechende Jahreszahl passen würden.

Nach den Jahresringen zu schliessen, muss der jetzt vollständig überwallte Einschnitt vor etwa 30 Jahren geschehen sein. Anfänglich zählte ich nur etwa

26 Jahresringe heraus, bis denn durch Herrn Realschullehrer H. Wacker in Marienwerder, welcher den nachträglich einige Zeit in Besitz gehabten Buchenkloben an beiden Endflächen seines höheren Stückes von einem Tischler hatte abschleifen lassen, wodurch die Jahresringe so scharf hervortraten, dass die Anfangs in Aussicht genommene Anwendung chemischer Aetzungsmittel ganz unnöthig war, über der Schritt aber ihrer 30 Jahresringe mit Sicherheit festgestellt werden konnten. Auch wurde an der einen Endfläche eine Politur mit Schellack-Auflösung versucht, wodurch die jedoch immerhin und in gleichem Ergebnisse zahlreichen Jahresringe nur ein wenig verdunkelt wurden.

Uebrigens erwähne ich hier nur kurz noch der Thatsache, dass in den Sammlungen der Naturforschenden Gesellschaft in Danzig ebenfalls ein Holzstück von Rothbuche mit Einschnitt in Form eines Kreuzes und mit 25 Jahresringen darüber vorhanden ist.

Bei dem vorliegenden, aus mehreren Stücken bestehenden Kloben ist die jetzige Spaltung nun zufällig gerade so eingetreten, dass sie uns die Schnittfläche in ihrer ursprünglichen Lage giebt, auf welcher noch jetzt die Einritzungen des Messers zu sehen sind. Auf beiden Hälften der Spalte tritt die mit der Zeit in den Einschnitten entstandene schwarze Farbe hervor, obschon weniger auf der dem Mittelpunkte des Stammes zugekehrten Hälfte, so dass man den Anfang der zu zählenden Jahresringe gut beobachten kann. Alle Einschnitte aber markiren sich nicht nur frisch und klar auf der damaligen Schnittfläche, sondern pflanzen sich auch, wie an einer anderen Spalte sichtbar, durch das ganze Holz und seine Jahresringe fort bis zur Oberfläche, wo sie ebenfalls noch sehr deutlich zu Tage treten.

Schon von jeher haben die in Bäumen entdeckten Zeichen und Inschriften das Aufsehen unter den Botanikern erregt, jedoch ihre Betrachtung zu Anfang mehr von allgemein menschlichem Standpunkte gefunden. Es erhellt das Erstere aus zahlreichen, in den naturwissenschaftlichen Zeitschriften des vergangenen Jahrhunderts enthaltenen Mittheilungen, wie namentlich den Ephemeriden und Miscellaneen der Kais. Leopoldinisch-Carolinischen Akademie, Hamburger Magazin, Nürnberger Sammlungen u. s. w. Gegenüber den abergläubischen und thörichten Meinungen aber, zufolge deren solche wider Erwarten entdeckten Zeichen oft für Naturspiele gehalten wurden, ward also doch schon früh erkannt, dass selbige im wissenschaftlichen Interesse ausgebeutet werden könnten.

So sprach u. A. schon 1739 der Danziger Naturforscher Theodor Klein (Philosophicals Transactions 1739) die Meinung aus, dass die im Innern entdeckten Jahreszahlen wohl zur Bestimmung des jährlichen Zuwachses des Holzes benutzt werden könnten, insofern sich alle Jahr nur ein Holzring bilde.

Sämmtliche bis dahin in der Litteratur vorgekommenen Fälle solcher Art stellte in seiner philosophischen Inaugural-Dissertation (Breslau 1859): De rebus in arboribus inclusis, Herr Dr. Robert Jaschke zusammen, zugleich unter Untersuchung und Beschreibung der zahlreichen, in der Sammlung des Prof. Dr. H. R. Goeppert befindlichen, ähnlichen Exemplare. Jaschke greift selbst auf die alten Classiker zurück und führt die bei allen sonstigen Autoren erwähnten Fälle unter kurzer Angabe ihrer Hauptmeinungen an. Unter diesen Fällen, zusammen 38, betreffen ihrer 22 Einschnitte bei Rothbuchen (*Fagus silvatica L.*), wogegen 5 die Eiche, je einer die Esche, *Laurus* und *Adansonia* und 8 Fälle sind unbestimmt gelassen, wovon einzelne nach Andeutungen ebenfalls der Buche angehören dürften. Es ist also wohl klar, dass, wenn auch bei den mit Schuppen und Ringelborke versehenen Bäumen solche Inschriften durch Borkenbildung der Rinde sehr bald unkenntlich werden, obschon sich ebenfalls im Inneren der Holzlagen erhalten haben, namentlich die mit glatter Rinde versehene Rothbuche so beträchtlich viele und die meisten solcher Beispiele liefert. Wie leicht aber in der That die bis zum späteren Alter gleichbleibende, glatte Rinde der Buche zum Einschneiden förmlich einladet und auffordert, davon wird uns jeder Buchenwald Beweise geben. Die dem Deutschen ohnehin eigene Verewigungssucht findet hier ihren besten Spielraum. Während der Verliebte die gewöhnlich von einem Herzen umgebenen Initialen seiner Herzgeliebten „gern in alle Rinden schneidet", während der vorbeipassirende Confirmande vorzugsweise das Zeichen des Kreuzes zur Insection liebt, schneiden, um nur noch einige Beispiele anzuführen, aus Zeitüberfluss und durch die Umstände veranlasst, Wanderburschen, sonstige Touristen, Jäger, Hirten und Landleute ihre werthen Ich's dem Namen nach in die Rinden ein.

Auch ist bekannt, dass zum Verkauf gestellte Bäume nach ihrer Abschälung auf einer Stelle daselbst mit dem Eindrucke eines s. g. Anschlagehammers, welcher meist die Anfangsbuchstaben des Waldeigenthümers en relief trägt, versehen wurden und diese Eindrücke also auch später tragen müssen, wenn zufällig ein solcher Baum unverkauft bleiben sollte. Diese Sitte ist wohl überall Mode; für Westphalen besonders erwähnt sie Dr. Beeks, Professor in Münster, in Linnaea 1839. Uebrigens erklärt sich aus dem Gesagten auch sehr leicht, mit wie grossem Rechte die Wörter Buch und Buchstabe etymologisch von Buche abzuleiten sind; schon Plinius (Nat. Hist. lib. XVI. cap. 14.) berichtet, dass auf Täfelchen, aus Buchenholz gemacht, geschrieben wurde; nach Virgil (Ecloge V.) schrieben die alten Seher ihre Gedichte auf Baumrinde ein; die ersten Lettern bei Erfindung der Buchdruckerkunst wurden, wie bekannt, aus dem ebenso halt-, wie auch schneidbaren Buchenholze gefertigt.

Eine weitere und sehr eingehende Behandlung der Sache hat Professor Dr. H. R. Goeppert in einem bei Gelegenheit der Versammlung des Schlesischen Forstvereins zu Oppeln 1868 gehaltenen Vortrage gegeben und daraus zum Theile niedergelegt in zwei mit lithographirten Tafeln versehenen Brochuren: 1. Ueber Inschriften und Zeichen in lebenden Bäumen (Breslau 1869) und 2. Nachträge dazu (Breslau 1870), auf welche ich umsomehr hinweisen muss, als einerseits ich einige Bemerkungen daraus entlehnte, andererseits zur Betrachtung des gesammten Falles nur auf die darin niedergelegten Folgerungen und allgemeinen Grundsätze hingewiesen zu werden braucht. Immer findet in Folge von äusseren störenden Einflüssen auf Cambium und Rinde eine vermehrte Production an solchen Stellen statt und um zu zeigen, wie durch stärkere Bildung der Schichten jener störende Einfluss verhüllt werden soll, sei es mir nur noch erlaubt, in einer Anmerkung*) Göppert's treffliche Schilderung (S. 9.) von dem ganzen Vorgange herzusetzen.

---

*) Anmerkung. Mehrere Jahre verstreichen unstreitig, ehe die durch das Ausschneiden

Und da in der unten gegebenen Darstellung von einem Oxydations-Prozesse die Rede ist, welcher sich auf die stets um die Schnittstellen herum gefundene und auch hier öfters erwähnte schwärzliche oder bräunliche Farbe derselben bezieht, so möchte ich unter Herausgreifung dieses einen Punktes zur Begegnung eines für den Anfang sich wohl einem Jeden aufdrängenden Irrthumes nur noch das Folgende erwähnen. Diese schwärzliche Farbe fiel schon frühzeitig den Schriftstellern auf: Meyerus (Misc. Nat. Cur. Dec. II. an. VII. obs. 239.) spricht von fagus nigro colore; Petrus Albrechtus von figura nigra; Kaestner (Hamburgisches Magazin Bd. X.) sagt von einer Buche: figurae color fuscus est; Fougeroux de Bandoroy (Mém. de l'Acad. des Sciences de Paris. 1774. pag. 491.), dass Jahresringe und Holz röthlich; Joh. Ernestus Kulmus, dass die schwärzende Farbe aus dem Baumsafte entstanden sei unter Einfluss der eisernen Instrumente, mit welchen die Incision gemacht wurde. Ebenso hatte Herr Apotheker Gigas in Marienwerder eine kleine Menge von aus dem vorliegenden Kloben abgekratztem Pulver zu untersuchen die Güte gehabt. Es reagirte auf Eisen. Es liesse sich demgemäss wohl hören, dass der Einschneider sich eines eisernen, vielleicht etwas rostigen Messers bedient hat, wodurch in Verbindung mit der in der Rinde enthaltenen und herausgequollenen Gerbsäure (Tannin) Tinte entstanden sei als Ursache dieser schwärzlichen Färbung. Nach Schleiden entsteht die Gerbsäure durch einen eigenthümlichen Verwesungsprozess des Gallstoffes. Nachdem Karsten 1858 gefunden, dass Gerbsäure auch im Safte lebender Zellen mitunter

---

verursachten Substanzverluste wieder ersetzt werden, wozu die benachbarte Rinde mit der Cambiumregion von allen Seiten mitwirkte, wie man bei allen solchen Naturheilungsprocessen wahrnehmen kann. Im ersten Sommer sieht man unter dem Rande der Wunde einen abgerundeten Wulst mit unebener und rissiger Oberfläche hervorkommen, der beim Durchschnitte die neuen Bast- und Splintlagen erkennen lässt, welche über den Rand der Wunde herausgetreten sind. In der nächsten Vegetationsperiode wiederholt sich dieser Vorgang, wobei die convexen Ränder des Wulstes immer weiter übergreifen und die Lücke mehr und mehr verkleinern, bis sie endlich ganz verschlossen wird. Die Schlusslinie befindet sich gewöhnlich in der Mitte der Verletzung, woraus hervorgeht, dass die umgebende unverletzte Rinde jeder Lage und Richtung gleichförmig mitwirkte.

Ganz besonders deutlich sieht man dies auch bei Heilung von kreisrunden Verletzungen, bei denen sich dann die Schlussnarben in der Mitte befinden. Anfänglich erscheinen sie strahlenförmig, in höherem Alter gleichen sich diese strahligen Runzeln aus und werden flach. Indem nun die gedachten Wundränder gleich einer halbflüssigen Masse allen etwaigen Unebenheiten der Oberfläche des Stammes folgen und selbst Löcher und dergleichen ausfüllen, geschieht es denn auch, dass alle in diesem Bereiche befindlichen Körper, Steine, Wurzeln, Holzsplitter überzogen, gewissermassen hier festgehalten und eingeschlossen werden, auf welche Weise eben das Vorkommen der obengenannten fremdartigen Körper im Innern des Baumes ganz einfach zu deuten ist. Die ersten auf der Inschrift lagernden Holzschichten entsprechen noch der Form derselben, empfangen einen Abdruck davon und nehmen auch am . . . . Oxydationsprozesse Theil . . . . . Man kann in Wahrheit sagen, dass sich beide Seiten in die Inschrift theilen . . . . . . In den unmittelbar darauf folgenden, bis zur Rinde lagernden Holzkreisen ist ausser etwa schwachen, durch ein Paar Jahresringe noch fortgesetzten Reliefs keine Spur der Schrift mehr sichtbar . . . . Die entblösst gewesenen alten Holzschichten dienen den neuen nun zur Unterlage, ohne dass jemals eine Vereinigung oder innige Verwachsung des alten mit dem jungen Holze stattfände und in Folge dessen erklärt sich ganz allein die Erhaltung der Figuren (Inschriften) im Innern des Stammes, welche einst der Rinde anvertraut wurden. Fände eine wirkliche Verwachsung statt, würden sie begreiflich spurlos verschwinden.

enthalten ist, hält Hartig sie für das erste Zersetzungsproduct des Stärkemehls, das also namentlich im Frühjahre in der Baumrinde bei der Auflösung dieses darin während des Winters aufgespeicherten Nahrungsmittels entsteht.

Doch ist dem nicht also! Die Ansicht von Kulmus wurde schon bestritten in Commercium litterarum Norimbergense anno 1736 pag. 46. und hier aufgestellt, dass dem Safte selbst die Natur innewohne, unter Einfluss der Luft die natürliche Farbe in eine schwärzende umzuändern. Ebenso sicher stellt Prof. Dr. Göppert (l. l. S. 9) den erwähnten Oxydations-Prozess folgendermaassen dar: die bräunliche Färbung der der Schnittstelle benachbarten Holzlagen, welche sich übrigens nur höchstens bis $1/2$ Zoll um die Wundstelle ausdehnt und welche dem Ganzen den Schein von Eingebranntsein giebt, wofür es denn auch oft schon gehalten sein soll, rührt jedoch sicher von der Einwirkung der Atmosphäre auf das untere, einst durch den Schnitt entblösste Holz (vergl. die gegebene Darstellung Göppert's von dem Prozesse der Heilung!), wie auch von der Oxydation des Gerbstoffes her, wie dies heute noch an entrindeten Stellen solcher Bäume häufig wahrzunehmen ist. Die grau-bräunliche Holzlage ist etwas aufgelockert, wie ausgewaschen. Es erhellt somit, dass weniger das eiserne Instrument, als vielmehr die Gerbsäure, wie auch oben geschildert, bei dem Oxydationsprozesse eine Rolle spiele.

Als eine meines Wissens unerwähnte Beobachtung möchte ich schliesslich noch diejenige hinstellen, dass, wenigstens bei dem vorliegenden Buchenkloben, sobald eine in nicht zu weiter Ferne von den einzelnen Buchstaben vorbeiführende Längsspaltung eingetreten war, auf der Spaltfläche sich gewisse Rundungen befinden, die wie Schnürungen aussehen, womit in der That jeder einzelne Buchstabe umgeben ist. Diese Thatsache finde ich sowohl bei geraderen (H), als auch bei solchen Buchstaben (T, W), die mehr Unebenheit in der Zeichnung darbieten. Das Holz mit dem neben dem W stehenden A ist durch- und abgespalten worden und in dieser Spaltfläche wiederum hat der rechte Fuss des Buchstabens eine starke und scharf abgegrenzte, ähnliche Windung unwillkürlich gemacht, sobald das spaltende Instrument von irgend einer Seite nur thätig eingesetzt war. Diese Schnürungen oder Wandungen hängen höchstwahrscheinlich mit dem nach zwei Richtungen gehenden Wachsthume des Baumes zusammen, welches in dem dehnbaren halbflüssigen Körper die Wunde und ihre Ränder respectirt.

Vortrag

des Herrn Realschullehrer **Wacker.**

~~~~~~~~~~~~~~

Herr Gymnasiallehrer Dr. Rehdans, welcher im vorigen Jahre das Material geliefert hat zu dem von Herrn Realschullehrer Wacker bearbeiteten „dritten Nachtrag zur Phanerogamenflora von Culm" (s. vorjährigen Bericht S. 15—19), hat auch die zweite Hälfte der vorjährigen Vegetationsperiode (von Anfang Juli an) mit hingebendem Eifer zu Excursionen in der Umgegend von Culm benutzt und aus den Ergebnissen seiner Untersuchungen ein reichhaltiges Fundort-Verzeichniss zusammengetragen, 'das von ihm zu Anfang dieses Jahres nebst einem Pack getrockneter Belag-Exemplare Herrn Wacker zur Bearbeitung für den zweiten Vereinsbericht übergeben wurde. Nachdem Dieser in den letzten Tagen das Verzeichniss durchmustert und die Beläge einer genauen, wenn auch wegen Unzulänglichkeit mancher Exemplare nicht immer leichten Prüfung unterzogen hat, ist er in der Lage, der Versammlung die erfreuliche Mittheilung zu machen, dass dadurch die Kenntniss der Culmer Flora abermals um 24 Spezies (gegen 36 im vorigen Jahre) und zahlreiche neue Fundorte bereichert worden ist. Unter diesen neuentdeckten Arten, welche der Vortragende namentlich aufzählt, ist ausser vielleicht der verwilderten Centaurea solstitialis L. keine, die nicht auch in den Grenzbezirken vorkommt und daher auch bei Culm erwartet werden konnte, obwohl einzelne wie Ostericum palustre Bess., Valerianella dentata Poll., Cirsium acaule All., Cuscuta lupuliformis Krocker, Chenopodium Vulvaria L., Epipactis rubiginosa Gaud., Setaria verticillata P. B. in der Provinz als mehr oder weniger grosse Seltenheiten gelten. 18 derselben konnten nach Ansicht der mitgetheilten Exemplare bestätigt werden; doch verdient auch die Angabe der übrigen 6 (Chaerophyllum bulbosum L., Silybum marianum Gaertn., Nicandra physaloides Gaertn., Chenopodium rubrum L., Thesium ebracteatum Hayne, Epipactis rubiginosa Gaud.) alles Vertrauen, theils aus dem vorerwähnten innern Wahrscheinlichkeitsgrunde, theils weil ihre richtige Bestimmung kaum Schwierigkeiten darbietet, denen Herr Rehdans, dessen Bestimmungen sich in viel schwierigeren Fällen bewährt haben, nicht gewachsen wäre. Ausser den aufgezählten Neuheiten und Belägen zu den Pflanzen, für welche Herr R. in dem beigefügten Verzeichnisse neue Fundstellen angiebt, enthält die Sammlung auch einige (freilich nur 5) der im vorigen Jahre vermissten Beläge zu dem „dritten Nachtrag", alle richtig bezeichnet bis auf einen Platanthera bifolia Reichb., deren Name wegen der keulenförmig endenden Sponen (die Richtung der Antherenfächer war nicht mehr zu erkennen) schon im vorigen Jahre in Pl. chlorantha Cust. geändert werden musste. Der Vortragende legt einige der interessantesten Stücke der Sammlung vor und fährt dann fort: Leider werde der auf diesem Material für den nächsten Vereinsbericht zusammenzustellende vierte Nachtrag zur Culmer Flora einstweilen der letzte sein, da Herr Rehdans zu Ostern d. J. von Culm nach Strassburg Westpr. versetzt worden sei. Doch werde dieser Verlust auf der einen Seite andererseits reichlich überwogen durch den Gewinn, welcher der Wissenschaft durch diesen Ortswechsel in Aussicht stehe. Gewiss theile die ganze Versammlung mit dem Redner das Bedauern, Herrn R. heute seiner Absicht entgegen nicht unter uns zu sehen. Sein eben empfangener ausführlicher Brief spreche das wärmste Interesse an der Versammlung aus, an der theilzunehmen nur ein so triftiger Grund, wie der Besuch eines nahen Familiengliedes ihn abhalten konnte. Wie zu erwarten, habe er sich vorgenommen, die bis dahin noch fast unbekannte Flora der Gegend von Strassburg genau zu erforschen und die Ergebnisse dem Vereine mitzutheilen. Er habe damit bereits begonnen und nenne in seinem Briefe 137 Arten, die er von seinen Excursionen heimgebracht und in seinem Tagebuch aufgezeichnet habe, darunter Pulsatilla patens Mill., Ranunculus polyanthemos L., Aquilegia vulgaris L., Alyssum calycinum L., Lepidium ruderale L., Viola palustris L., Malva neglecta Wallr., Geranium molle L., Fragaria collina Ehrh., Potentilla opaca L. und alba L., Ribes nigrum L., Viscum album L., Crepis praemorsa Tsch., Lappula Myosotis Much., Pulmonaria angustifolia L., Salvia pratensis L., Ajuga genevensis S., Lysimachia thyrsiflora L., Armeria vulgaris Willd., Asarum europaeum L., Neottia Nidus avis Rich., Polygonatum officinale All., Eriophorum vaginatum L. u. angustifolium Rth., Carex digitata L. und elongata L. Hierochloa australis R. und Sch., Nardus stricta L. (in der Nähe der Tortbrüche stellenweise das einzige Gras) u. a.

Endlich schreibt Herr Rehdans über einige Missbildungen, die er am 29. Mai an Geum rivale L. beobachtet, und welche Herr Wacker in der Versammlung wegen Mangel an Zeit nur flüchtig berühren konnte, im Wesentlichen Folgendes: Die untersten Stengelblätter trugen an langen Stielen sehr kleine seitliche Fiederblättchen und ein grosses fast kreisrundes Endblättchen; somit scheint das letztere aus den 3 Endblättchen der gewöhnlichen Form zusammengewachsen zu sein, wie dies auch durch seine bald tieferen, bald seichteren Einschnitte angedeutet war. Bei einigen Exemplaren befanden sich solche Blätter nur am Grunde, und der Stengel glich einem Schaft mit einer einzigen Blüthe. Andere trugen noch ein oder mehrere langgestielte Blätter mit oder ohne Nebenblätter, in deren Achseln Zweige mit Blüthenknospen entsprangen. An einem Exemplare befanden sich 2 Stengel; der eine dünnere trug nur 1 Blatt ungefähr 2 cm. über dem unteren Ende und dann auf einem 12 cm. hohen Schafte eine Blume, der andere dickere hatte mehrere Blätter und Blüthenzweige. Die Kelchblätter waren in Stengelblätter umgewandelt, länger oder kürzer gestielt und mit einer Spreite von der Form des Endblättchens versehen. Uebrigens war der Unterschied in der Grösse der Kelchblätter nicht verschwunden; überall hob sich ein Kreis vor längern von einem Kreise von kürzeren ab. An einem Exemplare waren die Dimensionen des grössten Kelchblattes folgende: Blattstiel 2 cm. lang, Blattspreite 2½ cm. lang und 2,2 cm. breit; an einem anderen waren 5 Kelchblätter von gleicher Grösse 3 cm. lang mit Stiel und 1½ cm. breit. Die Kronblätter hatten im Ganzen die dem Geum rivale eigene Form; aber sie waren grösser, der Nagel vielleicht verhältnissmässig länger, der obere Rand zeigte ausser der Ausbuchtung deutliche Kerbung. Häufig waren die Kronblätter durch umgewandelte Staubblätter vermehrt, so dass ihre Zahl oft 20 überstieg, und die Blumen gefüllt erschienen. Wenn, wie nicht selten, sämmtliche Staubgefässe diese Rückbildung erfahren hatten, so blieb in dem tief herzförmigen Ausschnitt der kronblattförmigen Erweiterung doch noch ein Rückstand des Staubbeutels zu sehen, oder es breitete sich nur die eine Seite blattartig aus, während an der anderen ein Staubbeutel (wohl nur die eine Hälfte? W.) sass. Manchmal fehlten auch die Griffel (ob sie nebst den Fruchtblättern wirklich fehlgeschlagen, oder ob sie mit den letzteren eine blattartige Umbildung eingegangen, sagt Herr R. nicht). Diejenigen Exemplare, deren Stengel einem Schafte glich, und welche die grössten Kelchblätter entwickelt hatten, zeigten noch Durchwachsungen, indem der Stengel sich durch die Blume hindurch fortsetzte. Die Blüthe war aufrecht. Die Behaarung dicht, abstehend, ohne eine einzige der sonst die Pflanze in Menge bedeckenden Drüsen. — Da die aufrechte Stellung der Blüthen und Blüthentheile sich eben so gut durch das Ueberwiegen der vegetativen Entwickelung erklären lässt und über die Bildung der Griffel Nichts gesagt ist, so giebt die Beschreibung — Proben hat Herr R leider nicht mitgeschickt — keinen genügenden Anhalt für die Annahme einer Mischung mit Geum urbanum L. Jedenfalls tragen die beschriebenen Formen den allgemeinen Charakter der rückschreitenden Metamorphose, der Vergrünung und Verlaubung von Blüthentheilen, wenn auch in interessanter eigenartiger Weise ausgeprägt.

Herr Wacker vertheilte darauf Exemplare des seltenen Juncus atratus Krocker, welches am 26. Juli 1877 von Herrn Scharlok in Graudenz „südlich vom Gutshofe Paparzyn, dicht an der Grenze von Oborry, am Nordgestade eines Tümpels" gefunden wurde, und sprach dann seine Ansicht aus über die auf der vorigjährigen Versammlung von dem verstorbenen Herrn C. Jul. v. Klinggräff vorgelegte Carex panicea L. var. refracta v. Kl. (vergl. den vorigen Bericht S. 22 und 23). Folge man, sagte er, der Flora von Garcke, so müsse man diese Pflanze wegen des „während der Blüthezeit rechtwinklig zurückgebrochenen männlichen Aehrchens" ohne Weiteres zu C. sparsiflora Steudel ziehen. Da aber dieses Merkmal als eine vegetative Lebenserscheinung für sich allein zur Abtrennung einer Spezies nicht ausreichend erscheine, so habe er Kochs Synopsis zu Rathe gezogen. Hier seien (Ed. II. pag. 879) für die mit sparsiflora synonyme C. vaginata Tausch. noch mehrere andere diagnostische Merkmale angeführt, namentlich die alle weiter aus den Scheiden heraustretenden Stiele der weiblichen Aehrchen, die aus dem Kugelig-eiförmigen in's Dreiseitige übergehende Form der Fruchtschläuche mit längerem schief gestutztem Schnabel und die breiteren Blätter mit nur unter der Spitze rauhem Rande. In allen diesen Beziehungen stimme die v. Klinggräff'sche Varietät mit der Diagnose überein. Darnach glaubt der Vortragende derselben nicht nur den Namen Carex sparsiflora vindiciren, sondern sie auch besonders wegen ihrer schiefgebauten Früchte mit wenigstens gleich grossem Rechte wie die Carex flava L. im Gegensatz zu C. Oederi Ehrh. als Art anerkennen zu dürfen. Er habe bald nach der Danziger Versammlung Herrn v. Kl. durch dessen jüngeren Herrn Bruder diese Einwendungen mitgetheilt und auf die Koch'sche Diagnose hingewiesen. Die in der von demselben darauf erhaltenen Antwort angegebenen Gründe (dieselben, welche im vorigen Bericht S. 23 angeführt sind) haben aber seine Ansicht um so weniger zu erschüttern vermocht, als den beigefügten in der Reihe weiter fortgeschrittenen Exemplaren die oben erwähnten Charaktere noch schärfer aufgeprägt seien, als den am 11. Juni v. J. erhaltenen*).

---

*) In diesen Sommerferien habe ich die Streitfrage eingehender studiert, dieselbe auch mit allen für und gegen angeführten Gründen Hrn. Prof. P. Ascherson in Berlin vorgelegt und bin durch dessen Rückäusserung, mehr aber noch durch die Prüfung der ächten Carex panicea und der mir von Hrn. Ascherson gütigst übersandten Exemplare der C. sparsiflora vom Riesengebirge (Brunnenberg) und aus dem mährischen Gesenke (Küpernikstein) zu einer anderen Ansicht gekommen, die sich der meines verstorbenen Freundes v. Klinggräff im Wesentlichen anschliesst. Die reifen Fruchtschläuche der ächten C. panicea sind nämlich keineswegs gerade und regulär gebaut, wie es in dem Ausdrucke „fast kugelig-eiförmig" der Diagnosen Koch's und seiner Nachfolger (Döll, Rhein. Fl., sagt sogar: Früchte birnförmig, verkehrt-eiförmig, innen und aussen convex) liegt, und wie ich sie mir auch nach meiner Erinnerung vorstellte. Sie sind vielmehr ungefähr so schief wie bei var. refracta, und zwar auf dem Rücken, besonders nach oben hin hoch gewölbt, vorn mehr oder minder abgeflacht. (Hallier ist meines Wissens der einzige Florist, der dies in seinem Excursionsbuch 1. Aufl. S. 72, wenn auch etwas ungeschickt andeutet durch „platteiförmig"); drei von dem blassen Grunde sich meistens deutlich abhebende grüne Nerven, wovon einer die Mitte des gewölbten Rückens durchzieht, die zwei anderen die Vorderfläche umranden, markiren auch hier drei Kanten; zwischen ihnen zeigen sich im getrockneten Zustande viele feine obliterirende Nerven (Ascherson, Fl. d. Pr. Brandenb., nennt die Schläuche nervenlos, Döll a. a. O. vielnervig). Der Schnabel steht an der Spitze der Vorderfläche und wird durch den hohen Buckel am Gipfel des Rückens, fast wie bei var. refracta, in eine schiefe Richtung gedrängt, so dass seine gestutzte oder schwach ausgeschnittene Mündung etwas schräge nach vorn abfällt; an reif abgefallenen Schläuchen, wo die Vorderfläche ganz platt war, fand ich ihn indessen gerade aufrecht. Hiernach muss ich v. Klinggräff und Ascherson Recht geben, wenn sie die Schlauchform der var. refracta kaum verschieden von der der panicea genuina finden. Damit bricht die Hauptstütze meiner früheren Annahme zusammen, und da nach v. Klinggr. (1. Nachtrag zur Flora von Preussen, 1854 S. 91, wo var. refracta zuerst aufgestellt) auch bei der ächten C. panicea zuweilen die Stiele der dann bis auf 5—6 vermehrten weiblichen Aehrchen weiter aus der Scheide heraustreten, so weiss ich für var. refracta ausser der Knickung des Halmes keine anderen Abweichungen mehr anzugeben, als etwa die meistens etwas erweiterten Scheiden (schon von v. Kl. a. a. O. erwähnt) und die breiteren Blätter (sie messen bis 4 mm., bei panicea gen. höchstens 2—3 mm). Was nun die Knickung des Halmes betrifft, so schreibt mir darüber Hr. Ascherson, sie „ist weder für C. panicea so ungewöhnlich, noch für C. sparsiflora so typisch, als man nach den Büchern glauben sollte; ich besitze die erstere von Zabel genau so wie die Klinggräff'sche Form von der schmalen Heide auf Rügen, als f. pseudo-vaginata bezeichnet; ein anderes Exemplar von Colberg zeigt sogar 2 Knicke bei beiden weiblichen Aehrchen, so dass der Halm zickzackförmig geknickt ist; dagegen besitze ich keine sparsiflora, die mehr zeigte, als eine stumpfwinklige Knickung wie die beiden beifolgenden Proben." Das Vorkommen der var. refracta in Pommern ist sehr bemerkenswerth. Die schwache Knickung an den Ascherson'schen Exemplaren von sparsiflora mag darin liegen, dass sie nicht zu der Zeit (s. u.) gesammelt sind, wo die Erscheinung eintritt; die mir übersandten sind dazu wenigstens entschieden zu jung. Koch kann sich schwerlich getäuscht haben, als er zu seiner Diagnose dieser Art den Zusatz machte: Culmus rectangule

refractus est ad spicam, quae flores explicat, explicatione peracta ad sequentem spicam eadem ratione refractus apparet, post anthesin autem totus erectus est. v. Klinggräff muss diesen Zusatz übersehen haben, da er (im vor. Ber. S 23) schrieb: „bei dieser (sparsiflora) . . . . . soll nur das männliche Aehrchen . . . rechtwinkelig-zurückgebrochen sein, bei den vorliegenden Formen (panicea refracta) . . . finden sich an demselben (dem zurückgebrochenen Halmtheil), und zwar gewöhnlich, auch weibliche Aehrchen." Ferner glaube ich, dass Hr. v. Kl. sich geirrt hat, wenn er an derselben Stelle einen Unterschied zwischen seiner var. refracta und der sparsiflora darin findet, dass bei ersterer der obere Halmtheil „s t e t s zurückgebrochen bleibt", während dies bei letzterer nur während der Blüthezeit der Fall ist (mit dem, den Ende Juli v. J. mir übersandten Exemplaren der var. refracta beiliegenden Zettel constatirt er das Letztere durch eine fruchttragende C. sparsiflora seines Herbars vom Brocken). Das Material, das ich Hrn. v. Kl. von der Paleschkener Var. in verschiedenen Phasen der Entwickelung verdanke, hat mir gestattet, in den chronologischen Verlauf dieser Vorgänge einen gewissen Einblick zu thun. Soweit ich ihn verfolgen konnte, stimmt er mit Koch's eben citirter Darstellung in Bezug auf C. sparsiflora ziemlich überein. An den jüngsten der mir vorliegenden Exemplare, wo die Staubbeutel hervorzutreten und zu stäuben beginnen, die dünnen Schläuche noch ganz verdeckt sind und über denselben die Narben sich eben ausgebreitet haben, sehe ich nur das oberste, das männliche Aehrchen tragende Halmglied rechtwinkelig abgeknickt, und zwar unmittelbar über dem Knoten, so dass das die Scheidenränder verbindende Häutchen zerrissen, und der ganze Stiel des obersten weiblichen Aehrchens, am Grunde von einer häutigen Scheide umgeben, bloss gelegt ist. Dieser Zustand dauert eine Zeitlang fort, bis die Antheren längst verstäubt, die Narben vertrocknet, die Schläuche sich bis zu einem gewissen Grade aufgebaucht haben. Dann fängt auch das vorletzte Internodium an, sich erst in einem Bogen seitwärts zu krümmen und endlich über dem Knoten, unter demselben Erscheinungen wie am obersten Knoten, sich wieder gerade streckend rechtwinkelig abzuknicken. Noch später tritt eine rückläufige Bewegung ein: das oberste Halmglied legt sich wieder an das oberste weibliche Aehrchen an, und der Theil des Halmes oberhalb des vorletzten Knotens erscheint, obwohl noch in horizontaler Lage, wieder gerade gestreckt. Hier schliesst mein Beobachtungsmaterial die Erzählung seiner Lebensgeschichte; aber ich halte es für sehr wahrscheinlich, dass an diesem Punkte die Bewegung nicht stehen bleibt, dass vielmehr zuletzt der vorletzte Knoten dem Beispiele des letzten folgen, und der Halm sich auch an dieser Stelle wieder gerade in die Höhe strecken wird. Wenn das geschehen, würden alle Spuren der Bewegung verwischt sein, der Halm wie ein ganz normaler aussehen. Die Richtigkeit dieser Schlüsse vorausgesetzt, ist es nicht zu verwundern, dass Hrn. v. Kl., der auf die Zeitfolge der Erscheinung nicht geachtet, dieser letzte Akt derselben entgehen musste. Aus demselben Grunde scheint mir seine Bemerkung, dass er zuweilen normal gewachsene und geknickte Halme in demselben Rasen gefunden habe (s. d. angef. Stelle im vor. Bericht), für die Natur einer bloss zufälligen Variation, wie Prof. Ascherson meint, Nichts zu beweisen, so lange nicht festgestellt ist, dass die angeblich normalen Halme ihr ganzes Leben lang normal blieben, also nicht entweder zu jung waren, um die Erscheinung zu zeigen, oder so alt, dass sie alle Stadien der Bewegung bereits durchlaufen hatten Volle Klarheit und Gewissheit liesse sich über diese Vorgänge erst erlangen, wenn es Jemand unternähme, die Paleschkener Pflanze in einem Topfe unter der Natur möglichst nachgeahmten Umständen zu ziehen und während der Zeit der Blüthe und Fruchtreife täglich zu beobachten, und dann bliebe dem Anatomen noch die Aufgabe, durch Untersuchungen des Gewebe und ihres Inhalts am Orte der Knickung den innern Grund der Erscheinung zu ermitteln.

Nachdem so für Carex sparsiflora die Knickung des Halmes im Hinblick auf C. panicea v. refracta als diagnostisches Merkmal sich als hinfällig erwiesen hat, so bleiben für dieselbe nur weniger scharf begrifflich zu begrenzende Charaktere übrig, welche jedoch zusammen den Eindruck eines grundverschiedenen Habitus hervorbringen. Es sind dieselben, welche z. Th. schon von älteren Schriftstellern, wie L. Reichenbach Fl. Germ. excurs. 1830—32, Cürie Anleitung 4. Aufl. 1840, der wahrscheinlich Tausch selbst, bot. Ztg. 1821, gefolgt ist, aufgestellt und ausschliesslich zur Diagnose verwendet worden sind, obwohl damals, wie aus dem Namen C. tetanica Rchb. (nach Schkuhr, aber nach Koch mit der Schkuhr'schen Art nicht gleichbedeutend), d. i. mit dem tetanus, Gliedstarre, behaftet, erhellt, die Erscheinung der Knickung nicht unbekannt gewesen sein kann, und welche neuerdings Fürnkel in seinen Pflanzentabellen wieder benutzt hat. In der Weite der Scheiden

welche Cürie und in der Breite der Blätter (4 mm), welche Koch als solche anführt,
liegen sie nicht; denn darin kommt ihr die var. refracta von C. panicea entgegen. Noch weniger
sind die Koch'schen Merkmale: Halm gerillt und Blätter nur an der Spitze rauhrandig, festzu-
halten, da sowohl die gewöhnliche Form von C. panicea als ihre Paleschkener Abänderung ebenso
tief gerillte Halme besitzen, und ihre Blätter erst über der Mitte die rauhen Spitzchen am Rande
zeigen. Eher wäre geltend zu machen, was mir Prof. Ascherson schreibt, dass die Fruchtschläuche
bei sparsiflora „viel stärker dreikantig, auch fast immer beträchtlich schief sind"; an den jungen
Exemplaren, die seinem Briefe beigefügt waren, konnte ich wenigstens constatiren, dass der Schnabel erheblich länger und schief nach vorn geneigt ist. „Auffallender ist indess," schreibt A. weiter,
„dass sowohl die männlichen als die weiblichen Aehrchen bei gleich grossen Exemplaren stets viel
weniger Blüthen enthalten, daher viel kürzer sind." Das ist richtig; doch kommt diese Kürze wenigstens der weiblichen Aehrchen wohl nicht auf Rechnung der Blüthenzahl — denn diese ist hier
wie bei panicea 10—12 — sondern rührt daher, dass die Blüthen viel mehr zusammengedrängt
sind. Eben so beachtenswerth sind folgende von älteren Autoren angegebenen Kennzeichen: Grundblätter hellgrün (bei panicea seegrün), steifer, kürzer (etwa halb so lang wie bei pan.) und daher
linealisch-lanzettlich; die Tragblätter der weiblichen Aehrchen über der Scheide nur wie kurze
Spitzen erscheinend (bei pan ziemlich lang, oft bis zum nächsten Knoten oder darüber hinaus verlängert); Höhe der Pflanze geringer, nach Gareke 15—25, an meinen Exemplaren 13 und 22 cm.
Ich darf hinzufügen, dass die Deckschuppen unter den reifenden Früchten sämmtlich stumpf sind,
indem der Mittelnerv unter der gebräunten Spitze verschwindet, während sie bei C. panicea durch
den auslaufenden Nerv spitz oder bespitzt sind.

Ascherson ist der Ansicht, diese Carex sei weniger durch scharfe spezifische Merkmale,
als durch ihre geographische Verbreitung begrenzt. „Wenn Sie," schreibt er, „C. sparsiflora für
eine nordische Form der panicea erklären wollen, so lässt sich nicht viel dagegen einwenden;
immerhin zeigt das Vorkommen dieser nordischen Form in den schlesischen Hochgebirgen, wo sie
zu dem pflanzengeographisch so bedeutungsvollen Häuflein nordischer Relicten aus der Eiszeit gehört, dass sich diese Form seit einer früheren geologischen Epoche unverändert erhalten hat. Uebergänge sind mir nicht bekannt, und ich halte es für zweckmässiger, eine constante, scharf getrennte Form" — A. versteht dies wohl nur in habitueller Beziehung, denn er bezeichnet die Merkmale selbst als sämmtlich relative — „von bestimmter geographischer Verbreitung als Art (Art
ist mir überhaupt nur ein relativer Begriff) zu unterscheiden." Ich pflichte diesen Worten vollständig bei und erblicke zugleich in der Knickung der Halme, der Weite der Scheiden und der
Breite der Blätter an unserer C. panicea var. refracta einen Fingerzeig, wie einst vor Aeonen eine
Differenzirung begonnen haben mag, welche unter dem Einfluss des nordischen Klimas und Bodens
allmählich den ganzen Organismus ergriff und schliesslich zur erblich befestigten Selbstständigkeit
einer neuen Art führte. — Bemerkenswerth ist noch, dass A. es für nicht unwahrscheinlich erklärt,
„dass C. sparsiflora ebenso gut, wie die pflanzengeographisch völlig analoge C. irrigua Sm. noch
einmal innerhalb der Provinz Preussen gefunden wird. Vielleicht", sagt er, „erlebe ich das Eintreffen dieser Voraussage noch ebenso gut als das ähnliche in Betreff der Gymnadenia cucullata
Rich., auf welche ich meinen Freund Sanio schon vor 1860 aufmerksam gemacht habe."

10. August 1879.

H. Wacker.

Vierter Nachtrag

zur Phanerogamenflora von Culm

nach den Forschungen des Herrn **Dr. Rehdans** in Strassburg.

(S. den dritten Nachtrag im vorigjährigen Bericht S. 15—19.)

~~~~~~~~~~

I. Neue Bürger der Culmer Flora.

1. *Peplis Portula* L. an der Trinke oberhalb des Ueberganges nach der Nonnenkämpe an überschwemmt gewesenen Stellen zwischen den Weiden, in nur einem Exemplare Ende Juli gefunden!

2. *Berula angustifolia Koch* in einem Graben an der letzten Quelle vor dem Damme am Althausener See, in Gräben hinter Klammer! ziemlich häufig.

3. *Ostericum palustre Bess.*, Wiese bei Klammer!

4. *Chaerophyllum bulbosum* L., Teich beim Schützenhause, Erlenschlucht vor dem Grubnoer Walde.

5. *Valerianella dentata Poll.*, Aecker bei Osnowo! in ziemlicher Menge.

6. *Senecio viscosus* L. auf dem katholischen Kirchhofe!

7. *Senecio silvaticus* L. im Grubnoer! und Wapczer Walde.

8. *Cirsium acaule All. var. caulescens Pers.*, Schlucht an der Fribbe hinter der Parowe!

8. *Silybum marianum Gärtn.* an Gräben bei den letzten Häusern in Klammer, Zacki-Mühle, auch hier wohl nur verwildert.

10. *Centaurea solstitialis* L. unter Luzerne hinter Grubno!

11. *Hieracium boreale Fr.* im Wapczer Walde! am 20. Aug. 1878. Das mitg. Ex. ist klein, fast einköpfig, die Hüllblätter weniger schwärzlich als gewöhnlich, vgl. v. Klinggr. 2. Nachtr. S. 111.

12. *Erythraea pulchella Fr.* in der Vertiefung neben dem Fusssteige von Wapcz nach Klammer, zwischen dem Erlenbruch bei Klammer und dem Wapczer Walde in der Nähe der *E. Centaurium Pers.* (s. vor. Ber.), an der letzten Quelle vor dem Damm am Althausener See!, Wiese am linken Fribbeufer unterhalb des Schiessstandes mit *E. Cent.*

13. *Cuscuta lupuliformis Krocker* auf Gebüsch an Fusswege nach dem Althausener See kurz vor dem Damme!

14. *Nicandra physaloides Gaertn.* am Wege hinter dem Cadettengarten, wohl aus letzterem geflüchtet, 15. 9. 78, auch in der Fischerei gesehen.

15. *Gratiola officinalis* L. am Wege von Althausen längs des Sees! 20. 8. 78.

16. *Chenopodium polyspermum* L. *var. cymosum Chev.* und *acutifolium Kit.* an den Gräben zwischen der Fribbemündung und dem Althausener See!

17. *Chenopodium Vulvaria* L. einzeln an der Mauer vor dem Thorner Thor!

18. *Chenopodium rubrum* L. an der Strasse über die Trinke, beim Weber'-schen Badeplatz auf dem linken Weichsclufer.

19. *Thesium ebracteatum Hayne* im Wapczer Walde in der Nähe der Zacki-Mühle.

20. *Tithymalus Peplus Gaertn.*, Fischerei am Wege nach dem Badeplatze und sonst auf Gartenland! besonders häufig vor den Häusern von Brzozowo.

21. *Epipactis rubiginosa Gaud.* im Grubnoer Walde in grosser Menge, zuerst gefunden 12. 7. 78, 14 Tage später erst in voller Blüthe.

22. *Cyperus fuscus* L. unter den Weiden zwischen der Fribbemündung und dem Uebergange nach der Nonnenkämpe! 16. 8. 78, nicht sehr zahlreich.

23. *Setaria verticillata P. B.* in Gärten z. B. dem des Herrn Stock, vor dem Pförtchen auf Schutt!

24. *Phalaris canariensis* L. vorn auf dem Ostrow! in einer Schlucht zwischen Uszcz und der Chaussee. Auch hier wie z. B. bei Marienwerder ohne Zweifel nur hospitirend auf Schutt.

II. Neue Fundorte.

Aconitum variegatum L. in der Parowe, wo sie (s. Preuss. Prov.-Bl. VII. [LIII.] 1855, S. 128) zuerst v. Nowitzki auffand, nur hohe Stengel, welche in dem tiefen Schatten nicht zur Blüthe kommen. Ich hatte am 30. Aug. 1860 ein einzelnes blühendes Exemplar am Wege längs des Waldrandes gefunden, seit dem nicht mehr. Nach Rehdans blüht sie noch in Menge in der ersten grösseren Schlucht hinter der Parowe zwischen niedrigem Gestrüpp. — *Aquilegia vulgaris* L. einzeln in der Parowe. Mit R. aus der Oertlichkeit und dem vereinzelten Vorkommen auf Gartenflucht zu schliessen, liegt kein hinreichender Grund vor, zumal da sie v. N. vor länger als 20 Jahren in demselben Wäldchen gefunden hat (s. a. a. O.) Bei ihrer sonstigen Verbreitung durch die Provinz ist es freilich seltsam, dass sie im Culmer Lande fast fehlt und namentlich im Wapczer und Lunauer Walde noch nie gefunden wurde, während sie schon bei Graudenz zu den nicht seltenen Zierden aller Wälder gehört.

Nymphaea alba L. in Gräben des Sumpfes zwischen Grubno und Eitner's Vorwerk. „Die Blüthen fielen durch ihre Kleinheit auf." Vielleicht *N. candida Presl. (semiaperta Klinggr.)*

Parnassia palustris L. am Rande der Höhe südl. vom Lorenzberge!, häufig auf den Wiesen bei Klammer, auf Sumpfboden zwischen Grubno und Eitner's Vorwerk.

Dianthus superbus L. spärlich auf den Wiesen bei Klammer! an zwei Stellen, Ende Juli.

Sagina nodosa Fenzl. an der Fribbemündung, vor dem Damm am Alt-

hausener See, mit *Parnassia* beim Lorenzberge! u. s. w. stellenweise, meistens in
der var. *pubescens Koch!* — *Stellaria glauca With.* im Menge in den Gräben bei
Klammer! am 25. 7. 8. blühten erst wenige Exemplare. — *Malachium aquaticum
Fr.* an der Fribbe nahe ihrem Ausfluss, 7. 6. 78. in grosser Menge an den
Quellen zwischen Fribbemündung und Althausener See, am Bach im Plutower
Grunde, an Gräben auf den Wiesen hinter Gregor's Ziegelei.

Linum catharticum L. ziemlich zahlreich überall auf den Wiesen der
Niederung.

Malva Alcea L. an Wegen auf dem Hügel westlich von Culm, an Acker-
rainen bei Althausen in der Niederung am obern Ende des Sees, an Gräben und
Rainen zwischen Brzozowo und Osnowo.

Hypericum tetropterum Fr. an Gräben vor Klammer einzeln, am Bach in
der Schlucht vor Althausen, an den Quellen zwischen Fribbemündung und Althausener See. *H. montanum L.* im Wapczer Walde auf den Höhen hinter
Zacki-Mühle! ziemlich häufig.

Acer campestre L. eine Hecke bildend an der Chaussee nach Brzozowo, im
Gebüsch längs des Althausener Sees.

Geranium palustre L. auf einer moorigen Wiese im Fribbethal hinter dem
Cadettenhause, Erlenschlucht bei Grubno, an den von den Quellen zwischen Fribbemündung und Althausener See abgeleiteten Gräben.

Genista tinctoria L. im Wapczer Walde hinter Zacki-Mühle. — *Astragalus
Cicer L.* am Fussweg zwischen Pfarrei und Domäne in Althausen. — *A. gly-
cyphyllus L.* im Uszczer Grunde, im Gebüsch längs des Althausener Sees. — *Lathyrus silvester L.* überzieht dicht den Boden im hintern Grunde des Grubnoer
Waldes.

Rubus saxatilis L. im Wapczer Walde hinter Zacki-Mühle. — *Sanguisorba
officinalis L. (var. auriculata Scop.)* sehr hohe Exemplare im Weidengebüsch hinter
der Fischerei (schon in meiner „Uebersicht" angeführt, doch ohne Rücksicht auf
die sehr geringe Abänderung), in grösserer Menge auf einer Wiese am Wege
in Klammer.

Myriophyllum verticillatum L. in Gräben hinter Klammer und bei Kollenken! in Menge. *M. spicatum L.* im Ausflusse des Althausener Sees! häufig.

Cicuta virosa L. zwischen Eitner's Vorwerk und Grubno! 13. 7. 78, in der
Niederung nicht (wie Dr. Schubart angab) häufig. — *Pimpinella magna L.*, Höhen
hinter Zacki-Mühle! — *Seseli annuum L.* in der Schlucht zwischen Uszcz und der
Chaussee! nicht zahlreich, im Pappelwäldchen hinter der Parowe! spärlich. — *Libanotis montana Crtz. var. sibirica P. M. E.* am rechten Fribbeufer zwischen den
zum Judenkirchhofe und dem zur Eisengiesserei führenden Wege! also noch innerhalb des von mir im Berichte üb. d. Vers. d. pr. bot Ver. zu Marienwerder 1866
S. 216 umschriebenen Bezirks). Das eingesandte Exemplar zeigt insofern eine
abnorme Bildung, als die äussersten Strahlen der, wie gewöhnlich, zusammenge-
setzten Dolde sich über diese bedeutend verlängern und wieder eine aus Döldchen
zusammengesetzte Dolde tragen. Ich habe diese Abweichung wohl an einem einzelnen Doldenstiele von *Peucedanum Oreoselinum Mnch.* und *Cicuta virosa L.* beobachtet (s. Progr. d. höh. Bürgerschule z. Culm Nr. 32 S. 18), nie aber an einem

ganzen Kreise von Doldenstrahlen. — *Levisticum officinale Koch.* vor einem Hause unten in Althausen! in einigen Ex. — *Selinum Carvifolia* L. an den Quellen zwischen Fribbemündung und Althausener See!, am obern Rande der Parowe und im Kessel des Fribbethals. — *Angelica silvestris* L., Weidengebüsch an der Trinke hinter der Fischerei sehr hochwüchsig, Wiesen vor dem Damm am Althausener See und in der Niederung unterhalb Culm. — *Caucalis daucoides* L. an derselben Stelle, wo sie v. Nowicki (Pr. Prov.-Bl. Bd. VII. [LIII.] S. 127: „b. Culm nicht weit von einer Ziegelei rechts vom Wege nach Graudenz") entdeckt. — *Conium maculatum* L. in grösster Menge im Dorfe Althausen.

Eupatorium cannabinum L. in der Schlucht am Lorenzberge, an den Quellen zwischen Fribbemündung und Althausener See, am Bach in der Schlucht vor Althausen. — *Aster Amellus* L. im Kessel des Fribbethals, an einer freien Stelle am obern Rande der Parowe, in einer Schlucht hinter der Parowe ziemlich zahlreich. — *Stenactis annua Nees*, vorn auf dem Ostrow (gefunden von dem Sekundaner Boeck), einige Ex. wieder auf dem andern Weichselufer! 23. 8. 78., im Garten von Zacki-Mühle. — *Cirsium palustre Scop.* am häufigsten im Sumpfe zwischen Grubno und Eitner's Vorwerk. *C. oleraceum Scop.* auf Wiesen vor dem Damm am Althausener See, in der Schlucht am Lorenzberge. — *Lappa officinalis All.* sehr häufig um die Bauernhäuser auf dem jenseitigen Weichelufer vor der Schwetzer Kämpe. — *Serratula tinctoria* L., Wapczer Wald hinter Zacki-Mühle in Menge. — *Picris hieracioides* L., Schlucht im Kessel des Fribbethales, in der Nähe der Quellen zwischen Fribbemündung und Althausener See, an Gräben zwischen Brzozowo und Osnowo. — *Hypochoeris radicata* L. Anhöhen in der Grubnoer Erlenschlucht. — *Chondrilla juncea* L. am obern Rande des Grubnoer Waldes häufig, bei Kaldus in der Nähe des Lorenzberges. — *Hieracium praealtum Vill.* auf einer Wiese bei Dolken! 20. 8. 78. Von den zwei eingesandten Exemplaren schien das eine zu *var. fallax D. C. Koch* nicht *Willd.* zu gehören, das andere mit gegabeltem Stengel ist ein Bastard, wahrscheinlich mit *H. Pilosella* L.

Pirola minor L. im Grubnoer Walde! 13. 7. 78. bereits verblüht, ziemlich häufig. — *Ramischia secunda Grcke!* ebenso, weniger häufig. — *Chimophila umbellata Nutt.* im hintern Theile des Grubnoer Waldes! 25. 7. 78 nicht blühend. — *Monotropa Hypopitys* L. var. *glabra Rth.* (*M. Hypophegea Wallr.*) im Grubnoer Kiefernwalde 13. 7. 78.

Ligustrum vulgare L. angepflanzt in einer Hecke vor dem Hause Helwig's am Graudenzer Thore; alte Stämme an den Abhängen der alten Promenade links am Wege zur Fischerei; auch in Gärten.

Erythraea Centaurium Pers.! ziemlich verbreitet, so auch am linken Weichselufer auf grasigen Plätzen zwischen den Weiden (1877), mit *Parnassia* in der Vertiefung südlich vom Lorenzberge, mit *E. pulchella Fr.* am linken Fribbeufer unterhalb des Schiessstandes.

Limosella aquatica L. in grosser Menge auf überschwemmt gewesenen Stellen in der Nähe der Schweinewiesen und am Weber'schen Badeplatze. — *Digitalis ambigua Murr.* im Kessel des Fribbethals!, vereinzelte kräftige Exemplare. — *Melampyrum arvense* L. an den Feldrainen auf den Hügeln westlich von Culm in grosser Menge. *M. pratense* L. im Wapczer Walde.

Mentha silvestris L., Quelle an der Heide bei Dolken, in Klammer, Schwetzer Kämpe; bei der vorletzten Quelle vor dem Althausener See in grösserer Menge eine Form mit lanzettlichen, unterhalb weissfilzigen Blättern. — *Origanum vulgare* L. am nördlichen Abhange eines Hügels westlich von Culm, Schlucht vor Althausen. — *Clinopodium vulgare* L. häufiger in einer Schlucht hinter der Parowe, vor dem Wapczer Walde und längs der Heide an einer buschigen Quelle. — *Stachys palustris* L. wächst auch auf Aeckern, namentlich mit Kartoffeln bestellten, in der Fischerei. *St. annua* L. auf Stoppelfeldern zwischen Fischerei und Althausener See! ziemlich häufig. — *Ballote nigra* L., ein Exemplar mit weisser Blüthe an der Hecke des Gartens von Gross-Uszcz. — *Teucrium Scordium* L., Wiesen an der Trinke oberhalb des Uebergangs nach der Kämpe! besonders an einem kleinen Teiche, an Gräben auf den Wiesen zwischen Fribbemündung und Althausener See!

Anagallis arvensis L., Herzberg'sche Aecker in der Fischerei zahlreich, noch häufiger am See in Grenz.

Albersia Blitum Kth., zu meiner Zeit noch ziemlich häufig, von R. nur auf Gartenland vor dem Wasserthor gefunden, *Amarantus retroflexus* L. dagegen überall. Das sieht wirklich so aus, als wäre die erstere der letzteren im Kampfe um's Dasein gewichen?

Polygonum dumetorum L. im Gebüsch der Parowe und in der ersten Schlucht hinter derselben, im Gebüsch am Wege zum Althausener See.

Stratiotes aloides L. in einem Graben der ersten Wiese auf der Höhe am Wege, der der Eisengiesserei gegenüber nach der Niederung führt.

Potamogeton pusillus L. im Teiche vor dem Uebergange zur Nonnenkämpe rechts.

Sparganium ramosum Huds., Teich vor dem Schützengarten, gemein in den Gräben bei Klammer. *Sp. simplex* Huds. an einem Teiche links vom Wege nach der Nonnenkämpe.

Allium fallax Schult., Wapczer Wald am Wege nach Zacki-Mühle auf Sand!, hinter der Mühle auf den Höhen. Herr R. bemerkt dazu: „der Stengel dieser Pflanze ist zweischneidig, und so verschieden von dem des *Allium fallax* hinter dem Schützenhause an Teichen, dessen Stengel ganz deutlich viereckig im Durchschnitt quadratisch ist." Ich wurde dadurch veranlasst, mir ein von dem letzteren aufbewahrtes Exemplar noch einmal anzusehen und fand Rehdans' Angabe in Beziehung auf die obere Hälfte des Stengels bestätigt. Das Exemplar ist viel kräftiger entwickelt als das Wapczer und andere von anderen Orten (74 cm. hoch gegen 35 cm. bei den typischen), die Dolde ist noch einmal so gross (4,5 cm. im Durchmesser gegen 2,5 bei den typischen', der Stengel mehr als doppelt so dick (4,5 mm. gegen 2 mm.) Auch darf nicht verschwiegen werden, dass nur die Staubbeutel das Perigon überragen, während bei dem typischen *A. fallax* auch die Staubfäden sich ein gutes Stück darüber erheben. Dagegen sind die Blätter kaum breiter, und der Mittelnerv zeichnet sich vor den übrigen in keiner Weise aus. Daher scheint das Exemplar, ohne seine Charaktere wesentlich zu ändern, seine Abweichung dem nassen Standort zu verdanken, der sonst nur dem *A. acutangulum* Schrad. besagt. Eine Annäherung an dieses, das ich bei der Auffindung jenes schon vom Mittelrhein kannte, und von dem ich es sofort als verschieden erkannte, ist indessen nicht zu leugnen. Auch Herr Scharlok hat geglaubt, Exemplare aus der Umgegend von Graudenz von feuchten Standorten dem *A. acutangulum*, solche von trockenen Orten dem *A. fallax* zuweisen zu müssen, und das Vorkommen der ersteren in Westpreussen ist durchaus nicht unwahrscheinlich, da es Ascherson an einigen Stellen des Odergebiets anführt. Ich halte mich jedoch zunächst an v. Klinggräff, der in West- und Ostpreussen nur *A. fallax* kennt, das hier die Nähe der Flüsse, besonders der Weichsel liebt, will aber nicht bestreiten, dass es vielleicht richtiger wäre, es dem *A. acutangulum* als Abart unterzuordnen, wie es schon Doell (Rhein. Flora) gethan, welcher wie Rehdans bei dem erstern den Schaft als „nicht selten zweikantig" bezeichnet.

Scirpus radicans Schk. (im vorigen Nachtrage ohne Abgabe des Fundorts), am Trinkeuter im Erlengebüsch bei Dolken. — *Carex Pseudo-Cyperus L.* am Bach in der Uszczer Schlucht, an einem Graben hinter Kollenken, Sumpt vor Grubno, Graben hinter Klammer.

Festuca gigantea Vill. in der Parowe auch in der Hauptform.

Von den im vorigen Nachtrag ohne Beleg angeführten Arten hat Herr Rehdans ausser den oben durch ! angedeuteten, von einer andern Stelle gesammelten Exemplaren von *Myriophyllum verticillatum L.* und *Erythraea Centaurium Pers.* noch Exemplare von *Myosurus minimus L.*, *Lathyrus paluster L.* (in beiden Formen) und *Potamogeton perfoliatus L.* hinzugefügt. Ausserdem enthielt das Pack ein Exemplar von *Peucedanum Cercaria Cuss.* von der bekannten Stelle der Parowe und ein zweites Exemplar der *Plat mthera chlorantha Cuss.* von dem im vorigen Bericht angegebenen Orte.

*   *   *

Zum Abschiede von der Flora von Culm, deren Erforschung nach dem Abgange des Herrn Dr. Rehdans abermals in Ruhestand getreten ist, habe ich eine Zählung der daselbst bis jetzt aufgefundenen Arten von Blüthenpflanzen vorgenommen und das gesammte betreffende Material einer Revision unterzogen, aus der sich Folgendes ergeben hat.

Die Zahl der bis jetzt bekannten Culmer phanerogamischen Spezies beträgt 783 nebst 45 fremden (gebauten, im Freien angepflanzten, vorübergehend verwilderten und hospitirenden). Darunter sind 618 einheimische und 38 fremde Dicotyleen, 162 einheimische, 7 fremde Monocotyleen und 3 Gymnospermen. Hinzugerechnet ist *Eriophorum latifolium Hoppe* mit dem Fundort: eine Schlucht der Parowe, sowie als fremde (gebaute) *Origanum Majorana L.* und *Satureja hortensis L.*, die ich bei der Zusammenstellung meiner „Uebersicht" in den Notizen über das Schubart'sche Herbar übersehen habe. In diesen Notizen finde ich übrigens noch ein *Lithospermum arvense L. var. flor. caeruleo-violaceis confertis majoribus* aus dem Fribbethal bei den Terrassen des Cadettenhauses. Es ist anzunehmen, dass zu den dort angebauten Culturgewächsen auch *Beta vulgaris L*, *Spinacea oleracea L.* und vielleicht noch einige andere gehören, die aber nicht mit aufgenommen sind, weil eine Notiz darüber fehlt. Dagegen ist aus der Liste gestrichen: *Senecio au.*

rantiacus DC., der, nachdem er nach Versicherung des Herrn Dr. Schubart vor 1860 Jahre lang an einer Stelle der „Höhe am Waldrand der Parowe" geblüht hat, und von dem ich ein Exemplar in dessen Herbar untersuchte, später weder von ihm, noch von mir oder Anderen wieder gefunden worden ist; ferner *Juncus silvaticus Reich.*, weil v. Klinggräff, dem doch wohl als Erwerber des v. Nowitzki'schen Herbars Exemplare der nach Angabe Nowitzki's „zwischen Battlewo und Kamlarken ziemlich häufig" wachsenden Binse vorgelegen haben, in seinem letzten Nachtrage das Vorkommen dieser Art, mit welcher mitunter Formen verwandter Arten, namentlich des vielgestaltigen *J. articulatus* L. verwechselt worden sind, bezweifelt. Es ist sehr möglich, dass auch noch einige andere nach den Angaben Nowitzki's und nach Schubart's Herbar aufgenommene, später nicht wieder beobachtete Arten in der Flora von Culm nicht mehr existiren. Es gilt dieses z. B. von *Ledum palustre* L. und *Andromeda polifolia* L., welche von Schubart in einem Sumpfe bei Zalesie und in einem Sumpfe bei Grubno, von *Utricularia vulgaris* L. und *Carex caespitosa* L., welche von demselben an dem letzteren Orte gesammelt worden, aber mit der Ausrottung dieser Sümpfe verschwunden sind. Für *Isopyrum thalictroides* L. und *Cimicifuga foetida* L., welche Menge in dem jetzt stark ausgeholzten Lunauer Walde gefunden haben will, fehlen mir noch immer Beläge. Die von Nowitzki besuchten Sümpfe von Gzyn (2½ Meilen südlich von C.), welche für die Flora von Culm werthvolle Beiträge wie *Betula nana* L., *Vicia dumetorum* L., *Ervum pisiforme Peterm.*, *Ajuga pyramidalis* L., *Corallorrhiza innata* R. Br., *Carex filiformis* L. u. s. geliefert haben, scheinen seitdem (1839 und 55) von keinem Botaniker besucht worden zu sein.

Es sind dies Ungewissheiten, an denen am Ende jede Lokalflora leidet, die nicht den seltenen Vorzug geniesst, fortwährend nach allen Richtungen von Botanikern durchstreift zu werden, die nicht bloss achten auf das, was da ist, ondern auch auf das, was nicht mehr da ist. Anders steht es um die Frage, in wie weit die Blüthen-Flora von Culm als erschöpfend erforscht betrachtet werden kann. Bedenkt man, dass Herr Rehdans in einem Zeitraum von kaum mehr als einem Jahr 60 Arten (darunter 53 einheimische oder als eingebürgert anzusehende) entdeckt hat, die früher dort unbekannt waren, so lässt sich annehmen, dass einige Jahre weiterer Durchwanderung einem Forscher, abgesehen von neuen Fundorten, noch eine mindestens gleiche Anzahl relativ neuer Arten zuführen würden, zumal wenn er seine Aufmerksamkeit zugleich auf die noch im zweimaligen Umkreise von Culm gelegenen Grenzstriche richtete, die bisher von Botaniker fast gar nicht betreten worden sind. Allzuviel darf man allerdings von diesen Grenzstrichen nicht erwarten; denn der nordwestliche, welcher auf dem linken Weichsalufer bis Unter-Supponin, Niewiesczyn, Prust, Bukowiec, Biechowko, Oslowo, Kl. Zappeln und Sartowitz reicht, besteht grösstentheils aus ödem Sandboden und Kiefernwald, während der südwestliche bis Pniewitten, Niemczyg, Falenczyn, Gr. Trzebscz und Stablewitz reichende so sehr von fruchtreichen Getreidefeldern eingenommen wird, dass der ursprünglichen Vegetation nur wenige Zufluchtsstätten übrig gelassen sind. Doch gewinnt die eben ausgesprochene Vermuthung, dass die Culmer Flora immer noch ein ergiebiges Feld der Beobachtung darbiete, an Wahrscheinlichkeit, wenn man erwägt, dass in den Weichselgegenden sonst so verbreitete Pflanzen wie *Epilobium angustifolium* L., *roseum* Retz., und *palustre* L., *Alectorolophus minor* Wimm. und Grab., *Veronica agrestis* L. und *opaca* Fr., *Aira flexuosa* L., *Holcus mollis* L. und *Sieglingia decumbens Bernh.*. für Culm noch gar nicht verzeichnet werden konnten, und dass für manche aller Wahrscheinlichkeit nach weit verbreitete Arten erst ein oder wenige Fundorte bekannt sind. v. Klinggräff (s. die Vegetationsverhältnisse der Provinz Preussen S. 55) nennt als die am besten erforschten Lokalfloren die von Danzig mit 944, von Thorn mit 902, von Marienwerder mit 895 Arten von Samenpflanzen. Wenn man berücksichtigt, dass bei diesen Zahlen ein Radius von 3 Meilen angenommen ist, während das erforschte Culmer Gebiet sich nur nach Süden und Nordosten hin auf 2—2½ Meilen erstreckt, nach Nordost und Südost dagegen selten 1 Meile überschreitet, dass ferner v. Kl. unter Zugrundelegung von Koch's Synopsis viele Formen mitgezählt hat, welche Garcke, dem ich mit wenigen Ausnahmen gefolgt bin, jetzt als Varietäten betrachtet, so ist einzuräumen, dass die Kenntniss der Culmer Flora der der besterforschten wenigstens nahesteht.

Nun noch einige kritische Bemerkungen. Die in meiner „Uebersicht" unter dem Namen *Corydalis solida* Sm., bezeichneten merkwürdigen Mittelformen aus dem Lunauer Wald bei Elisenthal und vom nördlichen Abhang und Fusse des Lorenzberges habe ich einer erneuten Untersuchung unterworfen, namentlich mit Rücksicht auf zwei Merkmale, welche ich zur Zeit der Einsammlung unbeachtet gelassen hatte. Schon nach Koch's Synopsis zeichnet sich *C. solida* vor den verwandten dadurch aus, dass der Griffel zur Blüthezeit sich am Grunde unter rechtem Winkel abwärts krümmt und dann erst aufsteigt; das ist bei meinen Exemplaren nicht der Fall, der Griffel steigt von der Spitze des Fruchtknotens gerade oder in einem leichten Bogen aufwärts. Ferner macht Garcke in den neuern Auflagen seiner Flora (schon in der 6., aber noch nicht in der damals von mir benutzten 4.) darauf aufmerksam, dass bei *C. intermedia* P. M. E. der Kielflügel an den innern Blumenblättern über die Spitze derselben vorgezogen ist, während er bei *C. pumila Rchb.* in einem runden Bogen nur bis zur Spitze des Blumenblattes reicht; an den fraglichen Exemplaren liess sich die vorspringende Spitze mehr oder weniger deutlich erkennen, so dass sie zu *C. pumila* nicht gehören, von dem sie sich übrigens durch die Blumenfarbe und nach Reichenbach auch durch die lanzettliche (bei *pumila* ovale) Kapsel unterscheiden. Hiernach scheint es mir jetzt richtiger, diese Formen als *C. intermedia* P. M. E. anzusehen, die es in Folge des üppigen Wuchses statt auf 2—5, auf 5—10, ja am Lorenzberg gewöhnlich auf 10—20 Blüthen gebracht hat, die indessen bei der Fruchtreife dem Artcharakter angemessen immer gedrungen bleiben und überhängen. Dem üppigen Wuchse sind auch wohl die längeren Kapselstiele, die wenigstens die Hälfte der Früchte erreichen, und die ebenso häufig abgestutzten und dann mit 1, 2—4 oft bis zur Mitte eindringenden Kerben versehenen, als abgerundeten und ganzrandigen Deckblätter zuzuschreiben, wodurch freilich die Grenzen der Art mit den beiden andern sich verwischen.

Nachdem Garcke den *Rubus corylifolius* Sm. aus der neuesten (13.) Auflage seiner Flora zurückgezogen hat, ist es schwer zu sagen, ob mein so benannter Rubus aus dem Weidengebüsch an der Trinke und am linken Weichselufer zu

R. nemorosus Hayne oder zu *R. caesius* L. zu ziehen ist, zumal da meine früher gesammelten Exemplare verschwunden, und es mir noch nicht möglich gewesen ist. neue Untersuchungen an Ort und Stelle vorzunehmen. Der frühere Garcke'sche *R. corylifolius* von Dassow und Usedom scheint in *R. nemorosus var. Wahlbergii Arrhen.* aufgegangen zu sein. Von diesem unterscheidet sich jedoch der Culmer durch die kleinen, stets geraden Stacheln an dem kahlen und drüsenlosen Schössling, die lockere Rispe und die gebräunten Griffel. v. Klinggräff erklärte ihn, doch eher den *R. nemorosus Hayne* genau kannte, für die in Gebüschen wachsende Form von *R. caesius*. Freilich hat er in seiner Flora die Beschreibung des letzteren so weit gemacht, dass unsere Form eher darin Platz findet, besonders wenn man berücksichtigt, dass sie sehr spät, am 26. September und 7. October gesammelt ist. Doch wenn man den leichten meist verwischten Reif auf dem Schössling, den schwachen Reif auf den Beeren auch dem Alter, den viel kräftigeren Wuchs der Umgebung zu Gute halten wollte, so müsste die Diagnose von *R. caesius*, um die Culmer Form in sich aufnehmen zu können, immer noch ihren, von Garcke freilich übergangenen Hauptcharakter aufgeben; denn der Kelch ist an derselben nach der Blüthe aufrecht, an der grossen, kugeligen, vielbeerigen Frucht dagegen zurückgeschlagen. Uebrigens habe ich an Ort und Stelle noch eine Verschiedenheit insoweit gefunden, als einige Exemplare mehr grau, andere mehr grün waren; an der letzteren war der Wuchs etwas schlanker, die Blätter und Blättchen waren länger gestielt, das Endblättchen hatte eine dreieckige Spitze und der Kelch war reicher mit Drüsenborsten besetzt.

Die *Pulmonaria angustifolia* meiner Uebersicht und v. Klinggräff's Flora gilt jetzt ziemlich allgemein für einen Bastard, *P. angustifolia-officinalis Krause*. Selbst von Kl. hat in seinem letzten Nachtrage geglaubt, dieser Ansicht beitreten zu müssen, doch nicht ohne das Bedenken auszusprechen, dass in ihrer Nähe nur *P. officinalis* wächst. Ich stehe in dieser Beziehung, abgesehen von den Namen, noch auf dem Standpunkte, den ich in dem Berichte des preuss. bot. Vereins von 1866 S. 215 f. dargelegt habe. Zwar habe ich geile Exemplare gesehen und an den angeführten Orten beschrieben, welche mit ihren verkümmerten Befruchtungsorganen und zwischen den Merkmalen von *P. officinalis* und *azurea* schwankenden Formen den Charakter von Bastarden zeigten, auch an einem Orte gewachsen waren, wo eine Vermischung der gleichfalls anwesenden Eltern recht gut möglich war. Diese Abnormitäten sind jedoch nicht zu verwechseln mit der typischen Art, die sich von den genannten Verwandten durch Blattform, Tracht und Beharung bestimmt unterscheidet. Ob diese Art mit der mittelrheinischen, süddeutschen und österreichischen *P. tuberosa Schr.*, welche Koch nach Ascherson mit *P. angustifolia* L., synonym *P. azurea Bess.*, verwechselt hat, identisch ist, ist noch eine offene Frage, die aber meiner Ansicht nach bei genauer Vergleichung sehr wahrscheinlich mit ja beantwortet werden wird. Als ich die erstere bei Culm zuerst sah, erschien sie mir mit der einige Jahre früher bei Wiesbaden als *P. angustifolia Koch* gesammelten, noch in lebhafter Erinnerung vorschwebenden Pflanze (eine unmittelbare Vergleichung ist mir bis heute noch nicht möglich gewesen) so übereinstimmend, dass mir an der spezifischen Zusammengehörigkeit beider nicht der leiseste Zweifel beikam. Die einzige Schwierigkeit bildet die von Koch seiner *angustifolia* zugeschriebene Behaarung des Schlundes unter dem bärtigen Ringe, welche der *P. azurea* fehlt. v. Klinggräff schreibt diesen Unterschied auch für die preussischen Pflanzen Koch nach, während Ascherson dem Bastard *P. officinalis-angustifolia*, wozu er auch die Klinggräff'sche *P. angustifolia* zu rechnen scheint, die behaarte Kronröhre ganz abspricht und darin den einzigen wesentlichen Unterschied von der *P. tuberosa* findet. Was zunächst die letztere betrifft, so habe ich mir zu der Wiesbadener Pflanze, welche gewiss dieselbe ist, welche das ganze Rheingebiet bis Bacharach hinab, wo *P. officinalis* L. höchst selten ist, beherrscht, „5 Haarbüschel unter dem bärtigen Kreise im Schlunde der Blumenkrone" notirt. Wirtgen findet die Behaarung der Kronröhre „verschieden, mehr oder weniger erkennbar, bald ganz verschwunden." An allen wirklichen geilen und unfruchtbaren Bastarden *P. officinalis-angustifolia*, die ich von Culm und andern Orten untersuchte, war die Kronröhre übereinstimmend mit Ascherson's Angabe ganz kahl. Auch habe ich in der Kronröhre der ächten *P. angustifolia Klinggr. Fl.* manchmal keine Haare finden können. Doch scheint mir die schon 1866 (a. a. O.) mitgetheilte Beobachtung sehr bemerkenswerth, dass in den vorzugsweise weiblichen Blüthen von den im Grunde der Röhre befestigten kurzen Staubfäden 5 Haarstreifen bis zum Schlunde hinaufliefen, während in mehr männlichen Blüthen, wo die Staubfäden höher hinauf den Nerven angewachsen waren und ihre Beutel bis zum Schlunde erhoben, die Haare fehlten. Dadurch erklärt sich vielleicht die Unbestimmtheit dieses Merkmals auch bei der rheinischen *P. tuberosa*, und es würde damit der wahrscheinlich einzige Unterschied dieser von unserer preussischen Art verschwinden. — Ich hatte diese Bemerkungen bereits niedergeschrieben, als mir die neueste (13.) Auflage von Garcke's Flora in die Hände kam. Hier ist der rheinischen Art zu meiner Befriedigung der richtige Name *P. tuberosa Schrank* beigelegt. Es verdient diese neue Anordnung und Diagnostizirung der Pulmonaria-Arten, wodurch auf Grund einer Arbeit von Kerner der hier so lange herrschenden Verwirrung ein Ende gemacht ist, die grösste Aufmerksamkeit auch der westpreussischen Botaniker. Dieses Hülfsmittel in der Hand, wird es viel leichter sein, die letzten Zweifel über die Identität der heimischen, so lange als Bastard, möchte ich sagen, verschrieenen Art mit der *P. tuberosa* zu beseitigen. Auf die Form und Behaarung der Sommerblätter, die, wie ich mich eben an Culmer Exemplaren überzeugt, (soweit dies im getrockneten Zustande, wo die Stieldrüsen schwer zu erkennen, möglich ist), ganz der Beschreibung von *tuberosa* entsprechen, während sie an dem Bastard viel schmäler (lanzettförmig) und langstieliger sind, ist mehr als bisher Rücksicht zu nehmen. Interessant wäre auch zu wissen, ob die von Reichenbach, Godron und Wirtgen angeführten Merkmale: Wurzel knotig, Wurzelfasern verdickt, Nüsse abstehend behaart, so breit wie lang, sich bewähren. An der angegebenen Verbreitung „vorzugsweise im westlichen Gebiete" braucht man nicht Anstoss zu nehmen, kommt sie ja doch auch in Oesterreich und Ungarn vor, und wie viele Pflanzen hat nicht die grosse Wanderstrasse der Weichsel, durch welche unsere Flora mit der dortigen in Verbindung steht, zu uns herüber gebracht. Vielleicht ist auch die a. a. O. zum ersten Male in die deutsche Flora als „in schattigen Laubwäldern, zerstreut" aufgenommene *P. obscura Dumort.*, welche sich enger an *P. officinalis* L. anschliesst und sich durch ungefleckte Blätter und längere und länger gestielte, zugespitzte Grundblätter von dieser unterscheidet, in unserer Provinz zu finden. Nach dem, was v. Klinggräff über die Flecken an den Blättern der *P. officinalis* sagt, sollte man meinen, dass sie häufiger ist als diese.

Die in meiner „Uebersicht" mit *Salsola Tragus* L. bezeichnete Abänderung gehört nach einem eingelegten Exemplare zu *var. tenuifolia Moq. Tand.*, welche an der Weichsel wie auf den umliegenden Sandflächen und Aeckern, auch im untern Fribbethal eben so häufig ist, als die kurz-, dick- und steifblättrige und sperrig-ästige Form, welche v. Kl. ausschliesslich an den See- und Haffufern wachsen lässt. Den häutig-knorpeligen Anhang auf dem Rücken der Perigonzipfel, wonach Koch, dem ich in der „Uebersicht" gefolgt bin, seine Varietäten bildet, scheint auch mir sehr veränderlich und ohne Beziehung zu den gedachten habituell gut geschiedenen Formen.

v. Klinggräff hat der *Epipactis microphylla* Sw. in seinem zweiten Nachtrag den in dem ersten in Frage gestellten Platz in unserer Flora ganz verweigert, obwohl er nach Ansicht der ihm aus dem Plutower Wäldchen bei Culm zugesandten Exemplare schrieb, er habe sie nie so ausgezeichnet gesehen. Ich habe sie in meinem Herbar wieder angesehen: es sind schmächtige, meistens 20—30 selten bis 50 cm. hohe Pflänzchen mit elliptisch-lanzettförmigen Blättern, die kürzer sind als die Stengelglieder, und (nach meinen Notizen) grünlichen, an der kurz- und breitherzförmigen Lippe röthlichen Blüthen, und hat allerdings mit der Klinggräff'schen *var. brevifolia*, die ich im vorigen Sommer zwischen Münsterwalde und Kleinkrug gesammelt, nichts gemein. Die letztere ist nämlich eine hoch und robust gewachsene *E. latifolia* L. *var. viridans* Crtz., deren untere und mittlere Blätter fast kreisrund-eiförmig sind und die Länge der zugehörigen Internodien nicht oder kaum erreichen, Blüthenhüllblätter grün, die inneren röthlich überlaufen, Höcker etwas gefurcht. Möglich wäre dagegen eine Uebereinstimmung meiner *E. microphylla* mit den im ersten Nachtrag zur Klinggräff'schen Flora (S. 79) erwähnten Exemplaren von Dambitzen und Kadienen bei Elbing, mit denen ich sie leider noch nicht zu vergleichen Gelegenheit hatte. Ueber ihre Identität mit der wahren *E. microphylla* Sw. aus Westdeutschland wage ich noch kein Urtheil.

H. Wacker.

Die Ichneumoniden
der Provinzen West- und Ostpreussen.

Neu bearbeitet von **C. G. A. Brischke**, Hauptlehrer a. D. in Zoppot.

I. Fortsetzung.

~~~~~~~~~~

III. Pimplariae.

(Nach Gravenhorst: Ichneumonologia Europaea 1829, Ratzeburg: Die Ichneumonen der Forstinsecten, Holmgren: Monographia Pimplariarum Sueciae 1860, Förster: Synopsis der Familien und Gattungen der Ichneumonen 1868, Tscheek: Beiträge zur Kenntniss der österreichischen Pimplarien (aus den Verhandlungen der k. k. zoologisch-botanischen Gesellschaft in Wien, 1868), Woldstedt: Beitrag zur Kenntniss der um St. Petersburg vorkommenden Ichneumoniden 1877 (Melanges Biologiques tirés du Bulletin de l'Academie imperiale des sciences de St. Petersbourg. Tome IX.)

Genus Coleocentrus Gr.

C. excitator Puda (Macrus longiventris Gr. ♀?) ♀. Königsberg. Was Holmgren als gelb bezeichnet, ist rothgelb oder roth.

C. caligatus Gr. ♀. Neustadt. Der Endrand des Clypeus ist in der Mitte nicht vorgezogen, auch hier ist das Gelb in Roth übergegangen.

C. croceicornis Gr.? (Macrus Gr.) ♀. Gesicht und Fühlerschaft schwarz, Fühlergeissel braunroth, Beine ganz roth, Abdomen schwarz, Segmente 1—4 vor dem Endrande jederseits mit rothem Querstreif. Thorax und Abdomen glänzend, jener grob punktirt, Segment 1 mit flacher, abgekürzter Längsrinne, runzlig punktirt; vorletztes Glied der Hintertarsen kaum halb so lang wie das letzte, nervus transversus analis weit über der Mitte gebrochen, Terebra kaum so lang wie Abdomen.

Genus Acoenites Gr.

A. arator Gr. ♂♀. Aus Raupen der Sesia formicaeformis erzogen.

A. dubitator Gr. ♂♀. Die Hintertibien der ♀ zuweilen ganz roth. — Var. Gr. ♂. Hintertibien mit rother Basis. Metathorax, wie auch bei der Stammart, ohne Felder.

Genus **Rhyssa** Gr.

Rh. persuasoria L. ♂ ♀. An einer kranken Kiefer schwärmend, in welcher Sirex juvencus lebte. Hinterschildchen immer gelbweiss. Ein ♀ aus Königsberg hat Metathorax und Abdomen rothbraun. — Var. 1 Gr. ♂. Alle Coxen roth. — Var. 2 Gr. ♂. Schildchen und Hinterschildchen schwarz, die Tibien kürzer und weniger gekrümmt wie bei der Stammart.

Genus **Thalessa** Hlmgr.

Th. curvipes Gr. ♂ ♀. Stimmt nicht ganz mit Holmgren's Beschreibung überein. Die Fühler nach der Spitze zu nur sehr wenig verdickt, Terebra nicht länger als der Körper, der nervus transv. analis ist nicht gebrochen, sondern sendet den Längsnerv von der Spitze aus, das Stigma ist scherbengelb, die Hintertibien des ♂ sind an der Basis gekrümmt. Die Färbung wie bei Rhyssa obliterata Gr. ♀, aber Palpen und Gesicht gelbweiss, Wangen rothgelb, Fühler roth, oben dunkler, Glied 1 oben schwarz, die Leisten vom Schildchen und Hinterschildchen bis zu den Flügeln gelb, Metathorax oben braunroth gefleckt. Hintertibien nach der Spitze und die Hintertarsen schwach bräunlich.

Genus **Ephialtes** Gr.

E. manifestator Gr. (E. imperator und rex Kriechbaumer.) ♂ ♀. Die ♂ sind noch zu wenig bekannt, um diese Art in zwei zu trennen. Die ♀ kommen mit braungelbem und schwarzbraunem Stigma vor, letzteres hat dann eine helle Basis, die Hintertibien mit gelblicher Basis. Aus Raupen der Sesia spheciformis erzogen. Cocon lang, dünnhäutig, gelbbräunlich.

E. tuberculatus Fourcr. ♂ ♀. Aus Raupen der Sesia formicae, = hylaei = und spheciformis erzogen. Bei den ♀ sind die Vordertibien aussen mit kurzen Dörnchen besetzt. Beine oft ganz roth, Basis der Hintertibien gelb. Ein kleines ♂ hat ein helles Stigma; ein ♀ mit hinten nicht verengtem Kopfe hat ein schwarzbraunes Stigma und die Spitze der Hinterschenkel und die Hintertibien schwarz. (Wohl eigene Arten). — Var. m. ♂. Mittelbrust ganz rothgelb.

E. cephalotes Hlmg. ? ♀. Palpen, Flügelwurzel und Schüppchen schwarzbraun, Stigma und die Tibien der Hinterbeine schwarz, Vordertibien aussen mit kurzen Spitzen besetzt, Terebra etwa körperlang.

E. carbonarius Christ (gracilis Zett.) ♂ ♀. — Var. Hlmgr. ♂ ♀. Bei den ♂ ist das erste Fühlerglied ganz schwarz, bei den ♀ nur ein Punkt vor den Flügeln rothgelb.

E. tenuiventris Hlmgr. (geniculatus m.) ♂ ♀. Ein kleines ♂ hat die Fühler unten ganz rothgelb, oben rothbraun. — Var. m. ♂. (pectoralis m.) Mittelbrust ganz roth. Aus Retinia resinana erzogen.

E. gracilis Schrank. ♂. Auch Glied 2 der Fühler unten gelb, die Spitzen der Hinterschenkel sehr schmal braun.

E. inanis Schrank. ♂ ♀. Aus einem Nematus-Cocon, aus Retinia resinana und Tachyptilia populella erzogen. Area superomedia vertieft, nervus transv. analis in der Mitte gebrochen. Das ♀, welches ich zu dieser Art ziehe, ist 9 mm. lang, Metathorax weniger glänzend mit flacher Mittelrinne, Beine lang und dünn, Vorderschenkel nicht ausgebissen, Vordertibien gekrümmt, Abdomen schmal, grob punktirt, auf den Segmenten 2—5 jederseits eine wenig erhöhte Beule, Hinterränder glänzend, Segmente 1—3 länger als breit, Segment 1 länger als die Hintercoxen; etwa noch einmal so lang wie breit, Terebra etwas länger als der Körper. Fühler ganz schwarz, Stigma heller als beim ♂, Beine roth, Hintertibien vor der Basis und an der Spitze bräunlich, Hintertarsen braun, Abdomen dunkel rothbraun, Hinterränder der Segmente schwarz, der Stachel gelb mit schwarzen Klappen. — Var. 1 m. ♂. Vordere Coxen und bei einem ♂ auch die Hinterschenkel schwarz. — Var. 2 m. ♂. 4 mm. lang, Vorderschenkel unmerklich ausgebuchtet, Vordertibien gekrümmt, nervus transv. analis nicht gebrochen. Fühler, Coxen und Hinterschenkel schwarz, Hintertibien mit schwarzem Ringe vor der Basis und schwarzer Spitze, Hintertarsen ebenfalls schwarz mit heller Basis. (Eigene Art?)

E. continuus Rtzbg. ♂ ♀. Aus Saperda populnea und Sesia formicae = formis erzogen. Vordertibien gekrümmt, nervus transv. analis über der Mitte gebrochen, area superomedia beim ♂ vertieft, beim ♀ flach und glänzend, Beine dünner und mehr gelbroth als bei E. manifestator.

E. discolor m. ♂ ♀. Niger; palpis, articulo primo antennarum subtus (in ♂), macula ante alas, radice et squamula alarum flavis, stigmate pallido, pedibus rufis, in ♂: anterioribus et trochanteribus posticis flavis, tibiis et tarsis posticis fuscis, illis basi et medio flavis, abdomine brunneo.

6—8 mm. lang, glänzend, Gesicht und Clypeus kurz behaart, Metathorax beim ♂ punktirt, Segment 1 nicht länger als die Hintercoxen, Abdomen ohne Glanz, runzlig punktirt, Segmente 3—5 beim ♀ fast quadratisch, ohne deutliche Beulen, Terebra länger als der Körper; beim ♂ sind die Segmente länger, die Hinterränder bei ♂ und ♀ glänzend und gerunzelt; Vordertibien gerade, Glied 5 der Hintertarsen beim ♂ etwas länger, beim ♀ doppelt so lang als Glied 4, nervus transv. analis in oder wenig über der Mitte gebrochen.

Schwarz; Palpen weisslich, Glied 1 der Fühler beim ♂ unten gelb; Strich vor den Flügeln, Wurzel und Schüppchen gelb, Flügel klar mit gelblichem Geäder und hellbräunlichem Stigma. Beim ♂ sind die vorderen Beine, die Hintertrochanteren und Hintertibien gelb, diese aussen mit brauner Spitze und Fleck vor der Basis, Hintercoxen und Hinterschenkel rothgelb, Hintertarsen braun mit gelber Basis; beim ♀ sind die Beine rothgelb; Abdomen rothbraun mit schwarzen Hinterrändern der Segmente, Terebra gelb mit schwarzen Klappen.

Aus Lindenstöcken mit Dasytes coerulea und Exenterus baltentus erzogen.

Genus Perithous Hlmgr.

P. mediator Fbr. (Ephialtes Gr.) ♂ ♀.

P. varius Gr. (Ephialtes Gr.) ♂ ♀. Beide Arten stimmen mit Gravenhorst's Beschreibung überein.

Genus Theronia Hlmgr.

Th. flavicans Fbr. (Pimpla Gr.) ♂ ♀. Aus Puppen von Eurycreon verticalis, Pionea forficalis, Gastropacha neustria und Abraxas grossulariata erzogen.

Neben den Raupen des letztgenannten Spanners waren die Cocons der Limneri tricolor an die Weidenzweige geklebt und aus diesen kamen, neben der Limneria auch ♂ urd ♀ der Th. flavicans heraus; also Schmarotzer—Schmarotzer. Einige ♀ nur 6 mm. lang.

Genus Pimpla Fbr.

P. instigator Fbr. ♂ ♀. Aus Gastropacha neustria, Lasiocampa pini (♀ bis 20 mm. lang), Porthesia chrysorrhoea, Orgyia antiqua, Psyche viciella, Scoliopteryx libatrix, Phalera bucephala, Aporia crataegi und Nematus perspicillaris erzogen. Die ♂ oft mit hellem Stigma, bei den ♀ oft Glied 1 der Hintertarsen roth. — Var. Gr. ♂.

P. viduata Gr. ♂ ♀. Aus Psyche viciella, Sesia sphcciformis und einem Tortrix erzogen. Die ♀ sind wie die ♂ gefärbt, der Bohrer etwa halb so lang wie der Hinterleib, Hintertarsen roth mit braunen Gliederspitzen.

P. examinator Fbr. ♂ ♀. Aus Gastropacha neustria, G. trifolii, Porthesia chrysorrhoea, Cucullia argentea, Gnophria quadra, Abraxas grossulariata, Yponomeuta malinellus. Nephopteryx vacciniella und Anthonomus pomorum erzogen. — Var. 1 Gr. ♂. Coxen und Trochanteren der Vorderbeine, Spitze der Mitteltrochanteren, oft auch Glied 1 der Fühler unten und Strich vor den Flügeln gelb. Aus Yponomeuta padella und einer Pyralis erzogen. — Var. 1 m ♀. Alle Coxen und Trochanteren roth. — Var. 2 m. ♀. Hintertibien und Hintertarsen braunroth, jene mit gelbem Ringe. Aus Nephopterix vacciniella erzogen.

P. rufata Gmel. = flavolineata Hlmgr. (Apechthis Förster) ♂ ♀. Aus Puppen von Gastropacha neustria, Drepana falcula, Psyche viciella, Abraxas grossulariata, Nephopteryx vacciniella, aus Lophyrus-Cocons und aus einem Fliegentönnchen, das in einer Puppe von Lasiocampa pini steckte, erzogen. — Var. 1 Gr. ♂ ♀. Bei den ♀ sind die Hinterränder der Segmente schmal weissgelb, bei einem ♀ die Segmente 2—4 oben röthelnd. Aus Acidalia triliniaria erzogen. Ein ♂ hat an der Innenseite der Hintercoxen einen grossen schwarzen Fleck. — Var. m. ♂ ♀. Mesothorax ohne Glanz und ohne gelbe Striche, Coxen und hintere Trochanteren schwarz, letztere mit rothen Spitzen, Vordercoxen mit gelbem Fleck, Vordertrochanteren, vordere Tibien und Tarsen gelb, Hinterschenkel an der Spitze, Hintertibien (ausser einem weissen Mittelringe) und Hintertarsen schwarz, die ♂ bis 13 mm. lang. Aus Psilura monacha, Spilosoma Menthastri, Rhodocera Rhamni, Pieris Napi und Tortrix-Puppen erzogen.

P. varicornis Fbr. ♂ ♀ (Apechthis Frst). Aus Puppen von Aporia Crataegi und Eurycreon verticalis erzogen.

P. turionellae L. (Itoplectis Frst.) ♂ ♀. Erstes Fühlerglied fast immer schwarz, Hinterränder der Segmente oft ungefärbt. — Var. 1 Gr. ♂ ♀. Die Trochanteren roth, bei den ♀ nur die Vordercoxen braun. — Var. 2 Gr. ♀. — Var. 3 Gr. ♂.

P. spuria Gr. ♀. Area superomedia ein umleistet mit parallelen Seiten, Aculeus etwas länger als bei P. turionellae, vielleicht deren Var. 2 Gr.

P. scanica Villers. (Itoplectis Frst.) ♂ ♀. Hiezu gehört auch P. tricolor Rtzbg. (S. Ichneum: der Forstinsekten, B. III., S. 100, n. 32), die ich aus

Psyche nitidella, Tortrix laevigana, viridana und piceana erzog. (Ein ♂ hat die Hintercoxen roth). P. scanica erzog ich auch aus Earias clorana, Laverna epilobiella, Depressaria intermediella, aus einem Microgaster - Cocon an einer Tortrix-Raupe und aus einem Spinnenneste. Die Exemplare, welche ich sehr zahlreich aus den Puppen der Nephopteryx vacciniella erhielt, zeigten in der Färbung der Beine alle Uebergänge zu P. instigator, examinator, viduata, turionellae und alternans. — Var. Hlmgr. ♂♀. (alternans Gr.?) Bei den ♂ sind die vorderen Beine gewöhnlich ganz gelb, bei den ♀ alle Coxen und Trochanteren roth. — Var. 1 Gr. ♂. Auch aus Nephopt. vacciniella erzogen. Vordercoxen gelb, Hinterschenkel ganz schwarz, Segment 2 länger als breit. — Var. m. ♀. Aus Maden zwischen Birkenblättern erzogen. Das Flügelgeäder und das Stigma hell braungelb, Coxen roth mit schwarzer Basis.

P. alternans Gr. ♂♀. Aus Fenusa pumila und Abraxas grossulariata als Parasit der Limneria tricolor erzogen. — Var. Gr. ♂♀. Aus Lophyrus pini und Cidaria juniperata erzogen.

P. angens Gr. ♂♀. Der nervus transv. analis gewöhnlich in der Mitte gebrochen. — Var. m. ♀. Alle Coxen schwarz.

P. cicatricosa Rtzbg. ♂♀ (P. roborator Fbr.?). Der nervus transv. analis über der Mitte gebrochen, Terebra so lang wie der Körper. Färbung und Sculptur der ♀ wie bei den ♂. Aus Sesia formicae- und spheciformis erzogen.

P. Bernuthii Hrtg. ♂♀. Aus Puppen der Lasiocampa pini erzogen. Der nervus transv. analis über der Mitte gebrochen.

P. Mussii Hrtg. ♂♀. Der nerv. transv. analis über der Mitte gebrochen.

P. graminellae Schrank. Var. 3 und 4 Gr. sind eigene Art, ich nenne sie P. brunnea. Metathorax glänzend, area superomedia mit feinen Seitenleisten, Abdomen grob punktirt, Segmente 3—7 quer, ohne Beulen, Stigma braun mit heller Basis, nervus transv. analis fast in der Mitte gebrochen, Abdomen ganz braun. Bei Var. 4 ist auch der Metathorax braun. — 2 wohl zu diesen ♀ gehörende ♂ haben die Segmente 2—7 etwas länger als breit, die Coxen schwarz oder die vorderen mit rothen Spitzen.

P. detrita Hlmgr.? ♀. Nervus transv. analis unter der Mitte gebrochen. Aus Lipara lucens und Sesia formicaeformis erzogen.

P. stercorator Gr. (♂ = P. flavipes Gr.). Epiurus Frst. ♂♀. Aus Gastropacha neustria, Lasiocampa potatoria, Psilura monacha, Hylophila prasinana, Gnophria quadra, Tortrix laevgana uud Nephopteryx vacciniella erzogen. Das Cocon ist dünnhäutig, lang, hell gelbbraun, mehrere liegen z. B. in der Puppe der Gn. quadra, dicht neben einander. Ich erhielt aus einer Puppe über ein Dutzend ♂, aber kein ♀. Die ♀ bis 12 mm. lang. Var. 2 Gr. ♀.

P. didyma Gr. ♂♀. Bei den ♂ sind die Hintertibien und Hintertarsen gelbweiss, jene mit schwarzer Spitze. Die ♀ haben rothgelbe Hintertibien mit schwarzer Spitze und zuweilen mit braunem Schatten vor der Basis.

P. brevicornis Gr. (Epiurus Frst.) ♂♀. Nervus transv. analis in oder unter der Mitte gebrochen, der Längsnerv bald hell, bald dunkel, Hintertibien und Hintertarsen gelbweiss, jene an der Spitze, diese an der Spitze jedes Gliedes schwarz. — Var. 1 Hlmgr. ♀. Alle Coxen roth, auch die Mitteltibien an der

Spitze und vor der Basis schwarzbraun. — Var. 2 Hlmgr. ♂ ♀. Aus Selandria bipunctata erzogen. Beim ♂ ist das erste Fühlerglied unten gelb, das ♀ wie die Stammart. — Var. 3 Hlmgr. ♀. Aus Pissodes notatus und Retinia resinana erzogen. — Var. 4 Hlmgr. ♂. Aus Gelechia in Statice und Microgaster congestus erzogen. Alle Schenkel schwarz; vordere mit rothgelben Spitzen. — Var. 4 Gr.? ♂. 8 mm. l., aus Dioryctria abietella erzogen. Die Trochanteren gelb. — Var. m. ♀. Stigma gelbweiss mit dunklerem Kern, die Flügeladern auch hell, Hinterbeine roth, nur Basis der Trochanteren oben schwarz. Mit der Stammart aus Conchylis posterana aus Gymnaetron campanulae, Tortrix laevigana, Laverna in Apfelzweigen und Tischeria complanella erzogen.

P. calobata Gr. ♀. Metathorax glänzend, area superomedia hinten offen, seitlich gerandet, nervus transv. analis unter der Mitte gebrochen. Fühler unten nicht heller, die vorderen Tibien fast ganz roth. Bei einem ♀ ist das Abdomen schwarz, nur Segmente 4—6 seitlich rothbraun, Segment 7 fast ganz roth.

P. arundinator Fbr. ♀. Metathorax etwas länger als bei anderen Arten, area superomedia mit parallelen Leisten, Segmente 3—7 quer, nervus transv. analis etwas unter der Mitte gebrochen. Palpen roth, 1 ♀ hat nur die Spitzenhälfte von Segment 1 und Segment 2 roth, dieses mit breitem schwarzem Hinterrande. 2 ♀ mit ganz schwarzem Abdomen.

P. oculatoria Fbr. ♂♀. Aus Spinnennestern erzogen. Ein ♂ hat im rechten Flügel keine Areola. — Var. 1 Hlmgr. ♂♀. — Var. 2 Hlmgr. ♀.

P. ovivora Bohem. ♂♀. Der P. angens sehr ähnlich, die area superomedia immer mit parallelen Leisten. Die ♂ und ♀ haben gewöhnlich die Mittelbrust ganz oder theilweise und das Schildchen roth. Aus gelben, gestielten Spinnennestern an Haidekraut erzogen.

P. ornata Gr. ♂♀. Aus Gastropacha neustria erzogen. Metathorax grob punktirt, area superomedia etwas vertieft, hinten offen, seitlich schwach gerandet, nervus transv. analis über der Mitte gebrochen. ♂ und ♀ gleich gefärbt. — Var. m. ♂♀. Thorax ganz schwarz, bei den ♂ die Hintercoxen innen mit schwarzer Basalhälfte.

P. pictipes Gr. ♂. Metathorax punktirt, glänzend, area superomedia undeutlich, area posteromedia glatt und glänzend, nervus transv. analis unter der Mitte gebrochen, die Leisten des ersten Segmentes bis zum Hinterrande reichend. Auch der Clypeus gelb.

P. mandibularis Gr. ♂♀. Kopf hinter den Augen schmaler, die Metathoraxfelder nicht immer deutlich, Terebra gewöhnlich kürzer als Abdomen. Der Punkt vor den Flügeln fehlt zuweilen. Schüppchen und Basis der Tibien meistens gelb. Bei den zweifelhaften ♂ ist das erste Fühlerglied unten gelb, Geissel unten roth. bei einem ♂ ist ein Strich von den Flügeln gelb. Vordere Coxen und Trochanteren zuweilen gelb, die Segmente 2—4 länger als breit, das 5. Tarsenglied nur 1½ mal so lang wie das 4., nervus transv. analis etwas unter der Mitte gebrochen, bei einem ♂ fehlt die schwarze Basis der Hintertibien.

P. bicolor Boie ♀ (P. melanocephala Gr.?)

P. sagax Hrt. ♂♀. Aus Anthonomus pomorum, Tischeria complanella, Cochylis posterana u. Motten in Statice erzogen. Beim ♂ sind die Palpen, erstes Fühlerglied unten, die vorderen Beine und die Hintertrochanteren gelb, die Hintercoxen schwarz, zuweilen haben die vorderen Coxen eine schwarze Basis, ein ♂ hat rothe Hintercoxen. Die ♀ gleichen ganz denen von P. brevicornis, nur ist das Stigma dunkler, der nervus transv. analis unter der Mitte gebrochen.

P. vesicaria Rtzbg. ♂ ♀. Aus Tortrix Bergmanniana, Tischeria complanella, einem Coleophora-Sacke und aus Gallen von Nematus Valisnieri, viminalis, vesicator und Cryptocampus medullarius, venustus etc. erzogen.

P. cingulata Rtzbg. ♀. Aus Tachyptilia populella erzogen. Ein ♀ hat das Abdomen fast schwarz.

P. linearis Rtzbg. ♂ ♀. Auf Retinia resinana und Fenusa pumilio erzogen. Der nervus transv. analis bei den ♂ fast gar nicht gebrochen mit undeutlichem Längsnerv, bei den ♀ tief unter der Mitte gebrochen mit deutlichem Längsnerv.

P. abdominalis Gr. ♀. Insterburg. Gehört zu einer besonderen Gattung, wegen des vollständig und regelmässig gefelderten Metathorax vielleicht zu Panteles Frst.

Genus Polysphincta Gr.

P. varipes Gr. (Zaglyptus Frst.) ♂ ♀. Beim ♂ sind Schüppchen und Trochanteren gelb, Coxen und Abdomen ganz schwarz.

P. rufipes Gr. ♂ ♀. Ein Königsberger ♂ aus einer Spinne erzogen. Fühlergeissel rothgelb, oben dunkler, Vordercoxen und alle Trochanteren gelb, der nervus radial. externus gerade.

P. boops Tscheck. ♂ ♀. Das ♂ aus einer Spinne (Teridium) erzogen. (S. Hymenopterologische Notizen von Brischke, in der deutschen Entomologischen Zeitschrift XXI. 1877, Heft II).

P. multicolor Gr. ♀. Metathorax schwarz.

P. tuberosa Gr. ♂ ♀. Beim ♂ sind alle Trochanteren gelb, Basis der Segmente 3 und 4 roth, Segment 1 ist vor der Spitze nicht quer eingedrückt. Das ♀ hat die Hintertibien roth mit schwarzer Spitze.

P. carbonator G. ♀. Nervus transv. analis auch in der Mitte gebrochen, Schenkel immer roth, Hintertibien zuweilen schwarzbraun, Basis und Innenseite rothgelb.

P. gracilis Hlmgr. ♂.

P. nigricornis Hlmgr. ? ♂. 5 mm. l., dem ♀ gleich gefärbt, nur: Mandibeln gelb, vordere Coxen und alle Trochanteren gelblichweiss, Hinterschenkel schwarz, auch die Mitteltibien mit bräunlicher Spitze und bräunlichem Fleck vor der Basis, Hintertarsen mit weisser Basis. Kopf hinter den Augen schmaler, nervus rad. externus gerade.

P. discolor Hlmgr. ♂ ♀. Beim ♂ auch Mandibeln und Clypeus rothgelb, Thorax ganz roth, nur Fleck an jeder Seite des Schildchens und Metathorax schwarz, Hintercoxen und Hintertarsen gelb, diese mit braunen Gliederspitzen, die von den eingedrückten Linien gebildeten Felder auf den Segmenten 2—5 braun. Ein ♂ Thorax und Abdomen schwarz, dieser und die Mittelbrust röthelnd, Schildchen roth; ein anderes ♂ hat nur das Schildchen roth, bei beiden sind die Hintercoxen roth. (Vielleicht eigene Art). Die ♀ sind wie die ♂ gebildet, Hintercoxen roth, Abdomen schwarz, roth durchscheinend, Terebra kurz und gerade. Ein ♀ hat den Mesothorax oben ganz und die Mittelbrustseiten zum Theile roth, Hintertarsen braun, die Basis des ersten Gliedes gelb.

P. quadrisculpta Gr. (Tryphon Gr. II., S, 250, n. 162) ♂. Dieses ♂ scheint mir hierher zu gehören. Kopf glänzend, hinter den Augen schmaler, Gesicht etwas schmaler als Stirn, Clypeus klein, Mandibeln schmal, Palpen gelb, Thorax glänzend, Mesothorax vorn 3lappig mit tiefen und breiten Furchen, die fast bis zum Schildchen reichen und dadurch die Oberseite des Mesothorax etwas vertiefen und das Schildchen durch eine breite Furche trennen; Metathorax runzlig, mit tiefer, seitlich umleisteter Längsfurche, area posteromedia klein; Segment 1 oben gewölbt mit 2 Längskielen bis zur Spitze, seitlich mit schräger Furche, Segmente 2—5 mit Quereindrücken, die sich in der Mitte winklig nach hinten biegen, auf Segment 2 und 3 geht noch jederseits ein seichter schiefer Eindruck von der Basis bis zum Quereindrucke, so dass der zwischen liegende Raum die Gestalt eines Rhombus erhält, und etwas dunkler gefärbt ist; Stigma ziemlich gross, Radialzelle kurz, der nerv. rad. externus mit der Seite des Stigma parallel, nervus transv. analis unter der Mitte gebrochen, einen feinen Längsnerv aussendend.

Genus Clistopyga Gr.

Cl. incitator Fbr. ♂ ♀. Die Hintertibien sind immer an der Spitze und vor der Basis braun. — Var. 1 Hlmgr. (Cl. haemorrhoidalis Gr.) ♀. — Var. 2 Hlmgr. ♂ ♀. Das ♂ hat den Kopf wie bei der Stammart gefärbt, Coxen und Trochanteren gelb, Hintercoxen mit schwarzer Basis, Hintertrochanteren oben mit schwarzem Basalfleck. Ein ♂ hat ganz schwarze Hintercoxen und die Spitze des Schildchens und das Hinterschildchen gelb. Aus Retinia resinana erzogen.

Cl. rufator Hlmgr. ♀. Die orbitae verticis theilweise weiss, Thorax roth, nur Pro- und Mesothorax schwarz, Hintertibien auch vor der Basis braun, Segment 1 mit schwarzer Basis.

Genus Glypta Gr.

Gl. striata Gr. ♀. Bei einem ♀ Fühlerglied 1 ganz schwarz, Basis der Hintertibien gelb.

Gl. Brischkei Hlmgr. ♀.

Gl. fronticornis Gr. (Conoblasta Frst.) ♂ ♀. Bei den ♂ und zuweilen auch bei den ♀ die Fühler schwarz.

Gl. monoceros Gr. (Conoblasta Frst.) ♂. Coxen und vordere Trochanteren roth.

Gl. ceratites Gr. (Conobl. Frst.) ♂ ♀. Hintere Trochanteren an der Basis schwarz, ein ♂ hat die Segmente 2 und 3 roth, auf 3 nur 2 Dreiecke schwarz, ein ♀ ist ebenso gefärbt. Aus Nephopteryx vacciniella erzogen. — Var. m. ♂. Segmente 1—4 roth, Segment 1 an der Basis, 2—4 je 2 Flecke schwarz.

Gl. corniculata v. Siebold in litt. nach Woldstedt = bicornis Desvignes, wohl auch = bicornis Boie. (S. Stettiner Entomol-Zeitung. 1850, n. 6. Seite 216.)

(Diblastomorpha Frst.) ♂ ♀. Nigra; fronte bicornuta, flagello antennarum subtus rufo, basi nigra, stigmate fusco, radice et squamula flavis, abdominis medio plus minusve rufo. ♂: ore et pedibus anterioribus flavis, posticis rufis, coxis nigris, trochanteribus flavis, apice tibiarum tarsisque nigris. ♀: palpis, apice cypei pedibusque rufis, coxis nigris, posticis apice tibiarum et tarsis nigris.

11 mm. l., Gesicht matt, fein punktirt, beim ♂ mit weissen Silberhaaren, Stirn grob punktirt, mit 2 starken stumpfen Hörnern; Thorax ebenfalls grob und weitläufig punktirt; Metathorax ungefeldert, Abdomen auf den Segmenten 1—3 grob und weitläufig punktirt, Segment 1 lang, in der Mitte seitlich eingeschnürt, die beiden Mittelkiele kurz und wenig vortretend, Terebra so lang wie Abdomen.

Schwarz; Fühlergeissel unten roth, Basis schwarz, Flügelwurzel und Schüppchen gelb, Stigma braun. Das ♂ hat Palpen, Mandibeln, Clypeus und vordere Beine gelb, Hinterbeine roth, Coxen, Spitzen der Tibien und die Tarsen schwarz, Trochanteren gelb; Hinterrand der Segmente 1 und 4, Segmente 2 und 3 roth, jederseits mit 3eckigem Basalfleck. Das ♀ hat Palpen und Spitze des Clypeus roth, oder Mandibelmitte und Spitze des Clypeus gelb, Fühler zuweilen ganz schwarz, Beine roth mit schwarzen Coxen, Spitze der Hintertibien und die Hintertarsen schwarzbraun; Segmente 1—3 roth, 1 mit schwarzer Basis, oder Segment 1 schwarz mit rother Spitze, 2 und 3 wie beim ♂. Ein ♀ hat rothe Hintertibien und Hintertarsen. Ein anderes ♀ hat nur Segment 2 rothbraun mit den schwarzen Basalflecken und Segment 3 nur mit rothem Hinterrande. — Var: m. ♀. Palpen, Mandibeln, Clypeus, Beine und Abdomen ganz roth, Thorax oben und unten rothbraun.

Gl. extincta Rtzbg. ♂ ♀. Aus Tortrix laevigana erzogen. Ist wohl nur eine kleine Gl. ceratites. Nervus transv. analis weit unter der Mitte gebrochen, vordere Coxen und die Trochanteren gelb, Hinterkniee bei beiden Geschlechtern schwarz.

Gl. flavolineata Gr. ♂ ♀. Auch das Hinterschildchen meistens gelb, ein ♀ hat die Mittelbrust roth. — Var. m. ♂, Grundfarbe braunroth.

Gl. consimilis Hlmgr. ♂ ♀. Metathorax bei den ♀ ohne Felder, die Hintertarsen oft mit gelber Basis der Glieder, die Fühler oft schwarz. Ein ♀ aus Königsberg hat die Hintertrochanteren oben mit schwarzer Basis und die Segmente 2 und 3 mit breitem rothem Hinterrande.

Gl. incisa Gr. ♂ ♀. Durch längere und schärfer gefurchte Segmente des Abdomen und längere Terebra von Gl. consimilis verschieden, Metathorax auch bei den ♀ fein gefeldert. — Var. m. ♀. Neustadt. Abdomen roth, Spitze braun, Metathorax deutlicher gefeldert, Beine kräftiger, Segmente 2 und 3 fast quer, Terebra kürzer. (Eigene Art?)

Gl. teres Gr. (lugubrina Hlmgr?) ♂. Palpen immer schwarzbraun, Spitze des Clypeus und Punkt vor den Flügeln gelb; ein ♂ hat die Basis der Tibien gelb. — Var. m. ♂. Königsberg. Punkt vor den Flügeln fehlt, Metathorax mit 3 Feldern, area superomedia parallelseitig, Stigma scherbengelb, nervus transv. analis kurz vor dem Ende gebrochen, Hinterschenkel rothbraun, Segment 1 mit schärferen Kielen.

Gl. bifoveolata Gr. ♀. Die Segmente 2 und 3 quadratisch oder etwas länger als breit. Sollte Gr. teres ♂ nicht hierzu gehören? — Var. 1 Hlmgr. ♀. (Ein ♂ aus Königsberg hat die Segmente 1—4 braunroth, Segment 1 mit schwarzer Basis.)

Gl. mensurator Gr. (= lugubrina var. 1 Hlmgr.) ♂♀. Metathorax mit 5 scharf umleisteten Feldern, Segmente 2 und 3 nicht breiter als lang, nervus transv. analis unter der Mitte, aber höher hinauf gebrochen als bei Gl. teres und bifoveolata, Hintertibien roth mit gelber Basis, der dunkele Schatten vor derselben fehlt bei einem ♂, bei einem anderen ♂ fehlt die gelbe Basis. Beim ♀ sind die Beine ganz roth, nur äusserste Spitze der Hintertibien braun. Ein ♀ aus Neustadt hat die hinteren Coxen schwarz gefleckt.

Gl. scalaris nach Illmgr. ♂♀. Aus Nephopteryx vacciniella erzogen. Kopf und Thorax sehr grob punktirt, Raum zwischen Augen und Mandibeln breit, Metathorax mit 5 Feldern. Bei den ♂ sind die Mandibeln zuweilen gelb, die Hintertarsen gewöhnlich ganz schwarz. Ein ♂ hat die rechten Hintertarsen roth, die linken schwarz. — Var. m. ♂♀. Das ♂ hat die Hinterränder der Segmente 1—3 breit roth, das ♀ dieselben Segmente roth, nur Basis von 1 und die erhabenen Dreiecke von 2 und 3 schwarz.

Gl. scalaris Gr. ♀. Dieselbe grobe Punktirung. Mandibeln, kurzer Streif vor den Flügeln und Schüppchen gelb, Fühlergeissel und Spitze des Schildchens braunroth. — Var. m. ♀. Schildchen und Abdomen roth, Punktirung etwas feiner.

Gl. vulnerator Gr. ♀. Punkt vor den Flügeln gelb, nervus transv. analis tief unter der Mitte gebrochen.

Gl. haesitator Gr. ♂♀. Aus Grapholitha nebritana erzogen. Nervus transv. analis zwar unter der Mitte, aber höher hinauf gebrochen als bei Gl. vulnerator, Punkt vor den Flügeln gelb, Spitze der Hinterschenkel immer schwarz. — Var. m. ♂. Spitze der Hintercoxen und die Mitteltarsen einfarbig roth, Segmente 2—4 ganz, 5 am Hinterrande breit roth.

Gl. resinanae Hrtg. ♂♀. Aus Retinia resinana erzogen.

Gl. dubia Rtzbg. ♂. Aus einer Tortrix erzogen. Färbung wie bei Gl. consimilis, aber die Segmente 2 und 3 länger alt breit.

Gl. rufipes m. ♂. Nigra; palpis, apice clypei, radice et squamula stramineis, flagello antennarum subtus ferrugineo, basi nigra, pedibus rufis, trochanteribus anterioribus flavescentibus; stigmate dilute fusco.

11—13 mm. l.; Kopf und Thorax, besonders das Gesicht, weisshaarig, Clypeus mit langen bräunlichen Haaren, Stirn fein gerunzelt, schwach gewölbt, Fühler fast von Körperlänge; Thorax fein punktirt, glänzend, Mesothorax 3-lappig, Metathorax grob punktirt, deutlich gefeldert, nervus transv. analis unter der Mitte gebrochen, Segment 1 länger als die Hintercoxen, gerandet, mit 2 scharfen Längskielen, die bis zur Mitte reichen, Segmente 2 und 3 länger als breit.

Schwarz; Palpen und Spitze des Clypeus gelb, bei einem ♂ ist die Spitze der Mandibeln roth, Fühlergeissel unten rothbraun, Basis schwarz; Stigma hellbraun, Wurzel und Schüppchen gelb; Beine roth, vordere Trochanteren gelblich. Bei einem ♂ mit dunkleren Fühlern sind die äusserste Spitze der Hintertibien und die Hintertarsen bräunlich, Glied 1 mit rother Basis.

Genus Schizopyga Gr.

Sch. podagrica Gr. ♂. Gesicht mit kurzem schwarzen Strich unter den Fühlern, hintere Schenkel ganz braunschwarz.

Sch. tricingulata Gr. — Var. 2 Gr. ♂. Schüppchen und Basis der Trochanteren schwarz.

Sch. flavifrons Hlmgr. ♂♀. Beide Geschlechter gleich gefärbt, nur hat das ♂ im Gesichte einen kurzen schwarzen Mittelstrich unter den Fühlern. Bei allen 3 Arten ist das zweite Segment länger als breit.

Genus Arenetra Hlmgr.

A. tomentosa Gr. (Bauchus Gr.) ♀. Die Spitze der Hinterschenkel gelb, ein ♀ hat das Schildchen mit gelber Spitze.

Genus Lampronota Haliday.

L. nigra Gr. (Phytodietus Gr., Bassus affinis Zett., Cylloceria Schiödte, Chalinocerus longicornis Rtzbg., Ch. defectivus Ruthe, L. fracticornis Hal., Tryphon melancholicus Gr. ♂.) ♂♀. Das ♀ wohl gleich Lissonota defectiva Gr.

L. marginator Schiödte. (Cylloceria Sch.) ♂♀. Beim ♂ sind die Hintertibien in der Mitte breit roth, auch die Hintertarsen mehr roth als braun.

L. caligata Gr. (Phytodietus Gr., Bassus mentiator Zett., Cylloceria Schiödte, Chalinocerus maucus Ruthe, L. crenicornis Hal.) ♂♀.

Genus Lissonota Gr.

L. maculatoria Fbr. ♂♀. — Var. 1 Hlmgr. ♂. — Var. 4 Gr. ♀. Im Sommer 1878 in Zoppot gefangen. Kopf schwarz, nur Clypeus und die Augenränder schmal gelb, Fühler schwarz, Flügel wie bei der Stammart, Vorderbeine rothgelb, Coxen und Trochanteren oben schwarz, unten gelb, Schenkel oben mit schwarzem Streif, Segment 1 schwarz, nur an Basis und Spitze je 2 gelbe Punkte.

L. irrisoria Rossi. ♂♀. Der L. maculatoria sehr ähnlich, der Randschatten der Vorderflügel etwas heller, Abdomen weniger glänzend, die Segmente 2 und 3 etwas kürzer, ebenso die Terebra, Hinterbeine etwas kräftiger.

L. parallela Gr. ♂♀. Die L. lineata Gr. ♂ gehört wohl hieher. Hintercoxen schwarz, aussen gelb, Segment 1 schwarz, nur Spitze roth. Bei einem ♂ sind die Fühlerglieder 1 und 2 ganz schwarz, bei einem anderen die Hinterränder der Abdominal-Segmente nicht gelb. Bei den ♂ sind die Segmente 2 u. 3 immer länger als breit. — Var. 1 Hlmgr. ♀.

L. perspicillator Gr. ♀. Ist wohl nur Varietät von L. parallela, denn die Uebergänge fehlen nicht.

L. bellator Gr. ♂♀. — Var. 1 Hlmgr. (L. argiola Gr.) ♂. Brust und Brustseiten gelb, Segment 5 schwarz mit rothem Hinterrande, Stirn nicht schmaler als das Gesicht. — Var. 2 Hlmgr. ♀. Königsberg.

L. commixta Hlmgr. ♂♀. — Var. 3 Hlmgr. ♀. — Var. 4 Hlmgr. ♂. Die gelbe Linie vor den Flügeln fehlt, vordere Trochanteren mit gelben Spitzen oder unten gelb, Thorax und Fühler ganz schwarz, Abdomen verschieden gefärbt. — Var. m. ♂. Gesicht schwarz, innere Augenränder auf der Stirn unterbrochen, 2 Längslinien des Gesichts und ein Wangenfleck gelb, Thorax schwarz, nur Punkt vor und Strich unter den Flügeln und ein 3-eckiger Fleck jederseits des Mesothorax gelb, vordere Coxen und Trochanteren gelb mit schwarzer Basis, Hintertrochanteren mit gelber Spitze, Segmente 3 und 4 roth mit schwarzer Mittelbinde, 2 und 5 schwarz mit rothem Hinterrande.

L. cylindrator Villers. ♂ ♀. Aus Tapinostola Elymi erzogen. Cocon cylindrisch, dünnhäutig, dunkelrothbraun. Beim ♂ die Vordertrochanteren unten gelb, die Beine überhaupt mehr gelbroth, die hinteren Tibien meistens mit hellerer Basis. — Var. m. ♂ ♀. Schüppchen schwarz.

L. bicornis Gr. Var. 1 Gr. ♂ ♀. Thorax grob punktirt, Abdomen glänzend. Beim ♂ sind die orbitae frontales (diese auch beim ♀) und externae schmal gelb, Hinterschenkel roth, nur Basis schwarz, Hintertarsen ganz schwarzbraun, Segment 4 auch roth. Die area superomedia deutlich, Segment 1 gerade, schmal, glänzend, ohne Leisten, nervus radialis externus stark gebogen.

L. linearis Gr. ♀. Königsberg. Kopf hinter den Augen schmaler, area superomedia umleistet, Segmente 1 und 2 fein runzlig, 1 gekrümmt, 2 und besonders 3 länger als breit, folgende glänzend, nerv. rad. externus fast gerade, Areola schief trapezisch, den rücklaufenden Nerv vor der Spitze aufnehmend, nerv. transv. analis tief unter der Mitte gebrochen.

L. altipes Hlmgr. = Phytodietus blandus Gr. ? Trochanteren, bei einem ♀ auch die Vordercoxen schwarzfleckig, Schüppchen gelb.

L. rubricosa m. ♀. Nigra; ore, clypeo et macula ad orbitas verticis flavis, medio faciei et antennis rufis, prothorace, linea infra alas scutelloque flavis, lateribus meso = et me:athoracis castaneo rufis, radice et squamula flavis, stigmate fusco, pedibus rufis, coxis anterioribus trochanteribusque flavis, abdomine rufo, basi apiceque nigris.

5 mm. l., Terebra 4 mm. l.; Kopf hinter den Augen schmaler, Metathorax ohne Felder, area posteromedia scharf umleistet, Areola sitzend, schief, der rücklaufende Nerv mündet vor der Spitze, nerv. radialis externus fast gerade, nerv. transv. analis tief unter der Mitte gebrochen, der Längsnerv fein; Segment 1 nicht länger als die Hintercoxen, gewölbt, ziemlich breit, nach der Basis allmählich schmaler werdend, Segmente 2 und 3 quadratisch, Terebra nach oben gebogen.

Schwarz; Palpen, Mandibeln und Clypeus gelb, Gesichtsbeule roth, Scheitelfleck an jedem Auge gelb, Fühler roth, nach der Spitze dunkler, Prothorax gelb, die Seiten des Meso- urd Metathorax fast ganz braunroth, Schildchen, Strich unter den Flügeln, Schüppchen und Wurzel gelb, Stigma hellbraun; Beine roth, vordere Coxen und alle Trochanteren, auch ein Streif auf den Hintercoxen gelb. Bei einem ♀ sind die Hintertrochanteren roth. Spitze des ersten Segmentes, die Segmente 2—4 ganz, die Hinterränder der folgenden schmal und die Terebra roth.

L. maculata m. ♀. Nigra; ore et clypeo rufis, puncto ante alas, radice et squamula flavis, stigmate testaceo, pedibus rufis, basi coxarum et trochanterum posteriorum tarsisque posticis fuscis, segmentes 2—5 rufis, 2 fascia media, 3 maculis duabus nigris, terebra rufa.

6 mm. l.; wenig glänzend, Kopf hinter den Augen etwas schmaler, Füh-

ler lang, Metathorax ohne Felder, area posteromedia gross, umleistet, Areola sitzend, den rücklaufenden Nerv hinter der Mitte aufnehmend, nerv. radialis externus in der Mitte etwas eingebogen, nerv. transv. analis tief unter der Mitte gebrochen, der Längsnerv fein, Segment 1 gewölbt, wenig länger als die Hintercoxen, ziemlich breit, nach der Basis schmaler, Knötchen weit vor der Mitte vortretend, Segmente 2 und 3 quadratisch, Terebra fast gerade, fast von Körperlänge.

Schwarz; Palpen, Mandibeln und Clypeus roth, Punkt vor den Flügeln, Wurzel und Schüppchen gelb, Stigma scherbengelb, Beine roth, Basis der hinteren Coxen und Trochanteren (bei diesen nur oben) und die Hintertarsen braun; Segmente 2—5 roth, 2 mit breiter schwarzer Mittelbinde, 3 mit 2 schwarzen Flecken, Terebra roth.

L. calceolata Gr. (Phytodietus Gr.) ♀. Palpen rothgelb, Schüppchen gelb oder rothgelb, dem Ph. caligatus ähnlich, aber Segment 1 länger und schmaler, 2 länger als breit. Terebra kaum halb so lang als Abdomen.

L. sulphurifera Gr. ♂♀. ♂ 4½, ♀ 5''' l.; aus Hadena suffuruncula erzogen. Gesicht weisshaarig. Die Spitzen der Hintertibien schwarz, bei den ♂ die Hintertibien oft mit hellerer Basis, der rücklaufende Nerv vor oder in der Mitte der Areola mündend, Abdomen ganz schwarz. — Var. 1 Hlmgr. ♂♀. Ein ♀ aus Königsberg mit lang gestielter Areola. — Var. m. ♂. Gesicht und vordere Coxen ganz schwarz, Trochanteren roth, vorderste unten gelb, Areola gestielt.

L. rufipes m. ♀. (L. impressor var. 2 Gr.?) ♀. Neuenburg und Neustadt. Nigra; palpis et apice clypei rufis, mandibulis medio flavis, puncto ante alas, macula humerali, radice et squamula albido-flavis, stigmate dilute fusco, pedibus rufis.

10—11 mm. l.; Kopf und Thorax dicht und fein punktirt, Gesicht etwas breiter als die Stirn, Gesichtshöcker wenig vortretend, Stirn concav, Mesothorax ziemlich deutlich 3-lappig, Metathorax gerunzelt, area superomedia deutlich, Areola gestielt, nerv. transv. analis unter der Mitte gebrochen, Abdomen sehr fein gerieselt, Segment 1 etwas länger als die Hintercoxen, gekrümmt, gröber gerieselt, mit deutlicher Mittelrinne, die bis zum Hinterrande geht, Segmente 2—4 länger als breit, Terebra etwas länger als der Körper.

Schwarz; Palpen (mit Ausnahme des ersten Gliedes) roth, Mitte der Mandibeln mit gelbem Fleck, Spitze des Clypeus rothbraun, Punkt vor den Flügeln und ein 3-eckiger Schulterfleck (bei einem ♀ fehlend) gelbweiss, Schildchen gewöhnlich mit 2 rothen Seitenstrichen, Stigma hellbraun, Wurzel und Schüppchen gelbweiss, Beine roth.

L. pleuralis m. ♀. Nigra; palpis, mandibulis et clypeo rufis, macula verticis, striga inter oculos et basin mandibularum punctoque ante alas flavis, lateribus scutelli, pleuris et area supracoxalis metathoracis obscure rufis, stigmate fusco, radice et squamula flavis, pedibus obscure rufis, tarsis posticis et apice tibiarum posticarum infuscatis, incisuris 1 et 2 abdominis rufescentibus, plica ventrali flava.

11 mm. l.; fein punktirt, Kopf hinter den Augen schmaler, Metathorax grob punktirt, ohne Felder, nur area posteromedia gross und scharf umleistet;

Areola kurz gestielt, nervus transv. analis tief unter der Mitte gebrochen, Segment 1 ohne Leisten, Hinterrand, wie bei Segment 2 und 3 glatt und glänzend, diese länger als breit, Terebra so lang wie der Körper, gerade.

Schwarz; Palpen, Mandibeln und Clypeus roth, Scheitelfleck und Strich zwischen den Augen und der Basis der Mandibeln gelb, Fühlergeissel unten rothbräunlich, Punkt vor den Flügeln gelb, Seiten des Schildchens (bei einem ♀ das ganze Schildchen), Seiten der Mittelbrust und das über den Hintercoxen liegende Seitenfeld des Metathorax braunroth; Stigma braun, Flügelwurzel und Schüppchen gelb (bei einem ♀ ist das Schüppchen braun), Beine braunroth, Hintercoxen oben mit braunem Strich, Hintertarsen und Spitze der Hintertibien bräunlich; Hinterrand der Segmente 1 und 2 breiter oder schmaler roth, Bauchfalte gelb.

L. melania Hlmgr.? ♂ ♀. Beide Geschlechter in Neustadt erzogen, der Wirth aber unbekannt, ein ♀ aus Königsberg aus einer Tortrix-Puppe erzogen. Areola sitzend, den rücklaufenden Nerv kurz vor der Spitze aufnehmend, nervus transv. analis tief unter der Mitte undeutlich gebrochen, keinen oder einen undeutlichen Längsnerv aussendend, (bei einem ♀ ist die Areola im rechten Vorderflügel unvollständig); area superomedia vertieft, lang und schmal, Segment 1 mit verschieden gebildeter Mittelfurche, Terebra so lang wie Abdomen. Bei einem ♀ sind ein 3-eckiger Schulterfleck vor und ein Strich unter den Flügeln gelb. Das ♂ hat Palpen, Mandibeln, Clypeus, einen getheilten Gesichtsfleck über dem Clypeus und einen Scheitelfleck neben jedem Auge gelb, Fühler nach der Spitze hin roth; 3-eckiger Schulterfleck, Strich unter den Flügeln, vordere Coxen und Trochanteren gelb, Einschnitte der Segmente 2—4 roth, Segment 1 vor der Spitze mit seichtem Quereindrucke. — Var. m. ♂. Neustadt. Scheitelfleck fehlt, Hintercoxen schwarz, Abdomen ganz schwarz, matter, Metathorax ohne area superomedia.

L. leptogaster Hlmgr. ♂.

L. variabilis Hlmgr. ♂ ♀. Ein ♂ hat das Gesicht schwarz, nur die inneren Augenränder, 2 schiefe Linien und Spitze der Wangen gelb, erstes Fühlerglied und Brust schwarz, Punkt vor den Flügeln gelb, Mitteltrochanteren und die rothen Hintertrochanteren mit schwarzer Basis, nur Hinterrand von Segment 2 roth. (Vielleicht L. deversor Gr.). Beim ♀ sind nur die Seiten des Prothorax und ein Punkt vor den Flügeln roth, die hinteren Trochanteren schwarz, die Hintertibien schwarzbraun. — Var. 1 Hlmgr. ♂ ♀. Segment 1 nicht längsstreifig. Ein ♂ hat das Gesicht schwarz, nur die orbitae faciales und die Wangenspitzen gelb, Glied 1 der Fühler schwarz. Ein aus einer Raupe von Earias cloran? erzogenes ♂ ist normal gefärbt, hat aber auch die orbitae frontales gelb. Ein ♂ aus Königsberg hat Brust und Schildchen schwarz, Punkt vor den Flügeln gelb, Hintertrochanteren schwarz mit gelber Spitzenhälfte, Segment 3 rothbraun. Im linken Vorderflügel fehlt die Areola. Hierher gehört vielleicht das ♂, welches Holmgren bei L. impressor beschreibt. Das ♀ ist wohl L. hortorum var. 1 Gr., hat aber gelbe Scheitelflecke.

L. lateralis Gr. ♀. Segment 1 ohne deutliche Mittelfurche, 2 länger als breit. Ein ♀ hat das Abdomen rothbraun.

L. segmentator. Fbr. ♂ ♀. Ein ♀ nur 3 mm. lang, Stigma hell. — Var. 1 Gr.? ♀. Färbung wie Stammart, aber Scheitelfleck gelb, Segmente 2 und

3 fein gerunzelt, wohl eigene Art, der L. gracilenta nahe, aber mit sitzender Areola. — Var. 2 Gr. ♀. Auch hier ein kleiner gelber Scheitelfleck.

L. vicina Hlmgr.? ♂♀. Aus einer Tortrix-Raupe erzogen. Das ♀ stimmt mit Holmgren's Beschreibung bis auf die unvollständige Areola und die gekrümmte Terebra, beides aber wohl Folgen des Tödtens, ehe das Thier vollständig erhärtet war, daher ist die Terebra weissgelb, statt roth. Die ♂ sind anders gefärbt: Palpen, Mandibeln, Clypeus, Spitze der Wangen, Gesicht (mit Ausnahme eines schwarzen Längsstriches unter den Fühlern), Scheitelfleck, Fühlerglieder 1 und 2 unten, Seiten des Prothorax, hakenförmiger Schulterfleck, Fleck vor den Flügeln, Wurzel und Schüppchen weissgelb, Stigma hellbraun; Beine gelbroth, vordere Coxen und alle Trochanteren gelb; Hinterrand der Segmente 1—3 schmal rothgelb. Bei mehreren ♂ fehlt die Areola, bei wenigen ist sie vorhanden, klein und schief, den rücklaufenden Nerv fast am Ende aufnehmend, nervus radial. externus gerade, nerv. transv. analis tief unter der Mitte gebrochen. Hintercoxen oft schwarz.

L. errabunda Hlmgr. — Var. 2 Hlmgr. ♂. Ist wohl nur Varietät von L. segmentator. Segment 2 länger als breit, 3 quadratisch, die Areola wechselt, bald sitzend, bald gestielt, aber der rücklaufende Nerv immer fast an der Spitze mündend. Gesicht und orbitae front. schwarz; Wangen schwarz oder nur an der Spitze gelb, Scheitelfleck gelb, Fühlerglied 1 unten zuweilen mit gelbem Punkt.

L. marginella Gr.? ♂. Nur 4—5 mm. lang; Kopf breiter als Thorax, Wangen gerundet, die Areola in beiden Flügeln verschieden, nerv. radial. externus in der Mitte eingebogen, nerv. transv. analis tief unter der Mitte gebrochen, der Längsnerv fein; Metathorax fein gerunzelt, ohne Furche, area posteromedia gross; Segment 1 nicht länger als die Hintercoxen, glänzend, Segmente 2 und 3 quadratisch, auch an der Basis breit roth, Mittelcoxen unten gelblich, Hintertrochanteren mit schwarzer Basis, Hintertarsen braunschwarz.

L. impressor Gr. nicht Hlmgr. ♂♀. Der Kopf ist nicht klein, die Stirn nicht eingedrückt, das Abdomen nicht schmal, linienförmig, die Beine nicht, wie Holmgr. sagt „sat graciles", sondern, wie Gr. sagt „subgraciles". Kopf und Brust dicht und kurz weisshaarig, wie bei L. sulphurrifera, aber Segment 1 kürzer und breiter. Bei den ♂ Segmente 2 und 3 quadratisch, bei den ♀ Segment 2 quadratisch, 3 quer. Grössere ♂ und ♀ wurden aus Sesia sphec., = formicae = und philantiformis und aus Tapinostola Elymi erzogen. Beim ♂ sind die vordern Coxen und Trochanteren zuweilen unten heller, fast gelb, was auch Gr. sagt. Bei 2 ♂ haben die Hintertrochanteren oben eine schwarze Basis; die Areola ist gestielt, der nerv. rad. externus in der Mitte eingebogen, nerv. transv. analis unter der Mitte verschieden tief gebrochen.

L. impressor var. 2 Gr. (L. 5-angularis Rtzbg.?) ♂♀. Kopf breiter als Thorax, hinter den Augen schmaler, Metathorax mit Mittelfurche, Segment 1 so lang wie die Hintercoxen, breit, gekrümmt, mit flacher Mittelfurche, wie die folgenden Segmente matt, nur die Hinterränder etwas glänzend, Segment 2 und 3 quadratisch, die Areola bei den ♂ schief trapezisch, den rücklaufenden Nerv vor der Spitze aufnehmend, bei den ♀ unregelmässig 5-eckig, nervus rad. externus fast gerade, nerv. transv. analis unter der Mitte gebrochen. Hintertarsen braun.

Bei den ♀ sind die orbitae faciales gelb, bei den ♂ nicht, bei diesen fehlen auch die Scheitelflecke, Fühlergeissel roth, nur Glied 3 und Basis von 4 schwarz, Schildchen mit 2 gelben Seitenflecken an der Basis.

L. brachyccentra Gr.? ♀. Der breite und kurze Kopf hinter den Augen schmaler, Schildchen gewöhnlich, Metathorax mit Mittelrinne, Abdomen langoval, Segment 1 so lang wie die Hintercoxen, gebogen, ziemlich glänzend, nach der Basis zu allmählich schmaler, Segment 2 länger als breit, nach der Spitze hin breiter, 3 quer, nerv. radialis externus in der Mitte etwas eingebogen, die Areola nimmt den nerv. recurrens hinter der Mitte auf, nerv. transversus analis wenig unter der Mitte gebrochen, Terebra so lang wie der Körper. Spitze des Clypeus roth, Schüppchen schwarzbraun.

L. basalis m. ♂♀. Aus Hadena suffuruncula und Tapinostola Elymi erzogen. Nigra; clypeo rufescente, stigmate nigro, radice et squamula (in ♂ puncto ante alas) flavis; pedibus rufis, tarsis posticis nigris (in ♂ basi tibiarum flava). 9 mm. lang; Kopf und Thorax punktirt, Kopf hinter den Augen nicht schmaler, Stirn flach, Wangen gerundet, Gesicht der ♂ kurz weisshaarig, Fühler der ♂ nach der Spitze verdünnt, Metathorax grobrunzlig punktirt, area superomedia fehlt; Areola gestielt, nerv. radial. externus an der Spitze eingebogen, (bei 2 ♂ hat die Discocubital-Ader einen langen Ast), nerv. transv. analis unter der Mitte gebrochen; Segment 1 bei den ♂ gerade, doppelt so lang wie breit, bei den ♀ breiter und etwas gekrümmt, grobrunzlig punktirt, nach der Spitze glatter, Terebra körperlang. Der L. sulphurifera sehr nahe stehend.

Schwarz; Clypeus rothbraun, bei den ♂ ein Punkt vor den Flügeln gelb, Stigma und Radius pechschwarz, Wurzel und Schüppchen gelb; Beine roth, Basis der Tibien (bei den ♀ der vorderen mehr oder weniger) gelb, Hintertarsen schwarz. — Cocon cylindrisch, dünnwandig, glänzend, bräunlich weiss oder dunkelbraun. — Var. m. ♂. Schulterfleck gelb.

L. nigra m. ♀. Aus Sesia spheciformis erzogen. Nigra; palpis, margine inferiore mandibularum, apice clypei, puncto ante alas, radice et squamula rufoflavis, stigmate nigro, tibiis anterioribus femoribusque rufis; terebra longitudine corporis.

10 mm. lang; punktirt, Kopf hinter den Augen etwas schmaler, Wangen schmal, Metathorax grobrunzlig punktirt, area superomedia etwas glänzender, Segment 1 länger als breit, gewölbt, grob runzlig punktirt, mit tiefer glatter Mittelrinne, die fast bis zum Hinterrande geht, Segmente 2 und 3 quadratisch, Areola kurz gestielt, den rücklaufenden Nerv in der Mitte aufnehmend, nerv. rad. externus sanft geschwungen, nerv. transv. analis unter der Mitte gebrochen.

Schwarz; Palpen, Innenrand der Mandibeln, Spitze des Clypeus, Punkt vor den Flügeln, Wurzel und Schüppchen rothgelb, Stigma schwarz, vordere Tibien und alle Schenkel roth, Vordercoxen und Vordertrochanteren unten roth, Hintertibien an der Basis aussen und an der Unterseite roth.

L. scabra m. ♂. Nigra; ore, clypeo, orbitis facialibus abbreviatis, puncto et macula hamata ante et linea infra alas, radice et squamula flavis, alis infumatis, stigmate brunneo, pedibus rufis, coxis et trochanteribus anterioribus flavis, tarsis posticis nigris.

6 mm. lang; Kopf etwas breiter als der Thorax, hinter den Augen nicht schmaler, Gesicht kurz weisshaarig, Mesothorax vorn 3-lappig, Metathorax grob gerunzelt mit scharf umleisteter, langer und schmaler area superomedia, Segmente 1—5 gleich breit, Segment 1 etwas länger als die Hintercoxen, nach der Basis zu allmählich etwas schmaler, gerade, oben gewölbt, grob längsrunzlig, mit seichter Mittelfurche und glänzendem Hinterrande, Segmente 2 und 3 länger als breit, 2—4 fein gerunzelt, mit glänzenden Hinterrändern, folgende Segmente glänzend. Areola klein und sitzend, den rücklaufenden Nerv hinter der Mitte aufnehmend, nerv. rad. externus gerade, nerv. transv. analis unter der Mitte gebrochen.

Schwarz; Palpen, Mandibeln (ausser den Zähnen), Clypeus, die Gesichtsaugenränder als kurze Striche, Punkt und hakenförmiger Fleck vor und Strich unter den Flügeln, Wurzel und Schüppchen gelb. Flügel braun getrübt, Stigma braun; Beine roth, vordere Coxen und Trochanteren gelb, Hintertarsen schwarz.

L. culiciformis Gr. ♂. Bis 10 mm. lang. Sollten diese ♂ nicht zu L. bellator gehören? Beide Arten sind hier nicht selten, aber zu culiformis ist noch kein ♀ gefunden. Holmgren citirt bei Var. 1 von L. bellator die L. argiola Gr. Bei dieser Art beschreibt Gravenhorst zwei verschiedene Färbungen des Abdomen Holmgren's Var. 1 der L. bellator hat die Färbung Nr. 2, während die Färbung Nr. 1 auf L. culiciformis zu passen scheint.

L. assimilis m. ♂. Mit L. culiciformis fast ganz gleich gefärbt, aber kleiner und mit schmalerem Abdomen. Nigra; ore, clypeo, facie, genis, orbitis frontis et verticis, scapo antennarum subtus, prothorace, striga ante et linea infra alas, macula hamata mesothoracis, pectore, scutello et postscutello, macula laterali metathoracis, radice et squamula alarum, coxis, trochanteribus et marginibus apicalibus segmentorum abdominis flavis; pedibus rufo-flavis, basi femorum posticorum et tarsis posticis fuscis.

7 mm. lang; matt. Kopf etwas breiter als der Thorax, hinter den Augen nicht schmaler, Fühler fast körperlang, Thorax cylindrisch, Mesothorax vorn 3-lappig, Schildchen 4-eckig, nicht umleistet, flach, Metathorax ohne Felder; Abdomen schmal, Segmente 2—6 gleich breit, Segment 1 etwas länger als die Hintercoxen, wenig gekrümmt, mehr als doppelt so lang wie breit, Segmente 2 und 3 länger als breit; Beine schlank; Areola sitzend oder kurz gestielt, nerv. radial. externus fast gerade, nervus transv. analis unter der Mitte gebrochen.

Schwarz; Palpen, Mandibeln, Clypeus, Wangen, Gesicht, orbitae frontis und verticis, die beiden ersten Fühlerglieder unten, gelb, Fühlergeissel unten braunroth; Prothorax, ein breiter Strich vor und ein Strich unter den Flügeln, hakenförmiger Fleck an jeder Seite des Mesothorax, dessen Spitze gewöhnlich in eine rothgelbe Linie fast bis zum gelben Schildchen ausläuft, Mittelbrust und deren Seiten, Hinterschildchen, Seiten des Metathorax, Flügelwurzel und Schüppchen gelb, Stigma hellbraun; Beine gelbroth, Coxen und Trochanteren gelb, Hintercoxen zuweilen mehr oder weniger roth gestreift, äusserste Basis der Hinterschenkel und die Hintertarsen braun; Hinterränder aller Segmente gelb.

L. accusator Gr. ? ♀. Dieses ♀ stimmt zwar in der Färbung, nicht aber in der Gestalt mit Gravenhorst's Beschreibung überein. Zu den Lissonoten gehört es nicht, ich finde aber in Försters Synopsis keine Gattung, zu der es gehören könnte, vielleicht Ensimus. — Kopf hinter den Augen nicht schmaler, mit ziemlich breiten, runden Backen. Clypeus vorn eingedrückt, Schildchen erhöht u. gerandet, Metathorax grob gerunzelt mit 3 parallelen Längsleisten, area supero-media hinten offen, area posteromedia 6-eckig, Abdomen so breit wie der Thorax, nicht cylindrisch, sondern oval, fein runzlig punktirt, Segment 1 grob gerunzelt, so lang wie die Hintercoxen, nach der Basis allmählich schmaler werdend, oben gekrümmt, Segmente 2 und 3 quer; Vordertibien nach der Spitze zu allmählich verdickt; nervus transversus analis etwas über der Mitte gebrochen.

Genus Benacis Frst.

II. caligata Gr. (Lissonota Gr.) ♀. Abdomen ganz schwarz.

Genus Meniscus Schiödte.

M. setosus Fourcr. (Lissonota Gr.) ♂♀. Aus Cossus ligniperda erzogen. Cocon cylindrisch, braun, aussen rauh.

M. catenator Pz. (Lissonota Gr., Tryphon excavator Zett., Bothynophrys Frst.) ♂♀. Aus einer Noctua-Raupe erzogen. Die orbitae verticis bei ♂ und ♀ kurz gelb. Beim ♀ die Hinterschenkel oben schwarzbraun. Cocon elliptisch, dünn, hellbraun, glänzend, aussen etwas wollig.

M. agnatus Gr. (Lissonota Gr.) ♂♀. Beide Geschlechter haben einen gelben Scheitelfleck, Hintertarsen immer schwarz, bei den ♂ sind die hinteren Coxen schwarzbraun mit rothen Spitzen. Ein ♂ mit ganz schwarzem Abdomen.

M. pimplator Zett. (Tryphon Zett.) ♂♀. Aus Sesia formicae, = spheci = und hylaeiformis erzogen. — Areola gestielt, den rücklaufenden Nerv hinter der Mitte aufnehmend, nerv. transv. analis in der Mitte gebrochen, area supero-media lang und schmal. Beim ♂ sind die inneren Augenränder gelb.

M. murinus Gr. (Lissonota Gr., Tryphon albitarsorius Zett., Alloplasta Frst) ♀. Königsberg.

Genus Phytodietus Gr.

Ph. coryphaeus Gr. ♀. Fühler immer schwarz, die Punkte unter den Flügeln fehlen, auch die Scheitelflecke fehlen zuweilen, dass Uebrige stimmt mit Gravenhorst's Beschreibung. Aus Tortrix-Raupen erzogen. — Var. 1 Gr. ♀. — Var. 3 Gr. ♀. (Lissonota obscura Rtzbg. B. III., S. 106, n. 6.) Aus Penthina salicana, Grapholitha roborana und Tortrix viridana erzogen. Der gelbe Gesichtspunkt fehlt, zuweilen ist auch Fühlerglied 3 unten weisslich, der Punkt unter den Flügeln und vor den Mittelcoxen fehlt, zuweilen auch die rothen Seiten des Metathorax, dagegen bilden die beiden gelben Punkte des Metathorax geschwungene Querstreifen, die sich oft vereinigen. Der Mesothorax hat zuweilen auch 2 gelbe Flecken. Vordercoxen schwarz, mehr oder weniger gelb, auch die Mitteltrochanteren mit schwarzer Basis, Hintertarsen ganz schwarz, alle Kniee mehr oder weniger gelb, der Hinterrand der Segmente in verschiedener Breite gelbweiss.

Ph. segmentator Gr. (= Lissonota pectoralis Rtzbg. B. III., S. 105, n. 5) ♂♀. Aus Grapholitha roborana, Tortrix ribeana, laevigana, Cidaria galiaria und anderen Tortrix-Raupen erzogen. Im Juni fand ich eine Tortrix-Raupe mit 2 verschiedenen Schmarotzermaden besetzt. Die eine war 5 mm. lang, weisslich und sog von aussen nahe am Thorax. Die andere sog im Innern der Raupe, machte am 19. Juni ein cylindrisches, weisses, glasartiges Cocon, (das oft auch hellbraun mit weisser Mittelzone gefärbt ist), in welchem sich die weissgelbe Made am 5. Juli zur Wespe entwickelte. Die erste Made starb, von der Raupe blieb nur die Haut übrig. — Bei den ♀ sind die inneren Augenränder, 2 Flecke des Gesichts, die Wangen zwischen den Augen und Mandibeln, die Punkte unter den Flügeln und über den vorderen Coxen und die Querbinde des Metathorax breit gelb; Fühlergeissel unten zuweilen roth; Beine wie bei coryphaeus gefärbt. — Var. 1 Hlmgr. ♂. Aus Tortrix viridana erzogen. — Var. m. ♀. Kaum 5 mm. lang; alle Coxen schwarz, die vordersten gelb gefleckt, Schildchen ganz gelb.

Ph. coryphaeus und segmentator scheinen mir zu einer Art zu gehören. Die Breite des Raumes zwischen den Augen und Mandibeln ist nicht immer ganz gleich, auch die Länge des Bohrers und die Färbung seiner Klappen ist kleinen Verschiedenheiten unterworfen, aber das Flügelgeäder und das erste Hinterleibssegment sind gleich. Ich erzog aus gleichen Wirthen in Danzig den segmentator ♀, in Zoppot den coryphaeus ♂ ♀ und diese ♂ stimmen mit denen von segmentator überein.

Ph. polyzonias Gr. (Lissonota Gr.) ♂ ♀. Hintertarsen schwarz, äusserste Basis und Spitze der Glieder 1—3 und Glied 4 ganz roth. Nervus transv. analis unter der Mitte gebrochen, Segment 1 doppelt so lang wie breit, vor den Knötchen etwas eingeschnürt. Zu diesen ♂ bringe ich folgendes ♀: 9 mm. lang; schwarz, Palpen und Spitzen der Mandibeln rothbraun, innere und äussere Augenränder schmal gelb, Fühlergeissel unten rothbraun, die beiden Querleisten hinter dem Schildchen und ein grosser Fleck des abschüssigen Theiles des Metathorax gelb; Beine roth, vordere Coxen, Basis aller Trochanteren, Basis und Spitze der Hintertibien und die Hintertarsen schwarz, die vorderen Tarsen braun, Terebra kürzer als Abdomen. Alles Andere wie beim ♂.

Ph. blandus Gr. (= Lissonota altipes Hlmgr.) ♀. Trochanteren gewöhnlich oben mehr oder weniger schwarz.

Ph. errabundus Gr. ♂ ♀. Aus Cidaria rubidaria, sinuaria und galiaria erzogen. Cocon cylindrisch, dünnwandig, glänzend, dunkelrothbraun. — Bei den ♂ sind alle Coxen und Segment 1 an der Basis oder ganz schwarz. Der nerv. transv. analis weit unter der Mitte gebrochen, bei den ♀ fehlt die Areola gewöhnlich, Metathorax ohne area superomedia; Segment 1 länger als die Hintercoxen.

Ph. microtamius Gr. (♂ = Mesoleptus modestus Gr.) ♂ ♀. Kopf hinter den Augen nicht schmaler, mit breiten, gerundeten, glänzenden Wangen, Fühler dick, Hintertarsen rothbraun.

Ph. rufipictus m. ♀. Niger; ore, clypeo, macula verticis, articulo 2do antennarum, macula ante et infra alas, macula hamata mesothoracis, radice et squamula alarum flavis; strigis duabus mesothoracis, pectore, pleuris, scutello et postscutello, macula supra coxas posticas pedibusque rufis, coxis anterioribus trochanteribusque flavis, apice tibiarum posticarum et tarsis posticis nigris, marginibus apicalibus segmentorum 3—7 abdominis tenuissime flavis.

9 mm. lang; Kopf und Brust matt, Kopf hinter den Augen schmaler, Areola gestielt, nerv. transv. analis unter der Mitte gebrochen, Metathorax mit vertiefter area superomedia; Abdomen glänzend, Segment 1 so lang wie die Hintercoxen, etwas gekrümmt, allmählich verbreitert, Segment 2 fast quadratisch, Terebra kürzer als das Abdomen, mit lang behaarten Klappen; Hintertibien bedornt.

Schwarz; Palpen, Mandibeln (mit Ausnahme der Zähne), Clypeus, 2 Punkte unter den Fühlern, Scheitelfleck neben jedem Auge, Glied 2 der Fühler, Fleck und hakenförmiger Streif vor und Fleck unter den Flügeln, Spitze des Schildchens und das Hinterschildchen, Flügelwurzel und Schüppchen gelb, Stigma hellbraun; Fühlergeissel unten rothbraun; 2 Längsstriche des Mesothorax und Basis des Schildchens, Mittelbrust und ihre Seiten, Fleck des Metathorax über den Hintercoxen und die Beine roth, vordere Coxen und alle Trochanteren gelb, Hintertrochanteren mit schwarzem Basalfleck, Hinterschenkel und Hintertibien innen gelblich, aussen braun gestreift, Spitze der letzteren und die Hintertarsen schwarz, Segmente 3—7 mit feinem weissgelbem Hinterrande.

Am 24. Septbr. 1852 in Heubude gefangen.

Genus Xorides Gr.

X. Wahlbergi Hlmgr. ♂ ♀. Bei den ♂ ist das erste Fühlerglied unten nicht gelb, höchstens die Spitze desselben, Hinterschildchen gelb, Abdomen ganz schwarz. Bei den ♀ sind die Palpen rothbraun, Fleck der orbitae faciales und die orb. frontales gelb, vordere Coxen, Trochanteren und Tibien roth, Hintertrochanteren, Hintertibien und Hintertarsen schwarz; Terebra so lang wie das Abdomen.

X. albitarsus Gr. ♀. Königsberg. Nur die orbitae frontales gelb, die Fühler fehlen, Vordertibien mit zahlreicheren Dornspitzen als bei **X.** Wahlbergi, die vorderen Tibien nur hellrothgelb, Basis der Hintertibien nicht weisslich.

Genus Xylonomus Gr.

X. filiformis Gr. ♂ ♀. Königsberg.

X. irrigator Fbr. ♂ ♀.

X. pilicornis Gr. (Sterotrichus Frst.) ♂. Vordere Coxen roth mit schwarzer Basis, Hintertibien roth mit schwarzer Mitte, Hintertarsen mit rother Basis.

X. depressus Hlmgr. ♂ ♀. Neustadt. Das ♂ hat die vorderen Tibien gewöhnlich, die Penisklappen gross mit gerundeter Spitze; Färbung wie beim ♀.

X. rufipes Gr. ♂ ♀. 18 mm. lang; Metathorax gefeldert, mit 2 längeren und unter diesen 2 kurzen stumpfen Spitzen, Segment 2 mit schiefen Basalfurchen; nerv. transv. analis in der Mitte gebrochen. Bei 2 ♀ sind Metathorax und Abdomen kastanienbraun. Ein ♀ hat gelbe orbitae frontales, an den Hinterbeinen braunrothe Tibien und Tarsen, und die vorderen Coxen braunschwarz. — Var. m. ♂ ♀. Die ♂ haben die Hinterbeine schwarzbraun, nur die Coxen roth mit schwarzen Spitzen, die Tibien mit gelbweisser Basis. Bei den ♀ sind die Hinterbeine gleich gefärbt. nur die helle Basis der Tibien fehlt.

X. praecatorius Fbr. ♂♀. Bei den ♂ sind Fühler, Thorax, Abdomen. Spitzen der hinteren Coxen, Basis aller Schenkel und Spitze der Hinterschenkel schwarz. — Var. 1 Hlmgr. ♀. Abdomen aber schwarz und weiss. — Aus Callidium variabile erzogen.

X. Heringi Rtzbg. (Hemiteles Rtzbg. B. III. S. 156, n. 24.), ♀. Aus Psyche-Säcken erzogen. 2 defecte ♀, das eine aus Schlesien. Dem Flügelgeäder nach gehört diese Art nicht zu Hemiteles, eher zu Xylonomus. obgleich sie auch in diese Gattung nicht hineinpasst. — Kopf grob punktirt, kurz, hinter den Augen schmaler, Wangen tief nach unten verlängert, Clypeus nicht deutlich geschieden, lang, glänzend, weitläufig punktirt, vorn gerundet, Gesicht behaart mit stark vortretender Beule; Fühlerglied 3 über 4 mal so lang wie dick; Thorax grob gerunzelt, Prothorax kurz und breit, Schildchen scharf umleistet, durch eine tiefe Furche vom Mesothorax geschieden, Metathorax bei einem ♀ nur mit 2 Querleisten, bei dem anderen eine lang 6-eckige area superomedia sichtbar; Beine schlank, braunroth, Coxen, Trochanteren, obere Seite der vorderen Schenkel, Spitze der Hinterschenkel, die Hintertibien und Hintertarsen schwarz; ein ♀ mit rothbraunen Coxen; Flügelwurzel und Basis des Stigma gelbweiss, Schüppchen schwarz; die Segmente 6—8 mit weisshäutigem Hinterrande.

Genus Echthrus Gr.

E. reluctator L. ♀. Zuweilen auch Segment 4 roth.

E. lancifer Gr. ♂♀. Bei dem ♂ sind die Fühler schwarz, Vordertibien wenig verdickt, Abdomen schmal, die dunkeln Stellen der Vorderflügel fehlen, nerv. transv. analis in der Mitte gebrochen.

E. crassipes Hrtg. (Xylonomus Hrtg.) ♀. Gehört wohl eher in diese Gattung. Beine gelbroth.

E. annulatus m, (früher Xylonomus) ♂♀. Ich stelle diese Art, trotz der kleinen oder unvollständigen Areola lieber hierher. Aus Sesia formicae = und spheciformis erzogen. — Niger; ♂: clypeo, orbitis in = et externis, macula faciei infra antennas, macula verticis utrinque, articulo primo antennarum subtus, apice scutelli et postscutelli flavis; pedibus rufis, coxis trochanteribus (anterioribus subtus flavis) et tarsis posticis nigris, his albo — annulatis, segmentis abdominis albo marginatis. ♀: orbitis facialibus, frontalibus et externis tenuissime flavis, articulis antennarum 11 et 12 supra, 13 et 14 totis albis, apice postscutelli flavo; pedibus ut in ♂, at trochanteribus totis nigris.

9—11 mm, lang; Kopf punktirt, glänzend, hinter den Augen nicht schmaler, mit breiten, runden Wangen, Gesicht beim ♂ seidenhaarig, Clypeus eingedrückt, Mandibeln 2-zähnig; Fühler dünn, bei den ♀ nach der gekrümmten Spitze zu etwas dicker werdend; Thorax grob punktirt, Mesothorax deutlich 3-lappig, Metathorax oben durch eine Querleiste getheilt, vorderer Theil fein, hinterer Theil sehr grobrunzlig punktirt; die Areola sehr klein, bei den ♂ vollständig 5-eckig, bei den ♀ meistens unvollständig, der nervus transv. analis über der Mitte gebrochen; Vorderschenkel gekrümmt, etwas plattgedrückt, bei den ♀ ausgebuchtet, Vordertibien blasig verdickt; Abdomen gestielt, bei den ♀ nach der Spitze hin zusammengedrückt, Segment 1 länger als die Hintercoxen, stark gekrümmt, grob punktirt, ohne Leisten, bei den ♀ wertläufig, nur an den Seiten dichter punktirt, glänzend, die übrigen Segmente kräftig punktirt, bei den ♀ die Hinterränder glatt, Terebra so lang wie das Abdomen, mit breiten Klappen.

Schwarz; bei den ♂ der Clypeus, die inneren und äusseren Augenränder, ein Gesichtsfleck unter den Fühlern und ein Scheitelfleck jederseits gelb; bei den ♀ sind nur die Augenränder sehr schmal und unterbrochen gelb, die Fühlerglieder 11 und 12 oben, 13 und 14 ganz weiss; die ♂ haben die Spitze des Schildchens und Hinterschildchens, die ♀ nur die Spitze des letzteren gelb; Stigma, Radius, Wurzel und Schüppchen schwarzbraun; Beine roth, Coxen und Trochanteren schwarz, diese bei den ♂ an den vorderen Beinen unten gelb, äusserste Basis und Spitze der Hintertibien schwarz, an den Vordertarsen Glied 5 schwarz, an den Mitteltarsen bei den ♀ Glied 5, bei den ♂ 2 und 5 oder 2, 4 und 5 schwarz, 3 und 4 oder nur Basis von 3 weiss, an den Hintertarsen bei den ♂ Glied 1 und 5 schwarz, 2—4 weiss, bei den ♀ 1, 4 und 5 schwarz, 2 und 3 weiss; die Hinterränder der Abdominal-Segmente bei den ♂ zuweilen gelbweiss.

E. armatus Gr. ♀. Aus Leucania obsoleta erzogen. (S. Brischke: Hymenopterologische Notizen, in der deutschen Entomol. Zeitschrift XXI. 1874, Heft 11.). Nachdem ich noch ein zweites ♀ gefangen, habe ich mich überzeugt, dass beide ♀ keine geschlossene Areola haben und auch in Sculptur übereinstimmen, aber nicht zu meinem Phygadeuon semiorbitalis Gr. ♂ gehören. Soviel ist sicher, dass das ♂ kein ächter Phygadeuon ist und die ♀ nicht zur Gattung Echthrus gehören. Zu welchen Gattungen, die Förster in seiner Synopsis aufstellt, sie zu zählen sind, konnte ich nicht mit Sicherheit ermitteln. — ♀: Clypeus nicht abgesetzt, vorn nicht eingedrückt, Kopf kurz grauhaarig, Thorax dicht punktirt, Mesothorax vorn nicht 3-lappig, Metathorax mit 5 scharf und hoch umleisteten Feldern, area posteromedia querrunzlig, Mittelbrustseiten längsstreifig, Areola nicht geschlossen, nerv. transv. analis tief unter der Mitte gebrochen.

Genus Ischnoceros Gr.

I. rusticus Gr. (Xorides cornutus Rtzbg., Mitroboris Hlmgr.) ♂♀. Aus Larven von Rhagium mordax und Aromia moschata erzogen. Gravenhorst sagt Nichts über das Horn auf der Stirn und über die Bildung der Beine, Hintertibien immer mit weisslicher Basis. 1 ♀ hat auf beiden Vorderflügeln eine unregelmässig 5-eckige Areola. Die ♀ stechen sehr empfindlich und bleiben sogar mit dem Bohrer in der Wunde stecken.

Genus Odontomerus Gr.

O. dentipes Gmd. ♂♂. Das ganze Thier oft röthelnd. Ein ♀ aus Neuenburg ist 14 mm. lang.

Wirths-Tabelle.

Parasiten.		Coleoptera.	Hymenoptera.	Lepidoptera.	Diptera.	Arachnidae.
Genus.	Species.			Wirthe.		
Acoenites.	arator.			Sesia formicaeformis.		
Rhyssa.	persuasoria,		Sirex juvencus.			
Ephialtes.	continuus.	Saperda populnea.		Sesia formicaeformis.		
"	discolor.	Exenterus balteatus oder Dasytes coerulea.				
"	inanis.		Nematus sp.?	Retinia resinana, Tachyptilia populella.		
"	manifestator.			Sesia spheciformis.		
"	tenuiventris.			Retinia resinana.		
"	tuberculatus,			Sesia formicaeformis. „ spheciformis. „ hylaeiformis.		
Theronia.	flavicans			Euryereon verticalis. Pionea forficalis. Gastropacha neustria. Abraxas grossulariata.		
Pimpla.	alternans.		Fenusa pumila. Lophyrus pini.	Abraxas grossulariata. Cidaria juniperata.		
"	affinis.		Selandria bipunctata.	Gelechia sp.?		
"	Bernuthii.			Lasiocampa pini.		
"	brevicornis.	Gymnaetron Campanulae. Pissodes notatus.	Selandria bipunctata. Microgaster congestus.	Tortrix laevigana. Retinia resinana. Gelechia sp.? Conchylis posterana. Laverua sp.?(i. Apfelzweig.) Nephopteryx Abietella. Tischeria complanella.		
"	cicatricosa,			Sesia formicaeformis. „ spheciformis.		

*) Die fett gesetzten Arten haben sich als Parasiten in Parasiten erwiesen.

Wirths-Tabelle.

Parasiten.		Wirthe.				
Genus.	Species.	Coleoptera.	Hymenoptera.	Lepidoptera.	Diptera.	Arachnidae
Pimpla.	cingulata.			Tachyptilia populella.		
„	detrita.			Sesia formicaeformis.	Lipara	
„	examinator.	Anthonomus pomorum.		Gastropacha neustria.	luceus.	
				„ trifolii.		
„	instigator.		Nematus perspicillaris.	Porthesia chrysorhoea Gnophria quadra. Cucullia argentea. Abraxas grossulariata. Yponomeuta malinellus. Pyralis sp.? Nephopteryx vacciniella. Gastropacha neustria. Lasiocampa pini.		
„	linearis.		Fenusa pumilio.	Porthesia chrysorhoea Psyche viciella. Aporia Crataegi. Scoliopteryx libatrix. Orgyia antiqua. Phalera bucephala. Retinia resinana.		
„	oculatoria					Spinnennest.
„	ornata.			Gastropacha neustria.		
„	ovivora.					Nest von Tesidium?
„	rufata.		Lophyrus sp.?	Gastropacha neustria.		
„	sagax.	Anthonomus pomorum.		Drepana falcula. Psyche viciella. Spilosoma menthastri. Abraxas grossulariata. Pieris Napi. Rhodocera Rhamni. Tortrix laevigana. Tortrix sp? Gelechia sp.?		
„	scanica.		Microgaster sp.?	Tischeria complanella. Psyche nitidella. Tortrix laevigana. „ viridana. „ piccana. Nephopheryx vacciniella.		Nest sp.?

Wirths-Tabelle.

Parasiten.		Wirthe.				
Genus.	Species.	Coleoptera.	Hymenoptera.	Lepidoptera.	Diptera.	Arachnidae
Pimpla.	stercorator.			Earias clorana. Gelechia Epilobiella (Laverna fulvescens.) Depressaria intermediella. Gastropacha neustria.		
„	varicornis.			Lasiocampa potatoria. Psilura monacha. Hylophila prasinana. Gnophria quadra. Tortrix laevigana. Nephopteryx vacciniella. Aporia Crataegi. Eurycreon verticalis.		
„	viduata.			Psyche viciella.		
„	vesicaria.		Nematus Valisnieri.	Sesia spheciformis. Tortrix sp.? Tortrix Bergmanniana.		
			Nematus viminalis.	Tischeria complanella.		
			Nematus vesicator.			
			Cryptocampus medullarius.			
			Cryptocampus venustus			
Clystopyga.	incitator			Retinia resinana.		Teridium sp.?
Polysphincta.	boops.					
„	rufipes.					Spinne, Gen.?
Glypta.	dubia.			Tortrix sp.?		
„	ceratites.			Nephopteryx vacciniella.		
„	extincta.			Tortrix laevigana.		
„	haesitator.			Grapholitha tenebrosana.		
„	resinanae.			Retinia resinana.		
„	scalaris.			Nephopteryx vacciniella.		
Lissonota.	basalis.			Hadena suffuruncula. Tapinostola Elymi.		
„	cylindrator.			Tapinostola Elymi.		
„	impressor.			Sesia formicaeformis. Sesia spheciformis. Tapinostola Elymi.		
„	melania.			Tortrix sp.?		
„	nigra.			Sesia spheciformis.		

Wirths-Tabelle.

Parasiten.		Wirthe.				
Genus.	Species.	Coleoptera.	Hymenoptera.	Lepidoptera.	Diptera.	Arachnidae
Lissonota.	5 - angularis.			Tortrix sp. ?		
„	sulphurifera.			Hadena suffurnncula.		
„	variabilis.			Earias clorana.		
„	vicina ?			Tortrix sp. ?		
Meniscus.	catenator.			Noctua sp. ?		
„	pimplator.			Sesia formicaeformis.		
				„ sphaeciformis.		
				„ hylaciformis.		
„	setosus.			Cossus ligniperda.		
Phytodietus.	coryphaeus.			Tortrix viridana.		
				Penthina salicana.		
				Grapholitha roborana.		
„	errabundus.			Cidaria galiaria.		
				„ sinuaria.		
				„ rubidaria.		
„	segmentator.			Tortrix laevigana.		
				„ ribeana.		
				Grapholitha roborana.		
				Cidaria galiaria.		
Xylonomus.	Heringii.			Psyche sp ?		
„	praecatorius.	Callidium variabile.				
Echthrus.	annulatus.			Sesia sphaeciformis.		
				„ formicaeformis.		
„	armatus.			Leucania obsoleta.		
Ischnoceros.	rusticus.	Aromia moschata.				
		Rhagium mordax.				

IV. Ophionides.

(Nach Gravenhorst: Ichneumonologia Europaea, Ratzeburg: Die Ichneumonen der Forst-Insecten, Wesmael: Revue des Anomalons de Belgique und
Notice sur les Ichneumonides de Belgique, Holmgren: Monographia Ophionidum
Sueciae, Förster: Monographie der Gattung Campoplex Gr. 1868 und Synopsis
der Familien und Gattungen der Ichneumonen 1868, Tscheck: Ichneumonologische
Fragmente (aus den Verhandlungen der k. k, zoologisch-botanischen Gesellschaft
in Wien 1871), Woldstedt: Ueber eine Sammlung schlesischer Ichneumoniden
1876 und Beitrag zur Kenntniss der um St. Petersburg vorkommenden Ichneumoniden 1877.)

Genus Hellwigia Gr.

H. elegans Gr. ♀. Palpen, Strich zwischen Augen, Mandibeln und
3-eckiger Scheitelfleck gelb.

Genus Ophion Fbr.

O. merdarius Gr. ♂♀. Aus Raupen von Dianthoecia Echii und Cucullia argentea erzogen.

O. ramidulus L. ♂♀. Aus Raupen von Panolis piniperda erzogen.
Cocon elliptisch, schwarzbraun, rauh. — Var. m. ♂♀. Thorax schwarz, nur
Prothorax, Schildchen, G.gend um dasselbe und Metathorax oben oder hinten
roth, also zu O. combustus übergehend. Ein ♂ aus Königsberg hat den Thorax
braunroth, Mesothorax oben grösstentheils schwarz.

O. obscurus Fbr. ♂♀. Eine in Grösse und Färbung sehr veränderliche
Art. Aus Raupe von Hadena porphyrea, Sesia formicaeformis und Pseudoterpna
cythisaria erzogen, Cocon elliptisch, derb, dunkel bronzefarben, mit breiter heller
Mittelzone. — Var. 1 Illmgr. ♂♀. Stigma heller, einfarbig, der Scheidenerv
der ersten Cubitalzelle nur angedeutet.

O. luteus L. ♂♀. Aus Raupen von Cymatophora flavicornis, Harpyia
bifida, Sesia formicaeformis, Demas Coryli und Acronycta aceris erzogen. Flügeladern kräftig, schwarz, nervus rad. externus verschieden. — Var 1 m. ♂♀.
Aus Raupen von Cucullia argentea erzogen. Heller roth. Gesicht runzlig punktirt,
matt, Flügeladern fein, gelbbraun, der Anfang des Scheidenervs der ersten Cubitalzelle fehlt immer, der nerv. rad. externus fast gerade oder gebogen, die Querleiste des Metathorax deutlich. Cocon elliptisch, schwarz mit schmaler brauner
Mittelzone. — Var. 2 m. ♂♀. Aus Raupen von Cucullia thapsiphaga, Scrophu-
luriae, Abrotani und Absynthii erzogen. Fühler etwas kürzer, Kopf hinter den
Augen breiter als bei der Stammart und, besonders bei den ♀ ganz roth, Flügeladern kräftig, schwarz, Stigma immer gelb, der Anfang des Scheidenervs der
ersten Cubitalzelle fehlt, oder ist nur angedeutet, der nervus rad. externus gebogen, Rand der area posteromedia scharf, diese durch Längsleisten getheilt, die 3
letzten Segmente des Abdomen und die Spitze des vierten zuweilen schwarz,
Cocon bronzefarben oder schwarz, zuweilen mit hellerer Mittelzone.

O. ventricosus Gr. ♂♀

O. inflexus Rtzbg. (O. undulatus Gr.?) ♂ ♀. Aus Raupen von Gastropacha lanestris erzogen. Nervus transversus analis unter der Mitte gebrochen. Metathorax ohne Felder, allmählich abschüssig, mit Mittelfurche und gekrümmten Querrunzeln. Cocon wie bei O. luteus.

C. marginatus L. ♀. Königsberg. Metathorax ohne Felder, nervus radialis internus an dem langen und schmalen Stigma stark gekrümmt und verdickt, nervus transversus analis unter der Mitte gebrochen.

O. bombycivorus Gr. ♂ ♀. Aus einer Raupe von Stauropus Fagi erzogen. Fühler lang, Metathorax ohne Felder, area posteromedia gerandet, sehr grob runzlig. nervus transv. analis in der Mitte gebrochen. Cocon unregelmässig elliptisch, derb, bronzefarben, runzlig, mit flockigen Fäden leicht umhüllt.

Genus **Trachynotus** Gr. (Nototrachys Marshall.)

Tr. foliator Fbr. ♂ ♀. — Var. Hlmgr. ♂ ♀.

Genus **Schizoloma** Wesmael.

Sch. amictum Fbr. (Anomalon Gr.) ♂ ♀. Aus Puppen von Dasychira pudibunda und Hylophila prasinana erzogen. Ein aus einer Bombyx-Puppe erzogenes ♀ hat das Gesicht mit bräunlichen Höckern besetzt.

Genus **Exochilum** Wsml.

E. circumflexum L. (Anomalon Gr.) ♂ ♀. Aus Puppen von Lasiocampa pini und Euplexia lucipara erzogen. — Var. 1 Gr. ♂. — Var. 1 Wsml. (A. giganteum Gr.) ♂ ♀. — Var. 2 Hlmgr. ♀.

Genus **Heteropelma** Wsml.

H. calcator Wsml. (Anomalon xanthopus Gr. ♀) ♂ ♀. Aus Puppen von Panolis piniperda und Hylophila prasinana erzogen.

Genus **Habronyx** Frst.

H. heros Wsml. ♂ ♀. Der Nervus transversus analis in der Mitte gebrochen. Aus Puppen von Deilephila Galii, Lasiocampa pini und auch von Las. Dryophaga (Türkei) erzogen. 36 mm. lang.

Genus **Anomalon** Gr.

A. xanthopus Schrank. (Gr. ♂. A. armatum Wsml. Aphanistes Frst.) ♂ ♀. Aus Puppen von Panolis piniperda erzogen.

A. bellicosum Wsmd. (Aphanistes Frst.) ♂ ♀. Schildchen mit rothen Seiten, Abdomen mit ganz rother Spitze. Aus Puppen von Sphinx pinastri erzogen.

A. Wesmaeli Hlmgr. (A. bellicosum var 1. Wsml. Aphanistes Frst.) ♂ ♀. Aus Puppen von Sphinx pinastri und einer Noctua erzogen. Ist wohl gleich A. bellicosum Wsml. Länge von 11 bis 25 mm. Wangen und Glied 1 der Fühler ganz gelb, Fühlergeissel roth, Hintertarsen ganz gelb und Spitze des Abdomen ganz roth.

A. thoracicum m. ♂ ♀. Ist vielleicht als Varietät von Wesmaeli zu betrachten. Nigrum: ore, clypeo, facie, orbitis frontis et genarum flavis, temporibus in ♀ rufis, antennis in ♂ nigris, in ♀ fulvis, scapo rufo, subtus flavo; thorace rufo, supra et lateribus nigris; squamula, radice et stigmate rufis; pedibus rufis, coxis, trochanteribus anterioribus et tarsis posticis flavis, coxis posticis et apice tibiarum posticarum nigris, abdomine rufo, dorso segmenti 2º nigro, valvulis flavis.

13 mm. lang; Kopf hinter den Augen nicht breiter, Stirn grob gerunzelt, beim ♀ mit deutlicher, beim ♂ mit weniger deutlicher Mittelleiste, Fühler fast von Körperlänge, Mesothorax vorn 3-lappig, Schildchen erhaben, runzlig punktirt, nicht gerandet, Metathorax allmählich abschüssig, mit flacher Mittelrinne, ohne alle Leisten, sehr grobrunzlig. Mittelbrustseiten runzlig punktirt und, wie der ganze Thorax, glanzlos; nervus recurrens discoidalis unter der Mitte, nerv. transv. analis weit unter der Mitte gebrochen, der Längsnerv den Flügelrand erreichend; Hintertarsen beim ♂ breit, beim ♀ weniger breit; Aculeus so lang wie Segment 1, mit schmalen Klappen.

Schwarz; Palpen, Mandibeln mit Ausnahme der Zähne, Clypeus, Gesicht, orb. frontis und genarum gelb, die Schläfen beim ♀ roth; Fühler des ♂ schwarz, des ♀ rothbraun, Glied 1 oben roth, unten gelb; Thorax roth, Mesothorax oben, Mittelbrust und deren Seiten, Basis des Metathorax oben und das Schildchen schwarz, Flügelschüppchen, Wurzel und Stigma roth; Beine roth, vordere Coxen und Trochanteren (beim ♂ nur die Vordercoxen) und die Hintertarsen gelb, Hintercoxen und Spitze der Hintertibien schwarz; Abdomen roth, nur Rücken des 2. Segmentes schwarz, Bohrerklappen gelb.

A. biguttatum Gr. ♀. Aus Puppen von Panolis piniperda erzogen. — Var. 1 Illmgr. ♂. — Var. m. ♀. Metathorax roth mit gelben Seiten, das Roth zieht als schräger Seitenstreif unter die Flügel, Hintercoxen auch roth.

A. cerinops Gr. ♂ ♀. Aus Puppen von Calocampa vetusta und einer Spannerpuppe erzogen. Das ♂ hat den äusseren Augenrand schmal gelb, der rothe Scheitelfleck fehlt.

A. fibulator Gr. (Erigorgus Frst.) ♂ ♀. — Var. 1 m. ♂. Neustadt. Kopf schwarz, nur Palpen rothgelb, an den Hintertarsen die Spitze des ersten Gliedes, die Glieder 2—4 ganz weiss. — Var. 2 m. ♂. Wie Stammart, aber an den vorderen Beinen die Unterseite der Trochanteren und der Schenkel, die Tibien und Tarsen ganz gelb, Hintertarsen ganz rothgelb.

A. procerum Gr. ♀.

A. carinatum m. (Erigorgus Frst.?) ♂. Nigrum; ore, clypeo, apice genarum, facie, articulo primo antennarum subtus flavis, temporibus rufis, radice et squamula flavis; pedibus anterioribus flavis, femoribus rufis, pedibus posticis rufis, coxis, basi trochanterum et apice tibiarum nigris; abdomine rufo, basi, dorso segmenti secundi et apice nigris.

15 mm. lang; punktirt, Gesicht unten schmäler, Wangen breit, Stirn gerunzelt, mit scharfem Mittelkiele, Fühler fast körperlang, Schildchen flach, in der Mitte etwas vertieft, nervus recurrens discoidalis über, nerv. transv. analis fast in der Mitte gebrochen, Hintertarsen nicht verdickt.

Schwarz; Palpen, Mandibeln, Clypeus, Wangenspitze und Gesicht gelb, Schläfen roth, Glied 1 der Fühler unten gelb; Stigma und Radius gelbbraun, Wurzel und Schüppchen gelb, dieses mit schwarzem Fleck; vordere Beine gelb mit rothen Schenkeln, Mittelcoxen mit schwarzer Basis, Hinterbeine roth, Coxen und Trochanteren schwarz, diese mit gelber Spitze, Schenkel oben und Tibien an der Spitze schwarz, Tarsen oben bräunlich; Abdomen roth, Basis des ersten, Rücken des zweiten Segmentes und die Segmente 6 und 7 schwarz.

A. perspicillator Gr. (Erigorgus Frst.) ♂ ♀. Aus Puppen von Symira nervosa erzogen. Fühler etwa halb so lang wie der Körper, nervus recurr. discoidalis über der Mitte gebrochen. Bei den ♂ sind die Mittelschenkel ganz schwarz, ein ♂ hat unter den Fühlern einen gelben Gesichtsfleck. ♀: Palpen, Mandibeln, Clypeus, Gesicht und Glied 1 der Fühler unten gelb; Mittelschenkel unten nach der Spitze hin gelblich, Hintertarsen bei ♂ und ♀ nicht verdickt.

A. Latro Gr. ♂ ♀. Aus Puppen von Diloba coeruleocephala erzogen. Schildchen convex, nerv. recurr. discoidalis unter der Mitte gebrochen.

A. nigricorne Wsml. (Labrorychus Frst.) ♀. — Var. 1 Wsml. ♀. Königsberg.

A. canaliculatum Rtzbg. ♂ ♀. Aus Puppen von Hylophyla prasinana und Yponomeuta evonymella erzogen. Scheitelfleck immer gelb, Glied 1 der Fühler schwarz, Hintertarsen roth, Glied 1 an der Basis bräunlich.

A. rufum Hlmgr. (A. pallidum Gr.? Erigorgus Frst.) ♂. Gesicht und Strich unter den Flügeln gelb, Coxen, Hinterschenkel und Hintertarsen schwarz, Segment 1 schwarz mit rother Spitze.

A. anomelas Gr. — Var. 1 Gr. ♂. Flügelgeäder wie bei A. flaveolatum.

A. flaveolatum Gr. ♂ ♀. Aus Puppen von Earias clorana, und Hibernia defoliaria erzogen. Die ♀ oft ohne rothe Schläten. Oft auch, wie Gravenhorst sagt, die orbitae frontales breit gelb. Bei allen ist der nervus transv. analis nicht gebrochen. — Var. 2 Gr. ♂ ♀. — Var. m. ♂ ♀. Aus Puppen von Eupithecia actaeata erzogen. Hinterschenkel, erstes Glied der Hintertarsen fast ganz und Segmente 1 und 2 schwarz. Bei den ♀ die gelbrothen Schläfen mit den gelben Wangen verbunden.

A. anxium Wsml. ♂ ♀. Königsberg. Beim ♂ sind die Schläfen schwarz, nur der Scheitelfleck gelb.

A. clandestinum Gr. ♂ ♀. Aus Puppen von Yponomeuta evonymella, Eupithecia actaenta und lariciaria erzogen. Hinterbeine bei den ♀ und bei einem ♂ ganz roth, nur Spitze der Tibien dunkel.

A. geniculatum Hlmgr. (Agrypon Frst.) ♀. Hinterschenkel kurz und nach der Spitze hin verdickt.

A. tenuicorne Gr. ♂ ♀. Aus Puppen von Kymatophora Or erzogen. Der nervus transv. analis gebrochen, bei einem ♂ in der Mittte; der Längsnerv sichtbar. — Var. m. ♀. Der nerv. trantv. analis nicht gebrochen, Seiten des Prothorax und Seitennähte zwischen Meso- und Metathorax roth.

A. flavitarsum m. ♂ ♀. Nigrum; ore, clypeo, facie, genis, coxis, trochanteribus anterioribus et tarsis posticis flavis, temporibus (in ♀ latis), orbitis verticis, antennis, squamula, stigmate, pedibus et abdomine rufis, tibiis posticis apice, segmento secundo abdominis dorso fuscis, terebra flava.

11 mm. lang; dem A. tenuicorne ähnlich. Kopf hinter den Augen nicht breiter, Stirn grob und dicht punktirt, ebenso der Thorax, Schildchen oben flach, Fühler von Körperlänge, nervus recurr. discoidalis über der Mitte gebrochen, nerv. transv. analis gerade, ohne Längsnerv, Hintertarsen verbreitert.

Schwarz; Palpen, Mandibeln, Clypeus, Gesicht und Wangen gelb, die Schläfen (bei den ♀ breit), die Scheitel-Augenränder, die Fühler, (diese nach der Spitze hin dunkler), Flügelschüppchen, Stigma und Beine roth, die vorderen Coxen und Trochanteren, sowie die Hintertarsen gelb, die Spitzen der Hintertibien braun; der Hinterleib roth, nur der Rücken des zweiten Segmentes schwarz, Terebra gelb.

Genus **Trichomma** Wsml. (Therium Curtis.)

Tr. enecator Rossi. ♂ ♀. Aus Puppen von Earias clorana erzogen. Beim ♀ fehlt die gelbe Linie vor den Flügeln, dafür aber ist ein gelber Strich unter den Flügeln, Hintertarsen roth.

Genus **Opheltes** Illmgr.

O. glaucopterus L. (Paniscus Gr.) ♀. Aus Larven von Cimbex variabilis erzogen.

Genus **Paniscus** Gr.

P. cephalotes Illmgr. ♂ ♀. Aus Raupen von Cucullia asteris, abrotani, argentea, scrophulariae, thapsiphaga und balsamitae, Acronycta tridens, psi und megacephala, Gastropacha populi und Harpyia vinula erzogen. Cocon elliptisch, in der Mitte etwas aufgetrieben, schwarz. Die schwarzen, glänzenden Eier werden oft sehr zahlreich zwischen die Segmente der Raupen gelegt und die jungen Maden bohren sich in den Körper derselben hinein. Bei grossen Raupen, wie z. B. bei der von Harpyia Vinula, entwickeln sich mehrere Maden, welche im Raupengespinnste zusammenhängende Cocons, manchmal über ein Dutzend, verfertigen. Ein ♀, welches aus einem einzelnen, sehr grossen und unregelmässigen Cocon herauskam, misst 20 mm. — Diese Art scheint mir nur Varietät von testaceus zu sein.

P. fuscicornis Illmgr. ♂ ♀. Hintertarsen roth. Aus Puppen von Anarta Myrtilli und Leucania obsoleta erzogen.

P. testaceus Gr. ♂ ♀. Aus Raupen von Cucullia argentea und Acronycta leporina erzogen. Abdomen oft ganz roth.

P. virgatus Fourcr. Var. 1 Illmgr. ♂ ♀. Aus Raupen von Hylophila prasinana (in einem Gespinnste steckten 3 Cocons), Drepana unguicula, Eupithecia absynthiaria und einer Geometra erzogen. Grösse sehr verschieden. Abdomen auch ganz rothgelb. Cocon wie bei P. cephalotes, nur kleiner. — Var. 2 Illmgr. ♀.

B. ochraceus Rtzbg. ♂ ♀. Wohl nur Varietät von P. testaceus. Aus Raupen von Ptilodontis palpina, Pygaera curtula, Anarta Myrtilli, Tapinostola Elymi und Acronycta megacephala erzogen.

P. tarsatus m. ♂ ♀. Testaceus; oculis et ocellis nigris, ore, clypeo, lacie, orbitis externis, squamulis et macula infra alas flavis, striga mesothoracis plerumque fusca, tarsis pasticis pallidis; in ♂ lateribus thoracis, coxis et trochanteribus anterioribus plerumque pallidis.

9—11 mm. lang; Kopf hinter den Augen schmaler, Fühler von Körperlänge, die Glieder 3 und 4 gleich lang, Mesothorax 3-lappig, Metathorax ohne Leisten; Segment 1 fast so lang wie die Coxen und Trochanteren der Hinterbeine, schmal, die Stigmen zwischen Basis und Mitte; Areola sitzend oder gestielt (be einem ♂ fehlt sie auf dem rechten Vorderflügel), nervus transv. analis über der Mitte gebrochen; Terebra so lang wie Segment 1.

Scherbengelb; Augen und Nebenaugen schwarz, Palpen, Mandibeln, (ausser den schwarzen Zähnen), Clypeus, Gesicht, äussere Augenränder, Schüppchen, Fleck unter den Flügeln, meistens auch die Seitennähte gelb, der Mittellappen des Mesothorax und oft auch ein Streif jederseits braunschwarz, zuweilen ist der Mesothorax ganz rothgelb, beim ♂ ist die Mittelbrust zuweilen braunschwarz; Stigma bräunlich gelb, Hintertarsen weisslich, Basis des ersten Gliedes oft rothgelb; Terebra braun.

Aus Raupen von Drepana falcula und unguicula, Eupithecia absynthiaria, exiguaria, lariciaria, succenturiaria und castigaria erzogen. Cocon lang elliptisch, dünnwandig, schwarz oder braun.

Genus Absyrtes Hlmgr.

A. luteus Hlmgr. ♂ ♀.

Genus Campoplex Gr.

C. mixtus Gr. (Oxyacanthae Boie) ♂ ♀. Aus Raupen von Dasychira pudibunda und Acronycta erzogen. Cocon elliptisch, hart, rauh, heller oder dunkler braun. — Var. 1 Gr. ♀. Aus Raupen von Hylophila prasinana erzogen. — Var. 2 Gr. ♀. Aus Raupen von Phalera bucephala erzogen.

C. carinifrons Hlmgr. ♀. Königsberg. Ist Varietät von C. mixtus.

C. mesoxanthus Frst. (C. mixtus var. 4 Gr.) ♂ ♀. Aus Raupen von Himera pennaria erzogen. Cocon wie bei C. mixtus, nur kleiner.

C. pugillator L. ♂ ♀. Aus Raupen von Odontopera dentaria erzogen. Cocon wie bei C. mixtus. Von den vielen Exemplaren, die ich besitze und nach Gravenhorst und Holmgren bestimmt habe, ist keines mit Försters C. pugillator identisch. Stirn weder gekielt noch gerinnt, die glänzende Stelle der Mittelbrustseiten fehlt gewöhnlich, Metathorax ohne Felder, nur die beiden Basalfelder mehr oder weniger deutlich umleistet, die gestielte oder sitzende Areola nimmt den nervus recurrens in der Mitte auf, der unter der Mitte gebrochene nerv. tranv. analis sendet eine undeutliche Längsader aus, die Färbung des Abdomen verschieden. — Var. 3 Gr. ♂. Königsberg. Metathorax mit sehr flachem Längseindrucke. — Var. 6 Gr. ♂. — Var. 7 Gr. ♂ ♀. Stirn gerunzelt, Areola gestielt oder sitzend, nerv. radial externus mehr oder weniger gebogen, Segment 3 seitlich mit schwarzem Striche. Aus Raupen von Cidaria rubidaria erzogen. Var. 1 m. ♂ ♀. Areola beim ♀ gestielt, beim ♂ sitzend, nervus recurrens vor der Mitte der Areola mündend, nervus transv. analis etwas höher gebrochen.

C. bucculentus Hlmgr. ♂♀. Aus Raupen von Abraxas marginata und Odontopera dentaria erzogen. Stirn fast eben, fein runzlig punktirt, Thorax fein und sehr dicht punktirt, Metathorax hinten mehr gerundet. Kopf der ♂ hinter den Augen etwas verengt. Die Areola länger oder kürzer gestielt, den nervus recurrens vor der Mitte aufnehmend, nervus transv. analis unter der Mitte gebrochen, der Längsnerv nicht deutlich. Schüppchen und Stigma schwarz, Segment 2 an der Spitze, 3 und 4 ganz, 5 zur Hälfte roth. Segment 3 beim ♂ seitlich schwarz gestricht. Vordere Schenkel oft theilweise roth, bei den ♂ die Tibien oft braungelb, hinterste mit schwarzer Basis und Spitze, 1 ♂ nur mit schwarzer Spitze, Vordercoxen unten gelb.

C. cultrator Gr. ♂♀. Die ♀ gewöhnlich 7''' lang; diese Länge giebt Gravenhorst ebenfalls an. Bei dem ♂ sind die Hinterschenkel fast ganz braun. Kopf hinter den Augen schmaler, Areola gestielt, der nervus transv. analis unter der Mitte gebrochen, der Längsnerv fein. Cocon elliptisch, dickwandig, braun. — Var. Gr. ♂♀. Palpen und Mandibeln zuweilen rothgelb. Ein ♀ hat die Spitze der Hintertibien braun. — In der Färbung dem C. nitidulator Hlmgr. gleich, aber die Brustseiten sind fein runzlig punktirt, nicht gestreift.

C. nigripes Gr. ♂♀. Kopf und Thorax dicht weisshaarig, Stirn flach, runzlig punktirt, nervus radialis externus gerade, Areola gestielt, nervus transv. analis unter der Mitte gebrochen, der Längsnerv kaum sichtbar, Aussenrand der Flügel getrübt. Aus Raupen von Orgyia antiqua erzogen.

C. xenocamptus Frst. ♀. Thoraxseiten ohne glänzende Stelle, Segment 1 ohne Grübchen, Segment 2 länger als 3.

C. humilis Frst. ♂. Königsberg. Palpen gelb, Stigma schwarzbraun, area posteromedia des Metathorax querrunzlig.

C. validicornis Hlmgr. ♂♀. Aus Raupen von Eupithecia pimpinellaria und succenturiaria erzogen. Metathorax breiter als bei C. pugillator und weniger vertieft, Mittelschenkel roth, Segment 3 mit schwarzem Seitenstriche. Cocon elliptisch, ziemlich dünnwandig, schwarz bis graubraun mit hellerer Mittelzone.

C. anceps Hlmgr. ♂♀. Aus Raupen von Eupithecia actaeata erzogen. 8 mm. lang. Bei allen Exemplaren ist das Radialfeld kürzer als bei C. pugillator, der nervus radialis externus nur an der Spitze eingebogen. Cocon elliptisch, dünnhäutiger und glänzender als bei C. pugillator. — Die Mandibeln sind bei den ♀ schwarz, Schüppchen schwarz oder braun. Der Metathorax wenig vertieft, die Basalfelder scharf begrenzt und glatt, die area posteromedia aber querrunzlig. Alle Tibiendornen weiss, Segment 2 ganz schwarz, 3 und 4 roth, 4 oben am Hinterrande schwarz, 3 mit schwarzem Seitenstriche.

C. affinis m. ♂♀. Dem C. validicornis Var. 4 Hlmgr. oder dem C pugillator Var. 6 Gr. sehr ähnlich, aber doch wohl eigene Art. 7—8 mm. lang; fein lederartig, matt, Kopf hinter den Augen etwas schmaler, Stirn flach, die 10 vorletzten Fühlerglieder quer, Mittelbrustseiten unter den Flügeln fein gestreift, vordere Grube umleistet, Metathorax breit, fast garnicht vertieft, nur die Basalfelder umleistet, der abschüssige Theil grob querrunzlig; die Areola kurz gestielt, nerv. radialis externus nur an der Spitze etwas eingebogen, nerv. transv. analis tief unter der Mitte gebrochen, der Längsnerv fast unsichtbar; der Postpetiolus gewölbt, Terebra etwa halb so lang wie Segment 1.

Schwarz; Palpen, Mandibeln, Flügelwurzel und Schüppchen gelb, (bei einem ♀ sind die Palpen braun); Beine roth, Coxen, Hintertrochanteren, Basis und Spitze der Hintertibien und die Hintertarsen schwarz; Segment 2 an der Spitze mehr oder weniger breit, 3 ganz, 4 an der Basis roth, 3 mit feinem schwarzem Seitenstriche.

C. rufoniger m. ♀. Stimmt in der Sculptur sonst mit C. inermis Frst. 11 mm. lang, Metathorax-Furche nicht glänzend, Segment 2 mit tiefen Grastrocoelen, nerv. recurrens vor der Mitte der Areola mündend, nerv. transvers. analis unter der Mitte gebrochen, der Längsnerv sehr fein, 7 Kammzähne.

Schwarz; Palpen, Mandibeln (ausser den Zähnen) Flügelwurzel und Schüppchen gelb, Stigma dunkelbraun, vordere Beine weissgelb, Schenkel rothgelb, an den Mittelbeinen die Coxen, Trochanteren und Basis der Schenkel schwarz; Hinterbeine schwarz, Tibien braungelb mit schwarzer Basis; Segment 2 am Hinterrande, folgende an den Seiten roth, Segment 3 seitlich schwarz gestricht, Bauchfalte gelbroth. Aus einer Cucullien-Raupe erzogen.

C. petiolaris m. ♂ ♀. Niger; radice alarum, femoribus anticis, tibiis anterioribus et medio abdominis rufis.

11 mm. lang, Kopf und Thorax lederartig, weisshaarig, Kopf hinter den Augen schmaler, Fühler nach der Spitze hin allmählich verdünnt; Metathorax allmählich abschüssig, Mittelfurche nicht tief, ohne Felder, nur beim ♀ die Basalfelder schwach umleistet; Areola sitzend oder gestielt, nervus radialis externus in der Mitte und an der Spitze eingebogen, nerv. transv. analis unter der Mitte gebrochen, mit feinem Längsnerv; Segment 1 mit 4-eckigem, scharfkantigem, glänzendem Petiolus, der breiter als hoch ist, der Postpetiolus nur wenig breiter, matter, hinter den Stigmen niedergedrückt und zuweilen mit einem Grübchen.

Schwarz; beim ♀ ist die Mitte der Mandibeln roth; Flügelwurzel roth, Stigma schwarzbraun, Schüppchen braun, rothbraun oder roth; vordere Beine mit rothen Schenkeln (die der Mittelbeine an der Basis mehr oder weniger ausgedehnt schwarz), Tibien und Tarsen, Hintertibien bei den ♂ in der Mitte rothgelb; Segment 2—4 roth, 2 mit schwarzer Basis. Aus Raupen von Chesias spartiaria und Cidaria rubidaria erzogen.

C. brevicornis m. ♂ ♀. Niger; palpis, radice alarum pedibusque rufis, coxis, trochanteribus posterioribus et tarsis posticis nigris; abdominis medio rufo.

7 mm. lang; Kopf und Thorax fein lederartig, matt, Kopf hinter den Augen schmaler, Stirn zuweilen gekielt, Fühler etwa 4 mm. lang, beim ♂ etwas länger, gekrümmt, nach der Spitze hin etwas verdickt, die 10 vorletzten Glieder quer; Metathorax breit, nur die beiden Basalfeder fein umleistet, abschüssiger Theil in der Mitte wenig vertieft, querrunzlig, Mesothoraxseiten oben fein gestreift; Segment 1 länger als Coxen und Trochanteren der Hinterbeine, dünn und gerade, Stigmen hinter der Mitte zuweilen vortretend, Postpetiolus wenig breiter als der Petiolus; Hinterbeine etwas verlängert; Areola gestielt, nerv. radialis externus eingebogen, Radialzelle kürzer als gewöhnlich, nerv. transv. analis tief unter der Mitte gebrochen, mit feinem Längsnerv.

Schwarz; Palpen oft roth, Flügelwurzel rothgelb. Schüppchen schwarz oder auch roth, Stigma braun, Beine roth, Coxen und hintere Trochanteren schwarz, an den Hinterbeinen ist zuweilen die Basis der Schenkel, die Spitze der Tibien und meistens die Tarsen schwarz, diese mit rother Basis, zuweilen sind die Hinterschenkel fast ganz braunroth; Hinterrand des Segment 2, 3 ganz und die Basalseiten von 4 roth, Segment 3 mit feinem schwarzem Seitenstrich.

Aus Raupen von Eupithecia pimpinellaria, campanulata, innotata, centaurearia, succenturiaria, absynthiaria und castigaria erzogen. Cocon elliptisch, braun oder braungrau, oft mit hellerer Mittelzone.

C. tibialis m. ♂. Niger; ore, radice et squamula flavis; femoribus anterioribus rufis, mediis basi nigris, tibiis flavis, posticis apice nigris. tarsis anterioribus rufoflavis, abdominis medio rufo.

6—7 mm. lang; Kopf und Thorax weisshaarig, Kopf hinter den Augen nicht schmaler, Wangen gerundet; Fühler fast so lang wie der Körper, Metathorax allmählich abschüssig, ohne Felder, Mitte wenig vertieft; Areola gestielt, nerv. radialis externus in der Mitte und an der Spitze eingebogen, nerv. transv. analis nicht gebrochen; Segment 1 gerade, der Postpetiolus wenig breiter als der Petiolus.

Schwarz; Palpen, Mandibeln, Flügelwurzel und Schüppchen gelb, Stigma hellbraun; Vordertrochanteren und vordere Schenkel roth, Mittelschenkel mit schwarzer Basis, Tibien gelb, vordere unten rothgelb, Hintertibien mit schwarzer Spitze; vordere Tarsen gelb mit dunkleren Spitzen; Segment 1 an der Spitze, 2 am Hinterrande, 3 ganz und 4 an der Basis oder auch ganz roth.

Aus Raupen von Fidonia cebraria erzogen.

C. bicolor m. ♀. Niger; apice femorum anteriorum, tibiis et tarsis anterioribus abdominequus rufis, hoc basi nigro.

6 mm. lang; matt, kurz behaart, lederartig, Kopf kurz, hinter den Augen etwas schmaler, Wangen gerundet, Fühler länger als der halbe Körper, Metathorax ziemlich breit, gerundet, ohne Felder, Vertiefung grobrunzlig, Segment 1 länger als Coxen und Trochanteren der Hinterbeine, gerade. Postpetiolus etwas breiter, gewölbt, länger als breit, Seiten nach der Spitze fast convergent, Stigmen vortretend, Terebra kaum halb so lang wie Segment 1, etwas gebogen; Areola gestielt, nerv. recurrens vor der Mitte mündend, nerv. rad. externus an der Spitze eingebogen, nerv. transv. analis unter der Mitte gebrochen.

Schwarz; Stigma und Flügelwurzel hellbraun, Spitze der vorderen Schenkel, die vorderen Tibien und Vordertarsen roth, Mitteltarsen braun, Hintertibien mit rothschimmernder Mitte, Abdomen roth, Segment 1 und Basis von 2 schwarz, Segment 6 und 7 oben schwärzlich. Aus einer Eupithecia-Raupe. Cocon lang elliptisch, rothbraun, ziemlich glänzend, mit gelblicher Mittelzone.

C. sericeus m. ♂ ♀. Niger; sericeus; ore, squamula, coxis anterioribus trochanteribusque (in ♂) flavis, femoribus anterioribus testaceis, tibiis et tarsis anterioribus flavis, tibiis posticis flavo-albis, basi apiceque nigris, tarsis posticis nigricantibus, basi pallida.

6—7 mm. lang; seidenhaarig, Kopf hinter den Augen schmaler, Gesicht etwas länger als breit, Stirn dicht und fein punktirt; Brustseiten fein und dicht runzlig punktirt, matt, Metathorax allmählich abschüssig, in der Mitte vertieft, mit undeutlichen Feldern, Areola gestielt oder sitzend, nerv. transversus analis nicht gebrochen; Segment 1 lang und dünn, Postpetiolus über doppelt so lang wie breit, Segment 2 länger als breit, die folgenden zusammengedrückt, Terebra etwa ½ des ersten Segmentes.

Schwarz; Palpen, Mandibeln, Flügelwurzel und Schüppchen gelb, Stigma braun; vordere Coxen und alle Trochanteren beim ♂ gelb, beim ♀ schwarz, nur die Vordercoxen und Vordertrochanteren rothgelb; die vorderen Schenkel roth-gelb, Tibien und vordere Tarsen gelbweiss, Hintertibien mit schwarzer Basis und Spitze, Hintertarsen schwarzbraun mit heller Basis, Tibiendornen weiss.

C. spinulosus m. ♀. Niger; radice et stigmate testaceis, femoribus an-ticis, tibiis, tarsis anterioribus et femoribus mediis apice rufis, tibiis posticis in me_dio rufescentibus. abdominis medio rufo.

9 mm. lang; matt, Kopf und Thorax kurz weisshaarig, Kopf hinter den Augen schmaler, Stirn zwischen den Fühlern mit einem Grübchen; Fühler fast körperlang, die 10 vorletzten Glieder quadratisch, Seiten des Prothorax glänzend und wie die Mittelbrustseiten fein gereift, Metathorax wenig vertieft, querrunz-lig, nur die beiden Basalfelder umleistet; Areola gestielt, den nerv. recurrens vor der Mitte aufnehmend, nerv. radialis externus fast gerade, nerv. transv. analis unter der Mitte gebrochen; Segment 1 gerade, dünn, Postpetiolus hinter den et-was vortretenden Stigmen etwa doppelt so breit; Hintertibien mit feinen Stachel-haaren besetzt.

Schwarz; Palpen zuweilen roth, Flügelwurzel und Stigma scherbengelb, Vorderbeine mit rothen Schenkeln, Tibien und Tarsen, Mittelbeine mit rothen Schenkelspitzen und Tibien, diese zuweilen an der Basis aussen schwarz, Mitte der Hintertibien mehr oder weniger roth; Segmente 2—4 roth, Basis von 2 und Spitze von 4 schwarz, die Klappen des Bohrers mit helleren Spitzen.

C. exsculptus m. (Hypothereutes Frst.?) ♀. Niger; ore radice et pedi-bus anterioribus rufis, coxis, trochanteribus et basi femorum mediorum nigris, tibiis posticis medio rufis; abdominis medio rufo.

7—8 mm. lang; matt, kurz weisshaarig, Kopf hinter den Augen wenig schmaler, innerer Augenrand stark gebuchtet, Fühler länger als der halbe Kör-per, Thorax länger als hoch, Schildchen flach, Metathorax ziemlich kurz, gerun-det, mit 5 sehr fein umleisteten Feldern, area superomedia hinten breit offen, area posteromedia weniger vertieft, fein gerunzelt; Segment 1 fast gerade, glän-zend, so lang wie Coxen und Trochanteren der Hinterbeine, Petiolus bei einem ♀ breiter als hoch, scharfkantig 4-eckig, Postpetiolus flach, wenig breiter als der Petiolus, hinter den Stigmen und in der Mitte mit tiefer Längsfurche, die bei einem ♀ bis zur Spitze reicht, folgende Segmente zusammengedrückt, Segment 2 länger als breit, an der Basis niedergedrückt, Terebra etwa ½ von Segment 1. Areola gestielt, den nervus recurrens vor der Mitte aufnehmend, nerv. rad. exter-nus gerade, nerv. transv. analis nicht gebrochen.

Schwarz; Palpen, Mandibeln theilweise und Flügelwurzel roth, Stigma hellbraun; vordere Beine roth, Coxen, Trochanteren und Basis der Mittelschenkel chwarz, Hintertibien roth mit schwarzer Basis und Spitze; Segmente 2—4 roth,

2 mit schwarzer Basis, bei einem ♀ Segment 4 oben an der Spitze schwarz. Cocon elliptisch, rauh, braun.

C. carbonarius Rtzbg. (C. melanarius Hlmgr.?) ♀. Aus Raupen von Orgyia gonostigma erzogen. Mandibeln und Flügelschüppchen schwarz.

C. lapponicus Hlmgr. ♀. 10 mm. lang; Mund schwarz; ein ♀ hat die vorderen Schenkel und die Tibien roth, Mittelschenkel mit schwarzer Basis; Segment 4 roth.

C. leptogaster Hlmgr ♀. Ein aus Raupen von Cabera pusaria erzogenes ♀ hat eine grosse Areola, nerv. recurrens vor der Mitte mündend, nerv. transv. analis tief unter der Mitte gebrochen, Längsnerv sehr fein, Hintertibien nur an der Basis schwarz.

Genus **Charops** Hlmgr.

Ch. decipiens Gr. (Campoplex Gr.) ♂. Königsberg.

Genus **Cymodusa** Hlmgr.

C. leucocera Hlmgr. — Var. 2 Hlmgr. ♂♀. Die area superomedia ist fast länger als breit, das ♀ hat schwarze Mandibeln, die Spitzen der Trochanteren sind bei beiden Geschlechtern gelb. Das Stigma ohne hellere Basis.

C. cruentata Gr. (Campoplex Gr., Porizon marginellus Zett). Nach Holmgren. ♀. Area superomedia hinten offen, Metathorax nicht eingedrückt.

C. antennator Hlmgr. ♂♀. — Var. m. ♀. Fühlerglieder 3 und 4 roth, Abdomen schwarz, Hinterrand der Segmente 1—4 roth. Hinterschenkel gebräunt, Hintertibien mit schwarzer Basis und Spitze.

C. exilis Hlmgr. ? ♂; 4½ mm. lang; Areola gestielt, den rücklaufenden Nerv etwas vor der Mitte aufnehmend, vordere Coxen roth, vordere Trochanteren gelb, auch Segment 4 mit schmalem rothem Hinterrande.

C. petulans Hlmgr. — Var. 1 Hlmgr. ♀. Neustadt. Gesicht nach unten zu nur wenig schmaler. Terebra gerade, Mittelschenkel mit schwarzer Basis. Ein hiesiges ♀ hat die Spitzen der Trochanteren gelb.

C. flavipes m. ♂. Nigra; ore, radice, squamula, pedibus anterioribus et apice trochanterum posticorum flavis, tibiis posticis medio flavorufis.

6 mm. lang; seidenhaarig, Kopf hinter den Augen nicht schmaler, mit ziemlich breiten Wangen, Gesicht schmaler als die Stirn, nach dem Munde hin etwas schmaler, Clypeus vorn gerundet. Fühler fast körperlang, Metathorax allmählich abschüssig, jederseits mit 2 Feldern, area superomedia schmal und hinten offen, Abdomen schmal, wenig zusammengedrückt, Segment 1 etwas länger als Coxen und Trochanteren der Hinterbeine, dünn, gerade, Postpetiolus wenig breiter, mit parallelen Seiten, Segment 2 über noch einmal so lang als breit, 3 länger als breit; Areola sitzend, den nerv. recurrens kurz vor der Mitte aufnehmend, nerv. rad. externus fast gerade, nerv. transv. analis nicht gebrochen.

Schwarz; Palpen,Mandibeln, Flügelwurzel und Schüppchen hellgelb, Stigma braun; vordere Beine hellgelb, nur die Schenkel röthlich, Spitze der Hintertrochanteren hellgelb, Mitte der Hintertibien rothgelb, Tibiendornen weisslich, Bauchfalte gelb.

145

C. Elachistae m. ♂ ♀. Nigra; ore, radice et squamula alarum flavis, articulo 1 antennarum subtus testaceo, flagello fusco; pedibus fulvis, coxis anterioribus flavis, posticis nigris, trochanteribus flavis; abdomine rufo-nigroque, plica ventrali flava, stigmate testaceo.

Stimmt fast ganz mit Campoplex alternans Gr. überein. 4 mm. lang; matt, kurz seidenhaarig, Kopf breiter als Thorax, hinter den unbehaarten Augen schmaler, Fühler fast körperlang, Thorax cylindrisch, Metathorax mit 5 Feldern, area superomedia lang und schmal, hinten offen, Segment 1 gekrümmt, nicht so lang wie die Coxen und Trochanteren der Hinterbeine, mit vortretenden Stigmen, Postpetiolus etwas länger als breit, mit geraden parallelen Seiten, Segment 2 länger als breit, mit deutlichen Thyridien, Terebra kurz, gekrümmt; Areola unregelmässig 5-eckig, sitzend, den nerv. recurrens etwas hinter der Mitte empfangend, nerv. rad. externus gerade, nerv. transv. analis nicht gebrochen.

Schwarz; Palpen und Mandibeln gelb, Fühlerglied 1 unten scherbengelb, die Geissel unten braunroth, beim ♀ heller; Flügelwurzel und Schüppchen gelb, Stigma hell bräunlich; Beine gelblichroth, vordere Coxen gelb, Hintercoxen schwarz mit gelber Spitze, Trochanteren gelb; Segment 2 mit rothem Hinterrande und rothen Thyridien, Segment 3 roth mit schwarzer Basis, 4 roth, 5 roth mit schwarzem Querfleck, 6 und 7 schwarz mit rothen Seiten und Hinterrändern.

Aus Blättern des Phleum pratense erzogen, in welchen Raupen einer Elachista minirten.

Genus **Thymaris** Frst.

Th. pulchricornis m. ♂ ♀. Nigra; ore, apice clypei, basi antennarum in ♂ rufis, antennis in ♀ tricoloribus; radice flava, squamula rufa; pedibus testaceis, posticis in ♀ rufis, coxis et trochanteribus anterioribus pallidis, basi tibiarum posticarum pallida, apice fusco; margine apicali segmenti 2 abdominis rufo, segmento 7 testaceo; terebra segmenti primi longitudine.

6 mm. lang; Kopf und Thorax glänzend, Kopf breiter als Thorax, hinter den Augen etwas schmaler, Wangen breit und, sowie auch das Hinterhaupt scharf gerandet, innerer Augenrand nicht gebuchtet, Clypeus abgesetzt, breit und gewölbt, Augen und Basis der Mandibeln fast zusammenstossend; Fühler schlank, fast körperlang, die Glieder 3 und 4 fast gleich; Thorax beinahe cylindrisch, Mesothorax vorn 3-lappig, Metathorax gerundet, regelmässig gefeldert, area superomedia länger als breit; Segment 1 länger als Coxen und Trochanteren der Hinterbeine, etwas gekrümmt, allmählich breiter werdend, nadelrissig, Stigmen etwas vortretend, Segment 2 länger als breit, fein nadelrissig, 3 quadratisch, fein lederartig, folgende Segmente glänzender und seitlich etwas zusammengedrückt, Terebra so lang wie Segment 1, gerade, die Klappen in der Mitte verdickt; Beine lang und dünn, Glied 1 der Hintertarsen doppelt so lang wie Glied 2; Areola fehlt, nerv. rad. externus gerade, nerv. transv. analis unter der Mitte gebrochen, mit deutlichem Längsnerv.

Schwarz; Palpen, Mandibeln und Rand des Clypeus roth, Fühler beim ♂ schwarzbraun, die Glieder 1 und 2 roth, Fühler beim ♀ schwarz, Glieder 1—4 roth, 11—15 weiss; Stigma dunkelbraun, Wurzel gelb, Schüppchen roth; Beine

scherbengelb, Hinterbeine, besonders beim ♀ roth, vordere Coxen und Trochanteren gelblich, Hintertibien mit heller Basis und brauner Spitze; Hinterrand von
Segment 2 schmal roth, Segment 7 scherbengelb, Terebra scherbengelb, Mitte
braun, Spitze schwarz.

Genus Symplecis Frst.

S. basalis m. ♂ ♀. Nigra; ore, basi antennarum (in ♂), radice et squamula flavis, pedibus testaceis, coxis anterioribus trochanteribusque pallidioribus,
coxis posticis in ♀, basi apiceque tibiarum posticarum et tarsis posticis fuscis, abdominis medio flavorufo.

6 mm. lang; Kopf und Thorax glänzend, Kopf hinter den Augen schmaler, Gesicht beim ♀ stark, beim ♂ schwächer nach unten verengt, Clypeus abgesetzt, klein und flach, Abstand zwischen Augen und Mandibeln klein; Fühler
länger als Kopf und Thorax, die Glieder 3 und 4 gleich lang; Thorax länger als
hoch, Mesothorax vorn 3-lappig, Metathorax gerunzelt, mit 5 Feldern, area superomedia 5-eckig, area posteromedia breit; Segment 1 so lang wie Coxen und Trochanteren der Hinterbeine, gebogen, fein längsrissig, allmählich verbreitert, Stigmen spitz vortretend, Segment 2 längsrissig, länger als breit, 3 an der Basis
matt, die Spitzenhälfte und die folgenden Segmente glänzend, seitlich etwas zusammengedrückt, Terebra kurz; Grundader interstitial, Areola unregelmässig 4-
eckig, der nerv. recurrens vor der Spitze mündend, nerv. rad. externus gebogen,
nerv. transv. analis unter der Mitte gebrochen; Beine kurz behaart.

Schwarz; Palpen, Mandibeln und Fühlerglieder 1 und 2 gelb, bei 2 ♂
oben dunkler, beim ♀ rothbraun; Seiten des Prothorax bei 2 ♂ scherbengelb;
Stigma braun, Wurzel und Schüppchen gelb; Beine scherbengelb, vordere Coxen
und alle Trochanteren fast gelb, beim ♀ die Hintercoxen braun, äusserste Basis
und die Spitze der Hintertibien und die Hintertarsen braun; Hinterrand von
Segment 2, Segmente 3 und 4 rothgelb, Segment 3 zuweilen mit braunem Seitenfleck, 4 ebenso und auch der Hinterrand braun, folgende Segmente mit rothen
Hinterrändern.

Genus Sagaritis Hlmgr.

R. declinator Gr. (Campoplex Gr.) ♂. Neustadt. Stimmt ganz mit
Gravenhorst's Beschreibung überein, aber der nerv. rad. externus gekrümmt, Cubital-Querader interstitial, Areola gestielt, den nerv. recurrens hinter der Mitte
aufnehmend, u. transv. analis etwas unter der Mitte gebrochen.

S. raptor Zett. (Porizon Zett·) ♂ ♀. Aus Raupen von Orgyia antiqua
erzogen. Cocon cylindrisch, fest, schmutzigweiss mit 2 aus schwarzen Flecken
bestehenden Zonen, auch die Pole mit solchen Flecken und Punkten bestreut. —
Var. m. ♂ ♀. Aus Raupen von Eupithecia sobrinata und Campanulae erzogen.
Metathorax mit hohen Leisten, area superomedia hinten geschlossen, nervus recurrens vor der Mitte der Areola mündend. Cocon wie bei der Stammart.

S. maculipes Tscheek (Campoplex zonatus Var. 2 Gr.) ♂ ♀. — Var.
2 Hlmgr. ♂ ♀. — Var. 3 Hlmgr. ♂ ♀.

S. zonata Gr. (Campoplex Gr.) ♂ ♀. Bei einem ♂ ist die Areola gross und sitzend, bei einem andern fehlt sie im linken Vorderflügel, der nerv. recurrens mündet aber immer vor der Mitte. — Var. 1 Tscheck ♂ ♀. — Var. 2 Tschek. ♂. Königsberg. — Var. m. ♀. Vordere Coxen und Abdomen roth, nur Petiolus und auf den Segmenten 3—6 ein Basalfleck schwarz, nerv. recurrens mündet vor der Mitte in die Areola.

S. latrator Gr. (Campoplex Gr.) ♀. Neuenburg,

S. crassicornis Tscheck? ♂ ♀. Segment 1 mit vortretenden Stigmen, Postpetiolus 4-eckig.

S. laticollis H. — Var. 1 Hlmgr. ♀.

S. cognata Tscheck.? ♂. Aus einer jungen Noctua-Raupe erzogen. Stirn nicht eingedrückt, Fühlerglied 3 länger als der Schaft, Segment 2 länger als breit, 3 fast quer. Metathorax mit 5 scharf umleisteten Feldern, die area superomedia 6-eckig, hinten geschlossen, area posteromedia etwas vertieft. Segment 5 oben grossentheils schwarz, vordere Coxen und Trochanteren roth. Cocon cylindrisch, einfarbig hellbräunlich.

S. agilis Hlmgr. ♂. 8 mm. lang; Areola gestielt, nerv. rad. externus an der Spitze etwas eingebogen; Kopf hinter den Augen etwas schmaler, Stirn ohne Kiel, innerer Augenrand gebuchtet, letztes Glied der Hintertarsen roth.

Genus Casinaria Hlmgr.

C. orbitalis Gr. (Campoplex Gr., Alcima Frst.) ♂ ♀. 9 mm. lang. Aus junger Raupe von Deilephila Galii und aus Raupen von Cidaria sinuaria erzogen. Beim ♀ ist das erste Fühlerglied unten roth. Cocon elliptisch, rauh, weisslich, vor den Polen mehr oder weniger schwarz gefleckt.

C. senicula Gr. (Campoplex Gr. Horogenes Frst.?) ♀. Aus einer Raupe von Orgyia gonostigma erzogen und zwar in derselben Weise, wie es Ratzeburg bei Campoplex carbonarius beschreibt. Matt; Kopf kurz, hinter den Augen verengt, Thorax gewölbt, kaum länger als hoch, Mesothorax erhöht, Metathorax kurz, mit einer Querleiste, die zweite umgrenzt die breite, flache, gerunzelte area posteromedia; Segment 2 länger als breit, 3 quadratisch, Terebra kaum vorragend, Beine rauh; nerv. rad. externus gerade, nerv. transv. analis nicht gebrochen.

C. morionella Hlmgr. ♂ ♀. Aus Raupen von Eupithecia absynthiaria, Acidalia triliniaria und Cidaria sinuaria erzogen. Die beiden ersten Fühlerglieder unten immer roth, vordere Coxen oft braunroth, Basis der Tibien gewöhnlich gelb, an den Hintertibien fehlt oft der dunkle Schatten vor der Basis, vordere Tarsen gelblich roth, das letzte Glied dunkler. Cocon elliptisch, glatt, braun mit hellerer Mittelzone.

C. varians Tscheck. (C. claviventris Hlmgr.?) ♂ ♀. Fühlerglied 1 unten zuweilen roth, der nervus transv. analis bei einem Exemplare über der Mitte gebrochen, Segment 3 ganz roth; bei einem ♂ sind die Hinterschenkel schwarz, innen roth; Basis der Hintertarsen gewöhnlich gelb. — Var. m. ♂ ♀. Hintere Schenkel ganz roth, Hintertibien roth mit schwarzer Spitze.

C. tenuiventris Gr. (Campoplex Gr. Horogenes Frst.) ♂ ♀. Nervus transv. analis tief unter der Mitte gebrochen, der Längsnerv ungefärbt. Beim ♀

sind die inneren Augenränder nicht tief gebuchtet, Coxen und Trochanteren schwarz. Ein ♀ hat den Hinterrand von Segment 2 und einen Seitenfleck der Segmente 3 und 4 kastanienbraun.

C. pallipes m. ♂♀. Nigra; ore, scapo antennarum subtus, radice et squamula flavidis, pedibus anterioribus: coxis nigris, femoribus testaceis, trochanteribus, tibiis et tarsis albidis, posticis: nigris, trochanteribus femoribusque fuscis, tibiis et tarsis albidis, illis apice et ante basin fuscescentibus.

5 mm. lang; der Cas. morionella sehr ähnlich. Kurz silberhaarig, auch die Beine; Metathorax in der Mitte etwas vertieft, querrunzlig, seitlich schärfer umleistet, Areola sehr klein, lang gestielt, nerv. recurrens hinter der Mitte mündend, Radialzelle etwas kürzer, der äussere Nerv gekrümmt, nerv. transv. analis nicht gebrochen.

Schwarz; Palpen, Mandibeln, Fühlerschaft unten, Flügelwurzel und Schüppchen weissgelb, Flügel getrübt, Stigma schwarz; Coxen schwarz, die vordersten (bei einem ♂ die vorderen) unten rothgelb, vordere Trochanteren weissgelb, die Hintertrochanteren schwarzbraun, vordere Schenkel rothgelb, Hinterschenkel schwarzbraun, nur die Basis zuweilen hell. Tibien und Tarsen gelblich weiss, die Hintertibien an der Spitze und vor der Basis hell braunroth, Hintertarsen mit röthlichen Spitzen der Glieder — Aus Raupen von Nemorea aestivaria erzogen. Cocon elliptisch, runzlig, weiss, mit breitem, unregelmässigem, schwarzem Gürtel vor den Polen, diese auch schwarzfleckig. — Var. m. ♂. Flügel und Stigma heller, Areola grösser und kurz gestielt.

Genus **Rhythmonotus** Frst.

Zu dieser Gattung gehört wahrscheinlich ein ♂ aus Neustadt. 3 mm. lang; schwarz; Palpen, Mandibeln, Flügelwurzel und Schüppchen roth, Glied 1 der Fühler unten rothbraun, Beine scherbengelb, hintere Schenkel röthlich. Basis der Coxen und Trochanteren oben schwarz.

Matt; Kopf hinter den Augen nicht schmaler, Wangen gerundet, Fühlerspitzen fehlen, Thorax bucklig, Metathorax gerundet, regelmässig gefeldert, area superomedia geschlossen, 5-eckig, etwas länger als breit; Segment 1 etwas länger als Coxen und Trochanteren der Hinterbeine, gekrümmt, Postpetiolus breiter, geradseitig, Segment 2 länger als breit, 3 quer; Stigma gross, Radialzelle sehr kurz, nerv. rad. internus $\frac{1}{2}$ des dritten Theiles der Costa, nerv. rad. externus an der Spitze eingebogen, Grundader interstitial, Areola sitzend, schief 4-eckig, den nerv. recurrens hinter der Mitte aufnehmend, nerv. transv. analis undeutlich gebrochen, Hinterschenkel etwas verdickt, Hinterschienen nach der Spitze verbreitert.

Genus **Limneria** Hlmgr.

L. albida Gmel. (Campoplex Gr.) ♀. 8 mm. lang; weicht von Holmgrens Beschreibung in folgenden Punkten ab: Kopf hinter den Augen schmaler, Metathorax wenig vertieft, Segment 3 quadratisch, nerv. rad. externus gerade, nerv. transv. analis nicht gebrochen; Glied 1 der Fühler unten, vordere Coxen und Trochanteren gelb, Abdomen ganz schwarz.

L. geniculata Gr. (Campoplex Gr., C. turionum Hrtg. nach Rtzbg

Band L. S. 93, u. 4.) ♂ ♀. Aus Raupen von Pionea torficalis und Eupithecia succenturiata erzogen. Bis 8 mm. lang; Postpetiolus meistens mit gerundeten Seiten, der nervus recurrens in oder vor der Mitte der Areola mündend; bei den ♂ die vorderen Coxen oder die Mittelcoxen unten roth. Var. 1 Hlmgr. ♂ Neustadt. — Var. 2 Hlmgr. ♀. — Var. m. ♀. Aus eirer Acronycta-Raupe erzogen. 9 mm. lang; Postpetiolus quadratisch, zwischen den vorragenden Stigmen eine lange Mittelrinne, der Discocubitalnerv mit langem Anfange eines Scheidenervs, im rechten Oberflügel ist hinter diesem Anfange ein vollständiger Scheidenerv, so dass 3 Cubitalzellen vorhanden sind, die erste grösste mit dem Anfange des Scheidenervs, die zweite trapezisch, die dritte, die Areola, gestielt, den rücklautenden Nerv hinter der Mitte aufnehmend, Abdomen breiter als gewöhnlich. Cocon elliptisch, hellbräunlich, dünnwollig.

L. mutabilis Illmgr. ♀. Areola verschieden, Grundader interstitial, ein ♀ hat die Hintertibien mit heller Basis. Aus Raupen der Eupithecia pimpinellaria erzogen.

L. Faunus Gr.? (Campoplex Gr.) ♀. Aus einer Tortrix-Raupe erzogen. Bauchfalte dunkel, der nerv. recurrens mündet hinter der Mitte in die Areola, diese bei einem ♀ sitzend.

L. excavata m. ♂. Nigra; ore. radice et squamula flavis; pedibus rufis, anterioribus apice coxarum nigrarum, trochanteribus, tibiis et tarsis flavis, posticis coxis et basi trochanterum nigris, basi apiceque tibiarum et tarsis fuscis.

8 mm. lang; fein lederartig, kurzhaarig, Kopt hinter den Augen schmaler, Gesicht länger behaart, Fühler fast von Körperlänge, Metathorax allmählich abschüssig, mit breiter, vertiefter Mittelfurche und je 2 Seitenfeldern; Segment 1 etwas länger als die Coxen und Trochanteren der Hinterbeine, gerade, Postpetiolus gewölbt, etwas länger als breit, Segment 2 bedeutend länger als breit, 3 auch länger als breit, folgende zusammengedrückt; Areola kurz gestielt, den nervus recurrens in der Mitte aufnehmend, Grundader interstitial, nerv. radialis externus gerade, nerv. transv. analis nicht gebrochen.

Schwarz; Palpen, Mandibeln, Flügelwurzel und Schüppchen gelb, Stigma schwarzbraun; Beine roth, Coxen schwarz, an den vorderen Beinen die Spitze der Coxen, die Trochanteren, Tibien und Tarsen gelb, an den Hinterbeinen die Basis der Trochanteren schwarz, Basis und Spitze der Tibien und die Tarsen braun, Tibiendornen weiss.

Aus einer Tortrix-Raupe erzogen. Cocon cylindrisch, dünnwandig, braun, weissflockig.

L. difformis Gmel. (Campoplex Gr.) ♂ ♀. Aus Tortrix-Raupen erzogen. Bei allen Exemplaren ist der nerv. transv. analis nicht gebrochen. Metathorax immer mit scharfen Leisten, Postpetiolus mässig gewölbt, mit fast geraden Seiten, Segment 2 wenig länger als breit. Bei den ♂ haben die Hintertibien eine braune Basis und Spitze. Ein ♂ hat die vorderen Coxen und Trochanteren roth.

L. conformis Rtzbg. ♂ ♀. Aus Raupen von Tachyptilia populella und einer Gelechia erzogen. Stigma scherbengelb. Cocon cylindrisch, dünnwandig, hellbraun, flockig.

L. erucator Zett. (Porizon Zett., Campoplex difformis Gr. partim) ♂ ♀.

Aus Raupen von Nothris verbascella , und aus Larven von Cladius albipes erzogen. Vordere Trochanteren ganz rothgelb, l. intertrochanteren fast ganz schwarz, Basis der Hintertibien immer gelblich. — Va r. 1 Hlmgr. ♂♀. Ein ♂ hat Vorder- coxen und vordere Trochanteren roth. H. intertibien immer mit heller Basis, vor derselben bräunlich.

L. fenestralis Hlmgr. (Campoplex l. majalis var. 4 Gr.?) ♂. Ist wohl C. gracilis Gr. Aus Maden von Hydrellia grise ola erzogen. — Var. 3 Hlmgr. ♂♀. — Var. m. ♂. Kräftiger; Hinterschenke. l fast ganz schwarz, nur Mitte mehr oder weniger roth, zuweilen auch die Mittelsc. henkel mit schwarzer Basis, Glied 1 der Fühler oft schwarz.

L. gracilis Gr. (Campoplex Gr.) ♂. Kopf hinter den Augen nicht schmaler, nerv. recurrens in oder hinter der Mitte der Areo. la mündend.

L. majalis Gr. (Campoplex Gr.) ♂♀. Aus Raupen einer Tortrix und der Plutella porrectella, auch aus einer Nematus-Larve erzogen. Cocon elliptisch, dünnwandig, etwas glänzend, hellbraun mit dunkler schmaler Mittelzon, etwas wollig, oder aussen ganz weisswollig. — Var. 1 Gr. ♀. — Var. 2 Gr. ♂. Hinter- schenkel mit schwarzer Basis. — Var. m. ♀. Kleiner, Metathorax mit je einem Seitenfelde, Petiolus etwas kürzer, Areola klein und schief; Bauchfalte gelb.

L. lineolata Rtzbg. ♂♀. Aus Tortrix-Raupen und Larven von Loph. vrus pini erzogen. Der Kopf der ♀ ist hinter den Augen nicht, oder wenig schmaler, die Discocubitalader ist winklig gebrochen mit kurzem Aste, der oft in den Flügeln eines Thieres verschiedene Länge hat, Areola klein, gestielt, schief 4-eckig, den nerv. recurrens hinter der Mitte aufnehmend, nerv. transv. analis nicht gebrochen; der Postpetiolus hat bei 2 ♀ zwischen den Stigmen eine kurze Längsfurche, Segment 2 immer fast noch einmal so lang wie breit. Vordere Tro- chanteren roth, ein ♀ hat die Hintertarsen roth mit dunkleren Gliederspitzen.

L. nigritarsa Gr. (Campoplex Gr.) ♂. Insterburg. Area supero media hinten offen, Stigmen des ersten Segmentes nicht vorragend, nerv. rad. externus gerade, nerv. recurrens die Areola weit hinter der Mitte treffend.

L. vulgaris Tscheek. ♀. Area supero media aber hinten breit offen.

L. nitida m. ♂♀. Nigra; ore testaceo, radice flava, pedibus flavorufis, coxis et trochanteribus nigris.

8—9 mm. lang; glänzend, Kopf und Thorax fein und dicht punktirt, Kopf hinter den Augen sehr wenig oder garnicht schmaler, Gesicht weisshaarig; Mesothorax, Schildchen und Brustseiten gröber punktirt, Seiten des Prothorax und der Mittelbrust unter den Flügeln gestreift, Metathorax glänzend, runzlig, nur das Basalfeld jederseits umleistet, Mittelrinne vertieft, querrunzlig; Abdomen cy- lindrisch, Segment 1 etwas länger als die Coxen und Trochanteren der Hinterbeine, Postpetiolus etwas länger als breit, mit fast parallelen Seiten, Segment 2 wenig länger als breit, Terebra halb so lang wie Abdomen, fast ge- rade; Tibien bedornt; Areola länger oder kürzer gestielt, zuweilen unvollständig, den nerv. recurrens vor der Mitte aufnehmend, nerv. rad. externus gerade, nerv. transv. analis nicht gebrochen.

Schwarz; Palpen und Mandibeln rothgelb, Stigma braun, Wurzel gelb, beim ♂ das Schüppchen rothgelb, gerandet; Beine gelblich roth, Coxen und Tro-

chanteren schwarz, Tibien mit heller Basis, Hintertibien zuweilen an der äussersten
Spitze braun, Hintertarsen gewöhnlich mit braunrothen Gliederspitzen.

L. rugulosa m. ♀. Nigra; ore, radice et squamula flavis, pedibus rufis,
coxis et basi trochanterum posticorum nigris, basi tibiarum flava, tarsis posticis
fuscis.

9 mm. lang; matt, dicht punktirt, Kopf hinter den Augen etwas schmaler, Metathorax mit 2 Seitenfeldern, das erste fein, das zweite, 3-eckige, grob gerunzelt, area superomedia schmal, hinten offen, area posteromedia vertieft, glänzend und stark runzlig; Segment 1 so lang wie Coxen und Trochanteren der Hinterbeine, gerade, Postpetiolus gewölbt, mit gerundeten Seiten, bei einem ♀ zwischen den Stigmen mit einer Längsfurche, Segment 2 länger als breit. die Stigmen fast in der Mitte, Segment 3 quadratisch, Terebra so lang wie Segment 1, Areola kurz gestielt, den nerv. recurrenz in der Mitte aufnehmend, nerv. radial. externus fast gerade, nerv. transv. analis nicht gebrochen,

Schwarz; Palpen, Mandibeln, Flügelwurzel und Schüppchen gelb, Stigma dunkelbraun; Beine roth, Coxen und Basis der Hintertrochanteren schwarz, äusserste Basis der Tibien gelb, Hintertarsen braun, Glied 1 mehr oder weniger roth.

Ein ♂ stimmt in der Färbung mit den ♀, weicht aber in Folgendem ab: 1. der Metathorax nicht so grob gerunzelt, nicht vertieft und jederseits nur mit einem Felde, 2. der nerv. radialis externus mehr gekrümmt, der nerv. recurrens hinter der Mitte der Areola mündend.

L. ovata m. ♀. Neuenburg. Nigra; ore, radice et squamula flavis, pedibus rufis, coxis et basi trochanterum posticorum nigris, apice tibiarum posticarum et tarsis posticis nigricantibus.

7 mm. lang; matt, dicht und fein punktirt, Kopf hinter den Augen schmaler, Metathorax gerunzelt, mit 2 Seitenfeldern, area posteromedia wenig vertieft; Abdomen eiförmig, Segment 1 gerade, Postpetiolus wenig gewölbt, mit gerundeten Seiten und seichter Längsfurche zwischen den Stigmen, Segment 2 wenig länger als breit, nach der Spitze hin allmählich verbreitert, Segment 3 am breitesten, quer, folgende zusammengedrückt, Terebra länger als der halbe Hinterleib, aufwärts gebogen; Areola gestielt, nerv. recurrens hinter der Mitte mündend, nerv. radialis externus gerade, nerv. transv. analis unter der Mitte gebrochen. Ein ♀ hat die Discocubitalader im linken Vorderflügel mit langem Zahne.

Schwarz; Palpen und Mandibeln, Flügelwurzel und Schüppchen gelb, Stigma scherbengelb; Beine roth, Coxen und Basis der Hintertrochanteren schwarz, äusserste Spitze der Hintertibien und die Hirtertarsen schwarzbraun, Glied 1 fast ganz roth.

L. coxalis m. ♂ ♀. Aus Tortrix-Raupen erzogen. Nigra; ore, puncto ante alas, radice et squamula flavis, pedibus rufis, trochanteribus, tibiis et tarsis anterioribus flavis, posticis: apice femorum, tibiis et tarsis nigris, tibiis medio et spinis albis.

♂ 6, ♀ 7 mm. lang: Kopf und Thorax kurz weisshaarig, auch die Beine rauh und kräftig; Kopf hinter den Augen schmaler, etwas breiter als der Thorax; Fühler kräftig, rauh, nach der Spitze allmählich dünner werdend, Glieder 3 und 4 fast gleich lang; Metathorax gerundet, mit je nur einem Seitenfelde, area superomedia mit der a. posteromedia vereinigt, etwas glänzend; Segment 1 etwas länger als die Hintercoxen, der Postpetiolus wenig breiter, mit fast parallelen Seiten, beim ♂ zwischen den Stigmen leicht eingedrückt, Segment 2 länger als breit, 3 quadratisch, Terebra so lang wie Segment 1. Areola lang gestielt, klein, den nerv. recurrens hinter der Mitte aufnehmend, nerv. rad. externus gerade, n. transv. analis nicht gebrochen, Hintertibien beborstet.

Schwarz; Palpen, Mandibeln, Punkt vor den Flügeln, Wurzel und Schüppchen hellgelb, Stigma braunschwarz; Beine roth, an den vorderen Beinen sind die Trochanteren, die Aussenseite der Tibien und die Tarsen weissgelb, Hinterbeine mit schwarzer Schenkelspitze, gelbweissen Tibien mit schwarzer Basis und Spitze, weissen Dornen und schwarzen Tarsen.

L. chrysosticta Gr. (Campoplex Gr.) ♂ ♀. Cocon cylindrisch, schwarz oder braun, weiss besponnen. 1 ♂ hat Glied 1 der Fühler ganz rothgelb, Hintercoxen roth, schwarz gefleckt. — Var. m. ♂. Vordere Coxen und Trochanteren, Hintertibien und Hintertarsen rothgelb, die Hintertibien zuweilen an der Spitze und vor der Basis bräunlich, Hintertarsen nach der Spitze hin braun; nerv. recurrens auch bei der Stammart gewöhnlich etwas vor der Mitte die Areola treffend.

L. armillata Gr. nach Hlmgr. (Compoplex chrysostictus Var. 2 Gr.) ♂ ♀. Aus Tortrix-Raupen und aus Yponomeuta malinellus erzogen. Ein ♂ mit ganz schwarzem Abdomen und hellbraunen Hintertarsen, die Basis derselben roth. Ein anderes ♂ ist vielleicht eigene Art: Area superomedia 5-eckig, länger als breit, geschlossen, Areola gestielt, den nerv. recurrens vor der Mitte aufnehmend, Stigma schwarzbraun. — Ein 7 mm. langes ♀ hat Glied 1 der Fühler schwarz, Stigma braun, Hintertarsen braun, mit rother Basis, Terebra so lang wie Segment 1. Auch wohl eigene Art.

L. armillata Gr. (Campoplex Gr.) ♂. Ich besitze 3 ♂, die mit Gravenhorst's Beschreibung genau übereinstimmen, aber von Holmgren's gleichnamiger Art abweichen. 6 mm. lang; kräftiger und behaarter, Gesicht und Stirn gleich breit, innerer Augenrand fast garnicht eingebogen, Fühler fast körperlang, Metathorax bei einem ♂ mit je einem Seitenfelde, bei den anderen ist es durch eine feine Leiste getheilt, area superomedia 3-eckig, hinten breit offen, a. posteromedia etwas vertieft; der nerv. recurrens bei dem einen ♂ vor, bei den anderen hinter der Mitte der Areola mündend. 1 ♂ aus Raupen von Yponomeuta malinella erzogen mit schwarzem Abdomen.

L. interrupta Illmgr. ♂ ♀. Aus Raupen von Scopula Crataegella erzogen. Ein ♂ hat das Seitenfeld getheilt, die area superomedia hinten geschlossen. Die Areola ist verschieden.

L. combinata Illmgr. ♂ ♀. Areola gestielt oder sitzend; vordere Schenkel, zuweilen auch Hinterschenkel ganz roth, auch die Mitteltibien an der Spitze und vor der Basis braun, Bauchfalte nur vorn gelb.

L. lugubrina Illmgr. ♀. Segment 2 viel länger als breit, der nerv. recurrens bei einem ♀ in die Mitte der Areola mündend, Stigma hellscherbengelb, auch die Mitteltibien vor der Basis und an der Spitze dunkel; Hinterschenkel bei einem ♀ in der Mitte roth.

L. cursitans Hlmgr. ♂. Der nerv. transv. analis nicht gebrochen; vordere Schenkel, Tibien und Tarsen rothgelb, die letzteren mit brauner Spitze.

L. volubilis Hlmgr. ♀. Terebra kürzer als der halbe Hinterleib, Mittelschenkel schwarz mit rothgelber Spitze, die hinteren Tibien unten braunroth.

L. ebenina Gr. (Campoplex Gr.) ♀. 9 mm. lang; kurz weisshaarig, Kopf hinter den Augen schmaler, Metathorax gerundet mit jederseits 2 Feldern, das Basalfeld fein, das folgende grob gerunzelt, area superomedia 5-eckig, hinten offen; Segment 1 so lang wie die Coxen und Trochanteren der Hinterbeine, Segment 2 länger als breit, der nerv. rad. externus fast gerade, nerv. recurrens etwas hinter der Mitte der Areola mündend, nerv. transv. analis unter der Mitte gebrochen. — Var. 1 Gr. ♂♀. Die Hintertarsen mit heller Basis, ein ♂ hat die vordern Coxen unten roth. — Var. 2 Gr. ♂♀. Aus einer Nectua-Raupe erzogen. Palpen und Mandibeln gelb, auch die vorderen Trochanteren der ♂ gelblich. — Var. m. ♀. Metathorax fein gerunzelt, nerv. recurrens vor der Mitte der Areola mündend. Palpen, Mandibeln und Spitzen der vorderen Trochanteren gelb, Hinterrand des Segmentes 3 roth.

L. tarsata m. ♂♀. Nigra; palpis, radice et squamula flavo-albis, pedibus rufis, coxis et trochanteribus posticis nigris, tibiis et tarsis flavescente rufis, apice tibiarum posticarum et articulorum tarsorum posticorum fuscis, stigmate testaceo.

9—10 mm. lang; kurz weisshaarig. Gesicht länger behaart, Kopf hinter den Augen etwas schmaler, Innenrand der Augen fast garnicht eingebogen, Fühler von halber Körperlänge, bei den ♂ etwas länger; Metathorax kurz, gerundet, glänzend, grob gerunzelt, mit je 2 Seitenfeldern, die area superomedia 3-eckig, hinten breit offen; Segment 1 so lang wie Coxen und Trochanteren der Hinterbeine, Postpetiolus etwas länger als breit, mit parallelen Seiten, Segment 2 länger als breit, Terebra etwa von halber Hinterleibslänge, gekrümmt; Areola nicht gestielt, schief 4-eckig, den nerv. recurrens hinter der Mitte aufnehmend, nerv. rad. externus gerade, nerv. transv. analis nicht gebrochen.

Schwarz; Palpen gelb, Mandibeln bei den ♀ an der Spitze gelblich, Flügelwurzel und Schüppchen gelbweiss, Adern und Stigma scherbengelb; Beine roth, Coxen und Hintertrochanteren schwarz, die vorderen beim ♂ grösstentheils gelb, bei den ♀ roth mit schwarzer Basis, Tibien und Tarsen bei den ♂ rothgelb, bei den ♀ nur die Spitzen der Schenkel und die Basis der Tibien heller, hintere Tarsen mit braunrothen Gliederspitzen.

Aus Raupen von Myelois cribrella erzogen. Cocon cylindrisch, weichhäutig, heller oder dunkler braun.

L. varians m. ♂♀. Nigra; ore, radice, squamula et trochanteribus anterioribus flavis, pedibus rufis, coxis et basi trochanterum posticorum nigris, tibiis posticis apice et ante basin pallidam, et tarsis posticis fuscis, basi pallida.

♂ 5, ♀ 7 mm. lang; matt; Kopf hinter den Augen wenig schmaler, Wangen gerundet, Augen neben den Fühlern ausgebuchtet, diese etwas über die halbe Körperlänge betragend; Thorax vorn erhöht, länger als hoch, Metathorax gerundet, mit je 2 Seitenfeldern, area superomedia breit 3-eckig, hinten offen. Abdomen oben gleich breit, nur seitlich breit beilförmig zusammengedrückt, Segment 1 kürzer als Coxen und Trochanteren der Hinterbeine, Postpetiolus erhaben mit fast parallelen Seiten, Segment 2 beim ♀ nicht länger als breit, beim ♂ länger, 3 quer, Terebra etwas länger als Segment 1, gekrümmt, Areola länger oder kürzer gestielt, nerv. recurreus hinter der Mitte mündend, nerv. rad. externus gerade, nerv. transv. analis nicht gebrochen.

Schwarz; Palpen, Mandibeln, Flügelwurzel und Schüppchen gelb, Stigma hellbraun, beim ♂ dunkler; Beine roth, Coxen und Basis der Hintertrochanteren schwarz, vordere Trochanteren und Spitze der hintersten gelb. Hintertibien an der Spitze und vor der gelben Basis schwärzlich, Mitteltarsen mit dunklen Gliederspitzen. Hintertarsen schwarzbraun, Glieder 1 und 2 mit heller Basis.

Das ♀ aus einer Noctua-Raupe erzogen. Cocon cylindrisch, graubraun, rauh, die Raupenhaut noch daran sitzend.

L. clausa m. ♀. Nigra; ore, scapo antennarum subtus, radice, squamula et trochanteribus anterioribus flavis, pedibus rufis. coxis et trochanteribus posticis nigris, tarsis posticis fuscis.

6 mm. lang; matt, fein und kurzhaarig. Gesicht länger behaart, Kopf hinter den Augen schmaler, Gesicht etwas länger als breit, innerer Augenrand gebuchtet, Fühler länger als der halbe Körper; Thorax länger als hoch, Metathorax gerundet, mit 5 Feldern, area superomedia 5-eckig, quer, hinten geschlossen, area posteromedia breit; Segment 1 so lang wie Coxen und Trochanteren der Hinterbeine, Postpetiolus hinter den vorragenden Stigmen parallelseitig, Segment 2 etwas länger als breit, 3 quadratisch. Terebra kaum vorragend; Areola gestielt, verschieden, bei einem ♀ im rechten Vorderflügel fehlend, nerv. recurrens hinter der Mitte mündend, nerv. rad. externus gerade, nerv. transv. analis nicht gebrochen.

Schwarz; Palpen, Mandibeln, ein grösserer oder kleinerer Fleck auf der Unterseite des ersten Fühlergliedes, Flügelwurzel und Schüppchen gelb, Stigma braun, Beine roth, Coxen und Hintertrochanteren schwarz, vordere Trochanteren gelb, Tibiendornen weiss, Hintertarsen braun. Cocon cylindrisch, runzlig, weiss mit schwarzen Flecken vor den Polen.

L. procera m. ♂ ♀. Nigra; ore, radice et squamula flavis, pedibus rufis. coxis et basi trochanterum nigris, tarsis posticis fuscis.

8 mm. lang; etwas glänzend, Kopf und Thorax weisshaarig, Kopf hinter den Augen wenig schmaler, Gesicht etwas länger als breit, innerer Augenrand ausgebuchtet, Fühler etwa so lang wie Kopf und Thorax, dieser kurz, Mesothorax vorn hoch, Prothorax kurz und breit, wie bei Casinaria, Metathorax gerundet, die Seitenfelder undeutlich geschieden, area superomedia 5-eckig, hinten offen und, wie die area posteromedia, querrunzlig; Segment 1 etwas länger als die Coxen und Trochanteren der Hinterbeine, Postpetiolus gewölbt, mit gerundeten Seiten, Segmente 2 und 3 länger als breit, Terebra kaum so lang wie Segment 1, beim ♂ die Penisklappen lang und mit abgerundeten Spitzen; Areola gestielt, den nerv. recurrens hinter der Mitte aufnehmend, nerv. rad. externus etwas gekrümmt, Grundader interstitial, nerv. transv. analis nicht gebrochen, Stigma lang und schmal.

Schwarz; Palpen, Mandibeln, Flügelwurzel und Schüppchen gelb, Stigma braun; Beine roth, Coxen und Basis der Trochanteren schwarz, vordere Trochanteren des ♂ roth, Hintertarsen braun mit rother Basis.

L. ramidula m. ♂ ♀. Nigra; palpis et radice flavis, pedibus rufis, coxis et trochanteribus nigris, apice tibiarum posticarum et tarsis posticis fuscis. ♂ 5, ♀ 7 mm. lang; matt, Kopf hinter den Augen nicht schmaler, innerer Augenrand fast garnicht gebuchtet, Fühler von halber Körperlänge, Thorax länger als hoch, Metathorax mit 5 Feldern, area superomedia breit, 3-eckig, hinten offen, area posteromedia breit, etwas vertieft, querrunzlig; Segment 1 so lang wie Coxen und Trochanteren der Hinterbeine, Postpetiolus gewölbt mit gerundeten Seiten. Segment 2 länger als breit, 3 beim ♀ quer, Terebra gekrümmt, von halber Hinterleibslänge; Areola gestielt, schief, den nerv. recurrens vor der Spitze aufnehmend, nerv. rad. externus fast gerade, der Discocubitalnerv mit einem kurzen Aste, Grundader fast interstitial, nerv. transv. analis unter der Mitte gebrochen. Schwarz; Palpen und Flügelwurzel gelb, Stigma dunkelbraun; Beine roth, Coxen und Trochanteren schwarz; beim ♀ die Trochanteren mit rothen Spitzen und die Hinterschenkel mit schwarzer Basis, Spitze der Hintertibien und die Hintertarsen braun.

Das ♂ aus Larven des Nematus Valisnieri, das ♀ aus Raupen von Retinia resinana erzogen.

L. clypearis m. ♂. Nigra; ore, radice et squamula flavis, pedibus rufis, coxis nigris. anterioribus apice trochanteribusque flavidis, posticis basi et tibiis posticis apice nigris, tarsis posterioribus fuscis, basi rufis.

5 mm. lang; matt, kurzhaarig, Kopf hinter den Augen schmaler, Gesicht länger behaart, Clypeus vorn gerundet, Fühler fast körperlang, Glied 3 etwas länger als 4; Metathorax mit je 2 Seitenfeldern, die Basalfelder glänzend, die anderen und auch die 3-eckige, hinten offene area superomedia nebst area posteromedia querrunzlig; Segment 1 so lang wie Coxen und Trochanteren der Hinterbeine, gebogen, Postpetiolus wenig gewölbt, Segment 2 länger als breit, 3 quadratisch, die folgenden wenig zusammengedrückt; Areola gestielt, den nerv. recurrens hinter der Mitte aufnehmend, nerv. rad. externus gerade, nerv. transv. analis nicht gebrochen.

Schwarz; Palpen, Mandibeln, Flügelwurzel und Schüppchen gelb, Stigma schwarzbraun; Beine roth, Coxen schwarz, die vorderen halbgelb, die Trochanteren gelb, hinterste mit schwarzer Basis, Hintertibien mit schwarzer Spitze und gelben Dornen, hintere Tarsen schwarzbraun, Basis breit roth.

Ein ♂ aus einem Syrphus-Tönnchen erzogen.

L. gibba m. ♂. Neuenburg. Nigra; ore, radice, squamula et scapo antennarum subtus flavis, pedibus rufis, coxis nigris, trochanteribus flavis, posticis basi nigris, femoribus posticis basi infuscatis, tibiis flavoalbis, posticis apice nigris, tarsis anterioribus flavo-albis, posticis nigris, articulis 1—3 basi albis.

6 mm. lang; matt; Kopf kurz, hinter den Augen etwas schmaler, Fühler fast körperlang, Thorax breit, nach hinten schmaler werdend, Metathorax gerundet, runzlig, mit 3 Feldern, area superomedia 3-eckig, hinten fast geschlossen, area posteromedia etwas vertieft; Segment 1 so lang wie Coxen und Trochanteren der Hinterbeine, gerade, Postpetiolus fast quadratisch, Segmente 2 und 3 länger als breit, die folgenden zusammengedrückt; Areola kurz gestielt, schief, nerv. re-

currens hinter der Mitte mündend, nerv. rad. externus fast gerade, nerv. transv. analis nicht gebrochen.

Schwarz; Palpen, Mandibeln, Glied 1 der Fühler unten, Flügelwurzel und Schüppchen gelb, Stigma hellbraun; Beine roth, Coxen schwarz, Trochanteren gelb, die hintersten mit schwarzer Basis, Hinterschenkel mit brauner Basis, Tibien gelbweiss, hinterste mit schwarzer Spitze, vordere Tarsen gelbweiss, hinterste schwarz, die 3 ersten Glieder mit gelbweisser Basis.

L. thoracica m. ♂. Nigra; ore, radice et squamula flavis, pedibus rufis, coxis nigris, mediis subtus rufis, trochanteribus posticis basi et geniculis nigris, tibiis flavescentibus, posticis apice et ante basin nigris, tarsis posticis nigris, articulis 1—3 basi flavis.

9 mm. lang; matt, kurz weisshaarig, Kopf hinter den Augen nicht schmaler, Wangen gerundet, Fühler fast körperlang, Glied 3 wenig länger als 4; Thorax bucklig, wenig länger als hoch, Metathorax steil abschüssig, gerunzelt, mit 2 Seitenfeldern; area superomedia und posteromedia vereinigt, diese breit, grob querrunzlig; Segment 1 breit, so lang wie Coxen und Trochanteren der Hinterbeine, Postpetiolus flach, mit scharf gerandeten, divergirenden Seiten, Segmente 2—4 gleich breit, folgende wenig zusammengedrückt, Segment 2 etwas länger als breit, 3 quadratisch; Areola kurz gestielt, den nerv. recurrens etwas hinter der Mitte empfangend, nerv. rad. externus gerade, nerv. transv. analis nicht gebrochen.

Färbung der L. albida ähnlich. Schwarz; Palpen, Mandibeln, Flügelwurzel und Schüppchen gelb, Flügel braun getrübt, Stigma schwarzbraun; Beine roth, Coxen schwarz, die mittleren unten roth, Mitteltrochanteren oben mit gelbem Fleck, Hintertrochanteren mit schwarzer Basis, Hinterschenkel mit schwarzer Spitze, Tibien und Tarsen gelbroth, Hintertibien aussen gelb, an der Spitze, und vor der Basis schwarz, Hintertarsen schwarz, die Glieder 1—3 mit gelber Basis.

L. elongata m. ♂. Königsberg. Nigra; ore, radice et squamula flavis, scapo antennarum subtus rufo; pedibus anterioribus testaceis, coxis basi nigris, posticis rufis, coxis et trochanteribus nigris, his apice flavis, tibiis apice tarsisque fuscis.

6 mm. lang; überall fein und kurz seidenhaarig, Kopf hinter den Augen nicht schmaler, Wangen gerundet, innere Augenränder nicht gebuchtet, Fühler fast körperlang, die Glieder 3 und 4 gleich lang; Thorax länger als hoch, fast cylindrisch, Mesothorax vorn undeutlich 3-lappig, Schildchen flach, 4-eckig. Metathorax verlängert, mit 5 Feldern, area superomedia lang und schmal, hinten offen, area posteromedia querrunzlig; Abdomen so lang wie Kopf und Thorax, schmal, am Ende zusammengedrückt, Segment 1 so lang wie Coxen und Trochanteren der Hinterbeine, gerade, Postpetiolus nicht viel breiter als der Petiolus, lang und parallelseitig, die Stigmen vortretend, Segment 2 doppelt so lang wie breit, 3 länger als breit; Areola sitzend, den nerv. recurrens kurz vor der Spitze aufnehmend, Grundader interstitial, nerv. rad. externus am Grunde und an der Spitze eingebogen, nerv. transv. analis nicht gebrochen.

Schwarz; Palpen, Mandibeln, Flügelwurzel und Schüppchen gelb, Glied 1 der Fühler unten rothbraun, Stigma braun; vordere Beine hell scherbengelb, Coxen mit schwarzer Basis, Hinterbeine roth, Coxen und Basis der gelblichen Trochanteren schwarz, Spitze der Tibien und die Tarsen braun.

L. abbreviata m. ♀. Nigra; ore, radice et squamula flavis, pedibus
rufis, coxis nigris, trochanteribus flavis, posticis basi nigris, femoribus posticis basi,
tibiis posticis basi et apice, tarsis posticis totis nigrofuscis.

6 mm. lang; matt, Kopf kurz, hinter den Augen wenig schmaler, Fühler
länger als Kopf und Thorax, dieser etwas länger als hoch, Metathorax kurz, die
abschüssige Stelle flach, je 2 Seitenfelder, area superomedia und posteromedia
vereinigt, fein gerunzelt; Segment 1 so lang wie Coxen und Trochanteren der
Hinterbeine, Petiolus in der Mitte verengt und dann allmählich bis zum fast quadratischen, oben gewölbten Postpetiolus breiter werdend, Segment 2 länger als
breit, an der Spitze über noch einmal so breit als an der Basis, Segment 3 quer,
Terebra gekrümmt, länger als ½ Abdomen; Areola klein, gestielt, der äussere
Nerv nicht vollständig; der nerv. recurrens fast an der Spitze mündend, nerv.
rad. externus fast gerade, Grundader interstitial, nerv. transv. analis tief unter der
Mitte gebrochen.

Schwarz; Palpen, Mandibeln, Flügelwurzel und Schüppchen gelb, Stigma
braun; Beine roth; Coxen und Hintertrochanteren fast ganz schwarz, vordere
Trochanteren gelb, Hinterschenkel an der Basis, Hintertibien an der Basis und
Spitze schwarz, Hintertarsen braunschwarz, Bauchfalte gelb.

L. solitaria m. (Hyposoter F.?, ♀.) Aus einer Raupe von Eupithecia pimpinellaria erzogen. Nigra; palpis, radice et squamula flavis; pedibus rufis, coxis
omnibus et trochanteribus posticis nigris, tibiis posticis apice et tarsis posticis
fuscis.

8 mm. lang; matt, kurz seidenhaarig, Kopf kurz, hinter den Augen schmaler, Fühler so lang wie der halbe Körper, Thorax bucklig, Mittelbrustseiten gestreift, Metathorax kurz, steil abfallend, mit je 2 fein umleisteten Seitenfeldern,
area posteromedia breit und etwas vertieft; Segment 1 so lang wie Coxen und
Trochanteren der Hinterbeine, fast gerade, Postpetiolus gewölbt, mit gerundeten
Seiten, Segment 2 länger als breit, an der Basis niedergedrückt, mit deutlichen
Thyridien, Segment 3 quadratisch, Terebra kürzer als der halbe Hinterleib, gebogen, Hinterbeine verlängert; Areola gestielt, nerv. recurrens hinter der Mitte
mündend, nerv. rad. externus etwas gekrümmt, nerv. transv. analis unter der Mitte
gebrochen.

Schwarz; Palpen gelb, Flügel getrübt, Stigma hellbraun, Wurzel und
Schüppchen gelb, Beine roth, Coxen und Hintrochanteren schwarz, Spitze der
Hintertibien und die Hintertarsen braun, diese mit rother Basis, Dornen gelb-
weiss.

L. depressa m. ♂. Königsberg. Nigra; ore, radice et squamula flavis,
scapo antennarum subtus brunneo, pedibus laete rufis, coxis, trochanteribus partim,
basi femorum posteriorum et apice tibiarum posticarum nigris, tarsis posticis fuscis,
plica ventrali flava.

5 mm. lang; matt, Kopf hinter den Augen wenig schmaler, Wangen
schmal, innerer Augenrand fast garnicht gebuchtet, Fühler fast körperlang, Glieder 3 und 4 gleich lang; Thorax länger als hoch, Metathorax gerundet, mit 5
Feldern, area superomedia 5-eckig, hinten geschlossen; Abdomen länger als Kopf
und Thorax, allmählich verbreitert, Segment 1 kaum so lang wie Coxen und Tro-

chanteren der Hinterbeine, Postpetiolus länger als breit, gerundet, Segment 2 länger als breit, 3 quadratisch, Areola gestielt, den nerv. recurrens hinter der Mitte aufnehmend, nerv. rad. externus gebogen, Grundader interstitial, nerv. transv. analis nicht gebrochen.

Schwarz; Palpen, Mandibeln, Flügelwurzel und Schüppchen gelb, Fühlerglied 1 unten rothbraun, Stigma hellbraun; Beine hellroth, Coxen, Trochanteren grösstentheils, Basis der hinteren Schenkel und Spitze der Hintertibien schwarz, Hintertarsen braun; Bauchfalte gelb.

L. umbrata m. ♂. Nigra; ore, scapo antennarum subtus, radice et squamula flavis, pedibus rufis, coxis, trochanteribus pro parte, basi femorum posticorum et apice tibiarum posticarum nigris, tarsis posticis fuscis.

6 mm. lang; matt, Kopf kurz seidenhaarig, hinter den Augen nicht schmaler, Wangen gerundet, Thorax etwas länger als hoch, Mesothorax vorn undeutlich 3-lappig, Metathorax gerundet, mit 5 scharf umleisteten Feldern, area superomedia 5-eckig. hinten breit offen, area posteromedia querrunzlig; Segment 1 so lang wie die Coxen und Trochanteren der Hinterbeine, gerade, ziemlich dünn, Postpetiolus nur wenig breiter, länger als breit, Segment 2 länger als breit, 3 quadratisch, folgende zusammengedrückt; Areola kurz gestielt, schief, nerv. recurrens hinter der Mitte mündend, die Discocubitalader mit langem Trennungsaste, nerv. rad. externus gerade, nerv. transv. analis tief unter der Mitte gebrochen.

Schwarz; Palpen, Mandibeln, Glied 1 der Fühler unten, Flügelwurzel und Schüppchen gelb, Stigma scherbengelb, Beine roth, Coxen und Trochanteren schwarz, vordere Trochanteren mit mehr oder weniger rothen Spitzen, hintere Schenkel mit schwarzer Basis, Tibien und Tarsen gelbroth, Spitze der Hintertibien und die Hintertarsen braun, diese mit rother Basis; Bauchfalte vorn gelb.

L. albicans m. ♀. Nigra; ore, radice et squamula flavis; pedibus rufis, coxis nigris, trochanteribus albidis, posticis basi nigris, tibiis albidis, posticis apice et ante basin nigris, tarsis anterioribus albidis, posticis nigris, articulis 1 et 2 basi albidis.

5 mm. lang; matt, Kopf kurz, hinten wenig schmaler, Fühler nicht ganz vollständig, Thorax bucklig, wenig länger als breit, Metathorax ziemlich kurz, mit 3 Feldern, area superomedia 5-eckig, hinten offen, area posteromedia gerunzelt; Abdomen etwas schmaler als Thorax, lang-eiförmig, hinten zusammengedrückt, Segment 1 so lang wie Coxen und Trochanteren der Hinterbeine, fast gerade, Postpetiolus quadratisch, Segment 2 länger als breit, 3 quer, Terebra kaum vorragend; Areola gestielt, nerv. recurrens hinter der Mitte mündend, nerv. rad. externus gerade, nerv. transversus analis nicht gebrochen.

Schwarz; Palpen, Mandibeln, Flügelwurzel und Schüppchen gelblich weiss, Stigma dunkelbraun; Beine roth, Coxen schwarz, Trochanteren weiss, hinterste mit schwarzer Basis, Tibien weiss, Mitteltibien an der Spitze und vor der Basis roth, Hintertibien an der Spitze und vor der Basis schwarz, vordere Tarsen weiss, Hintertarsen schwarz, Basis der Glieder 1 und 2 weiss.

L. contracta m. ♂ ♀. Nigra; palpis et (in ♀) mandibulis radiceque flavis, pedibus rufis, coxis omnibus et trochanteribus posticis nigris, tibiis posticis basi apiceque et tarsis posticis fuscis; terebra segmenti 1 longitudine.

♂ 5, ♀ 7 mm. lang; matt, Kopf quer, hinter den Augen nicht schmaler

Innenrand der Augen wenig gebuchtet. Gesicht beim ♀ etwas schmaler als die Stirn, Fühler fast körperlang. Thorax länger als hoch, Metathorax gerundet, mit je 2 Seitenfeldern; Abdomen zusammengedrückt, Segment 1 kürzer als Coxen und Trochanteren der Hinterbeine, gerade, Postpetiolus wenig breiter als der Petiolus, mit parallelen Seiten, Segment 2 länger als breit; Areola kurz gestielt, klein, den nerv. recurrens hinter der Mitte aufnehmend, nerv. rad. externus sanft eingebogen, nerv. transv analis nicht gebrochen, Terebra gebogen; letztes Glied der Mitteltarsen erweitert.

Schwarz; Palpen und Flügelwurzel gelb, Stigma braun. Schüppchen schwarzbraun; Beine roth, alle Coxen und die Hintertrochanteren schwarz, Basis und Spitze der Hintertibien und die Hintertarsen schwarzbraun, diese beim ♀ mit gelber Basis, Bauchfalte vorn gelb, dann schwarz und gelb.

L. exigua Gr. Var. 1 Gr. (Campoplex Gr. III., S. 499, n. 30). ♂ ♀.

Kopf hinter den Augen nicht schmaler, Clypeus kurz, Metathorax beim ♀ mit je einem Seitenfelde, beim ♂ ist dieses durch eine feine Leiste getheilt, area superomodia 5-eckig, hinten offen; Segment 1 kürzer als Coxen und Trochanteren der Hinterbeine, Postpetiolus gewölbt, länger als breit, Segment 2 länger als breit, folgende beim ♀ zusammengedrückt; Stigma ziemlich gross, Areola fehlt bei 2 ♀, beim dritten ist sie gestielt, den nerv. recurrens vor der Mitte aufnehmend beim ♂ fehlt sie im rechten Vorderflügel, im linken ist sie gestielt und den nerv. recurrens hinter der Mitte aufnehmend, nerv. transv. analis nicht gebrochen. Die Färbung der Palpen und eines Flecks der Mandibeln roth, Schüppchen gelb; Spitzen der Trochanteren mehr oder weniger gelb, Bauchfalte vorn gelb, dann gelb und schwarz.

L. gibbula m. ♀. Nigra; ore rufo, radice et squamula flavis, pedibus rufis, coxis et basi trochanterum posticorum nigris.

5 mm. lang; matt, Kopf hinten schmaler, Fühler von halber Körperlänge, Thorax etwas länger als hoch, Metathorax fein lederartig, etwas glänzend, mit je 2 Seitenfeldern, area supero- und posteromedia vereinigt, breit, letztere etwas vertieft; Segment 1 kaum so lang wie Coxen und Trochanteren der Hinterbeine, Postpetiolus stark bucklig angeschwollen, Segment 2 etwas länger als breit, mit schmalerer Basis, 3 quer, folgende Segmente seitlich etwas zusammengedrückt, Terebra etwas länger als Segment 1; Areola kurz gestielt, der nerv. recurrens in der Mitte mündend, nerv. rad. externus fast gerade, nerv. transv. analis nicht gebrochen.

Schwarz; Palpen und Mandibeln roth, Flügelwurzel und Schüppchen gelb, Stigma scherbengelb; Beine roth, Coxen schwarz, Trochanteren mehr rothgelb, hinterste mit schwarzer Basis, Basis der Hintertibien gelblich, die äusserste Spitze sowie die der Hintertarsen-Glieder braun.

L. cylindrica m. ♂ ♀. Nigra; ore, radice et squamula flavis, pedibus fulvis, coxis et basi trochanterum posticorum nigris.

3½ mm. lang; matt, Kopf hinter den Augen nicht schmaler, Wangen gerundet, Fühler etwas länger als der halbe Körper, Thorax cylindrisch, Metathorax mit je einem Seitenfelde, area supero- und posteromedia vereinigt, letztere breit, Abdomen cylindrisch, nach hinten wenig zusammengedrückt, Segment 1 kaum so lang wie Coxen und Trochanteren der Hinterbeine, gerade, Postpetiolus etwas breiter, Seiten gerundet, Segment 2 etwas länger als breit, 3 quer, Terebra so lang wie das halbe Abdomen, gekrümmt, ziemlich breit; Areola kurz gestielt, schief, den nerv. recurrens hinter der Mitte aufnehmend, nerv. rad. externus gebogen, Grundader interstitial, nerv. transv. analis nicht gebrochen.

Schwarz; Palpen, Mandibeln, Flügelwurzel und Schüppchen gelb, Stigma hell gelbbraun, Beine gelbroth, Coxen und Basis der Hintertrochanteren schwarz. Ein ♀ hat die Areola etwas länger gestielt, Basis der Mittelschenkel unten und die Hinterschenkel fast ganz braun. Beim ♂ sind die Hinterschenkel ebenfalls fast ganz schwarzbraun.

L. nana Gr.? (Campoplex Gr.) ♂ ♀. Aus Raupen von Laverna fulvescens Haw. am 8. August 1878 erzogen. Fast 5 mm. lang; Kopf hinter den Augen schmaler, Fühler etwa von halber Körperlänge, Metathorax mit 5 Feldern, area superomedia beim ♂ durch eine feine Leiste hinten geschlossen, beim ♀ gewöhnlich offen; Postpetiolus nach der Spitze hin etwas breiter, mit geraden Seiten, Segment 2 beim ♀ quer, beim ♂ länger als breit, Terebra etwa ¹/₃ des Abdomen; der nerv. recurrens trifft die Areola hinter der Mitte, nerv. transv. analis nicht gebrochen. Mitteltibien immer einfarbig rothgelb, Stigma schwarzbraun, Bauchfalte gelb und schwarz. — Cocon elliptisch, dünnhäutig, heller oder dunkler braun, seidenflockig.

L. nana Rtzbg. (Campoplex Rtzbg. III., S. 85, n. 18) ♂. Aus Coleophora-Säcken auf Eichen. 3 mm. lang; Kopf hinter den Augen nicht schmaler, Fühlerglied 1 unten gelb, vordere Schenkel gelbroth, Mittelschenkel unten an der Basis schwarz, Hintertarsen rothbraun. — Metathorax mit je 2 Seitenfeldern, Segment 1 so lang wie Coxen und Trochanteren der Hinterbeine, gerade, dünn, Postpetiolus etwas länger als breit, Segment 2 länger als breit, der nerv. rad. externus gerade.

L. peregrina m. ♂. Königsberg. Nigra; ore, scapo antennarum subtus et squamulis flavis; pedibus rufis, coxis nigris, trochanteribus anterioribus flavis, tibiis posticis apice fuscis, tarsis posticis fuscis, basi flavidis.

8 mm. lang; matt, Kopf hinter den Augen nicht schmaler, Fühler gekrümmt, länger als Kopf und Thorax, dieser länger als hoch, Metathorax mit 3 Feldern, area superomedia 5-eckig, breit, hinten offen, Abdomen länger als Kopf und Thorax, am Ende sanft zusammengedrückt; Segment 1 so lang wie Coxen und Trochanteren der Hinterbeine, gerade, Postpetiolus gewölbt, quadratisch mit parallelen Seiten, Segment 2 länger als breit; Areola kurz gestielt, schief, den nerv. recurrens weit hinter der Mitte aufnehmend.

Schwarz; Palpen, Mandibeln (ausser den Zähnen), Glied 1 der Fühler unten, Flügelwurzel und Schüppchen gelb, Fühler nach der Spitze hin unten gelbbraun, Stigma schwarzbraun; Beine roth, Coxen schwarz, vordere unten mit gelber Spitze, Trochanteren gelb, vordere oben an der Basis, bei den hintersten die ganze Basis schwarz, Hintertibien mit gelber Basis und schwarzbrauner Spitze, Hintertarsen braun mit gelber Basis, Sporne weisslich.

L. rostralis m. ♀. Nigra; ore, radice et squamula flavis, pedibus rufis, coxis et trochanteribus posticis nigris, terebra dimidio abdominis longitudine.

6 mm lang; matt, Kopf hinter den Augen schmaler, Gesicht etwas schmaler als Stirn, Raum zwischen den Augen und Mandibeln breit, Clypeus etwas breiter als gewöhnlich, vorn gerundet; Thorax länger als hoch, Metathorax gerundet, ohne Felder; Segment 1 so lang wie Coxen und Trochanteren der Hinterbeine, Postpetiolus etwas gewölbt, länger als breit, mit parallelen Seiten, Segment 2 wenig länger als breit, an der Basis verschmälert, 3 quer, die folgenden seitlich zusammengedrückt, Terebra etwas gekrümmt; Areola kurz gestielt, den nerv. recurrens hinter der Mitte aufnehmend, nerv. transv. analis nicht gebrochen.

Schwarz; Palpen, Mandibeln, Flügelwurzel und Schüppchen gelb, Stigma braun; Beine roth, Coxen schwarz, die vorderen unten an der Spitze roth, Hintertrochanteren fast ganz schwarz, Spitze und äusserste Basis der Hintertibien und die Hintertarsen braun.

L. prussica m. ♀. Aus einer Cimbex-Larve erzogen. Nigra; ore, radice et squamula flavis, pedibus rufofulvis, coxis nigris, trochanteribus anterioribus flavis, posticis nigris, tibiis posticis basi albis, apice fuscis, tarsis posticis fuscis, basi albis; terebra perbrevi.

$4\frac{1}{2}$ mm. lang; matt, kurz seidenhaarig, Kopf hinter den Augen schmaler, Fühler länger als der halbe Körper, Thorax länger als hoch, Metathorax mit 3 Feldern, area superomedia lang und schmal, mit der ziemlich schmalen area posteromedia vereinigt; Segment 1 so lang wie Coxen und Trochanteren der Hinterbeine, fast gerade, Postpetiolus etwas länger als breit, parallelseitig, Segment 2 länger als breit; Areola sitzend, schief, den nerv. recurrens vor der Spitze aufnehmend, nerv. transv. analis nicht gebrochen; Terebra kaum vorragend, gekrümmt.

Schwarz; Palpen, Mandibeln, Flügelwurzel und Schüppchen weissgelb, Flügeladern und Stigma hell gelbbräunlich, Beine rothgelb, Vordercoxen und die Trochanteren gelb, hintere Coxen und Basis der Hintertrochanteren schwarz, Hintertibien mit weisslicher Basis und brauner Spitze, Hintertarsen braun mit weisslicher Basis; die Hinterränder der Segmente 3 und 4 zuweilen röthelnd.

L. carbonaria m. ♀. Nigra; ore, radice et squamula flavis, pedibus rufis, coxis et basi trochanterum nigris, tarsis posticis fuscis, terebra perbrevi.

7 mm. lang; matt, Kopf hinter den Augen schmaler, Thorax bucklig, Metathorax gerundet, runzlig, mit 3 Feldern, area superomedia 5-eckig, hinten offen; Segment 1 so lang wie Coxen und Trochanteren der Hinterbeine, Postpetiolus etwas gebogen, breit, mit gerundeten Seiten, Segment 2 etwas länger als breit, folgende Segmente seitlich schwach zusammengedrückt, Terebra sehr kurz, Areola gestielt, den nerv. recurrens wenig hinter der Mitte aufnehmend, die Discocubitalader winklig gebrochen, mit kurzem Zahne, nerv. transv. analis nicht gebrochen.

Schwarz; Palpen, Mandibeln, Flügelwurzel und Schüppchen gelb, Stigma scherbengelb, Beine roth, Coxen und Basis der Trochanteren schwarz, Hintertarsen braun, mit rother Basis.

L. longicornis m. ♂. Wahrscheinlich aus Raupen von Sesia formicaeformis erzogen. Nigra; ore, scapo antennarum subtus, radice et squamula flavis, pedibus rufis, coxis posterioribus nigris, trochanteribus flavis, posticis basi nigris, tibiis posticis basi flavis, apice fuscis, tarsis posticis basi flavis.

7 mm. lang; matt, kurz weisshaarig, besonders Gesicht und Thorax, Kopf kubisch, an Pyraemon erinnernd, Mandibeln breit, Fühler fast körperlang, mit verdünnter Spitze und abgesetzten Gliedern; Thorax länger als hoch, Metathorax gerundet, runzlig, mit 5 Feldern, area superomedia 6-eckig, breit, hinten offen, Abdomen oben fast gleichbreit, am Ende etwas zusammengedrückt, Segment 1 so lang wie Coxen und Trochanteren der Hinterbeine, kräftig, Postpetiolus etwas länger als breit, mit parallelen Seiten und flacher Mittelrinne, Segment 2 länger als breit; Areola kurz gestielt, schief, der nerv. recurrens weit hinter der Mitte mündend, nerv. transv. analis nicht gebrochen.

Schwarz; Palpen, Mandibeln, Fleck auf der Unterseite des ersten Fühlergliedes, Flügelwurzel und Schüppchen gelb, Stigma braun; Beine roth, hintere Coxen schwarz, Trochanteren gelb, hinterste mit schwarzer Basis; Hintertibien mit gelber Basis und brauner äusserster Spitze, Basis der Hintertarsen gelb, letztes Glied aller Tarsen schwarzbraun.

L. clavicornis m. ♀. Nigra; ore, scapo antennarum subtus, radice, squamula et plica ventrali flavis, pedibus fulvis, coxis nigricantibus, tibiis posticis apice et ante basin leviter infuscatis, tarsis posticis fuscis, terebra fere longitudine segmentis 1.

4 mm. lang; matt, Kopf hinter den Augen wenig schmaler, mit gerundeten Wangen, Fühler länger als der halbe Körper, nach der Spitze hin verdickt; Thorax cylindrisch, Metathorax etwas verlängert, mit 5 Feldern, area superomedia hinten offen; Abdomen oben gleich breit, nach der stumpfen Spitze hin zusammengedrückt, Segment 1 etwas kürzer als Coxen und Trochanteren der Hinterbeine, fast gerade, Postpetiolus wenig breiter, mit parallelen Seiten, Segment 2 so lang wie breit, mit deutlichen Thyridien, 3 länger als breit, Terebra etwas kürzer als Segment 1; Areola schief, den nerv. recurrens an der Spitze aufnehmend, nerv. rad. externus gekrümmt, nerv. transv. analis nicht gebrochen.

Schwarz; Palpen, Mandibeln, Glied 1 der Fühler unten, Flügelwurzel, Schüppchen und Bauchfalte gelb, Flügel glashell mit hellbraunem Geäder und Stigma; Beine rothgelb, Coxen schwarz oder rothbraun, Trochanteren gelblich, Hintertibien an der Spitze und vor der Basis bräunlich, Hintertarsen braun. Segment 2 bei einem ♀ braun.

L. occulta m. ♀. Nigra; ore, radice et squamula flavis; pedibus rufis, coxis nigris, trochanteribus flavis, posticis basi nigris, apicibus tibiarum posticarum et articulorum tarsorum posticorum fuscis; terebra fere longitudine segmentis primi, sursum curvata.

4 mm. lang; Kopf und Thorax matt, Kopf hinter den Augen nicht schmaler, Fühler kürzer als der Körper, Thorax cylindrisch, Metathorax mit 3 Feldern, area superomedia hinten offen, area posteromedia etwas vertieft; Abdomen glänzend, von Segment 3 ab seitlich zusammengedrückt, Segment 1 kräftig, fast so lang wie Coxen und Trochanteren der Hinterbeine, Postpetiolus gewölbt, mit fast parallelen Seiten, Segment 2 länger als breit, folgende quer, Terebra fast so lang wie Segment 1, stark nach oben gekrümmt; Areola sitzend, trapezisch, den nerv. recurrens hinter der Mitte empfangend, nerv. rad. externus eingekrümmt, n. transv. analis nicht gebrochen.

Schwarz; Palpen, Mandibeln, Flügelwurzel und Schüppchen gelb, Stigma hellbraun; Beine roth, Coxen schwarz, vorderste mit gelber Spitze, Trochanteren gelb, die hintersten mit schwarzer Basis, Spitze der Hintertibien und der Glieder der Hintertarsen braun, Basis der Hintertibien und der Hintertarsen gelblich, Tibiendornen gelb.

Am 8. Juli 1879 aus einem Sacke der Coleophora C. currucipennella erzogen.

L. crassicornis Gr. (Campoplex Gr.) ♂ ♀. Aus Raupen von Hadena suffuruncula erzogen. ♂ 7, ♀ bis 10 mm. lang; Palpen und Mandibeln innen gelb, Trochanteren innen roth, bei den ♂ hat Segment 1 einen schmalen rothen Hinterrand, Segment 2 eine breite schwarze Basis, bei den ♀ ist dieses oft ganz roth. — Var. m. ♂♀, Alle Coxen roth, bei einem ♀ Hintercoxen mit schwarzer Basis. Das ♂ aus Neustadt hat Glied 1 der Fühler unten roth, vordere Coxen und alle Trochanteren gelb, Mittelcoxen mit rother, Hintercoxen mit schwarzer Basis, Segment 5 roth, 6 mit rothen Seiten.

L. rapax Gr. (Campoplex Gr.) — Var. 1 Gr. ♂. Kopf hinter den Augen nicht schmaler. Metathorax scharf geleistet, mit 5 Feldern, area superomedia hinten offen, Segment 1 etwas länger als Coxen und Trochanteren der Hinterbeine, sanft gebogen, Postpetiolus breit, mit stark gerundeten Seiten, Segment 2 wenig länger als breit; nerv. recurrens die Areola vor der Mitte treffend, nerv. transv. analis unter der Mitte leicht gebrochen, ohne Längsnerv, Schenkel und Schienen des rechten Hinterbeins viel heller als des linken, fast gelb.

L. rufiventris Gr. (Campoplex Gr.) ♂ ♀. Aus Raupen von Orthotaelia Sparganiella erzogen. Cocon lang cylindrisch, hell graubraun. Ein ♀ hat die Fühler ganz schwarz. — Var. 1 Hlmgr. ♀. Marienburg.

L. melanosticta Gr. (Campoplex Gr.) ♂ ♀. Beim ♂ ist das erste Fühlerglied schwarz, Mitteltibien, wie auch Gravenhorst sagt, mit schwarzer Spitze, Segment 1 und Rücken aller Segmente schwarz. Bei den ♀ haben die Mittelschenkel eine schwarze Basis, die Mitteltibien und Mitteltarsen sind rothgelb mit schwarzbraunen Spitzen.

L. assimilis Gr. (Campoplex Gr.) ♀. Aus Larven von Phyllotoma melanopyga und Retinia resinana erzogen. Ein ♀ hat die Fühlerglieder 1 und 2 unten gelbweiss, ein anderes den Postpetiolus mit gerundeten Seiten.

L. ensator Gr. (Campoplex Gr.) Var. 1 Hlmgr. ♂ ♀. Area superomedia immer geschlossen, area posteromedia gross und flach. — Var. 2 Gr. ♀ ist eigene Art.

L. multicincta Gr. (Campoplex Gr.) ♀. Kopf fast kubisch, Färbung der Schenkel wie Gravenhorst sie beschreibt. Ein aus einer Raupe von Earias clorana erzogenes ♀ ist 7 mm. lang und stimmt mit Holmgren's Beschreibung, aber Terebra etwas kürzer als die Hälfte des Abdomen, vordere Coxen gelb, mittlere mit rother Basis. Könnte auch ensator var. 2 Gr. oder maculatus Gr. sein. Cocon im Gespinnste der Raupe steckend.

L. pedella Hlmgr. — Var. 1 Hlmgr. ♂ ♀. Aus Larven von Fenusa pumila und einer Cryptocampus-Art erzogen. Hintertibien zuweilen auch mit dunkler Basis. Bei einem ♀ fehlt die Areola im linken Oberflügel. — Var. 2

Hlmgr. ♀. Nerv. rad. externus an der Spitze eingebogen, Discocubitalader im linken Vorderflügel mit langem Aste, Hintertibien und Hintertarsen ganz roth.

L. curvicauda Hlmgr.? ♂ ♀. Aus Larven von Nematus Valisnierii erzogen. Stigma immer dunkelbraun, Glied 1 der Fühler schwarz, Hintertibien mit brauner Basis und Spitze, Areola oft sehr unregelmässig, oder in einem Flügel fehlend. Gehört wohl zu C. vestigialis Rtzbg. Cocon elliptisch, dünnhäutig, glänzend, hellbraun mit hellerer Mittelzone.

L. vestigialis Rtzbg. (Campoplex R.) ♂ ♀. Kopf hinter den Augen schmaler, Postpetiolus parallelseitig, area superomedia offen. Glied 1 der Fühler schwarz, vordere Beine oft, Basis der Hintertibien immer gelb.

Aus Raupen von Tortrix laevigana und Retinia resinana und aus Larven von Nemarus Valisnierii und Phyllotoma microcephala erzogen.

L. inquinata Hlmgr.? ♂ 6 mm. lang; area superomedia hinten offen, Areola klein, schief 3-eckig, der nerv. recurrens vor der Spitze mündend, nerv. radial. externus gerade. Stigma braun, Hinterschenkel roth, Hintercoxen schwarz, roth gefleckt, Hintertibien schwarz mit weisser Mitte.

L. notata Gr. (Campoplex Gr.) ♂ ♀. Segmente 3 und 4 und Bauchfalte roth. — Aus einer Noctua-Raupe erzogen.

L. cognata m. ♂. Königsberg. Nigra; ore, radice et squamula flavis, pedibus rufis, coxis posticis nigris, trochanteribus flavidis, posticis basi nigris, tarsis posticis fuscis, basi flava, abdominis medio rufo.

6 mm. lang; matt, Kopf hinter den Augen wenig schmaler, Wangen glänzend, Fühler kräftig, nach der Spitze allmählich verdünnt, fast körperlang, Thorax länger als hoch, Metathorax mit 5 Feldern, area superomedia 5-eckig, hinten offen, area posteromedia etwas vertieft, runzlig, Abdomen wenig schmaler als der Thorax, Segmente 2—4 gleich breit, die folgenden etwas zusammengedrückt, Segment 1 so lang wie Coxen und Trochanteren der Hinterbeine, fast gerade, kräftig, Postpetiolus fast quadratisch, Mitte mit flacher Längsfurche, Segment 2 länger als breit, 3 quadratisch; Areola gestielt, den nerv. recurrens in der Mitte aufnehmend, nerv. rad. externus, sanft eingebogen, nerv. transv. analis nicht gebrochen.

Schwarz; Palpen, Mandibeln, Flügelwurzel und Schüppchen gelb, Stigma braun; Beine roth, Hintercoxen schwarz, Trochanteren gelblich, hinterste mit schwarzer Basis, Hintertarsen braun mit gelber Basis; Segmente 2—5 roth, Segment 2 Basis, 5 oben schwarz.

L. ruficincta Gr. (Campoplex notatus var. 1 Gr.) ♂ ♀. Aus Raupen von Earias clorana und Noctua erzogen. Das Cocon wird ausserhalb der Raupe angefertigt, ist elliptisch, weiss oder bräunlich besponnen, vor den Polen mit breiterer oder schmalerer, aus schwarzen Flecken bestehender Zone. — Var. 1 Hlmgr. (C. ruficinctus Gr.) ♂ ♀. Aus Raupen von Dianthoecia Echii und Cucubali, Hadena porphyrea und Cucullia Tanaceti erzogen. — Ein ♂ stimmt fast mit Var. 2 Gr. Vordere Trochanteren ganz gelb, Hinterschenkel ganz roth, auch Segment 5 roth. Kopf kürzer als bei der Stammart, area superomedia regelmässig 5-eckig, hinten offen, Segment 1 dünner, Postpetiolus etwas kürzer, Segment 2 länger als 3.

L. dolosa Gr. (Campoplex Gr.) ♂ ♀. Felder des Metathorax, besonders beim ♂, sehr scharf umleistet, der nerv. recurrens hinter der Mitte in die Areola mündend. Flügelschüppchen des ♂ gelb.

L. tricincta Gr. (Campoplex Gr.) ♂. Königsberg. Clypeus, Spitze der Wangen und die orbitae frontis breit gelb, Metathorax mit je einem Seitenfelde, area posteromedia breit und hoch.

L. crassiuscula Gr. (Campoplex Gr.) ♂ ♀. Metathorax jederseits mit einem Felde, nerv. rad. externus gerade, Arcola sitzend. Beim ♂ sind die vorderen Coxen gelb, Segment 3 mit rothem, oben unterbrochenem Hinterrande, Stigma etwas heller. Aus Raupen von Eupithecia exiguaria, satyraria und actaearia erzogen. Ueber die hüpfenden Cocons machte ich in den Schriften der naturforschenden Gesellschaft zu Danzig im Jahre 1868 Mittheilung, hielt die Wespe aber irrthümlich für L. unicincta. Die Cocons der ♂ sind kleiner und dünnhäutiger als die der ♀.

L. unicincta Gr. (Campoplex Gr.) ♂ ♀. Bei den ♀ sind die vorderen Coxen gelb, Hinterschenkel bei beiden Geschlechtern ganz roth, Segment 3 bei den ♀ gewöhnlich ganz schwarz, Terebra sehr kurz, nicht „trientis abdominis", wie Gravenhorst sagt. Der nerv. recurrens mündet hinter der Mitte in die Areola, nerv. rad. externus zuweilen sanft gebogen, nerv. transvers. analis nicht gebrochen, Metathorax gewöhnlich mit je einem Seitenfelde. Aus einer Spannerraupe erzogen. — Var. m. ♀. Grösser, Stigma dunkler, alle Coxen roth, Segment 3 bei einem ♀ fast ganz roth; nerv. rad. externus gerade. — Aus Raupen von Vanessa polychloros und urticae erzogen. Cocon fast kugelrund, fest, schwarz, braun übersponnen, besonders in der Mitte, so dass eine Mittelzone entsteht.

L. argentata Gr. (Campoplex Gr.) ♀. Ein ♀ mit breit sitzender Arcola. — Var. 5 Gr. ♀. Segmente 3 und 4 oben mit schwarzem Basalfleck, Schenkel, Tibien und Tarsen der Hinterbeine roth, nur letztes Tarsenglied dunkler.

L. canaliculata Gr. (Campoplex Gr.) ♂ ♀. Mandibeln schwarz, nur Spitze roth, Arcola zuweilen sitzend, nerv. rad. externus gebogen, Postpetiolus bei 2 ♀ mit 2 schrägen Seitengrübchen, bei einem ♀ der Postpetiolus ganz glatt; die Seitenfelder des Metathorax immer scharf getrennt, Segmente 4—7 ganz roth. — Aus Larven von Nematus fraxini erzogen.

L. concinua Hlmgr. ♂ ♀.

L. longipes Müll. (Ichneumon Müll., Campoplex Gr., C. argentatus Rtzbg.) ♂ ♀. Bei den ♀ ist auch Segment 5 roth, die Areola kommt auch sitzend und unregelmässig 5-eckig vor, bei 2 ♀ sind die Basis und Spitze der Hinterschenkel schwarz. Bei einem ♀ sind alle Coxen und die Hintertrochanteren schwarz. — Aus Larven von Nematus perspicillaris erzogen,

L. fulviventris Gmel. (Ichneumon Gmel., Campoplex Gr.) ♀ ♂. — Var. 1 Hlmgr. ♂. Hinterschenkel roth, oben, auch Basis und Spitze schwarz.

L. paludicola Illmgr. (Campoplex inculcator Gr.) ♀.

L. cothurnata Hlmgr. (Campoplex argentatus Rtzbg.) ♂ ♀. Die area superomedia verschieden, auch die Seitenfelder bald getrennt, bald vereinigt, die Areola ebenfalls nicht immer gleich, entweder breit sitzend oder gestielt, bei einem ♂ im rechten Vorderflügel unvollständig; das erste Segment des Abdomen mit vortretenden Stigmen oder nicht. Abdomen oben zuweilen ganz schwarz. Au

Larven von Lophyrus pini und pallidus erzogen. — Var. 1 m. (L. clandestina Hlmgr. ?) ♂. Aus Larven von Lophyrus rufus erzogen. Abdomen schwarz, nur Segmente 3 und 4 mit rothem Seitenfleck. — Var. 2 m. ♀. Aus Larven von Lophyrus pini erzogen. Vordere Coxen und Trochanteren schwarz, diese mit gelben Spitzen, Abdomen schwarz, Hinterrand von Segment 2 schmal, Segment 3 und 4 ganz und Seiten von Segment 5, oder dieses ganz roth, manchmal Segment 2 roth mit schwarzer Basis. — Var. 3 m. ♂♀. Aus Larven von Nematus Brischkii erzogen. Segmente 3—7 ganz roth, oder Segment 3 mit schwarzer Basis. Bei einem ♀ sind die vorderen Coxen und Trochanteren roth. Ein fast 9 mm. langes ♀, aus Larven von Lophyrus pini erzogen, hat die Fühlergeissel roth, die Hinterschenkel mit schwarzen Spitzen. — Das dünnhäutige Cocon füllt das Cocon des Wirthes aus.

L. erythropyga Hlmgr. ♂♀. Aus Tenthredo-Larven erzogen. Abdomen gewöhnlich ganz schwarz. Areola immer schief und fehlt bei einem ♂ im rechten, bei einem anderen im linken Vorderflügel, der nerv. recurrens mündet vor der Spitze der Areola, Postpetiolus länger als breit. — Var. 3 Hlmgr. ♀.

L. vetula Hlmgr. ♀♂. Ist wohl = erythropyga.

L. vexata Hlmgr. ♂ Neustadt.

L. hyalinata Hlmgr. ♂♀. Aus Larven von Cimbex variabilis erzogen. In einem Cimbex-Cocon stecken viele einzelne, dünnhäutige Cocons. — Augen nicht gebuchtet. Bei den ♂ sind die Hintercoxen immer roth; Segment 2 roth mit schwarzer Basis, Segmente 3—5—6 ganz roth.

L. carnifex Gr. (Campoplex Gr.) ♂♂. Bei den ♂ sind die vorderen Trochanteren ganz roth, ein ♂ hat schwarze Mandibeln, Segmente 2—4 roth, bei Segment 2 die Basis breit, bei Segment 3 schmal schwarz, Segment 5 mit rothen Seiten.

L. auctor Gr. (Campoplex Gr.) ♂♀. Aus Raupen von Hadena suffuruncula erzogen.

L. tricolor Hrtg. (Campoplex H. Ratzeburg: II., S. 94, n. 8.) ♂♀. Aus Raupen von Abraxas grossulariata erzogen. Matt, kurz weisshaarig, Kopf hinter den Augen schmaler, Gesicht länger behaart, Fühler fast körperlang, Thorax hoch, wenig länger als breit, Metathorax mit je 2 Seitenfeldern, area superomedia seitlich nicht begrenzt, area posteromedia umleistet, flach und breit, querrunzlig, Segment 1 gerade, so lang wie Coxen und Trochanteren der Hinterbeine, Postpetiolus hinter den vorragenden Stigmen fast parallelseitig, gewölbt, etwas länger als breit, Segment 2 länger als breit, nach der Basis allmählich verengt, Segment 3 quadratisch, Terebra sehr kurz; Areola gestielt, klein und schief, den nerv. recurrens fast an der Spitze aufnehmend, nerv. rad. externus an der Spitze eingebogen, nerv. transv. analis nicht gebrochen. — Cocon elliptisch, hellbräunlich, dickwandig, mit 2 schwarzen Zonen und schwarz gefleckten Polen.

L. sicaria Gr. (Campoplex Gr. III., S. 551 n. 68) ♀. Matt, kurz weisshaarig, Kopf hinter den Augen schmaler, Thorax bucklig, Metathorax kurz, mit durchgehender Querleiste, area posteromedia gross, umleistet, Segment 1 so lang wie Coxen und Trochanteren der Hinterbeine, gekrümmt, sich allmählich verbreiternd, Postpetiolus nach der Spitze hin breiter, etwas gewölbt, Segment 2 länger als breit, 3 fast quadratisch, Areola kurz gestielt, schief, nerv. recurrens hinter der Mitte mündend, nerv. rad. externus gekrümmt, nerv. transv. analis etwas gekrümmt, aber nicht gebrochen. Segment 1 zuweilen ganz schwarz, 5 roth mit schwarzem Hinterrande, Hintertibien zuweilen nach der Spitze hin braun.

L. laticeps m. ♀. Neuenburg. Nigra; ore, radice et squamula flavis, scapo antennarum subtus rufo; pedibus flavorufis, coxis nigris, trochanteribus flavis, posticorum femoribus, tibiis et tarsis brunneis, tibiis medio rufis; margine apicali segmente 2 abdominis rufo; terebra circiter longitudine abdominis.

4 mm. lang; matt, Kopf breiter als Thorax, hinter den Augen schmaler, Gesicht breiter als lang, innerer Augenrand fast garnicht gebuchtet, Fühler dünn, fast körperlang; Thorax vorn erhöht, länger als hoch, Metathorax fein gerunzelt, allmählich abschüssig, mit 5 Feldern, area superomedia 5-eckig, länger als breit, hinten offen; Segment 1 so lang wie Coxen und Trochanteren der Hinterbeine, etwas gekrümmt, Postpetiolus allmählich breiter werdend, länger als breit, Segment 2 etwas länger als breit und nach der Spitze allmählich an Breite zunehmend, die folgenden Segmente seitlich beilförmig zusammengedrückt, Terebra fast so lang wie das Abdomen, gekrümmt; Areola sitzend, den nerv. recurrens hinter der Mitte aufnehmend, nerv. rad. externus gerade.

Schwarz; Palpen und Mandibeln gelb, Fühlerschaft unten roth, Flügelwurzel und Schüppchen gelb, Stigma braun, Beine gelblich roth, vordere Coxen und alle Trochanteren gelb, Hintercoxen, zuweilen auch Basis der Mittelcoxen schwarz, Schenkel, Tibien und Tarsen der Hinterbeine rothbraun oder braun, Tibien mit rother Mitte und heller äusserster Basis, Segment 2 des Abdomen mit gelbrothem Hinterrande, Bauchfalte gelb.

L. cruentata Gr. ? (Campoplex Gr. III., S. 575, n. 84) ♂ ♀. Stimmt in der Färbung fast ganz mit Cymodusa cruentata überein, aber Gesicht unten nicht verengt, Postpetiolus breiter und Terebra länger; 7 mm. lang; matt, kurz weisshaarig, Kopf hinter den Augen etwas schmaler, Metathorax mit je 2 Seitenfeldern, area superomedia 3-eckig, hinten breit offen, area posteromedia etwas vertieft mit feinen Leisten; der nerv. recurrens mündet etwas vor der Mitte in die Areola, nerv. rad. externus sanft gebogen, nerv. transv. analis nicht gebrochen. Mandibeln immer schwarz, nur die Spitze zuweilen roth, Vordercoxen zuweilen unten roth, bei den ♂ sind die Basis uud Spitze der Hintertibien und die Hintertarsen braun. Oft nur die Segmente 2 unb 3 breit roth gerandet und bei Segment 3 auch die Seiten roth. Gravenhorst's ♂ ist wohl eine eigene Art.

L. declinator Gr. (Campoplex Gr.) ♂. Kranz. Gleicht der von Gravenhorst beschriebenen Art, ist aber keine Sagaritis. Dieses ♂ hat braun getrübte Flügel und braunrothe Mittelschenkel, die unten an der Basis schwarz gestreift sind, der Postpetiolus ist nicht ganz so lang wie der Petiolus, die Beine sind schlank. — 7 mm. lang; fein lederartig, kurz seidenhaarig, Kopf hinter den Augen nicht schmaler, Gesicht etwas schmaler als die Stirn, diese mit Mittelkiel, Fühlerglied 3 länger als 4, Schildchen wenig erhöht, Metathorax etwas länger als gewöhnlich, mit 5 Feldern, area superomedia etwas breiter als lang, geschlossen, area posteromedia etwas vertieft, querrunzlig; Segment 1 gerade, so lang wie Coxen und Trochanteren der Hinterbeine, Segment 2 fast doppelt so lang wie breit, mit rothen Thyridien, 3 länger als breit, 4 quadratisch. Penisklappen vorragend, breit, mit gerundeter Spitze, nerv. recurrens die Areola in der Mitte treffend, nerv. rad. externus fast gerade, nerv. transv. analis unter der Mitte gebrochen. — Var. 1 Gr. ♂. 7 mm. lang; matt, Kopf hinter den Augen nicht schmaler, Metathorax gerunzelt, mit je 2 Seitenfeldern, area superomedia hinten offen, area posteromedia etwas vertieft, Postpetiolus kürzer als der Petiolus, Segmente 2 und 3 länger als breit, nerv. rad. externus an der Spitze eingebogen, nerv. recurrens die Areola in der Mitte treffend, Grundader interstitial, nerv. transv. analis tief unter der Mitte gebrochen, mit feinem Längsnerv. Mittelschenkel ganz roth, Segment 7 schwarz.

L. agilis m. ♂. Nigra; ore, radice et squamula flavis, pedibus rufis, coxis nigris; trochanteribus flavis, posticis basi nigris, apice tibiarum posticarum et tarsis posticis fuscis; segmentis 2—4 abdominis rufo marginatis.

6 mm. lang; matt, seidenhaarig, Kopf hinter den Augen nicht schmaler, Fühler länger als der halbe Körper, Thorax fast cylindrisch, Metathorax gerunzelt, mit 5 Feldern, area superomedia 6-eckig, geschlossen; Segment 1 etwas länger als die Coxen und Trochanteren der Hinterbeine, ziemlich dünn, gerade, Postpetiolus wenig breiter als der Petiolus, länger als breit, die Stigmen etwas vortretend, Segment 2 fast doppelt so lang wie breit, 3 länger als breit; Areola klein und schief, lang gestielt, der nerv. recurrens hinter der Mitte mündend, nerv. rad. externus gekrümmt, nerv. transv. analis nicht gebrochen.

Schwarz; Palpen, Mandibeln, Flügelwurzel und Schüppchen gelb, Stigma braun, Beine roth, Coxen schwarz, Trochanteren gelb, hinterste mit schwarzer Basis, Spitze der Hintertibien und die Hintertarsen braun; Hinterrand von Segment 1 sehr schmal, von 2—4 breit roth, bei Segment 4 nur die Basis schmal schwarz, Bauchfalte gelb.

L. signata m. (Olesicampe Frst?) ♀. Nigra; ore, radice et squamula flavis, scapo antennarum subtus rufo, pedibus rufis, coxis anterioribus flavis, posticis nigris, trochanteribus flavis, posticis basi nigris, tibiis posticis supra fuscis, basi flavis, tarsis posticis fuscis, segmentorum 3—7 abdominis lateribus rufis; terebra perbrevi.

6 mm. lang; matt, kurz seidenhaarig, Kopf kubisch, Hinterhaupt scharf gerandet, Fühler etwa von halber Körperlänge, Thorax länger als hoch, Schildchen erhöht, Metathorax mit 3 Feldern, area superomedia 5-eckig, hinten offen; Segment 1 so lang wie Coxen und Trochanteren der Hinterbeine, gebogen, Postpetiolus breit, mit geraden, divergirenden Seiten, ziemlich flach, mit seichter Mittelrinne, Segment 2—5 gleich breit, Segment 2 länger als breit, 3 quadratisch, die letzten Segmente seitlich etwas zusammengedrückt, Terebra kaum vorragend; Areola gestielt, schief, den nerv. recurrens kurz vor der Spitze aufnehmend, nerv. rad. externus gerade, nerv. transv. analis nicht gebrochen.

Schwarz; Palpen und Mandibeln gelb, Fühlerglied 1 unten rothgefleckt, Stigma braun, Wurzel und Schüppchen gelb; Beine roth, vordere Coxen gelb, mittlere an der Basis und Hintercoxen ganz schwarz, Trochanteren gelb, hinterste mit schwarzer Basis, Hintertibien bräunlich, ihre Basis (auch die der Mitteltibien) gelb, Hintertarsen braun mit rother Basis: Segmente 3—7 mit rothen Seiten.

L. valida m. (Rhimphoctona Frst. ?) ♂. Nigra; ore, radice et squamula flavis, pedibus rufis, coxis et basi trochanterum posticorum nigris, abdominis medio rufo.

8 mm. lang; matt, kurz weisshaarig, Kopf hinter den Augen etwas breiter, Wangen gerundet, Fühler fast körperlang, kräftig, allmählich verdünnt, Thorax fast cylindrisch, Metathorax gerundet, mit 5 Feldern, area superomedia 5-eckig, hinten offen, area posteromedia querrunzlig; Abdomen walzenförmig, hinten wenig zusammengedrückt, Segment 1 so lang wie Coxen und Trochanteren der Hinterbeine, etwas gekrümmt, Postpetiolus hinter den vortretenden Stigmen geradseitig, Segment 2 länger als breit, mit rauher, etwas niedergedrückter Basis, Segmente 3 und 4 quadratisch, Penisklappen vorstehend, gerundet; Areola gestielt, der nerv. recurrens mündet hinter der Mitte, nerv. rad. externus gebogen, nerv. transv. analis nicht gebrochen.

Schwarz; Palpen, Mandibeln, Flügelwurzel und Schüppchen gelb, Stigma rothbraun; Beine roth, Coxen und Basis der Hintertrochanteren schwarz, Hinterleibssegmente 2—4 roth, Segment 2 mit schwarzer Basis.

L. abnormis m. (Idechthis Frst. ?) ♀. Nigra; ore, radice, squamula et stigmate testaceis, antennis rufescentibus, pedibus fulvis, coxis posterioribus brunneis, trochanteribus testaceis, apice tibiarum posticarum et tarsis posticis fuscis, abdomine brunneo, terebra dimidii abdominis longitudine.

5 mm. lang; matt, sehr kurz behaart, Kopf hinter den Augen schmaler, Innenrand der Augen wenig gebuchtet, Fühler etwas länger als Kopf und Thorax, Glied 3 länger als 4; Thorax cylindrisch, Schildchen flach, Metathorax mit 5 Feldern, area superomedia 5-eckig, hinten offen, area posteromedia fein gerunzelt, Abdomen länger als Kopf und Thorax, am Ende beilförmig, Segment 1 so lang wie Coxen und Trochanteren der Hinterbeine, fast gerade, Postpetiolus gewölbt, parallelseitig, Segment 2 länger als breit, 3 quadratisch, Terebra gekrümmt, Klappen dünn mit breiterer Spitze, Hintertibien breiter als gewöhnlich; Areola gestielt, der nerv. recurrens in der Mitte mündend, nerv. rad. externus sanft gebogen, nerv. transv. analis nicht gebrochen.

Schwarz; Palpen, Mandibeln, Flügelwurzel, Schüppchen und Stigma scherbengelb, Flügel gelblich getrübt; Fühler rothbraun; Beine hell gelbbraun, hintere Coxen mit dunklerer Basis, Trochanteren scherbengelb, Hintertibien oben an der Spitze und die Hintertarsen braun, die Hintertibien mit heller gelblicher Basis; Abdomen braun, Bauchfalte scherbengelb. Ein ♀ hat Hintertibien und Hintertarsen gelblich roth.

L. aliena m. ♂. Königsberg. Nigra; ore, radice et squamula flavis, pedibus rufis, coxis nigris, abdominis medio castaneorufo.

5 mm. lang; matt, Kopf hinter den Augen schmaler, Metathorax gerunzelt, mit 5 Feldern, area superomedia 5-eckig, geschlossen; Abdomen glänzend, kurz behaart, Segment 1 etwas länger als Coxen und Trochanteren der Hinterbeine, krumm, Postpetiolus wenig breiter als Petiolus, Segment 2 allmählich verbreitert, an der Spitze so lang wie breit, 3 quadratisch, folgende zusammengedrückt; Areola kurz gestielt, schief 4-eckig, den nerv. recurrens vor der Spitze

aufnehmend, nerv. rad. externus etwas gekrümmt, nerv. transv. analis nicht gebrochen.

Schwarz; Palpen fast weiss, Mandibeln rothgelb, Glied 1 der Fühler unten rothbräunlich, Stigma hellbraun, Wurzel und Schüppchen gelb; Beine gelblich roth, Coxen schwarz, vorderste unten roth, Trochanteren gelblich, hinterste mit schwarzem Basalfleck; Hinterrand der Segmente 1 und 2, Segment 3 ganz, und Basis von 4 rothbraun, Bauchfalte roth.

L. breviseta m. ♂♀. Nigra; palpis, radice et squamula flavis, mandibulis et pedibus rufis, coxis et basi trochanterum posticorum nigris, abdominis medio rufo.

6 mm. lang; matt, Kopf hinter den Augen schmaler, Fühler fast körperlang, Thorax länger als hoch, Metathorax gerundet, mit je 2 Seitenfeldern, area supero- und posteromedia vereinigt, etwas vertieft; Abdomen oben breit, am Ende zusammengedrückt, Segment 1 so lang wie Coxen und Trochanteren der Hinterbeine, gekrümmt, Postpetiolus breiter mit geraden Seiten, beim ♂ mit Mittelgrübchen, Segment 2 etwas länger als breit, 3 quer, Terebra etwa halb so lang wie Segment 1, Areola gestielt, den nerv. recurrens fast in der Mitte aufnehmend, nerv. rad. externus sanft gebogen, nerv. transv. analis undeutlich unter der Mitte gebrochen.

Schwarz; Palpen, Mandibeln des ♂, Flügelwurzel und Schüppchen gelb, Mandibeln des ♀ rothgelb, Stigma braun; Beine gelbroth, Coxen und Basis der Hintertrochanteren schwarz, vordere Trochanteren mit gelblichen Spitzen, Hintertibien an der äussersten Spitze oben schwärzlich, Hintertarsen mit gelblicher Basis, Segmente 2—4 und Seiten der folgenden roth, Basis von Segment 2 schwarz.

L. erratica m. ♀. Nigra; ore, radice et squamula flavis, pedibus rufis, coxis et basi trochanterum posticorum nigris, tibiis posticis apice et ante basin tarsisque posticis fuscis, segmento secundo abdominis apice, tertio et lateribus sequentium rufis, terebra dimidii abdominis longitudine.

4½ mm. lang; matt, Kopf hinter den Augen nicht schmaler, Wangen gerundet, Fühler so lang wie Kopf und Thorax, dieser cylindrisch, Metathorax gerundet, fein gerunzelt, mit 5 Feldern, area superomedia hinten offen; Abdomen vorn cylindrisch, dann beilförmig zusammengedrückt, Segment 1 kaum so lang wie Coxen und Trochanteren der Hinterbeine, fast gerade, Postpetiolus breiter, mit gerundeten Seiten, Segment 2 etwas länger als breit, 3 quer, Terebra gekrümmt; Areola gestielt, den nerv. recurrens hinter der Mitte aufnehmend, nerv. rad. externus gebogen, Grundader interstitial, nerv. transv. analis nicht gebrochen.

Schwarz; Palpen, Mandibeln, Flügelwurzel und Schüppchen gelb, Stigma braun; Beine hellroth, Coxen schwarz, Trochanteren gelblich, die hintersten mit schwarzer Basis, Hintertibien vor der Basis und an der Spitze und die Hintertarsen schwarzbraun, diese mit rother Basis; Hinterrand von Segment 2, Segment 3 und die Seiten der folgenden hellroth, die Hinterränder schmal röthlich.

L. cingulata m. ♂. Nigra; ore, radice et squamula flavis, pedibus anterioribus fulvis, basi coxarum nigra, posticis rufis, coxis et basi trochanterum nigris, tibiis fulvis, ante basin et apice tarsisque fuscis, segmentis abdominis 2 et 3 rufo cingulatis.

7 mm. lang; matt, kurz weisshaarig, Kopf hinter den Augen nicht schmaler, Fühler etwa von halber Körperlänge, Thorax etwas länger als hoch, Metathorax mit 5 Feldern, area superomedia 6-eckig, geschlossen, Segment 1 so lang wie Coxen und Trochanteren der Hinterbeine, Postpetiolus allmählich breiter werdend, mit sanft gerundeten Seiten, folgende Segmente fast gleichbreit, Segment 2 länger als breit, 3 quadratisch; Areola gestielt, den nerv. recurrens vor der Mitte aufnehmend, nerv. rad. externus gebogen, nerv. transv. analis fast in der Mitte gebrochen.

Schwarz; Palpen, Mandibeln, Flügelwurzel und Schüppchen weissgelb, Stigma braun, vordere Beine gelbroth, Basis der Coxen schwarz, Hinterbeine roth, Coxen und Basis der Trochanteren schwarz, Tibien gelbroth, vor der Basis und an der Spitze, so wie die Tarsen braun; Segmente 2 und 3 mit breiten rothen Hinterrändern.

I. clypeata m. ♂♀. Aus Larven von Nematus Valisnierii und Cryptocampus erzogen. Nigra; ore, clypeo, scapo antennarum subtus, radice et squamula flavis, pedibus fulvis, coxis anterioribus trochanteribusque flavis, coxis posticis nigris, tibiis et tarsis posticis basi flavoalbis, segmentis 2—5 abdominis margine apicali in ♂ testaceis in ♀ rufis, terebra longitudine segmenti 1, curvata.

4 mm. lang; matt, kurz seidenhaarig. Gesicht und Clypeus länger behaart, Kopf hinter den Augen wenig verschmälert, Wangen gerundet, Fühler länger als der halbe Körper, gekrümmt; Thorax länger als hoch, Metathorax gerundet, mit 5 Feldern, area superomedia 5-eckig, hinten offen; Abdomen beim ♂ oben gleich breit, beim ♀ in der Mitte breiter, am Ende seitlich zusammengedrückt, Segment 1 so lang wie Coxen und Trochanteren der Hinterbeine, fast gerade; Postpetiolus etwas gewölbt, mit divergirenden Seiten, Segment 2 länger als breit; Areola gestielt, schief, der nerv. recurrens vor der Spitze mündend, nerv. rad. externus gebogen, nerv. transv. analis nicht gebrochen.

Schwarz; Palpen, Mandibeln, Clypeus, Glied 1 der Fühler unten, Flügelwurzel und Schüppchen gelb, Fühlergeissel des ♂ unten gelbbraun; Stigma hell scherbengelb; Beine rothgelb, vordere Coxen und alle Trochanteren gelb, Basis der Hintertibien breit gelbweiss, ebenso die Basis der Glieder 1—3 der Hintertarsen; Hinterrand der Segmente 2—5 beim ♂ breit scherbengelb, beim ♀ roth.

I. proterva m. ♀. Nigra; ore, radice et squamula flavis, pedibus rufis, coxis nigris, trochanteribus flavis, basi nigris, basi femorum posteriorum nigra, tibiis posticis et tarsis posticis basi flavis vel rufis, apice fuscis; abdominis medio et lateribus rufis, plica ventrali rufoflava, terebra perbrevi.

6 mm. lang; matt, kurz seidenhaarig, Gesicht länger behaart, Kopf kubisch, Stirn fein gerunzelt, Innenrand der Augen gebuchtet, Fühler fast körperlang, Thorax etwas länger als hoch, Metathorax gerundet, mit 3 Feldern, area superomedia 6-eckig, hinten offen; Abdomen fast gleichbreit, am Ende zusammengedrückt, Segment 1 so lang wie Coxen und Trochanteren der Hinterbeine, Postpetiolus wenig gewölbt und gebogen, etwas länger als breit, mit parallelen Seiten, Segmente 2 und 3 länger als breit; Areola gestielt, den nerv. recurrens vor der Spitze aufnehmend, nerv. rad. externus gerade, nerv. transv. analis nicht gebrochen.

Schwarz; Palpen, Mandibeln, Flügelwurzel und Schüppchen gelb, Flügel getrübt, Stigma braun; Beine roth, **Coxen** und Trochanteren schwarz, diese mit gelben Spitzen, Basis der hinteren Schenkel schwarz, Hintertibien mit gelber Basis und schwarzer Spitze, Hintertarsen braun mit rother Basis; Hinterrand von Segment 2, Segmente 3 und 4 fast ganz und Seiten der folgenden roth, Basis von 3 und Hinterrandfleck von 4 schwarz, die folgenden Segmente mit braunen Hinterrändern, Bauchfalte rothgelb.

L. dorsalis Gr. (Campoplex Gr.) ♂. Segment 2 etwas länger als breit, ohne Basalfurchen.

L. exareolata Rtzbg. (Campoplex R.) ♂♀. Aus Raupen von Earias clorana erzogen. Beim ♂ sind Fühlergeissel und Abdomen immer schwarz. Ein aus Gallen von Trigonaspis megaptera erzogenes ♂ hat gelbe Beine, Hintercoxen schwarz, Hinterschenkel rothgelb, Hintertarsen gebräunt. Cocon länglich rund, weiss. Bei einem ♀ ist die area superomedia länger als breit.

L. transfuga Gr. (Campoplex Gr.) ♂♀. Vordercoxen beim ♀ gelb mit schwarzer Basis. Aus Raupen von Dioryctria Abietella erzogen.

L. borealis Zett. (Porizon Zett) — Var. 2 Hlmgr.? ♂. Vordere Coxen gelb mit schwarzer Basis, Hinterschenkel ganz braun. — Var. 3 Hlmgr. ♀.

L. mandibularis Hlmgr. ♂.

L. aberrans Gr. (Campoplex Gr. Eriborus Frst.?) ♂♀. Mandibeln gelb, bei den ♀ sind die Vorderschenkel unten theilweise, die Mittelschenkel mit Ausnahme der Basis und Spitze schwarz, vordere Trochanteren schwarzfleckig. Kopf hinter den Augen schmaler, Gesicht länger als breit, Augen neben den fast körperlangen Fühlern gebuchtet, Stigma lang und schmal, Radialzelle lang, nerv. rad. externus gerade, nur vor der Spitze eingebogen, nerv. transv. analis nicht gebrochen, Metathorax mit 5 Feldern, area superomedia 5-eckig, geschlossen; Segment 2 länger als breit, Terebra kurz, etwas gekrümmt. Cocon cylindrisch, rauh, staubgrau.

L. braccata Gmel. (Ichneumon Gmel, Campoplex Gr., Eriborus Frst.?) ♂♀. Aus Raupen von Hypena rostralis erzogen. Kopf hinter den Augen schmaler, Wangen nach unten verbreitet, Fühler beim ♂ kräftiger als beim ♀, Metathorax behaart, mit feinen Leisten und je 2 Seitenfeldern, area superomedia lang 5-eckig, hinten offen, area posteromedia ziemlich schmal, etwas vertieft; Segment 1 länger als die Coxen und Trochanteren der Hinterbeine, gerade, Petiolus beim ♀ dünner als beim ♂, Postpetiolus gewölbt, hinter den vorragenden Stigmen fast parallelseitig, Segment 2 länger als breit, nach der Basis hin schmaler, Thyridien gelb, folgende Segmente seitlich zusammengedrückt, Terebra kurz, gekrümmt; nerv. radial. externus gerade, an der Spitze etwas eingebogen, nerv. transv. analis nicht gebrochen. Ein ♂ hat die Mittelbeine mit schwarzbraunen Schenkeln und Tibienspitzen. Immer nur die Segmente 1 und 2 schwarz, 2 mit schmalem rothem Hinterrande, Bauchfalte gelb. Cocon cylindrisch, bräunlich grau, fein wollig, mit hellerer Mittelzone.

L. ensifera m. (Phaedroctonus Frst.?) ♀. Nigra, ore, radice et squamula flavis, scapo antennarum subtus rufo, pedibus rufis, coxis anterioribus flavis, basi nigris, posticis nigris, trochanteribus flavis, posticis basi nigris, tibiis flavis, posticis apice et ante basin nigris, tarsis anterioribus flavis, posticis fuscis, basi flavis, segmentis 3—7 abdominis lateribus rufis, terebra dimidii abdominis longitudine.

5 mm. lang; matt, kurz seidenhaarig, Kopf hinter den Augen etwas schmaler, Fühler länger als der halbe Körper, Thorax länger als hoch, Metathorax mit 5 Feldern, area superomedia hinten offen, a. posteromedia etwas vertieft; Segment 1 etwas länger als die Coxen und Trochanteren der Hinterbeine, gerade, ziemlich dünn, Postpetiolus gewölbt, mit gerundeten Seiten, Segment 2 fast doppelt so lang wie breit, 3 quadratisch, folgende Segmente seitlich zusammengedrückt, Terebra gekrümmt, breit; Areola fehlt, nerv. transv. analis nicht gebrochen.

Schwarz; Palpen, Mandibeln, Flügelwurzel und Schüppchen gelb, Fühlerglieder 1 und 2 unten roth, Stigma braun; Beine roth, vordere Coxen gelb mit schwarzer Basis, Hintercoxen schwarz, Trochanteren gelb, hinterste mit schwarzer Basis, Tibien aussen gelb, Hintertibien vor der Basis und die Spitze schwarzbraun, vordere Tarsen gelblich mit dunklen Spitzen, Hintertarsen schwarzbraun mit heller Basis; Segmente 3—7 mit rothen Seiten und schmalen rothen Hinterrändern, Bauchfalte gelb.

L. stigmatica m. (Erypternus Frst.?) ♂. Nigra; ore rufo, radice et squamula flavis, femoribus anticis et tibiis rufis, posterioribus apice fuscis, tarsis fuscis, abdominis medio rufo.

6 mm. lang; matt, Kopf hinter den Augen nicht schmaler, Fühler fast körperlang, Thorax fast cylindrisch, Metathorax gerundet, mit je einem Seitenfelde, area superomedia lang, hinten offen; Segment 1 so lang wie die Coxen und Trochanteren der Hinterbeine, fast gerade, Postpetiolus länger als breit, mit fast geraden Seiten, Segment 2 länger als breit, 3 quadratisch, folgende Segmente seitlich zusammengedrückt; Flügel breit, mit grossem Stigma (wie bei Cremastus), Radialzelle kurz, nerv. rad. internus etwa $1/2$ des dritten Abschnittes der Costa, nerv. rad. externus an der Spitze eingekrümmt, Areola fehlt, nerv. transv. analis tief unter der Mitte gebrochen; Hinterferse etwa $1/3$ der Tibien, länger und dicker als die übrigen Glieder.

Schwarz; Palpen und Mandibeln gelblichroth, Glied 2 der Fühler roth, Flügel getrübt, Stigma braun, Wurzel und Schüppchen gelb; Beine roth, Coxen, Basis der Trochanteren und die hinteren Schenkel schwarz, diese mit rothen Spitzen, Spitzen der hinteren Tibien und aller Tarsen braun; Spitze von Segment 1, Segmente 2 und 3 ganz roth, Bauchfalte vorn rothgelb.

L. transiens m. (Zaporus Frst.?) ♂. Nigra; ore radice et squamula flavis, pedibus rufis, coxis posticis nigris, abdominis medio rufo.

5 mm. lang; kann vielleicht zu den Tryphonen gehören. Matt, Kopf hinter den Augen nicht schmaler, Stirn und Gesicht gewölbt, Clypeus nicht geschieden, innere Augenränder nicht gebuchtet, Fühler fast körperlang, Thorax cylindrisch, Metathorax gerundet, regelmässig gefeldert, area superomedia 5-eckig, länger als breit, Abdomen nach der Spitze hin etwas zusammengedrückt, Segment 1 nicht völlig so lang wie die Coxen und Trochanteren der Hinterbeine, etwas gekrümmt, Postpetiolus wenig breiter, mit parallelen Seiten, Stigmen etwas erhaben, Segmente 2 und 3 länger als breit; Areola fehlt, im linken Oberflügel scheint eine

Spur von derselben vorhanden zu sein, nerv. rad. externus gerade, nerv. trans. analis nicht gebrochen.

Schwarz; Palpen, Mandibeln, Flügelwurzel und Schüppchen gelb, Stigma hellbraun; Beine roth, Mittelcoxen mit schwarzbrauner Basis, Hintercoxen und Basis der Hintertrochanteren schwarz; Hinterrand von Segment 1, Segmente 2 und 3 ganz roth.

Ein ♂, 6 mm. lang; matt, Kopf hinten nicht schmaler, Thorax länger als hoch, Metathorax mit 3 Feldern, area superomedia lang und mit der a. posteromedia vereinigt; Beine schlank; Abdomen oben fast gleich breit, Segment 1 so lang wie Coxen und Trochanteren der Hinterbeine, etwas gebogen, Postpetiolus wenig breiter, länger als breit, parallelseitig, Segment 2 länger als breit, 3 quadratisch; Areola fehlt, im linken Vorderflügel ist eine schwache Andeutung des äusseren Nervs, nerv. rad. externus gebogen, n. transv. analis tief unter der Mitte gebrochen.

Schwarz; Palpen, Mandibeln und Flügelwurzel gelb, Stigma braun, Beine roth, Coxen und Trochanteren schwarz, an den Hinterbeinen die Schenkel oben, Basis und Spitze der Tibien und die Tarsen braun; Hinterrand der Segmente 2 und 3 roth, (L. incompleta. m.)

Ein ♀, mit theilweise abgebrochenen Fühlern, 5 mm. lang; matt, Kopf hinter den Augen nicht schmaler, Thorax bucklig, Metathorax mit 5 Feldern, area superomedia 6-eckig, hinten offen, Segment 1 kaum so lang wie Coxen und Trochanteren der Hinterbeine, Postpetiolus allmählich verbreitert, mit Mittelrinne, Segment 2 wenig länger als breit; Terebra kaum vorragend, Areola fehlt, indem der Aussen- und Innennerv verschmolzen sind, nerv. rad externus gebogen, n. transv. analis nicht gebrochen.

Schwarz; Palpen, Mitte der Mandibeln und Flügelwurzel gelb, Glied 1 der Fühler roth, Stigma braun; Beine roth, Coxen, Basis der Trochanteren und der Hinterschenkel schwarz, Hinterrand und Seiten von Segment 3 und die Seiten der folgenden Segmente rothbraun. (L. pumila m.)

Genus **Meloboris** Illmgr.

M. alternans Gr. (Campoplex Gr.) ♀. Kopf hinter den Augen wenig schmaler, Thorax fast cylindrisch, Metathorax verlängert, mit je einem Seitenfelde, area superomedia lang und schmal, a. posteromedia kurz, Areola sitzend, den nerv. recurrens hinter der Mitte aufnehmend, Cubital-Querader im rechten Vorderflügel interstitial, nerv. transv. analis unter der Mitte gebrochen.

Genus **Pyracmon** Hlmgr.

P. fumipennis Zett. (Porizon Zett.) ♀. Königsberg.

P. fulvipes Hlmgr. ♂. Area supero- und posteromedia etwas vertieft und querrunzlig.

P. melanurus Hlmgr. ♂ ♀. Mandibeln und Fühler bei einem ♂ schwarz. Beim ♀ ist Segment 1 so lang wie die Coxen und Trochanteren der Hinterbeine, nerv. transv. analis ohne deutlichen Längsnerv.

P. xoridiformis Hlmgr. ♂ ♀. Areola unregelmässig, sitzend, Grund-

ader fast interstitial, nerv. recurrens weit hinter der Mitte die Areola treffend,
n. rad. externus in der Mitte und an der Spitze eingebogen, Stigma' schwarzbraun bis hellbraun. ♂: Metathorax deutlich gefeldert, area superomediä 5-eckig.
Die Färbung stimmt nicht ganz mit Holmgren's Beschreibung überein, nämlich
Fleck über den Vordercoxen und längs der Naht zwischen Vorder- und Mittelbrust, diese selbst und Strich unter den Flügeln gelb, an den Hinterbeinen sind
die Coxen und Trochanteren schwarz, jene unten, diese an der Spitze gelb, Schenkel roth mit brauner Spitze, Tibien und Tarsen braun, jene mit gelblicher Mitte.
Bei den ♀ sind alle Beine braunroth, Coxen schwarz, Vordercoxen unten braunroth, Spitze der Mitteltibien, Basis und Spitze der Hintertibien und die hinteren
Tarsen schwarzbraun, Schüppchen gelblich bis schwärzlich, Terebra fast so lang
wie Abdomen.

Genus Canidia Hlmgr.

C. subcincta Gr. (Campoplex Gr.) ♂ ♀. Ein ♀ hat die Hintertibien
oben roth, unten an der Spitze und vor der Basis braun.

C. pusilla Rtzbg. (Campoplex R.) ♂ ♀. Der subcincta sehr ähnlich.
Hinterrand von Segment 2 sehr schmal roth. Bei einem ♂ sind die Beine ausgedehnter und auch die Basis der Vorderschenkel schwarz. Ein ♂ hat fast ganz
schwarze vordere Schenkel und Hintertibien. Bei 2 ♀ sind Beine und Segmente
2 und 3 fast ganz roth, ebenso Mandibeln und Flügelschüppchen.

C. 5-angularis Rtzbg. (Campoplex R.) ♂ ♀. Aus Larven des Phyto-
nomus Phellandrii erzogen. Gleicht der C. pusilla. 3 mm. lang; Kopf, Fühler,
Thorax, Abdomen und Flügelgeäder wie bei jener, nur Terebra kürzer als Segment 1 und etwas gekrümmt. Palpen roth, Schüppchen gelb, Stigma etwas dunkler; Beine roth, Coxen, Trochanteren und Basis der hinteren Schenkel mehr oder
weniger schwarz, Spitze der Hintertibien und die Hintertarsen schwarzbraun;
Hinterrand von Segment 1 schmal, von 2, oder von 2 und 3 breit, auch Basis
von 3 zuweilen roth. Ein ♀ hat den Hinterrand der Segmente 2 und 3 schmal
roth. Bei den ♂ ist das Roth ausgedehnter. — Var. m. ♂ ♀. Alle Schenkel
roth. Cocon elliptisch, derb, braungrau.

C. tristis Gr. (Campoplex Gr.) ♀. 5 mm. lang; matt, Kopf hinter den
Augen nicht schmaler, Thorax etwas länger als bei pusilla, Metathorax wie bei dieser;
Segment 1 so lang wie Coxen und Trochanteren der Hinterbeine, etwas gebogen,
Segment 2 so lang wie breit, mit deutlichen Thyridien, Hinterränder der Seg-
mente schmal glänzend, Terebra kürzer als Segment 1; Areola 5-eckig, Grund-
ader interstitial, nerv. rad. externus fast gerade, nerv. transv. analis unter der
Mitte undeutlich gebrochen, mit farblosem Längsnerv, Schüppchen schwarz, Bauch-
falte gelb.

C. immolator Gr.? (Campoplex Gr. III, S. 491, n. 23.) ♀. Matt, Kopf
fast kubisch mit breiten Wangen und verhältnissmässig kleinen, nicht gebuchteten
Augen; Metathorax bei einem ♀ mit je 2, bei dem anderen mit je einem Seitenfelde, area superomedia lang 5-eckig, hinten offen, a. posteromedia gross; Segment 1 so lang wie Coxen und Trochanteren der Hinterbeine, nicht dicker als
gewöhnlich, Stigmen etwas vortretend, Segment 2 wenig länger als breit, an der

Basis halb so breit wie an der Spitze; 3 quadratisch, alle Segmente mit schmalem glänzendem, gelblichem Hinterrande; Areola bei einem ♀ unvollständig, der nerv. recurrens in der Mitte mündend, Radialzelle kurz, nerv. rad. externus fast gerade, n. transv. analis unter der Mitte gebrochen, mit feinem Längsnerv. Vordere Trochanteren mit rothen Spitzen, Bauchfalte gelb.

C. cingulata m. ♀. Nigra; radice flava, femoribus anterioribus rufis, mediis basi nigris, tibiis rufis, posticis apice et ante basin fuscis, tarsis anterioribus rufis, posticis fuscis, margine apicali segmentorum 2 et 3 abdominis rufo.

5 mm. lang; matt, Abdomen glänzender, Kopf kurz, hinter den Augen nicht schmaler, Mandibeln vortretend, Thorax etwas länger als bei pusilla, Metathorax mit gleicher Felderung, Segment 1 so lang wie Coxen und Trochanteren der Hinterbeine, Postpetiolus mit parallelen Seiten, Segmente 2—4 gleich breit, die folgenden seitlich zusammengedrückt, Segment 2 wenig länger als breit, Terebra kürzer als Segment 1, gekrümmt; Areola sitzend, 5-eckig, der äussere Nerv bei einem ♀ sehr fein, der nerv. recurrens in der Mitte eintretend, nerv. rad. externus fast gerade, nerv. transv. analis unter der Mitte gebrochen, Längsnerv farblos

Schwarz; Flügelwurzel gelb, Stigma scherbengelb, Schenkel, Tibien und Tarsen der vorderen Beine roth, Mittelschenkel mit schwarzer Basis, Mitteltibien mit bräunlicher Spitze, auch die Mitteltarsen bräunlich, Hintertibien vor der Basis und an der Spitze und die Hintertarsen schwarzbraun, diese mit rother Basis; Segmente 2 und 3 oder 2—4 mit schmalem rothem Hinterrande.

C. umbrata m. ♂. Nigra; ore rufo, radice et squamula flavis, femoribus anticis et tibiis anterioribus rufis, tibiis posticis fuscis, apice nigris.

5 mm. lang; matt, lederartig, kurz behaart, Kopf hinter den Augen nicht schmaler, Augen nicht gebuchtet, Fühler dünn, etwas länger als der halbe Körper, die Glieder 3 und 4 gleich lang; Thorax etwas länger als hoch, Metathorax ziemlich kurz, mit je einem Seitenfleck, area superomedia fein umleistet, lang und schmal; Abdomen fast keulig, am Ende seitlich zusammengedrückt, Segment 1 länger als Coxen und Trochanteren der Hinterbeine, gekrümmt, Postpetiolus wenig länger als breit, mit parallelen Seiten, Segment 2 länger als breit, 3 quadratisch; Areola fehlt, Grundader interstitial, nerv. rad. externus gebogen, nerv. transv. analis unter der Mitte gebrochen.

Schwarz; Palpen, Mandibeln, Flügelwurzel und Schüppchen gelb, Stigma gelbbraun, Vorderschenkel, Spitzen der hinteren und vordere Tibien roth, Mitteltibien mit brauner Spitze, Hintertibien braunroth mit dunklerer Spitze, Tarsen braun, Hintertarsen mit heller, äusserster Basis der Glieder.

Genus Dimophora Frst. ?

3 Arten, welche vielleicht zu dieser Gattung gehören, mögen hier ihren Platz finden.

D. robusta m. ♂♀. Nigra; radice et pedibus rufis, coxis et trochanteribus nigris, tarsis posticis fuscis, abdomine rufo, basi apiceque nigris.

6 mm. lang; Kopf und Thorax fein und dicht punktirt, kurz behaart, Kopf kurz, hinter den Augen nicht schmaler, Clypeus schwach abgesetzt, wenig

gewölbt, Raum zwischen Augen und Mandibeln breit, diese mit ungleichen Zähnen, Augen nicht gebuchtet, Fühler fast körperlang, Thorax bucklig, Metathorax gerunzelt, mit 5 Feldern, area supromedia 5-eckig, area posteromedia vertieft, Abdomen glänzend, breit, etwa so lang wie Kopf und Thorax, Segment 1 länger als Coxen und Trochanteren der Hinterbeine, kräftig, fast gerade, Postpetiolus glatt, hinter den etwas vortretenden Stigmen allmählich breiter werdend, mit geraden Seiten, Segment 2 fast quer, an der Spitze breiter als an der Basis, Segmente 4—7 seitlich, bei den ♀ beilförmig zusammengedrückt, Terebra lo lang wie Segment 1, nach unten gekrümmt, kräftig, Penisklappen des ♂ lang vortretend, mit gerundeter Spitze; Stigma gross, Geäder kräftig, Grundader interstitial, nerv. rad. externus an der Spitze wenig eingebogen, Areola beinahe sitzend, rhombisch, den nerv. recurrens vor der Mitte aufnehmend, nerv. transv. analis tief unter der Mitte gebrochen, mit undeutlichem Längsnerv.

Schwarz; Flügelwurzel und Beine roth, Coxen und Trochanteren schwarz, Hintertarsen braun, Abdomen der ♂ schwarz, Postpetiolus und Segmente 2 und 3 roth, der ♀ roth, Basis von Segment 1 und die Segmente 5—7 schwarz, diese mit breiteren oder schmaleren Hinterrändern; Flügel braun getrübt, Stigma braunschwarz.

D. similis m. ♂♀. Nigra; radice testacea, pedibus rufis, coxis et basi trochanterum nigris, tarsis posticis fuscis, segmento 2 abdominis rufo.

5 mm. lang; der vorigen Art gleich gestaltet, nur Metathorax mit höheren, kräftigeren Leisten.

Schwarz; Flügelwurzel scherbengelb, Beine roth, Coxen und Basis der Trochanteren schwarz, Hintertarsen braun; Hinterrand von Segment 1 und Segment 2 ganz roth.

D. cognata m. ♂. Nigra; ore ex parte, radice, squamula et pedibus rufis, posticis basi coxarum et trochanterum tarsisque fuscis, apice segmentorum abdominis 1 et 2 et basi segmenti 3 rufis.

4 mm. lang; wiederum der vorigen Art ganz ähnlich, der nerv. recurrens trifft die Areola aber hinter der Mitte.

Schwarz; Palpen, Spitze der Mandibeln, zuweilen auch Basis der Fühler, Flügelwurzel, Schüppchen und Beine roth, an den Hinterbeinen die Basis der Coxen und Trochanteren und die Tarsen braun; Hinterrand der Segmente 1 und und 2 und Basis von Segment 3 roth.

Genus Nemeritis Hlmgr.

N. cremastoides Hlmgr. ♀. — Var. m. ♀. Aus Minirfliegen im Hopfen erzogen. 4 mm. lang; Kopf nicht viel breiter als der Thorax, Metathorax mit nur 3 Feldern, nerv. rad. externus etwas gekrümmt, nerv. transv. analis nicht gebrochen, Terebra kürzer, Hinterschenkel fast ganz braun, Hintertibien braun mit rother Mitte, Stigma heller.

N. macrocentra Gr. (Campoplex Gr.) ♂♀. 6 mm. lang; vordere Coxen gelb. Hinterrand von Segment 2 schmal roth; Bauchfalte gelb und braun, Brustseiten ohne Glanz. — Var. 1 Hlmgr. ♀.

Genus **Augitia** Hlmgr.

A. glabricula Hlmgr. ♀. Metathorax jederseits nur mit einem Felde
Segment 1 nicht dicker als bei Limneria.

Genus **Cremastus** Gr.

Gr. decoratus Gr. ♂. Aus Raupen von Nothris verbascella erzogen;
Area superomedia hinten offen.

Cr. interruptor Gr. ♂♀. Aus Raupen von Yponomeuta erzogen.
Gesicht gelb, Hinterschenkel bei einem ♂ roth mit schwarzer Basis, Hintertibien
rothgelb mit braunschwarzer Basis und Spitze. Dem decoratus fast gleich. Segment 1 und 2 nicht länger als bei decoratus, dieser hat Segment 2 noch etwas
schmaler. Das ♀ hat die Thoraxseiten, das Abdomen und die Hinterschenkel
schwarz, diese mit gelber Spitze, an confluens Gr. erinnernd.

Cr signatus Hlmgr. ♀. Der nerv. recurrens und nerv. transv. cubita-
lis internus nicht interstitial.

Cr. binotatus Gr. ♂. Marienburg. Metathorax nicht über die Hintercoxen verlängert. Matt, fein gerunzelt, Kopf hinter den Augen schmaler, area
superomedia hinten geschlossen, nervus rad. externus in der Mitte und an der
Spitze eingebogen, nerv. recurrens discoidalia in der Mitte, nerv. transv. analis
unter der Mitte gebrochen. Die beiden gelben Punkte des Clypeus verbunden,
eine gelbe Querlinie im Gesichte verbindet die orbit. facialis, Spitze der Wangen
gelb, Hinterschenkel roth mit schwarzer Basis.

Cr. infirmus Gr. ♂♀. Auch die Wangen gelb, Beine verschieden gefärbt, besonders die Hintertibien bald heller, bald dunkler.

Cr. bellicosus Gr. ♂♀. Auch hier die Wangen gelb. — Var. 1
Hlmgr. (Cr. geminus Gr.) ♂♀. — Var. 2 Hlmgr. ♀. Hintertibien kürzer und
etwas breiter.

Genus **Atractodes** Gr.

A. vestalis Curt. ♂♀. Areola unvollständig, Segment 1 längsrissig.

A. gravidus Gr. ♂♀. Nervus transv. analis unter der Mitte gebrochen,
Längsnerv deutlich; Segment 1 immer fein nadelrissig, Palpen und Mandibeln
immer schwarz. Bei den ♂ Segment 2 schwarz, 3 mit rother Basis, ein ♂ hat
die Schenkel an der Basis schwarz. — Var. 1 Hlmgr. ♀. Palpen und Mandibeln
scherbengelb.

A. bicolor Gr. ♂♀. Fühlerwurzel bis zum 4. oder 5. Gliede und die
Flügelschüppchen roth, Hinterbeine gelbroth, Schenkel oben bräunlich, Areola oft
unvollständig. Das ♀ hat die area superomedia vertieft, Clypeus schwarz und
Segmente 2—4 roth.

A. picipes Hlmgr. ♂♀. Areola immer 5-eckig und geschlossen, nerv.
transv. analis unter der Mitte gebrochen, Längsnerv fein, Segment 1 immer nadelrissig.

A. exilis Curt. ♂♀. — Var. 2 Hlmgr. ♂♀. — Var. 3 Hlmgr. ♂.

A. ruficornis m. ♀. Niger; ore, antennis, squamula pedibusque testaceis, femoribus posticis infuscatis, segmentis 2 et 3 abdominis ex parte rufis.

4 mm. lang; glänzend, Kopf hinter den Augen nicht schmaler, Metathorax mit 5 Feldern, Mittelfeld nicht vertieft, Segment 1 dünn, gerade, nur Postpetiolus gebogen, Segment 2 länger als breit, Flügel schmal, wenig getrübt, mi t hellem Stigma und hellen Adern, Areola offen. nerv. rad. externus krumm.

Schwarz; Palpen, Mandibeln, Fühler, Schüppchen und Beine scherbengelb , . Fühler nach der Spitze hin dunkler, Flügelwurzel gelb, Hinterschenkel gebräunt, Segmente 2 und 3 grösstentheils gelbroth.

Genus Seleucus Hlmgr.

S. cuneiformis Hlmgr. ♀. Neustadt. Fühler schwarz, Glied 1 unten roth, Abdomen schwarz.

Genus Exolytus Frst.

E. laevigatus Gr. (Mesoleptus Gr., Atractodes incessor Hal., A. dionaeus Curt.) ♂♀. Aus Lophyrus- und Tenthredo-Larven erzogen. Zuweilen Spitze von Segment 1 und auch Segment 4 ganz roth. — Var. 1 Hlmgr. (Atractodes scrutator Hal.) ♂♀. Basalhälfte der Fühler und Segmente 2—4 roth. — Ein ♂ hat den Kopf etwas kürzer, Fühler etwas dünner, den abschüssigen Theil des Metathorax gestreckter, das Mittelfeld schmaler und parallelseitig, Segment 1 mit Mittelrinne, links mit spitz vortretendem Knoten, rechts, der Basis des Segmentes näher, einen noch mehr vortretenden Seitenast. Segmente 2—5 roth, 2 mit schwarzer Basalhälfte, 4—5 mit bräunlicher Basis.

E. productus m. ♂♀. Niger, ore, basi antennarum, pedibus et abdominis medio rufis, radice flava,

6 mm. lang; glänzend, Kopf kubisch, Clypeus nicht abgesetzt, Glied 3 der Fühler etwas länger als 4, Mesothorax vorn 3-lappig. Metathorax allmählich abschüssig, etwas über die Hintercoxen verlängert mit undeutlich getrennten Seitenfeldern und etwas vertiefter, querrunzliger Mittelrinne; Segment 1 länger als Coxen und Trochanteren der Hinterbeine, gerade, dünn, mit wenig breiterem Postpetiolus, die Stigmen bei den ♂ etwas vortretend, Segment 2 doppelt so lang wie breit, 3 fast ebenso lang, die folgenden bei den ♀ seitlich zusammengedrückt, Terebra vortretend; Areola offen, nerv. rad. externus gerade, Radialzelle kurz, nerv. transv. analis tief unter der Mitte gebrochen, der Längsnerv fein.

Schwarz; Palpen gelb, Mandibeln. Basis der Fühler (bei den ♀ bis zum fünften Gliede) und Schüppchen roth, Wurzel gelb, Stigma hellbraun; Beine roth, bei einem ♂ Basis der Hintertibien und die Hintertarsen schwarzbraun; bei den ♀ Segmente 2—4, bei den ♂ 2 und 3 roth, Spitzen von Segment 3 bei den ♂ schwarz. — Var. m. ♀. Fühler gelbroth, vordere Beine, Hintercoxen und Trochanteren gelb, Hintertarsen braun.

Genus Mesochorus Gr.

Die meisten Arten dieser Gattung haben sich durch die Zucht als Schmarotzer=Schmarotzer erwiesen.

M. scutellatus Gr. (Astiphromma Frst.) ♂♀. Kopf hinter den Augen nicht verengt, Schildchen in eine Spitze endend. Metathorax mit fein umleisteten

Feldern, area superomedia klein, geschlossen, Postpetiolus gerundet; Radialzelle lang, nerv. rad. externus in der Mitte eingebogen, nerv. transv. analis unter der Mitte gebrochen, mit ziemlich deutlichem Längsnerv. Fühlerglieder 1 und 2 bei den ♂ zuweilen roth, Stigma braun oder gelbbraun, Segment 3 ganz schwarz, vordere Beine röthlich gelb. Hintertarsen gelb. Die ⚥ wie die ♂ gefärbt, nur Gesicht und Thorax schwarz, letzterer in den Mittelbrustseiten etwas röthelnd, Schildchen mit rother Spitze. Ein aus Larven von Nematus latipes erzogenes ♀ hat den Thorax ganz schwarz.

M. thoracicus Gr. ♂♀. 7 mm. lang; Prothorax roth und schwarz. Beim ♂ sind die Endränder der Segmente nicht hell, Tibien und Tarsen gelblich. Die Mittelrinne des Postpetiolus ist immer deutlich. — Var. 1 Hlmgr. ♂♀.

M. dorsalis Hlmgr. (Astiphromma Frst.) ♀. Eine Raupe von Vanessa urticae anstechend. Schildchen spitz.

M. dimidialus Hlmgr. ♂♀. Thorax oben oft mehr oder weniger roth gefleckt, Fühlerbasis bei den ♂ ganz gelb, bei den ♀ dunkler, auch das Stigma bei den ♀ dunkler, Segmente 4—7 bei den ♀ ganz rothgelb.

M. orbitalis Hlmgr. ♂♀. Orbitae faciales schmal gelb, Thorax nicht roth gefleckt, Segment 2 quadratisch. Beim ♂ die orb. faciales und frontales roth, Thorax schwarz, mit rothem Fleck unter den Flügeln, Asterspitzen rothbraun; Hintertibien und Hintertarsen mit hell bräunlich gelber Grundfarbe.

M. strenuus Hlmgr. (M. plendidulus var. 6 Gr., Astiphromma Frst.) ♂♀. Aus einem Cocon von Campoplex mixtus und aus Camp. brevicornis in Eupithecia actaeata erzogen. 6—10 mm. lang; Schildchen zuweilen roth.

M. analis Hlmgr. (Astiphromma Frst.) ♂♀. Segment 2 mit gelbem Mittelfleck an der Spitze, Segmente 5—7 schwarz mit gelben Hinterrändern, Hintertarsen gelb, Mittelbrust des ♂ roth gefleckt.

M. leucogrammus Hlmgr. ♂♀. Die ♀ haben die Fühlerwurzel unten rothgelb, Segment 2 mit gelbem 3-eckigem Spitzenfleck, Segmente 3 und 4 in der Mitte mit gelbem Streif, die folgenden braunroth, alle Coxen und Trochanteren gelbweiss, Hintercoxen mit schwarzem Spitzenfleck, Hintertibien und Hintertarsen gelb. Die ♂ 4 mm. lang, dem M. strenuus in der Färbung fast gleich. Fühlerbasis gelb, Mittelbrustseiten ganz rothgelb, Hintertibien mit brauner Spitze, Segmente 5—7 mit gelbem Hinterrande, zuweilen auch Segment 1 mit 3-eckigem Spitzenfleck, Thyridien immer rothgelb, Schildchen zuweilen röthelnd. Bei einem ♂ sind die Tibien und Tarsen der Hinterbeine oben bräunlich. Metathorax mit 5 sehr fein umleisteten Feldern, nerv. transv analis nicht gebrochen. — Aus Meteorus-Cocons in Raupen der Eupithecia sobrinata, aus Campoplex-Cocons in Raupen der Eup. pimpinellaria, aus Campoplex =, Rogas = und Meteorus-Cocons der Eup. exiguaria und aus Rogas der Raupen von Eup. lariciaria erzogen.

M. politus Gr. ♀. Ein ♀ hat ein rothes Schildchen und gelbe Beine.

M. gibbulus Hlmgr. (M. nigripes Rtzbg.?) ♂♀.

M. sylvarum Curt. ♂. Die orbitae externae fehlen fast ganz.

M. semirufus Hlmgr. ♂♀. Aus einer Noctua-Raupe, aus Microgaster in Raupen der Cucullia argentea, aus Rogas in Raupen der Dasychira selenitica, aus Microgaster in Raupen der Acronycta rumicis und aus Raupen der Yponomeuta malinella erzogen. Fühler oft ganz roth, nur an der Spitze dunkler, Prothorax oft roth, Hintertarsen oft gelb. Bei einem ♂ sind die Seiten der Segmente 3—7 schwarz. — Var. m. ♂. Nur Segment 3 gelb

M. crassimanus Hlmgr. ♀. Aus Limneria braccata in Raupen der Hypena rostralis erzogen. — Var. 1 Hlmgr, ♀.

M. vittator Zett. ♂ ♀. — Var. 1 Hlmgr. ♀. Mesothorax mit 3 schwarzen Streifen.

M. fulgurans Curt. (M. laricis Rtzbg.) ♂ ♀. Aus Cocons von Lophyrus pini und rufus und aus Raupen von Eupithecia pimpinellaria erzogen.

M. testaceus Gr. ♂ ♀. Ist wohl gleich mit fulgurans. Ocellenfleck immer schwarz, Stigma hell, Beine heller oder dunkler, Hintertarsen zuweilen auch mit dunkler äusserster Basis, der nerv. recurrens immer wie bei fulgurans vor der Mitte in die Areola mündend. Aus Larven von Nematus cirrhopus und Tenthredo repanda, dann aus Campoplex-Cocons von Raupen der Eupithecia pimpinellaria erzogen. — Var. m. ♂. Mehr roth, Fühler braun, Mesothorax mit 3 braunen Streifen, von denen der mittlere abgekürzt ist, Segment 2 seitlich braun. Ebenfalls aus Eupithecia pimpinellaria erzogen.

M. vitticollis Hlmgr. (M. splendidulus var. 7 Gr.) ♂ ♀. Ein aus Campoplex-Cocons von Raupen der Fidonia cebraria erzogenes ♂ hat den Thorax roth, nur Mittelbrust und Oberseite des Metathorax schwarz. Fühler roth, nach der Spitze hin dunkler. Ein aus Microgaster in Raupen von Cucullia argentea erzogenes ♂ hat die Mittelbrustseiten scherbengelb.

M. areolaris Rtzbg. (III, S. 119, n. 12) ♂ ♀. Ist wohl M. vitticollis. Aus Larven von Athalia spinarum erzogen.

M. confusus Hlmgr. (M. splendidulus Rtzbg. ex parte.) — Var. 2 Hlmgr. (M. ater Rtzbg.?) ♂ ♀. Aus Campoplex-Cocons von Raupen der Eupithecia pimpinellaria erzogen. — Var. 3 Hlmgr. (M. cimbicis Rtzbg.?) ♂ ♀. Aus einer Cimbex-Larve erzogen. — Var. 4 Hlmgr. (M. cimbicis Rtzbg.?) ♂ ♀. Aus Raupen von Yponomeuta padi und aus Larven von Cladius difformis erzogen. — Var. 5 Hlmgr. (pectoralis Rtzbg. ex parte) ♀.

M. pectoralis Rtzbg. (M. confusus var. 5 Hlmgr.?) ♂ ♀. Bis 5 mm. lang. Aus Campoplex und Microgaster in Raupen von Cidaria galiaria, Eupithecia centaurearia, Fedonia cebraria, Cucullia argentea und Yponomeuta erzogen. Der nerv. rad. externus wenig gebogen. Ein ♂ hat am Discocubitalnerv einen langen Trennungsast. Mesothorax zuweilen roth gestreift, Segmente 5—7 roth mit dunkleren Seiten. — Var. 1 m. ♂. Kleiner, Gesicht rothgelb. — Var. 2 m. ♂ ♀. Hintercoxen beim ♂ braunroth, beim ♀ schwarz.

M. dilutus Rtzbg. ♂. Aus Microgaster-Cocons von Raupen der Abraxas grossulariata erzogen. Sehr schlank, scherbengelb, nur Augen, Metathorax oben, Segment 1 und die Seiten des sehr langen zweiten, auch theilweise des dritten Segmentes schmal und die Spitze der Hintertibien schwarz.

M. brevipetiolatus Rtzbg. ♂ ♀. 3—5 mm. lang. Aus Campoplex-Cocons von Raupen der Eupithecia pimpinellaria, succenturiaria, innotata, und aus Microgaster-Cocons von Cucullia Verbasci, Eupithecia succenturiaria und digitaliaria, Pseudoterpna cythisaria, Chesias spartiaria, Argynnis Latonia und Diloba coeruleocephala, Zygaena, aus Rogas in Raupen von Dasychira selenitica und aus Raupen von Yponomeuta evonymella erzogen.

Glänzend; Kopf kurz, breiter als der Thorax und hinter den Augen schmaler, Areola rhombisch, nicht gestielt, den nerv. recurrens vor oder in der Mitte aufnehmend, Grundader interstitial, nerv. transv. analis nicht gebrochen; Postpetiolus ungerandet, mit einer oder auch mit 3 seichten Längsfurchen. — Schwarz; Palpen, Mandibeln, Clypeus, Wangenspitzen, Gesicht bei den ♂ (bei den ♀ nur orb. faciales), orb. frontis gelb, orb. externae schmal roth, Fühlerbasis bei den ♂ heller als bei den ♀, Punkt vor den Flügeln, Wurzel und Schüppchen gelb, Stigma dunkelbraun mit heller Basis, Beine scherbengelb, Hintercoxen und hintere Schenkel roth, Spitze und äusserste Basis der Hintertibien und die Hintertarsen braun, diese mit hellerer Basis; Hinterrand von Segment 2 und bei den ♂ Segment 3 fast ganz scherbengelb, bei den ♀ Segment 3 mit rother Basis. — Var. 1 m. ♂♀. Seiten des Prothorax mehr oder weniger und der Mesothorax roth, dieser mit 3 schwarzen, breiten Streifen, deren mittelster kurz, oder Mesothorax schwarz mit 2 rothen Flecken. — Var. 2 m. ♂. Hintercoxen und Hinterschenkel grossentheils schwarzbraun.

M. anomalus Hlmgr.? ♂♀. Aus Microgaster-Cocons an Raupen von Plusia gamma erzogen. ♂; Scheitel und Hinterhaupt ganz scherbengelb, ebenso der Thorax, nur 3 breite, abgekürzte Streifen des Mesothorax und der Metathorax oben schwarz, Stigma hell scherbengelb, Hintercoxen und alle Tarsen scherbengelb, diese mit dunkleren Spitzen. ♀: ebenso, Thorax und Beine etwas dunkler, Mittelbrust schwarz, manchmal der Thorax schwarz, nur Prothorax und Schildchen roth. — Bei kaum 3 mm. lang ♀, die ich aus Microgaster-Cocons an Raupen von Cucullia argentea erzog, ist das Gesicht rothbraun, der Thorax schwarz. Prothorax und bei einem ♀ auch das Schildchen roth, Hinterrand von Segment 2 schmal gelb, Hintercoxen und Hinterschenkel etwas gebräunt. Ein gefangenes ♀ hat das Gesicht unter den Fühlern rothbraun, die Hintercoxen oben braun. — Aus Microgaster-Cocons an Raupen von Argynnis Latonia erzogene ♂ sind denen von Plusia gamma gleich, die ♀ haben den Thorax schwarz, nur Prothorax und Schildchen roth, Mittelbrustseiten mehr oder weniger rothbraun, Segment 2 nur mit schmalem gelbem Hinterrande. Auch aus Microgaster in Cucullia asteris erzogen.

M. pictilis Hlmgr. (M. tipularius Gr.?) ♂♀. Aus Microgaster-Cocons auf Eichenblättern erzogen.

M. tipularius Gr.? ♂♀. 2 mm. lang, Kopf hinter den Augen nicht schmaler, Grundader interstitial, nerv. rad. externus an der Spitze etwas eingebogen, nerv. transv. analis nicht gebrochen, Segment 1 glatt und glänzend, Färbung wie bei M. splendidulus Gr., Spitze der Hintertibien dunkelroth.

M. complanatus Hal. (M. tipularius Rtzbg.?) ♂♀. Beim ♂ sind Mesothorax und Schildchen roth, jener mit 3 schwarzen Streifen, Basis von Segment 3 rothgelb, Segment 4 schwarz, Hintertibien mit rother Spitze.

M. splendidulus var. 2 Gr. ♂♀. Ist eigene Art. Glänzend, kurz behaart, Kopf hinter den Augen schmaler, Metathorax gerundet, mit 5 Feldern, Segment 1 gebogen, ungerandet, Terebra kürzer als Segment 1; Grundader interstitial, nerv. rad. externus an der Spitze eingebogen, nerv. transv. analis nicht gebrochen. — Palpen, Mandibeln, Spitze der Wangen und des Clypeus gelb oder rothgelb, Stigma hell gelbbraun, Basis der hinteren Tibien, Spitze der Hintertibien und alle Tarsen braun, diese mit hellerer Basis.

M. splendidulus var. 4 Gr. ♂. Aus Microgaster-Cocons an Raupen von Zygaena peucedani erzogen. Segment 1 nicht gerandet, Grundader interstitial, nerv. transv. analis nicht gebrochen. Hinterhaupt schwarz, Mesothorax vorn mit schwarzem Mittelfleck, Stigma hellbraun, mit hellerer Basis, Beine scherbengelb, bei einem ♂ äusserste Basis und Spitze der Hintertibien dunkel. Ein wohl hierher gehörendes gefangenes ♂ ist roth, 2 Streife und ein mittlerer abgekürzter des Mesothorax und 2 Flecke der Mittelbrust schwarz, Stigma heller, Beine hell scherhengelb, Hintercoxen und Hinterschenkel mehr röthlich, auch die Spitze der Hintertibien und Hintertarsen-Glieder röthlich.

M. ʒalarius Gr. (Plesiophthalmus Frst.) ♂♀. Aus einem Cocon des Campoplex mixtus von der Raupe der Catocala nupta erzogen. Ein ♂ hat einen schwarzen Kopf, nur Palpen und Mandibeln rothgelb. Segmente 4—7 oder 6 und 7 schwarz. Die ♀ sind ganz scherbengelb, nur die Zähne der Mandibeln, die Augen und der Ocellenfleck schwarz, Schildchen gelb. — Kopf kurz, hinter den Augen schmaler, Augenrand tief gebuchtet, Stigma lang und schmal, ebenso die Radialzelle, nerv. rad. externus in der Mitte und an der Spitze eingebogen, Areola mit dickem, kurzem Stiel, schief 4-eckig, den nerv. recurrens hinter der Mitte aufnehmend, nerv. transv. analis wenig unter der Mitte gebrochen, mit kräftigem Längsnerv.

Neue Arten, bei denen die Grundader im Vorderflügel interstitial und die Grundader im Hinterflügel nicht gebrochen ist.

M. stigmaticus m. ♂♀. Niger; ore, clypeo, genis, facie in ♂ (in ♀ badia), et orbitis frontis flavis, orb. externis rufis, antennis in ♂ rufis; thorace in ♂ rufo, lineis mesothoracis et metathorace supra nigris, radice et squamula flavis, stigmate fusco, basi pallida, pedibus in ♂ testaceis, in ♀ rufis, basi apiceque tibiarum posticarum et tarsis posticis fuscis, segmentis 3—7 abdominis rufis, lateribus plus minusve obscurioribus.

Bis 7 mm. lang; glänzend, Kopf hinter den Augen etwas schmaler, Fühler beim ♂ körperlang, beim ♀ etwas kürzer, Thorax länger als hoch, Metathorax gerundet, mit 5 Feldern, area superomedia lang und schmal, Segment 1 so lang wie Coxen und Trochanteren der Hinterbeine, gekrümmt, seitlich gerandet, Knötchen vortretend, Postpetiolus beim ♂ mit seichter Mittelrinne, Segmente 2 und 3 gleich breit, beim ♂ länger als breit; nerv. rad. externus fast gerade, nerv. recurrens in oder etwas vor der Mitte in die Areola mündend.

Schwarz; Palpen, Mandibeln, Clypeus (bei den ♀ mehr roth), Wangen. Gesicht (bei den ♀ Gesicht rothbraun, nur Augenränder gelb) und orbitae frontis gelb, orb. externae roth, Fühler beim ♂ roth, bei den ♀ braun; Thorax beim ♂ roth, 2 Seitenstreifen des Mesothorax und ein Mittelfleck, sowie die Oberseite des Metathorax schwarz, bei den ♀ schwarz, 1 ♀ hat den Rand des Prothorax und 2 Striche des Mesothorax roth; Punkt vor den Flügeln, Wurzel und Schüppchen

gelb, Stigma braunschwarz mit weisser Basis und Spitze; Beine beim ♂ scherbengelb, die Hintercoxen und Hinterschenkel röthlich, bei den ♀ ganz roth, Spitze
und auch Basis der Hintertibien, sowie die Hintertarsen braun, diese mit hellerer
Basis; Abdomen roth, Segmente 1 und 2 schwarz, Segment 2 mit rothem Hinterrande, die folgenden Segmente seitlich und oben mehr oder weniger braun.

M. pallidus m. ♂ ♀. Pallidus; capite albido, oculis, macula circa ocellos et occipite nigris, in ♀ facie fulva, antennis apicem versus fuscis; radio, radice
et squamula albidis, stigmate nigro, basi alba; strigis tribus mesothoracis et dorso
metathoracis partim fuscis, thorace in ♀ nigro, mesothorace cum scutello rufis,
illo strigis tribus fuscis; abdomine fusco nigro, basi, media et apice albidis; pedibus albidis, apice tibiarum posticarum fusco.

3 m. m. lang; glänzend, Kopf breiter als Thorax, hinter den Augen schmaler, Gesicht breiter als die Stirn; Augenrand gebuchtet, Fühler körperlang, Metathorax mit 5 Feldern, Segment 1 fast so lang wie Coxen und Trochanteren der
Hinterbeine, wenig gekrümmt, nicht gerundet, Postpetiolus mit divergirenden Seiten
und Mittelfurche, so lang wie der ziemlich dünne Petiolus, Segment 2 an der
Basis schmaler als an der Spitze, hier so breit wie lang, 3 quer, Terebra kürzer
als Segment 1; nerv. rad. externus fast gerade, u. recurrens gewöhnlich etwas vor
der Mitte der Areola mündend.

Hell scherbengelb, Kopf weisslich, Zähne der Mandibeln, Augen,
Ocellenfleck und Hinterhaupt schwarz, beim ♀ Gesicht gelbroth, Fühler roth, bei den ♂ nach der Spitze hin dunkler; 3 Streifen des Mesothorax und ein Theil des Metathorax oben braun, bei den ♀ ist der Thorax
schwarz, oder braunroth mit'denselben dunkleren Stellen; Stigma gross und schwarz,
Basis und Spitze, Radius, Wurzel und Schüppchen fast weiss; Abdomen braun
oder schwarzbraun, beim ♀ dunkler, Segment 1 mit weisslicher Basis, Segment
2 bei den ♂ mit weissgelbem, bei den ♀ mit scherbengelbem Hinterrande und
Thyridien, Segment 3 fast ganz gelbweiss, ebenso die Hinterränder von Segment
4 und 5 und die Segmente 6 und 7 ebenfalls fast ganz gelbweiss, Terebra gelbbraun: Beine gelblich weiss, bei den ♀ die Schenkel mehr rothgelb, Hintercoxen
oben oft mit braunem Fleck, Spitze der Hintertibien und alle Klauen schwarz. —
Var. m. ♀. Aus Microgaster in Cucullia argentea. Kopf, Thorax, Hintercoxen
und Hinterschenkel grossentheils rothbraun. Aus Microgaster-Cocons an Raupen
von Smerinthus populi und Amphidasis betularia und aus Rogas in Raupen von
Porthesia auriflua erzogen.

2 gefangene, 6 mm. lange ♀ haben Segment 1 fein nadelrissig, den Thorax
heller und ein ♀ hat die Segmente 3—7 ganz scherbengelb.

M. brunneus m. ♂. Brunneus; ore, clypeo, apice genarum, facie, radice
et squamula flavis, orbitis frontis et externis rufis, strigis tribus mesothoracis, pectore et metathorace supra nigricantibus, segmentis 1 et 2, 5—7 obscurioribus, pedibus pallidis, coxis posticis et apice tibiarum posticarum rufescentibus.

4 mm. lang; glänzend, kurzhaarig, Kopf hinter den Augen schmaler, Thorax länger als hoch, Metathorax mit 5 Feldern; Segment 1 so lang wie Coxen
und Trochanteren der Hinterbeine, gekrümmt, ungerandet, allmählich breiter werdend, Knötchen in der Mitte, Segmente 2 und 3 gleich breit und länger als breit;

nerv. rad. externus an der Spitze eingebogen, n. recurrens auf die Mitte der Areola treffend.

Rothbraun; Palpen, Mandibeln, Clypeus, Spitze der Wangen und Gesicht gelb, orbitae frontis und externae roth, Fühler braun mit hellerer Basis, Stigma hell scherbengelb, Wurzel und Schüppchen gelbweiss; 3 Streifen des Mesothorax, Mittelbrust und Metathorax oben schwarzbraun; Segmente 1 und 2 und dann 4 —7 dunkel, Hinterrand von Segment 2 schmal gelb; Beine hell gelbweiss, Hintercoxen und Spitze der Hintertibien röthlich.

Aus Microgaster-Cocons in Raupen von Eupithecia pimpinellaria erzogen.

M. rufoniger. m. ♀. Niger; ore, clypeo, apice genarum, radice et squamula flavis, facie brunnea, orbitis oculorum rufis; antennis et thorace rufis, metathorace nigro, abdomine rufo-testaceo, segmentis 1 et 2 nigris, pedibus stramineis, posticorum coxis et femoribus rufescentibus, tibiarum apice nigra.

5 mm. lang: glänzend, kurzhaarig, Kopf kurz, hinter den Augen schmaler, Fühler körperlang, Metathorax gerundet, ziemlich kurz, mit 5 Feldern, Segment 1 so lang wie Coxen und Trochanteren der Hinterbeine, ungerandet, etwas gebogen, kräftig, allmählich verbreitert, die Knötchen in der Mitte, Segmente 2 und 3 länger als breit, Terebra halb so lang wie Segment 1; nerv. rad. externus gerade, n. recurrens etwas vor der Mitte in die Areola mündend.

Schwarz; Palpen, Mandibeln (ausser den Zähnen), Clypeus, Spitze der Wangen gelb, Augenränder roth, Gesicht braun, Fühler roth; Thorax roth, ein abgekürzter Mittelstreif des Mesothorax und der Metathorax schwarz, bei einem ♀ ist der Metathorax bräunlich roth, Mittelbrust und deren Seitenhälfte fast schwarz, Stigma hell scherbengelb, Wurzel und Schüppchen weissgelb; Abdomen rothgelb, Segmente 1 und 2 schwarz, letzteres mit gelbem Hinterrande, Terebra braun; Beine hell strohgelb, Hintercoxen, Hinterschenkel und alle Tarsen röthlich, diese mit heller Basis, Spitze der Hintertibien schwarz.

Aus Raupen von Leucoma salicis erzogen.

M. fuscicornis m. ♂ ♀. Niger; capite in ♂ rufo, fronte et occipite nigris, in ♀ nigro, ore, clypeo et orbitis oculorum rufis, antennis nigro fuscis, basi rufa, prothorace in ♂ rufo, radice et squamula flavo-albis, stigmate brunneo; pedibus testaceis, in ♀ rufis, basi apiceque tibiarum posticarum (in ♀ quoque coxis posticis) nigris; incisura secunda abdominis testacea.

3 mm. lang; glänzend, Kopf hinter den Augen wenig schmaler, Wangen unten ziemlich breit und gerundet, Fübler körperlang, Mesothorax vorn erhöht, Metathorax gerundet, mit 5 Feldern; Segment 1 so lang wie Coxen und Trochanteren der Hinterbeine, nicht gerandet, allmählich breiter werdend, Segment 2 so lang wie an der Spitze breit, Terebra ziemlich dünn, kürzer als Segment 1; nerv. rad. externus in der Mitte sanft, an der Spitze stärker eingebogen, der n. recurrens die Areola fast in der Mitte treffend.

Schwarz; Kopf bei den ♂ roth, Gesicht gelb, Stirn und Hinterhaupt schwarz, bei den ♀ schwarz mit schmalen rothen Augenrändern, Palpen, Mandibeln (mit Ausschluss der Zähne), Spitze der Wangen und Clypeus in beiden Geschlechtern gelb; Fühler schwarzbraun, Glieder 1 und 2 roth; beim ♂ der Prothorax und ein Theil der Mittelbrustseiten roth; Stigma hellbraun, bei den ♀ dunkler, Wurzel und Schüppchen gelbweiss; Hinterrand von Segment 2 und Basis von 3, sowie auch die Thyridien rothgelb, Bauchfalte gelb; Beine scherbengelb oder röthlich, Basis und Spitze der Hintertibien schwarz, Hintercoxen der ♂ oben braun gefleckt, der ♀ ganz schwarz.

M. sulphuripes m. ♂. Niger; ore, clypeo, apice genarum, facie et orbitis frontis flavis, orbitis externis rufis, scapo antennarum subtus flavo, prothorace flavo, lateribus mesothoracis rufo-flavoque variis, scutello rufo-notato; stigmate fusco, radice et squamula albis; margine apicali segmenti secundi abdominis et vitta dorsali segm. tertii testaceis, plica ventrali flava; pedibus dilute sulphureis, tibiis posticis basi apiceque nigris.

5 mm. lang; sehr glänzend. Gesicht matt, Kopf kurz, hinter den Augen nicht schmaler, Fühler länger als der Körper, Thorax länger als breit, Metathorax gerundet, mit 5 Feldern, Segment 1 so lang wie Coxen und Trochanteren der Hinterbeine, nicht gerandet etwas gekrümmt, Petiolus in der Mitte etwas verengt. Segment 2 etwas länger als breit, 3 quadratisch; nerv. rad. externus gerade, n. recurrens die Areola vor der Mitte treffend.

Schwarz; Palpen. Mandibeln (mit Ausnahme der Zähne). Spitze der Wangen, Clypeus, Gesicht, orbitae frontis und Fühlerglieder 1 und 2 unten gelb, orb externae roth; Prothorax gelb, Mittelbrustseiten gelb und roth, mit schwarzen Flecken, Schildchen mit rothbrauner Spitze, Stigma braun, Wurzel und Schüppchen weiss; schmaler Spitzenfleck des ersten Segmentes, Hinterrand und Thyridien des 2. und ein Rückenstreif des 3. scherbengelb, Bauchfalte schmutzig gelb; Beine hell schwefelgelb, Basis und Spitze der Hintertibien schwarz.

M. petiolaris m. ♀. Königsberg. Testaceus; macula circa ocellos, vertice, occipite, dorso thoracis et segmentis 1 et 2 abdominis nigris, antennis (partim mutilatis) fuscis, subtus dilutioribus. radice et squamula flavis, pedibus pallidis, posticorum femoribus, tibiis et tarsis badiis.

8 mm. lang; ziemlich glänzend, kurz behaart. Kopf kurz, hinter den Augen schmaler. Stirn glänzend, jederseits eingedrückt, Metathorax mit 5 Feldern; Segment 1 länger als Coxen und Trochanteren der Hinterbeine, fast gerade, Postpetiolus so lang wie der Petiolus, breiter, gerandet, mit parallelen Seiten und 2 Längskielen. Segment 2 länger als breit, Terebra halb so lang wie Segment 1; der nervus recurrens discoidalis weit über der Mitte gebrochen.

Scherbengelb; Mund, Wangen und Gesicht heller, Fleck um die Ocellen. Scheitel und Hinterhaupt schwarz, Fühler oben braun, unten heller, Thorax oben schwarz, Schildchen und seine Umgebung rothbraun, Stigma braun, Wurzel und Schüppchen weissgelb; vordere Beine hell röthlich gelb, Hinterbeine kastanienbraun, nur Coxen und Trochanteren hell röthlich gelb, Tibien an der Basis und Spitze fast schwarz; Segment 1 und 2 schwarz, Segment 2 mit scherbengelbem Hinterrande und Thyridien, Terebra mit gelben Spitzen.

M. pictus m. ♂. Königsberg. Niger; ore, clypeo. apice genarum, facie, orbitis frontis abbreviatis, articulis 1—4 antennarum subtus, prothorace, radice et squamula flavoalbis, mesothorace, scutello, pectore et pleuris rufis, his flavo maculatis; pedibus testaceis, coxis anterioribus trochanteribusque flavoalbis, coxis posticis nigrostriatis, tibiis posticis apice, tarsis posticis totis nigris, margine apicali segmentorum 1 et 2 tenui, 3—7 latiori et margine laterali albis, plica ventrali alba.

6 mm. lang; ziemlich glänzend, fein und dicht punctirt; Kopf kubisch, Stirn flach, Gesicht nach unten erweitert, Mandibeln breit, mit ungleichen Zähnen, Fühlerglied 3 um die Hälfte länger als 4; Thorax bucklig, Mesothorax vorn 3-lappig, Metathorax mit 5 Feldern; Segment 1 so lang wie Coxen und Trochanteren der Hinterbeine, gerade, oben etwas gewölbt, Postpetiolus länger und breiter als der Petiolus, gerandet, mit divergirenden Seiten und einer Längsrinne, Segment 2 und 3 länger als breit; nerv. recurrens discoidalis in der Mitte gebrochen, n. transv. analis undeutlich gebrochen, mit hellem Längsnerv.

Schwarz; Palpen, Mandibeln (die Zähne ausgenommen), Clypeus (ausser 2 schwarzen Punkten). Spitze der Wangen, Gesicht, die orb. frontis abgekürzt, Fühlerglieder 1—4 unten, Prothorax, Fleck unter den Flügeln, Flügelwurzel und Schüppchen gelbweiss, Mesothorax braunroth, vorn mit schwarzem Mittelfleck, Schildchen, Mittelbrust und die Brustseiten roth, diese gelbweiss gefleckt; Beine scherbengelb, vordere Coxen und alle Trochanteren gelbweiss, Hintercoxen schwarz gestreift, Hinterschenkel roth, Spitze der Hintertibien und die Hintertarsen schwarz, äusserste Basis der Glieder weiss; Hinterrand der Segmente 1 und 2 schmal, der Segmente 3—7 breit (zu Flecken abgekürzt) und die Seitenränder derselben, nebst Bauchfalte weiss.

M. ocellatus m. ♂. Niger; ore, clypeo, apice genarum, facie et orbitis frontis pallidis, basi antennarum testacea, prothorace et maculis pleuralibus rufis, radice et squamula pallidis, pedibus fulvis, tibiis posticis apice fuscis; margine apicali segmenti 2 abdominis rufo.

7 mm. lang; kurz behaart, Kopf hinter den Augen wenig schmaler, Wangen schmal, Ocellen gross, Stirn jederseits eingedrückt, Gesicht mit Mittelkiel, Fühler länger als der Körper, Thorax länger als hoch, Metathorax mit 5 Feldern, area superomedia schmal; Segment 1 so lang wie Coxen und Trochanteren der Hinterbeine, kräftig, etwas gekrümmt, Segmente 2—5 gleich breit, 2 und 3 länger als breit, Afterspitzen kurz; Grundader im Vorderflügel nicht genau interstitial, Discocubitalader im linken Vorderflügel mit einem Trennungsaste, im rechten dieser nur angedeutet, nerv. transv. analis unter der Mitte nach innen eingebogen.

Schwarz; Palpen, Mandibeln (ohne die Zähne), Clypeus, Spitze der Wangen, Gesicht und orb. frontis weisslich gelb, Fühler schwarzbraun mit scherbengelber Basis, Prothorax und Flecken der Mittelbrustseiten roth; Stigma braun, Wurzel und Schüppchen gelblich weiss; Beine gelbroth, Hinterschenkel roth, Spitze der Hintertibien braun; Hinterrand von Segment 2 roth, Afterspitzen scherbengelb, Bauchfalte gelb.

M. femoralis m. ♀. Niger; ore, clypeo, genis, facie et orbitis frontis pallidis, orbitis externis anguste rufis; prothorace, pectore, radice et squamula pallidis, scutello et pleuris rufis; pedibus pallidis, femoribus posticis apice, tibiis posticis basi apiceque nigris, tarsis posterioribus fuscis, basi pallida; margine apicali segmentorum 1 et 2 abdominis, segmento 3 medio et plica ventrali pallidis.

5. mm. lang; glänzend, Kopf und Thorax kurz behaart, Kopf hinter den

Augen schmaler, Stirn jederseits eingedrückt, Gesicht breiter als lang, Fühler von Körperlänge, Thorax länger als hoch, Metathorax mit 5 Feldern, area superomedia lang, Segment 1 so lang wie Coxen und Trochanteren der Hinterbeine, schmal, etwas gekrümmt, Postpetiolus parallelseitig, Segmente 2 und 3 etwas länger als breit, Thyridien deutlich, Terebra so lang wie Segment 2.

Schwarz; Palpen, Mandibeln (ausser den Zähnen), Clypeus, Wangen, Gesicht (dieses mehr röthlich) und orb. frontis weissgelb, orb. externae schmal roth, Fühlerbasis unten rothbraun, Prothorax, Flügelwurzel, Schüppchen und Mittelbrust weissgelb, Stigma braun, Schildchen und Brustseiten fast ganz roth; Beine weissgelb, Hinterschenkel nach der Spitze hin innen und aussen schwarzbraun, Hintertibien mit schwarzer Basis und Spitze, hintere Tarsen braun mit heller Basis; Hinterrand von Segment 1 schmal, von 2 breit, Mitte von 3 und die Bauchfalte weissgelb, Hinterränder der letzten Segmente gelbbraun.

M. sericeus m. ♀. Niger; ore, clypeo, genis et facie flavis, prothorace testaceo, pectore et mesopleuris partim rufis, radice, squamula et pedibus pallidis, femoribus posticis apicem versus infuscatis, tibiis posticis basi et summo apice nigris, margine apicali segmenti 2 abdominis, dorso segmentorum 3—7 et plica ventrali pallidis.

5 mm. lang; Kopf und Thorax durch feine Behaarung seidenglänzend; Kopf hinter den Augen schmaler, Fühler körperlang, Thorax länger als hoch, Metathorax mit 5 Feldern, area superomedia lang und schmal; Segment 1 länger als Coxen und Trochanteren der Hinterbeine, wenig gekrümmt, Petiolus in der Mitte etwas eingeschnürt, Postpetiolus gerandet, mit wenig divergirenden Seiten, Segment 2 wenig länger als breit mit deutlichen Thyridien, Terebra so lang wie Segment 2.

Schwarz; Palpen, Mandibeln (ausser den Zähnen), Clypeus, Wangen und Gesicht gelb, Fühler rothbraun, Glied 1 unten heller, Prothorax röthlich gelb, Mittelbrust und die halben Brustseiten roth, jene gefleckt, Stigma hellbraun, Wurzel und Schüppchen gelbweiss, Beine gelbweiss, Hinterschenkel und Hintertibien etwas gebräunt, Basis und äusserste Spitze der letzteren schwarz; Hinterrand von Segment 2 in der Mitte erweitert, Hinterränder und Mittelstreif der folgenden Segmente und die Bauchfalte hell scherbengelb, Terebra braunroth.

M. gracilentus m. ♂. Niger; ore, clypeo, apice genarum et orbitis facialibus flavis, facie, orbitis frontis, externis angustis, articulo 1 antennarum subtus rufis, radice et squamula albidis; pedibus pallide testaceis, posticorum coxis et femoribus rufescentibus, tibiis ima basi et apice nigris; margine apicali segmenti 2 abdominis et segmento 3 testaceis, plica ventrali flava.

5 mm. lang; ziemlich glänzend, kurz behaart, Kopf hinter den Augen schmaler. Fühler körperlang, Metathorax mit 5 Feldern, area superomedia lang und schmal, Segment 1 länger als Coxen und Trochanteren der Hinterbeine, fast gerade, schmal, Postpetiolus länger, aber wenig breiter, als der Petiolus, gerandet, mit divergirenden Seiten, Segmente 2 und 3 länger als breit.

Schwarz; Palpen, Mandibeln (die Zähne nicht), Clypeus, Wangenspitze und orbitae faciales gelb; Gesicht, orbitae frontis, die orb. externae schmal und

Glied 1 der Fühler unten roth, Stigma braun; Wurzel und Schüppchen gelbweiss, Beine hell scherbengelb, an den Hinterbeinen die Coxen und Schenkel mehr roth, Basis und Spitze der Tibien schwarz; Hinterrand der Segmente 2 und 3 fast ganz scherbengelb, Bauchfalte weissgelb.

M. rufipes m. ♂. Niger; ore, clypeo, apice genarum et orbitis facialibus flavis, facie, orbitis frontis et externis rufis, antennis fuscis, basin vervus dilutioribus, prothorace ex parte rufo, radice et squamula flavis; pedibus rufis, basi summa et apice tibiarum posticarum nigris, margine apicali segmenti 2, segmento 3 fere toto rufis, plica ventrali flava.

5 mm. lang; glänzend, Kopf hinter den Augen etwas schmaler, Fühler länger als der Körper, Mesothorax vorn 3-lappig, Metathorax mit 5 Feldern, area superomedia schmal; Segment 1 so lang wie Coxen und Trochanteren der Hinterbeine, fast gerade, Postpetiolus gerandet, mit divergirenden Seiten und seichter Mittelrinne, Segmente 2 und 3 etwas länger als breit, Thyridien deutlich.

Schwarz; Palpen, Mandibeln (ohne die Zähne), Clypeus, Wangenspitze und orb. faciales gelb, Gesicht, orb. frontis und externae roth, Fühler braunroth, nach der Spitze hin dunkler, Prothorax theilweise roth, Stigma braun, Wurzel, Schüppchen und auch ein Punkt vor den Flügeln, (wie bei den meisten Arten) gelbweiss; Beine roth, vordere Coxen und Trochanteren etwas heller, Basis und Spitze der Hintertibien schwarz; Hinterrand von Segment 2, Segment 3 fast ganz roth, Bauchfalte gelb.

M. ruficornis m. ♀. Niger; palpis albidis, mandibulis, clypeo, facie, orbitis frontis et externis rufis, antennis testaceis, basi rufa, prothorace, lineis mesothoracis et scutello rufis; stigmate, radice, squamula pedibusque flavis, posticorum coxis et femoribus testaceis, illis supra, tibiis ima basi et apice fuscis; segmento 1 abdominis basi, 2 apice, 3 toto rufis, plica ventrali flava.

4 mm. lang; ziemlich glänzend, kurz behaart, Kopf kurz, hinter den Augen schmaler, Gesicht mit Mittelkiel, jederseits neben den Augen eingedrückt, Fühler körperlang, fast gerade, Metathorax mit 5 Feldeen, Segment 1 kürzer als Coxen und Trochanteren der Hinterbeine, gekrümmt, Postpetiolus ungerandet, Segmente 2 und 3 quer, Thyridien deutlich, Terebra kürzer als Segment 1, Hinterschenkel ziemlich stark.

Schwarz; Palpen gelbweiss, Mandibeln, Clypeus, Gesicht, orb. frontis und externae roth, Fühler scherbengelb, Glied 1 ganz roth, Prothoraxseiten, 2 Längsstriche des Mesothorax und Schildchen roth; Stigma, Geäder, Wurzel, Schüppchen und die Beine hell gelblich, Hintercoxen und Hinterschenkel mehr roth, erstere oben rothbraun, äusserste Basis und Spitze der Hintertibien braun; Basis des ersten, Hinterrand des zweiten Segmentes, das dritte fast ganz und die Hinterränder der folgenden Segmente scherbengelb, Terebra braun, Bauchfalte gelb.

M. clavatus m. ♀. Niger; ore, clypeo, facie, orbitis frontis et externis, articulo 1 antennarum subtus et lateribus prothoracis rufis, radice et squamula flavis, pedibus testaceis, posticorum coxis nigris, femoribus fuscis, ima basi et apice tibiarum brunneis; segmenti 2 abdominis margine apicali, 3 macula basali, sequentium marginibus apicalibus testaceis, plica ventrali flava.

3 mm. lang; glänzend, Kopf kurz, hinter den Augen nicht schmaler,

Fühler körperlang, Thorax länger als hoch, Metathorax mit 5 Feldern, Segment 1 etwas kürzer als Coxen und Trochanteren der Hinterbeine, gekrümmt, Postpetiolus nicht gerandet, Segmente 2 und 3 fast quadratisch, die letzten kurz, Terebra kurz und breit, Hinterschenkel verdickt.

Schwarz; Palpen, Mandibeln, Clypeus, Gesicht, alle Augenränder, Glieder 1 und 2 der Fühler unten und die Seiten des Prothorax roth; Stigma braun, Wurzel und Schüppchen hellgelb; Beine scherbengelb, Hintercoxen schwarz, Hinterschenkel rothbraun, Basis und Spitze der Hintertibien braun; Hinterrand des zweiten, Basalfleck und oberer Hinterrand des dritten Segmentes und die Hinterränder der folgenden Segmente theilweise scherbengelb, Bauchfalte gelb.

Arten, bei denen die Grundader im Vorderflügel nicht interstitial, im Hinterflügel nicht gebrochen und der Postpetiolus nicht gerandet ist.

M. gracilis m. ♂. Niger; ore, clypeo, apice genarum, facie, scapo antennarum subtus, radice, squamula et plica ventrali flavis, antennis fuscis, subtus dilutioribus, prothorace, pectore, pleuris et scutello rufis, pedibus pallidis, posticorum coxis, femoribus et tarsis testaceis, apicibus femorum et tibiarum fuscis, abdominis medio dorso testaceo.

6 mm. lang; glänzend, Kopf breiter als Thorax, hinter den Augen schmaler, Gesicht nach unten hin verengt, Thorax fast bucklig, Metathorax mit 5 Feldern, Segment 1 etwas länger als Coxen und Trochanteren der Hinterbeine, ziemlich schmal, Petiolus in der Mitte verengt, Postpetiolus länger und breiter, mit fast parallelen Seiten, Segmente 2 und 3 länger als breit, die nicht gebrochene Grundader im Hinterflügel mit sichtbarer Längsader.

Schwarz; Palpen, Mandibeln, Clypeus, Wangenspitze, Gesicht, Glied 1 der Fühler fast ganz, Wurzel, Schüppchen und Bauchfalte hellgelb, Fühlergeissel braun, unten heller; Prothorax, Brust, Mittelbrustseiten und Schildchen roth, Stigma hellbraun, Beine hell gelbweiss, an den Hinterbeinen die Coxen und Schenkel mehr rothgelb, die letzteren und die Tibien an der Spitze braun; Hinterrand von Segment 1, dreieckiger Fleck am Hinterrande von 2, Segmente 3 und 4 scherbengelb, diese mit schwarzen Seiten, Afterspitzen gelbbraun. Ein aus Microgaster an Raupen von Ocneria dispar erzogenes ♂ hat die Hintercoxen nicht röthlich und Segment 4 ganz schwarz.

M. dispar m. ♂♀. Bis 5 mm. lang. Die ♂ stimmen fast ganz mit M. anomalus Illmgr. überein, die ♀ aber sind von den ♂ verschieden. Bei den ♀ ist das Gesicht grossentheils rothbraun, Thorax schwarz, nur Seiten des Prothorax mehr oder weniger, zuweilen auch die Spitze des Schildchens roth, Hinterrand von Segment 1 bei ♂ und ♀ immer gelb, das Gelb auf Segment 2 und 3 weniger ausgedehnt als bei den ♂, Stigma dunkler. — Segment 1 breiter als bei den ♂, indem der Postpetiolus an der Spitze fast so breit wie lang ist, meistens ist eine Mittelrinne vorhanden, Segmente 2 und 3 sehr breit, quer. Aus Microgaster in den Raupen von Harpyia bifida, Smerinthus populi und Lophopteryx camelina erzogen.

M. pallipes m. ♂. Aus Raupen von Yponomeuta variabilis erzogen. Testaceus; oculis, macula circa ocellos, occipite, metathorace supra, segmento 1 toto, 2 maxima ex parte nigris, sequentibus pallidis, lateribus fuscis; radice, squamula pedibusque flavoalbis, tibiis posticis apice et ima basi nigris.

5 mm. lang; glänzend, Kopf hinter den Augen schmaler, Mandibeln schmal, mit gleichen Zähnen, Fühler körperlang, Thorax länger als hoch, Metathorax mit 5 Feldern, area superomedia lang und schmal, Segment 1 etwas länger als Coxen und Trochanteren der Hinterbeine, wenig gekrümmt, Postpetiolus mit divergirenden Seiten, Segment 2 etwas länger als breit, nerv. rad. externus an der Spitze etwas eingebogen.

Hell scherbengelb; Palpen, Mandibeln (mit Ausnahme der Zähne), Clypeus, Gesicht, Wangen, Glieder 1—4 der Fühler und Prothorax heller, Augen, Ocellenfleck und Hinterhaupt schwarz, Metathorax oben braunschwarz, Stigma hellbraun, mit hellerer Basis und Spitze, Wurzel und Schüppchen gelblich weiss; Beine gelblich weiss, Spitze und äusserste Basis der Hintertibien schwarz; Segmente 1 und 2 schwarz, Hinterrand von 2, die Segmente 3 und 4 ganz und die folgenden oben oder am Hinterrande hell strohgelb, die Seiten dunkler, Afterspitzen und Bauchfalte gelblich.

M. crassipes m. Hinterleib fehlt, aber auch ohne denselben ausgezeichnet und leicht kenntlich. Kopf und Thorax 2 mm. lang, glänzend. Kopf breiter als Thorax, breiter als hoch, hinter den Augen nicht schmaler, Wangen breit, Hinterhaupt tief gebuchtet, Ocellen klein und dicht beisammen, Scheitel und Stirn breit, diese jederseits vertieft, Gesicht viel breiter als lang, wie bei Exochus gewölbt und vortretend, Zähne der Mandibeln fast gleich, Fühler gekrümmt, mit abgesetzten Gliedern, Schaft so lang wie Glied 3, dieses länger als 4, die folgenden allmählich kürzer; Thorax lang cylindrisch, Schildchen flach, Metathorax mit 5 Feldern; Beine mit kurzen und dicken Schenkeln und Schienen; nerv. rad. externus gebogen.

Schwarz; Kopf roth, Zähne der Mandibeln, Ocellenfleck und Hinterhaupt schwarzbraun; Fühler braun, die Glieder 1—4 scherbengelb, Rand des Prothorax theilweise roth, Flügel glashell, gefranzt, Stigma und Geäder sehr hellbraun, Wurzel und Schüppchen gelb, Beine scherbengelb, Hintercoxen oben rothbraun, Hinterschenkel mehr roth, Spitze der Hintertibien und der Glieder der Hintertarsen roth.

Arten, bei denen die Grundader im Vorderflügel nicht interstitial, im Hinterflügel gebrochen und der Postpetiolus gerandet ist. (Astiphromma Frst.)

M. albitarsis m. ♂. Niger; ore, clypeo, apice genarum, facie, radice et squamula albis; antennis fuscis, subtus dilutioribus; pedibus rufis, coxis posticis supra, femoribus posticis maxima ex parte badiis, tibiis pallidis, posticis apice fuscis, tarsis albidis; margine apicali segmenti 2 abdominis et basi tertii testaceis.

8 mm. lang; glänzend, kurz behaart, Kopf kurz, hinter den Augen schmaler, Stirn eingedrückt, Fühler körperlang, Thorax länger als hoch, Metathorax mit 5 Feldern, Segment 1 etwas länger als Coxen und Trochanteren der Hinterbeine, mit vortretenden Stigmen, Postpetiolus allmählich verbreitert, Segmente 2 und 3 länger als breit, nerv. recurrens die Areola vor der Mitte treffend.

Schwarz; Palpen, Mandibeln (ausser den Zähnen), Wangenspitze, Clypeus und Gesicht weiss, Fühler rothbraun, unten heller, Stigma dunkelbraun, Wurzel und Schüppchen weisslich; Beine roth, Hintercoxen oben und Hinterschenkel fast ganz kastanienbraun, Tibien weisslich, mittlere mit rother, hinterste mit brauner Spitze, Tarsen weisslich; Hinterrand von Segment 2 und dreieckiger Basalfleck von 3 scherbengelb.

M. nigriceps m. ♂. Niger; ore, radice et squamula flavis, pedibus rufis, coxis nigris, abdomine rufo, basi nigra.

6 mm. lang; glänzend, Kopf und Thorax fein und dicht punktirt, Kopf kubisch, mit gerundeten Wangen, Fühler körperlang gerade, Metathorax mit 5 Feldern, Segment 1 so lang wie Coxen und Trochanteren der Hinterbeine, schwach gebogen, Postpetiolus mit Mittelrinne, Segment 2 länger als breit, Afterspitzen kurz, nerv. recurrens die Areola vor der Mitte treffend.

Schwarz; Palpen, Mandibeln, Flügelwurzel und Schüppchen gelb, Stigma hell scherbengelb, Beine roth, mit schwarzen Coxen; Abdomen roth, Segment 1 und je ein Seitenfleck auf 2 schwarz.

M. striatus m. ♂ ♀. Niger; ore, clypeo, apice genarum, facie, radice et squamula flavoalbis, antennis fuscis, basin versus subtus dilutioribus, pedibus rufis, coxis anterioribus trochanteribusque pallidis, apice tibiarum posticarum et articulorum tarsorum posticorum fuscis, striga segmentorum 2 et 3 abdominis testacea.

♂ 7, ♀ 6 mm. lang; glänzend, fein punktirt und dicht kurzhaarig, Kopf hinter den Augen etwas schmaler, Fühler körperlang, gekrümmt, Metathorax mit 5 Feldern, area superomedia lang und schmal, Segment 1 so lang wie Coxen und Trochanteren der Hinterbeine, schmal, mit vortretenden Stigmen, Postpetiolus allmählich verbreitert, Segment 2 um ⅓ länger als breit, 3 länger als breit, die folgenden allmählich schmaler, Afterspitzen ziemlich kurz, Terebra kürzer als Segment 1.

Schwarz; Palpen, Mandibeln, Spitze der Wangen, Clypeus und Gesicht weissgelb, dieses mit einem kurzen schwarzen Striche unter den Fühlern, diese beim ♂ oben braun, unten nach der Basis hin rothbraun, beim ♀ roth; Mesothorax mit 2 dunkelbraunen Flecken, beim ♀ auch die Schildchenspitzen rothbraun; Stigma hellbraun, Wurzel und Schüppchen gelbweiss. Beine roth, beim ♀ heller, vordere Coxen und alle Trochanteren gelblich, Hintercoxen beim ♂ braun gefleckt, äusserste Spitze der Hintertibien und der Hintertarsenglieder braun; Hinterränder aller Segmente schmal und ein Längstreif auf Segment 2 und 3 scherbengelb.

Genus Perizon Gr.

P. hostilis Gr. ♂ ♀.

P. angustipennis Illmgr. (P. gravipes Gr.?) ♀. Area posteromedia geschlossen.

P. claviventris Gr. (Barycnemis Frst.) ♀.

P. agilis Illmgr. ♀.

P. harpurus Schrank. (Ichneumon Schr.) ♂ ♀. Ein ♂ hat Fühler und

Beine ganz roth, nur Hintercoxen mit schwarzer Basis. — Var. 1 Hlmgr. ♂.
Fühler immer ganz schwarz, Beine manchmal ganz roth.

Genus Thersilochus Illmgr.

Th. jocator Fbr. (Ichneumon und Ophion Fbr., Porizon Gr.) ♂♀. Bei
einem ♂ sind die Fühler unten fast ganz roth.

Th. truncorum Hlmgr. ♂♀. (Porizon jocator var. 2 Gr., Gonolochus
Frst.?) ♂♀. Terebra länger als Segment 1.

Th. frontellus Hlmgr. ♂. Fühler fast ganz roth.

Th. geminus Hlmgr. ♂.

Th. cognatus Illmgr.? ♀. Fühlergeissel mehr als 21-gliedrig.

Th. morionellus Hlmgr. ♂♀. Parasit von Meligethes aenea. Beim ♂
sind die Schenkel gewöhnlich heller als beim ♀.

Th. saltator Fbr. (Porizon Gr.) ♂♀. — Var, 2 Hlmgr.? ♀. Fühler
schwarz, Segment 1 gebogen.

Th. exilis Hlmgr. ♂. Segment 1 schwarz.

Th. laevifrons Illmgr. ♂♀. Palpen rothgelb, Glied 1 der Fühler ganz
roth, vordere Coxen ganz rothgelb.

Th. caudatus Hlmgr. — Var. 1 Hlmgr. (Porizon moderator var. 4 Gr.)
♂♀. Area superomedia meistens nicht quer.

Th. moderator Gr. (Ophion Fbr., Porizon Gr.) ♂♀. Aus Larven von
Ceutorrhynchus cyanipennis erzogen. Bei den ♂ ist der Postpetiolus immer glatt,
Segment 2 an der Spitze oft breit roth. — Var. 1 Gr. ♀. — Var. 2 Gr. ♂♀.
Bei den ♂ sind die Segmente 2—5 grosseutheils roth. — Var. 1 Illmgr. ♂. —
Cocon elliptisch, grau, mit heller Mittelzone.

Th. rufipes Hlmgr. — Var. 1 Hlmgr. ♂.

Th. microcephalus Gr. (Porizon Gr., Temelucha Frst.?) ♂♀. Kopf
glatt, etwas glänzend, hinter den Augen wenig schmaler, Glied 3 der Fühler etwas länger als breit, Thorax fast cylindrisch, Schildchen glänzend, Metathorax
verlängert, area superomedia schwach umleistet, Segment 1 länger als Coxen und
Trochanteren der Hinterbeine, dünn, etwas gebogen, Postpetiolus etwas breiter
und kürzer als der Petiolus; die Costa reicht bis zur Flügelspitze, nerv. rad. externus gerade; Beine behaart. Die fraglichen ♂ haben einen breiteren und mat-
ten Kopf, längere und dunklere Fühler und den Thorax mehr erhöht. Ein ♂
hat die Hintercoxen mit schwarzer Basis.

Th. triangularis Gr. (Porizon Gr., III., S. 781, n. 175.) ♂♀. Kopf
und Thorax fein lederartig, kurz behaart, etwas breiter als der Thorax, hinter
den Augen schmaler, Wangen scharf gerandet, Fühler so lang wie Kopf und
Thorax, Glied 3 wenig länger als breit, Thorax bucklig, Metathorax kurz, steil
abschüssig, area superomedia erscheint als schmaler Streif, area posteromedia breit
und hoch, Mittelbrustseiten etwas glänzend, punktirt, mit schrägem Punktstreif;
Segment 1 länger als Coxen und Trochanteren der Hinterbeine, etwas gekrümmt,
Petiolus dünn, Postpetiolus breiter und kürzer, die Costa die Flügelspitze nicht
erreichend, nerv. rad. externus in der Mitte etwas eingebogen. Der Aculeus ist
bei einigen kleinen ♀ länger als $\frac{1}{2}$ Abdomen.

Th. nigritulus Gr.? (Porizon Gr., Ichnobatis Frst.) ♀ . Glied 1 der Fühler ganz roth. Kopf und Thorax matt glänzend, Kopf hinter den Augen nicht schmaler, Clypeus glänzend, Fühler 13-gliedrig; Thorax fast cylindrisch, die beiden Basalfelder des Metathorax glänzend, Segment 1 wenig länger als Coxen und Trochanteren der Hinterbeine, fast gerade; Petiolus dünn, die Costa reicht nicht bis zur gerundeten Flügelspitze, nerv. rad. externus gerade.

Th. tripartitus m. ♂ ♀. Niger; ore, squamula pedibusque rufis, coxis, trochanteribus et interdum basi femorum posteriorum nigris, radice flava, terebra leniter curvata, segmento 1 longiore.

4 mm. lang; Kopf und Thorax matt, Kopf hinter den Augen wenig schmaler, Gesicht unter den Fühlern gekielt, Clypeus abgesetzt, glänzend, vorn gerundet, Fühlerglied 3 fast quadratisch; beim ♂ länger, Thorax länger als hoch, Metathorax schräge, area supceromedia angedeutet, area posteromedia durch 2 Längsleisten 3-theilig, Segment 1 gekrümmt, länger als Coxen und Trochanteren der Hinterbeine, Postpetiolus allmählich erweitert, Segment 2 beim ♀ quer, Terebra länger als Segment 1; nerv. rad. externus über $^1/_2$ des 3. Theiles der Costa, diese die Flügelspitze nicht erreichend.

Schwarz; Palpen, Mandibeln, Schüppchen und Glied 1 der Fühler unten roth, Flügelwurzel gelb, Beine roth, Coxen, Trochanteren und beim ♂ die Basis der hinteren Schenkel schwarz, beim ♀ nur braun, Abdomen von Segment 2 ab kastanienbraun schimmernd, besonders die Seiten. Dem P. fulvipes Gr. in der Färbung sehr ähnlich.

Th. ensifer m. ♂ ♀. Niger; ore, antennarum basi subtus plerumque rufis, radice et squamula stramineis, pedibus rufis, coxis et basi trochanterum posticorum nigris, margine apicali segmenti 2 et lateribus sequentium rufis.

3—4 mm. lang; Kopf und Thorax matt, Kopf hinter den Augen wenig schmaler, Glied 3 der Fühlergeissel länger als breit, Thorax bucklig, Metathorax mit angedeuteter area supceromedia, area posteromedia scharf umleistet, Segment 1 etwas gekrümmt, länger als Coxen und Trochanteren der Hinterbeine, Petiolus fein nadelrissig, Postpetiolus allmählich verbreitet, Segment 2 beim ♀ quer, Terebra sehr breit, platt, stark gekrümmt, länger als Segment 1, am Ende zugespitzt, Klappen schmal, Costa fast die Flügelspitze erreichend, nerv. rad. externus über $^1/_2$ des 3. Theiles der Costa.

Schwarz; Palpen, Mandibeln und Basis der Fühler unten mehr oder weniger ausgedehnt roth, Flügelwurzel und Schüppchen gelb; Beine roth, Coxen und Basis der Hintertrochanteren schwarz, beim ♂ die Basis der Hinterschenkel gebräunt, Hinterrand von Segment 2 und die Seiten der folgenden roth, Terebra roth, mit schwarzen Klappen. Ein grösseres ♀ hat Abdomen schwarz, nur Hinterrand von Segment 3 schmal roth.

Th. stramineipes m. (Ichnobatis Frst.) ♂ ♀. Niger; ore, clypeo, antennis, radice, squamula et pedibus stramineis, coxis posticis basi infuscatis, abdomine, segmento 1 excepto, brunnicante, margine apicali segmenti secundi et lateribus sequentium testaceis, terebra longitudine abdominis.

3 mm. lang; Kopf matt, breiter als Thorax, hinter den Augen wenig schmaler, Fühlergeisselglied 3 länger als breit, Mesothorax matt, Brust, Brustsei-

ten und Metathorax glänzend, area supcromedia vertieft; Segment 1 länger als Coxen und Trochanteren der Hinterbeine, gekrümmt; Postpetiolus allmählich verbreitert, Segment 2 quer, Terebra so lang wie Abdomen, gekrümmt, nerv. rad. externus länger als ²/₃ des 3. Theiles der Costa, diese die Flügelspitze nicht ganz erreichend.

Schwarz; Palpen, Mandibeln, Clypeus, Fühler, Wurzel, Schüppchen und Beine rothgelb, Hintercoxen mit brauner Basis, Stigma braun; Segmente 2 bis 7 bräunlich, Hinterrand von Segment 2 und die Seiten der folgenden Segmente scherbengelb.

Aus Gallen von Nematus Valisnierii und polyopus erzogen.

Th. brevis m. (Phradis Frst.) ♂ ♀. Niger; ore, basi antennarum subtus, radice, squamula pedibusque fulvis, coxis (in ♂ etiam trochanteribus) nigris, abdominis segmento 2 et lateribus sequentium badiis, terebra segmento 1 breviore.

2 mm. lang; Kopf und Thorax matt, Kopf ziemlich kurz, hinter den Augen wenig schmaler, Fühler kurz, 12—16 gliederig, Glied 3 der Geissel doppelt so lang wie breit, Thorax bucklig, Metathorax kurz, area superomedia angedeutet, Segment 1 etwas länger als Coxen und Trochanteren der Hinterbeine, gebogen, Postpetiolus nur wenig breiter als Petiolus, folgende Segmente stark zusammengedrückt, Terebra kürzer als Segment 1, dünn, gekrümmt, nerv. rad. internus länger als ²/₃ des 3. Theiles der Costa, diese nicht bis zur gerundeten Flügelspitze reichend.

Schwarz; Palpen, Mandibeln, Rand des Clypeus, Fühlerbasis unten mehr oder weniger ausgedehnt, Flügelwurzel, Schüppchen und Beine rothgelb, Coxen schwarz, beim ♂ auch die Trochanteren schwarz und die hinteren Schenkel grossentheils bräunlich, Segment 2 und die Seiten der folgenden Segmente kastanienbraun, Stigma braun.

Th. longulus m. (Diaparsis Frst.?) ♀. Niger; palpis flavis, mandibulis, apice clypei, radice, squamula et pedibus testaceis, coxis et basi trochanterum posticorum nigris, femoribus posticis infuscatis, terebra abdominis longitudine.

3 mm. lang; ziemlich glänzend, Kopf hinter den Augen nicht schmaler, Wangen gerundet; Clypeus abgesetzt, glänzend, vorn gerundet, Fühler so lang wie Kopf und Thorax, Geisselglied 3 länger als breit, Thorax cylindrisch, Mesothorax vorn undeutlich 3-lappig, Metathorax schräge, area superomedia vorhanden; Segment 1 länger als Coxen und Trochanteren der Hinterbeine, gekrümmt, Postpetiolus doppelt so breit wie Petiolus und etwas länger als breit, Segment 2 etwas länger als breit, die folgenden seitlich etwas zusammengedrückt, Terebra so lang wie Abdomen, krumm; nerv. rad. internus über ²/₃ des dritten Theiles der Costa, diese nicht bis zur gerundeten Spitze reichend.

Schwarz; Palpen gelb, Mandibeln, Rand des Clypeus, Flügelwurzel, Schüppchen und Beine scherbengelb, Coxen und Basis der Hintertrochanteren schwarz, Hinterschenkel grossentheils und Stigma braun. Bei einem ♀ Glied 1 der Fühler unten rothbraun.

Th. dilatatus m. ♀. Piceus; ore, radice et squamula flavis, antennis pedibusque testaceis, coxis posticis et femoribus posticis iufuscatis, terebra fere abdominis longitudine.

3 mm. lang; Kopf matt, fast kubisch, Clypeus abgesetzt, Fühler so lang wie Kopf und Thorax, Spitze eingerollt, Geisselglied 3 länger als breit; Thorax etwas länger als hoch; Seiten ziemlich glänzend, Metathorax glänzend, area supero- und posteromedia vereinigt, Segment 1 länger als Coxen und Trochanteren der Hinterbeine, gekrümmt, Postpetiolus an der Spitze über dreimal so breit wie der Petiolus, Segment 2 quer, Segmente 3 und 4 am breitesten, folgende seitlich etwas zusammengedrückt, Terebra etwas kürzer als Abdomen, wenig gekrümmt; nerv. rad. internus über $^2/_3$ des dritten Theiles der Costa, diese fast bis zur Flügelspitze reichend.

Pechbraun; Kopf schwarz, Palpen, Mandibeln, Flügelwurzel und Schüppchen gelb, Clypeus, Fühler und Beine scherbengelb, Basis der Hintercoxen und die Hinterschenkel fast ganz braun.

Th. sericeus m. ♂ ♀. Niger: ore rufo, radice et squamula flavis, pedibus fulvis, coxis et basi trochanterum posticorum nigris, terebra abdomine breviore.

Fast 3 mm. lang; Kopf und Thorax, sammetartig. Kopf hinter den Augen etwas schmaler, Gesicht behaart, Clypeus abgesetzt, beim ♂ glänzend, Fühler so lang wie Kopf und Thorax, Geisselglied 3 länger als breit, Thorax bucklig, area superomedia lang und schmal; Segment 1 länger als Coxen und Trochanteren der Hinterbeine, an der Spitze gekrümmt, Postpetiolus beim ♀ etwa noch einmal so breit, Segment 2 quer, folgende zusammengedrückt, Terebra sanft gebogen, etwas kürzer als Abdomen; nerv. rad. internus $^2/_3$ des dritten Theiles der Costa, diese nicht bis zur gerundeten Flügelspitze reichend, der 4. Theil kaum $^1/_2$ des dritten Theiles.

Schwarz; Palpen, Mandibeln und Rand des Clypeus roth, Glied 1 der Fühler unten rothbraun, Flügel milchweiss, Stigma braun, Wurzel und Schüppchen gelb, Beine rothgelb, Coxen und Basis der Hintertrochanteren schwarz.

Th. rufiventris m. ♀. Niger; ore, clypeo, antennis et abdomine rufis, pedibus testaceis.

Schwarz; Palpen, Mandibeln, Rand des Clypeus und Fühler roth, Flügelwurzel und Schüppchen gelb, Beine gelbroth, Abdomen roth, nur Basis von Segment 1 schwarz, Terebra so lang wie Abdomen, gebogen.

Kaum 3 mm. lang; matt, Kopf hinter den Augen schmaler, Clypeus abgesetzt, glänzend, Fühler so lang wie Kopf und Thorax, gekrümmt, Geisselglied 3 quadratisch, area superomedia vorhanden, Segment 1 länger als Coxen und Trochanteren der Hinterbeine, gekrümmt, Postpetiolus etwas breiter, parallelseitig, Segmente 2 und 3 oben breit, Segment 2 quer, die letzten zurückgezogen, unten beilförmig zusammengedrückt, nerv. rad. internus $^2/_3$ des dritten Theiles der Costa, der vierte Theil $^1/_2$ des dritten, nerv. rad. externus gerade.

Die folgenden 3 Arten wurden nach je einem Exemplare beschrieben.

No. 1. ♀. (Phradis Frst.?). Schwarz; Palpen, Mandibeln, Flügelwurzel, Schüppchen und Beine rothgelb, Coxen und Trochanteren braun, Metathorax und Abdomen rothbraun, Stigma hellbraun, Terebra so lang wie Abdomen, gekrümmt.

3 mm. lang; matt, Kopf hinter den Augen nicht schmaler, Clypeus abgesetzt, ziemlich glänzend, Fühler gekrümmt, so lang wie Kopf und Thorax,

Geisselglied 3 länger als breit, Thorax wenig länger als hoch, schmal, Metathorax schräge, area superomedia angedeutet, area posteromedia lang und schmal; Segment 1 viel länger als Coxen und Trochanteren der Hinterbeine, sehr dünn, gerade, Postpetiolus gekrümmt, etwa ¹/₄ des Petiolus, etwa doppelt so breit, und wenig länger als breit, folgende Segmente stark zusammengedrückt, Segment 2 länger als breit, Terebra dünn; nerv. rad. internus etwa ¹/₂ des dritten Theiles der Costa, der vierte Theil ¹/₃ des dritten, nerv. rad. externus gerade.

No. 2. ♀. Schwarz; Palpen, Mandibeln und Schüppchen roth, Flügelwurzel gelblich, Beine roth, Coxen, Basis der vorderen Trochanteren, Hintertrochanteren ganz schwarz, Hinterschenkel an der Basis bräunlich, Postpetiolus und Segment 2 roth, Terebra so lang wie Segment 1.

3 mm. lang; matt, Kopf hinter den Augen schmaler, Clypeus abgesetzt, etwas glänzend, Fühler gerade, etwas verdickt, so lang wie Kopf und Thorax, Geisselglied 3 quadratisch; Thorax bucklig, area superomedia angedeutet; Segment 1 länger als Coxen und Trochanteren der Hinterbeine, gerade, Postpetiolus etwas länger als breit, Segmente 2 und 3 oben breit, Segment 2 quer, folgende zurückgebogen und unten beilförmig zusammengedrückt, Terebra kräftig; nerv. rad. internus ¹/₂ des dritten Theiles der Costa, ihr vierter Theil kaum ¹/₂ des dritten, nerv. rad. externus gerade.

No. 3. ♀. Schwarz; Palpen, Mandibeln und Rand des Clypeus rothgelb, Glied 1 der Fühler unten rothbraun, Stigma braun, Wurzel gelb, Schüppchen rothgelb; Beine rothgelb, Coxen und Basis der Trochanteren schwarzbraun, Hinterschenkel mit brauner Basis, Postpetiolus und Segment 2 roth, Terebra etwas länger als Segment 1.

2¹/₂ mm. lang; matt, Kopf breit, hinter den Augen schmaler, Clypeus ziemlich deutlich abgesetzt, Gesicht mit einem Kiel unter den Fühlern, diese so lang wie Kopf und Thorax, gekrümmt, Geisselglied 3 quadratisch, Thorax bucklig, area superomedia vorhanden; Segment 1 länger als Coxen und Trochanteren der Hinterbeine, gerade, an der Spitze etwas gebogen, Postpetiolus allmählich breiter werdend, etwas länger als breit, Segment 2 quer, Segmente 2 und 3 oben breit, die folgenden unten etwas zusammengedrückt, nerv. rad. internus ¹/₂ des dritten Theiles der Costa, der vierte Theil derselben nur ¹/₃ des dritten, nerv. rad. externus gerade.

Genus Pristomerus Hlmgr.

Pr. vulnerator Pz. (Ichneumon Pz., Pachymerus Gr.) ♂♀. Aus Maden von Coenosia in Pieris und aus Raupen von Carpocapsa pomonana, Retinia Buoliana und Tortrix Bergmanniana erzogen. Der Zahn der Hinterschenkel ist immer hinter der Mitte. — Var. 1 Hlmgr. ♂. Neuenburg. — Var. 1 Gr. ♀. — Var. 1 m. ♀. Fühlerschaft roth, Segmente 4—7 roth, zuweilen oben schwarz, Coxen roth, nur Hintercoxen mit brauner Basis, Hinterschenkel bräunlich. Segmente 1 und 2 nadelrissig. — Var. 2 m. ♂♀. Grösser, Palpen, Mandibeln und Fühlerschaft schwarz, innere Augenränder theilweise, äussere ganz roth, bei den ♀ nur die Hinterränder der Segmente 2 und 3 roth, Beine verschieden gefärbt. — Cocon cylindrisch, dünnhäutig, weiss, aussen glänzend.

Genus Banchus Fbr.

B. compressus Fbr. ♂♀. Bei den ♂ ist der Metathorax immer ganz schwarz.

B. falcator Fbr. (B. volutorius Zett.) ♂♀. Ein erzogenes ♀ mit ganz schwarzem Kopfe. Cocon elliptisch, in der Mitte etwas verdickt, derb, schwarzbraun.

B. volutatorius L. (Ichneumon L., B. pictus Zett., B. falcator Gr. ♂ ex parte, B. monileatus var. 1 Gr. ♀) ♂♀. Aus Raupen von Hadena porphyrea erzogen. Bei den ♂ ist der Kopf schwarz, nur die orbitae externae schmal gelb, Fühler, Thorax und Coxen ganz schwarz, Segmente 1—3 mit rothen Hinterrändern. Cocon lang elliptisch, schwarz, mit erhöhter, zuweilen hellerer Mittelzone.

B. pictus Gr. ♂. — Var. 2 Wesm. ♂♀. Aus Puppen von Panolis piniperda erzogen. Alle Uebergänge in der Färbung des Kopfes, Thorax und Abdomen bis zu der von Wesmael aufgestellten Varietät kommen vor, die Beine aber sind immer gleich gefärbt, Hinterbeine stets mehr roth, der gelbe Fleck über den Hintercoxen fehlt nie. — Cocon wie bei B. volutatorius.

B. monileatus Gr. (Corynephanes Wsm.) ♂♀. Aus Puppen von Hadena baltica erzogen. — Cocon ganz schwarz.

Genus Leptobatus Gr.

L. rufipes Gmel. ♀. Königsberg. Kopf und Thorax dicht punktirt, Kopf hinten nicht schmaler, Mund vorgezogen, Mandibeln mit 2 gleichen Zähnen, Augen innen nicht ausgebuchtet, Stirn etwas vertieft, mit Mittelkiel, Metathorax runzlig punktirt, gerundet, ohne Felder, nur area superomedia seitlich geleistet, Segment 1 mit vortretenden Stigmen vor der Mitte, Terebra länger als Abdomen, Hintercoxen gross, innen flach, grob punktirt, Glied 4 der Hintertarsen noch einmal so lang wie 5. Das Schildchen nur mit weisser Spitze, die Spitzen der Trochanteren roth.

Genus Exetastes Gr.

E. fornicator Fbr. (Banchus Fbr., Tryphon Zett.) ♂♀. Aus Raupen von Cucullia balsamitae erzogen. — Cocon cylindrisch, dünnhäutig, glänzend, doppelt, schwarz. — Var. 1 Gr. ♀.

E. tarsator Fbr. (Ichneumon De Geer, I. osculatorius Fbr, Ex. osc. Gr., ♂, Ophion clavator Fbr., Ex. clav. Gr. ♀, Ophion tarsator Fbr. ♀, Tryphon Zett.) ♂♀. Aus Raupen von Mamestra brassicae erzogen. — Cocon wie bei fornicator.

E. illusor Gr. ♂♀. Aus Raupen von Hadena contigua erzogen. — Cocon wie bei fornicator, nur runzliger, aber glänzend. Bei den ♂ hat das Schildchen einen weissen Fleck. — Var. m. ♂. Gesicht ganz, Vordercoxen und Vordertrochanteren unten weissgelb, die hinteren Coxen und Trochanteren mit solchen Flecken.

E. laevigator Villers (Tryphon incurvator Zett.) ♂♀. Vordere Schenkel innen mit schwarzer Basis. — Var. 1 Illmgr. (E. bicoloratus Gr.) ♂♀.

E. femorator Desvignes ♀. Neustadt.

E. nigripes Gr. ♂♀.

E. notatus Hlmgr. (E. nigripes var. 1 Gr.) ♂ ♀. Aus Raupen von Cucullia argentea erzogen. Cocon wie bei fornicator, zuweilen braun. — Der Ast
des Scheidenervs der inneren Cubitalzelle zuweilen sehr lang. Ein ♂ hat in beiden Hinterflügeln zwischen dem nerv. transv. analis und seiner Längsader eine
lange, rechtwinklig vierseitige geschlossene Zelle.

E. guttatorius Gr. ♂ ♀. — Var. m. ♂. Fühler ganz schwarz.

E. gracilicornis Gr. ♀. Nur die Palpen hell, Schulterfleck vor den
Flügeln weiss, Spitze der Hintertibien und Glied 1 der Hintertarsen rothbraun.

E. robustus Gr. ♂.

E. inquisitor Gr. ♀. Glieder 2—4 der Hintertarsen roth.

E. flavitarsus Gr. ♂. Schüppchen gelb mit schwarzer Basis, Mittelschenkel ganz roth. Bei einem ♂ Segment 4 ganz roth.

Genus Scolobates Gr.

Sc. auriculatus Fbr. (Ichneumon Fbr., Sc. crassitarsus Gr.) ♂ ♀. Aus
Larven von Hylotoma rosarum erzogen.

Es folgen nun die Gattungen der Plectiscoiden mit mehr oder weniger
seitlich zusammengedrücktem Hinterleibe (die Gattungen Megastylus und Idioxe-
nus mit plattem Abdomen wurden bei den Tryphoniden untergebracht). Ich bestimmte dieselben nach Professor Förster's Uebersicht der Gattungen und Arten
der Familie der Plectiscoiden. Da aber die meisten Arten nicht ganz
sicher bestimmt werden konnten, so habe ich dieselben mit einem Fragezeichen
versehen und ihnen eine kurze Beschreibung beigefügt, nach welcher die von mir
unter Förster'schen Namen aufgeführte Art wohl erkannt werden wird.

Genus Catastenus Frst.

C. femoralis Frst. ♀. 4 mm. lang; Palpen, Mandibeln und Clypeus
gelb, Fühler braungelb nach der Spitze zu dunkler, Spitze der Hintertibien und
der Hintertarsen braun, Abdomen von Segment 2 ab braun, Hinterrand der Segmente 1 und 2, die Segmente 3 und 4 ganz und die Hinterränder der Segmente
5—7 gelb, die Segmente 3 und 4 mit hellbräunlichem Querschatten.

Genus Aperileptus Frst.

A. adversarius Frst. ♂ ♀. 3 mm. lang; schwarz, Palpen, Mandibeln,
Rand des Clypeus, Basis der Fühler unten und Beine rothgelb, Spitze der Hintertibien und Hintertarsen braun, Flügelwurzel und Schüppchen gelb, Stigma braun;
Abdomen oben platt, die letzten Segmente seitlich zusammengedrückt, Terebra
etwas kürzer als Abdomen. Ein grösseres ♀ hat auf Segment 2 einen grossen
rothgelben Mittelfleck. Das fragliche ♂ hat das Gesicht gelbroth, Prothorax, Mittelbrust und deren Seiten braunroth, Hinterrand der Segmente 2 und 3 breit
roth.

A. microspilus Frst. ♂ ♀. 4 mm. lang; schwarz, Palpen, Mandibeln, Clypeus, Gesicht und Fühlerbasis scherbengelb, Gesicht mit schwarzem Mittelstreif, Flügelwurzel und Schüppchen rothgelb, Stigma braun, Vorderbrustseiten bei einem ♀ rothbraun; Beine scherbengelb, die vorderen heller, Spitze der Hintertibien und die Hintertarsen dunkler; Abdomen oben in der Mitte etwas vertieft, letzte Segmente unten zusammengedrückt, Terebra so lang wie Abdomen, gerade, Segment 2 fast ganz, 3 an der Basis mehr oder weniger rothgelb. Beim ♂ sind die Fühler 17-gliederig.

A. albipalpus Gr. (Plectiscus Gr.) ♀. Segment 1 mit stark eckig vortretenden Knötchen.

A. inclinans Frst.? ♂ 3½ mm. lang; schwarz, Palpen, Mandibeln und Clypeus gelb, Gesicht und Fühler rothbraun, letztere mit heller Basis, Seiten des Pro- und Metathorax und das Schildchen braunroth, Mittelbrust und deren Seiten rothgelb, Stigma hellbraun, Wurzel und Schüppchen gelb; vordere Beine gelb, Hinterbeine etwas röthlich, Trochanteren und Tibien heller, diese an der Spitze und die Tarsen bräunlich; Segmente 2—4 mit gelbem Rücken, Bauch gelb.

A. inamoenus Frst. ♂. 3 mm. lang: Kopf gelb, Stirn, Hinterhaupt und Schläfen kastanienbraun. Fühler braun mit heller Basis, Thorax kastanienbraun, Prothorax, Mittelbrust und deren Seiten rothgelb; Stigma hellbraun, Wurzel und Schüppchen gelb; Hinterrand oder Hinterhälfte von Segment 2, Segment 3 fast ganz und Bauch gelb, Beine strohgelb, Hinterschenkel etwas röthlich, Spitze der äussersten Basis der Hintertibien und die Hintertarsen braun. 2 ♂, bei denen das Kastanienbraun in Schwarz übergeht und das Stigma dunkler ist, stelle ich ebenfalls hierher.

Genus Eutypoma Frst.

Von dieser Gattung besitze ich ein ♀, das aber von E. robustum F. abweicht. — 4 mm. lang; die Grundader nicht insterstitial, die Cubitalader geht bis zum Aussenrande, nur Segment 1 und Basis von 2 lederartig, Terebra länger als Segment 1 und nur wenig nach oben gebogen.

Schwarz; Palpen, Mandibeln, Fühler, Schüppchen roth, Beine wie bei robustum, Spitzenhälfte von Segment 2 und Segment 3 ganz roth, 4 mehr rothbraun.

Genus Plectiscus Gr.

Pl. communis Frst.? ♀. 3 mm. lang; Palpen und Beine scherbengelb, Basis der braunen Fühler unten heller, Flügelwurzel und Schüppchen gelb, Stigma braun, bei einem ♀ sind Thorax und Segmente 1 und 2 rothbraun, Mesothorax schwarz, bei einem anderen, kräftigeren ♀ sind Thorax und Abdomen schwarz, nur Segment 2 rothbraun.

Pl. humeralis Frst.? ♀. 3 mm. lang; Kopf schwarz, Palpen, Flügelwurzel, Schüppchen und Beine scherbengelb, an den Hinterbeinen die Coxen und Schenkel röthlich, Tibienspitze und die Tarsen braun, Fühler braun, unten nach der Basis heller; Thorax und Abdomen rothbraun schimmernd, Seiten des Prothorax scherbengelb, Segment 2 oben und Hinterrand von 3 gelb, Terebra länger als ¹/₂ Abdomen.

Pl. canaliculatus Frst.? ♀. 3¹/₂ mm. lang; schwarz, Palpen und Spitze des Clypeus scherbengelb, Fühler (zum Theil abgebrochen) braun, unten heller, Flügelschüppchen und Wurzel gelb, Stigma braun, Beine scherbengelb, Hintertarsen und letztes Glied der vorderen braun, Hinterrand von Segment 2 und Basis von 3 kastanienbraun, Terebra ¹/₂ Abdomen.

Pl. subtilis Frst.? ♀. 3 mm. lang; schwarz, Palpen, die unvollständigen Fühler unten nach der Basis hin und die Beine scherbengelb, Hintertarsen fehlen, Stigma hellbraun, Wurzel und Schüppchen gelb, Thorax braunschimmernd, Abdomen rothbraun, Terebra kürzer als ¹/₂ Abdomen.

Pl. mendicus Frst. ♀. 3¹/₂ mm. lang; Hinterrand von Segment 2 und Segment 3 oben braungelb, Beine hell rothgelb, Spitze der Hintertibien und die Hintertarsen bräunlich.

Pl. petiolatus Frst.? ♂ ♀. 5 mm. lang., Fühler beim ♀ unvollständig, Postpetiolus etwas länger als Segment 2, Terebra fast so lang wie Abdomen, gerade. Schwarz; Palpen weiss, Clypeus zum Theil, Prothorax und Fühler braunroth, Glieder 1—3 oder 1—4 hell, Stigma braun, Wurzel und Schüppchen gelb, Beine hell scherbengelb, Basis und Spitze der Hintertibien und die Hintertarsen braun, Abdomen braungelb, Segment 1 und Basis von 2 schwarz. Ein ♀ hat die Hintertibien ganz braun und die Segmente 4—7 schwarzbraun. Bei den ♂ (procerus Frst.?) ist Segment 1 noch schmaler, Segmente 2 und 3 länger als bei den ♀. Segment 2 hat bei beiden Geschlechtern jederseits eine lange Basalfurche, Abdomen schwarz, Hinterrand von Segment 2 und die Segmente 3—5 oben braungelb. — Ein ♀ aus Neustadt hat das Abdomen schwarz, die Hinterränder der Segmente 2—7 breit roth.

Pl. moerens Frst.? ♀. 3 mm. lang; Palpen, Schüppchen, Beine, Hinterrand von Segment 2 und Basis von 3 rothgelb, Stigma braun.

Pl. brachyurus Frst.? ♂ ♀. Färbung der ♀ fast wie bei moerens, nur Rand des Clypeus rothgelb, Schüppchen gelb, Basis der nicht vollständigen Fühler roth. Die ♂ (fuscicornis Frst.?) stimmen in Sculptur und Färbung fast ganz mit den ♀ überein, nur sind die Coxen fast ganz und die Basis der Trochanteren schwarz, Hinterschenkel oben schwarzbraun gestreift. Ein ♂ hat die Basis der vorderen Schenkel schwarzbraun. Die Fühler sind schwarz, nur Glied 2 gelb. — Var. m, ♂. Alle Coxen rothgelb, nur Basis der Hintercoxen schwarz, Hinterschenkel immer schwarzbraun gestreift. Bei 2 ♂ ist auch der Rücken von Segment 4 rothgelb.

Pl. spilotus Frst.? ♂. 4 mm. lang; schwarz; Palpen, Flügelwurzel, Schüppchen und Beine hell röthlichgelb, Hintercoxen und Hinterschenkel mehr röthlich, Basis und Spitze der Hintertibien und die Hintertarsen schwarzbraun; Segment 1 mit stark vortretenden Stigmen, Rückenstreif auf den Segmenten 2—4 gelbroth, der auf Segment 2 nur halb.

Genus Hyriarthrus Frst.

M. rufipleuris Frst.? ♂. 4 mm. lang; Palpen, Mandibeln, Wangenspitze

Clypeus. Gesicht und orbitae frontis weiss, Gesicht schwarzbraun gefleckt, Fühler rothbraun, Stigma hellbraun, Wurzel und Schüppchen weissgelb, Prothorax gelb, Mittelbrust und ihre Seiten roth oder roth gefleckt, vordere Coxen und Trochanteren gelbroth, Spitze der Hintertibien und die Hintertarsen braun; Hinterrand von Segment 2 und Segment 3 fast ganz braungelb. — Ein ♂ mit dünneren und dunkleren Fühlern ist wohl eigene Art. Gesicht, Fühlerglieder 1 und 2, vordere Coxen und Trochanteren ganz gelbweiss, Hinterrand von Segment 1 und 2, Segment 3 oben und 4 an der Basis hell bräunlich gelb.

M. cingulator Frst.? ♂. 4 mm. lang; Gesicht schwarz, Basis und Hinterrand von Segment 3 roth.

M. aemulus Frst.? ♂♀. Fast 5 mm. lang, ♂: Palpen, Mandibeln, Clypeus, Glied 1 und 2 der Fühler gelbweiss, Prothorax gelb, Mesothorax roth, oben braun, Metathorax schwarz; Spitze der Segmente 1 und 2, Segmente 3 und 4 oben gelbroth. ♀: Palpen, Mandibeln und Basis der Fühler rothbraun, Mittelbrustseiten und Schildchen roth. Beine hell braunroth, vordere Coxen heller, Spitze der Hintertibien und die Hintertarsen rothbraun, Segmente 2 und 3 nach der Spitze zu rothbraun.

Genus **Proclitus** Frst. (Nervus transv. analis nicht gebrochen.)

Pr. fulvipectus Frst.? ♀. Neustadt. 5 mm. lang; schwarz, Palpen, Mandibeln, Rand des Clypeus, Fühler, Pro- und Mesothorax und Abdomen rothgelb, nur Segmente 1 und 2 schwarz, 2 mit rothgelbem Hinterrande; Beine hell scherbengelb, Spitze der Hintertibien und die Hintertarsen braun, Terebra kürzer als ½ Abdomen. Ein ♀ hat 3 Streifen den Meso- und Metathorax braun.

Pr. instigator Frst.? ♂♀. 4 mm. lang; schwarz, Palpen, Mandibeln und Rand des Clypeus gelbroth, Fühler rothbraun, Beine gelbroth, Spitze der Hintertibien und die Hintertarsen braun, Hinterrand von Segment 2, Basis und Hinterrand von 3 roth, Terebra so lang wie ½ Abdomen.

Pr. clypearis Frst.? ♂♀. 4 mm. lang; Färbung wie bei instigator, Hinterrand des Segmentes 2, und Segment 3 ganz roth, die folgenden braun.

Pr. quaesitorius Frst.? ♂♀. 6 mm. lang; schwarz; Palpen und Mandibeln gelbweiss, Rand des Clypeus und Fühlerschaft rothgelb, Beine scherbengelb, Spitze der Hinterschenkel, die Hintertibien und Hintertarsen bräunlich, Spitzenfleck von Segment 2, Mitte der Segmente 3 und 4 scherbengelb, Seiten der folgenden Segmente braun, Segment 1 lang, schmal, glänzend und etwas gekrümmt.

Pr. subsulcatus Frst.? ♂. 4 mm. lang; glänzend, schwarz; Palpen, Mandibeln, Rand des Clypeus, Fühler und Beine rothgelb, Hinterschenkel oben schwarz gestreift, Hinterrand von Segment 2 und Mittelstreif von 3 rothgelb.

Pr. grandis Frst.? ♂. 5 mm. lang; schwarz; Palpen gelb, Mandibeln, Clypeus und Glied 1 und 2 der Fühler unten rothgelb, Prothorax rothbraun, Beine hell scherbengelb, Hinterschenkel oben nach der Spitze hin schwarz gestreift, Hinterrand von Segment 2 breit, Segmente 3 und 4 ganz und Hinterrand von 5 scherbengelb, 3 und 4 mit braunem Seitenfleck.

Pr. albidipes Frst. ♂. 4 mm. lang; schwarz; Palpen weissgelb, Mandibeln, Clypeus, Basis der Fühler und die Beine scherbengelb, Hinterrand von Segment 2, Segment 3 ganz scherbengelb.

Pr. sincerus Frst.? ♂. 3½ mm. lang; ziemlich glänzend, Kopf hinter den Augen nicht schmaler, Clypeus flach, Fühler dick; schwarz, Palpen, Mandibeln, Spitze des Clypeus, Basis der Fühler und die Beine hell scherbengelb, Schenkel, Tibien und Tarsen der Hinterbeine mehr roth, Hinterränder der Segmente 2—4 rothgelb.

Pr. sordidus Frst. ♀. 3½ mm. lang; glänzend, Kopf hinter den Augen schmaler; schwarz, Palpen, Mandibeln, Glied 1 der Fühler unten, Wurzel, Schüppchen und Beine gelbroth, Hintertibien mit brauner Spitze, Segmente 1 und 2 fast ganz und Hinterrand von 3 braunroth.

Pr. litigiosus Frst. ♀. 3½ mm. lang; glänzend, Kopf hinter den Augen nicht schmaler; Palpen, Mandibeln, Basis der Fühler, Flügelwurzel, Schüppchen und Beine hell scherbengelb, Hintertibien mit bräunlicher Spitze, Abdomen ausser Segment 1 rothbraun, Hinterrand von 2 und Segment 3 fast ganz hell scherbengelb.

Pr. caudiger Frst.? ♂ ♀. 4 mm. lang; schwarz, Palpen, Mandibeln, Basis der Fühler, Flügelwurzel, Schüppchen und Beine hell scherbengelb, Thorax theilweise und Abdomen rothbräunlich, Spitzenpunkt auf Segment 1, Hinterrand von 2 und Segment 3 fast ganz scherbengelb; beim ♂ ist der Thorax rothbraun.

Wirths-Tabelle.

Parasiten.*		Wirthe.			
Genus.	Species.	Coleoptera.	Hymenoptera.	Lepidoptera.	Diptera.
Ophion.	bombycivorus			Stauropus Fagi,	
,,	inflexus.			Gastropacha lanestris.	
,,	luteus.			Sesia formicaeformis.	
				Hymatophora flavicornis.	
				Harpyia bifida.	
				Demas Coryli.	
				Acronycta aceris.	
				Cucullia argentea.	
				,, thapsiphaga.	
				,, Scrophulariae.	
				,, Abrotani.	
				,, Absynthii.	
,,	merdarius			Dianthoecia Echii.	
				Cucullia argentea.	
,,	obscurus.			Sesia formicaeformis.	
				Hadena porphyrea.	
				Pseudoterpna cythisaria.	
,,	ramidulus.			Panolis piniperda.	
Schizoloma.	amictum.			Hylophila prasinana.	
				Dasychira pudibunda.	
				Bombyx sp.?	
Exochilum.	circumflexum			Lasiocampa pini	
				Euplexia lucipara.	
Heteropelma.	calcator.			Panolis piniperda.	
				Hylophila prasinana.	
Habronyx.	heros.			Lasiocampa pini.	
				,, Dryophaga.	
				Deilephila Galii.	
Anomalon.	bellicosum.			Sphinx pinastri.	
,,	biguttatum.			Panolis piniperda.	
,,	canalicula-			Hylophila prasinana.	
	tum.				
				Yponomeuta padi Z.	
,,	cerinops.			Calocampa vetusta.	
				Geometra sp.?	
,,	clandestinum.			Yponomeuta padi Z.	
				Eupithecia lariciaria.	
				,, actaenta.	
				Tortrix Pilleriana.	
,,	flaveolatum.			Earias clorana	
				Hibernia defoliaria.	
				Eupithecia actaeata.	
,,	Latro.			Diloba coeruleocephala.	
,,	perspicillator.			Symira nervosa.	
,,	tenuicorne.			Hymatophora Or.	
,,	Wesmaeli.			Sphinx pinastri.	

*) Die fett gesetzten Arten haben sich als Parasiten in Parasiten erwiesen.

Wirths-Tabelle.

Parasiten.		Wirthe.			
Genus.	Species.	Coleoptera.	Hymenoptera.	Lepidoptera.	Diptera.
				Noctua sp.?	
Anomalon.	xanthopus.			Panolis piniperda.	
Trichomma.	enecator.			Earias clorana.	
Opheltes.	glaucopterus.		Cimbex varia-bilis		
Paniscus.	cephalotes.			Cucullia Asteris.	
				,, Scrophulariae.	
				,, Abrotani.	
				,, argentea.	
				,, thapsiphaga.	
				,, balsamitae.	
				Acronycta tridens.	
				,, psi.	
				,, megacephala.	
				Gastropacha populi.	
				Harpyia vinula.	
,,	fuscicornis.			Anarta Myrtilli.	
				Leucania obsoleta.	
,,	ochraceus.			Ptilodontis palpina.	
				Pygaera curtula.	
				Anarta Myrtilli.	
				Tapinostola Elymi.	
				Acronycta megacephala.	
,,	tarsatus.			Platypteryx falcula.	
				,, unguicula.	
				Eupithecia absynthiaria.	
				,, exiguaria.	
				,, lariciaria.	
				,, succenturiaria.	
				,, castigaria.	
,,	testaceus.			Cucullia argentea.	
				Acronycta leporina.	
,,	virgatus.			Hylophila prasinana.	
				Platypteryx unguicula.	
				Eupithecia Absynthiaria.	
Campoplex.	anceps.			Eupithecia actaeata.	
,,	bicolor.			Eupithecia sp.?	
,,	bucculentus.			Abraxas marginata.	
				Odontopera dentaria.	
,,	brevicornis.			Eupithecia pimpinellaria.	
				,, campanulata.	
				,, innotata.	
				,, centaurearia.	
				,, succenturiaria.	
				,, Absynthiaria.	
				,, castigaria.	
,,	carbonarius.			Orgyia gonostigma.	
,,	leptogaster.			Cabera pusaria.	

Wirths-Tabelle.

Parasiten.		Wirthe.			
Genus.	Species.	Coleoptera.	Hymenoptera.	Lepidoptera.	Diptera.
Campoplex.	mesoxanthus.			Himera pennaria.	
„	mixtus.			Dasychira pudibunda.	
				Acronycta sp.?	
				Hylophila prasinana.	
				Phalera bucephala.	
„	nigripes.			Orgyia antiqua.	
„	petiolaris.			Chesias spartiaria.	
				Cidaria rubidaria.	
„	pugillator			Odontopora dentaria.	
				Cidaria rubidaria.	
„	rufoniger.			Cucullia sp.?	
„	tibialis.			Fidonia cebraria.	
„	validicornis.			Eupithecia pimpinellaria.	
				„ snecenturiaria.	
Cymodusa.	Elachistae.			Elachista sp.?	
Sagaritis.	cognata?			Noctua sp.?	
„	raptor.			Orgyia antiqua.	
				Eupithecia sobrinata.	
				„ Campanulata.	
Casinaria.	morionella.			Eupithecia Absynthiaria.	
				Acidalia triliniaria.	
				Cidaria sinuaria.	
„	orbitalis.			Deilephila Galii.	
				Cidaria sinuaria.	
„	pallipes.			Nemorea aestivaria.	
„	senicula.			Orgyia gonostigma.	
Limneria.	armillata.			Yponomeuta malinellus.	
				Tortrix sp.?	
„	assimilis.		Phyllotoma melanopyga.	Retinia resinana.	
„	auctor.			Hadena suffuruncula.	
„	braccata.			Hypena rostralis.	
„	conformis.			Tachyptilia populella.	
				Gelechia sp.?	
„	coxalis.			Tortrix sp.?	
„	clypearis.				Syrphus sp.?
„	clypeata.		Nematus Valisnierii. Cryptocampus sp.?	Hadena suffuruncula.	
„	crassicornis.		Nematus Valisnierii.		
„	curvicauda.				
„	crassiuscula.			Eupithecia exiguaria.	
				„ satyrata.	
				„ actaeata.	
„	canaliculata.		Nematus fraxini.		
„	cothurnata.		Lophyrus pini		

Wirths-Tabelle.

Parasiten.		Wirthe.			
Genus.	Species.	Coleoptera.	Hymenoptera.	Lepidoptera.	Diptera.
Limneria.			Lophyrus rufus.		
„			Lophyrus pallidus.		
„			Nematus Brischkii.		
„	difformis.			Tortrix sp.?	
„	excavata.			Tortrix sp.?	
„	erucator.		Cladius albipes	Notlæris verbascella.	
„	ebenina.			Noctua sp.?	
„	erythropyga.		Tenthredo sp.?		
„	exareolata.		Trigonaspis megaptera.	Earias cloraua.	
„	fenestralis.				Hydrellia gricola.
„	Faunus.			Tortrix sp.?	
„	geniculata.			Pionea forficalis. Eupithecia succenturiata. Acronycta sp.?	
„	hyalinata.		Cimbex variabilis.		
„	interrupta.			Scopula Crataegella.	
„	lineolata.		Lophyrus pini.	Tortrix sp.?	
„	longipes.		Nematus perspicillaris.		
„	longicornis.			Sesia formicaeformis?	
„	majalis.		Nematus sp.?	Plutella porrectella. Tortrix sp.?	
„	mutabilis.			Eupithecia pimpinellaria.	
„	multicincta.			Earias clorana.	
„	nana Gr.			Laverna fulvescens.	
„	nana Rtzbg.			Coleophora sp.?	
„	notata.			Noctua sp.?	
„	occulta.			Coleophora currucipennella.	
„	pedella.		Fenusa pumila. Cryptocampus sp.?		
„	prussica.		Cimbex sp.?		
„	ramidula.		Nematus Valisnieri.	Retinia resinana.	
„	rufiventris.			Orthotaelia Sparganiella.	

Wirths-Tabelle.

Parasiten.		Wirthe.			
Genus.	Species.	Coleoptera.	Hymenoptera.	Lepidoptera.	Diptera.
Limneria.	ruficincta			Earias clorana.	
				Dianthoecia Echii.	
				,, porphyrea.	
				Cucullia Tanaceti.	
,,	solitaria.			Eupithecia pimpinellaria.	
,,	tarsata.			Myelois cribrella.	
,,	tricolor.			Abraxas grossulariaria.	
,,	transfuga.			Dioryctria **Abietella.**	
,,	unicincta.			Geometra **sp. ?**	
				Vanessa **polychloros.**	
				,, **urticae.**	
,,	varians.			Noctua sp. ?	
,,	vestigialis.		Nematus Valisnierii.	Tortrix **laevigana.**	
			Phyllotoma microcephala	Retinia **resinana.**	
Canidia.	5-angularis.	Phytonomus Phellandrii.			
Nemeritis.	cremastoides.				Agromyza **sp. ?**
Cremastus.	decoratus.			Nothris **Verbascella.**	
,,	interruptor.			Yponomeuta sp. ?	
Exolytus.	laevigatus.		Lophyrus sp.? Tenthredo sp. ?		
Mesochorus.	anomalus.			Plusia gamma.	
				Cucullia argentea.	
				,, **asteris.**	
				Argynnis **Latonia.**	
,,	alarius.			Catocala **nupta.**	
,,	areolaris		Athalia spinarum.		
,,	brevipetiolatus.			Eupithecia pimpinellaria.	
				,, **succenturiaria.**	
				,, **innotata.**	
				,, **digitaliaria.**	
				Cucullia **Verbasci.**	
				Pseudoterpna **cythisaria.**	
				Chesias **spartiaria.**	
				Argynnis **Latonia.**	
				Diloba **coeruleocephala.**	
				Dasychira **selenitica.**	
				Yponomeuta **padi Z.**	
,,	brunneus.			Eupithecia pimpinellaria.	
,,	crassimanus			Hypena **rostralis.**	
,,	confusus.		Cimbex sp. ? Cladius difformis.	Eupithecia pimpinellaria. Yponomeuta **sp. ?**	

Wirths-Tabelle.

Parasiten.		Wirthe.			
Genus.	Species.	Coleoptera.	Hymenoptera.	Lepidoptera.	Diptera.
Mesochorus	dilutus.			Abraxas grossulariaria.	
„	dispar.			Harpyia bifida.	
				Smerinthus populi.	
				Lophopteryx camelina.	
„	fulgurans.		Lophyrus pini	Eupithecia pimpinellaria.	
			„ rufus.		
„	gracilis.			Ocneria dispar.	
„	leucogram-mus.			Eupithecia sobrinata.	
				„ pimpinellaria.	
				„ exiguaria.	
				„ lariciaria.	
„	pallipes.			Yponomeuta variabilis.	
„	pallidus.			Smerinthus populi.	
				Porthesia auriflua.	
				Cucullia argentea.	
				Amphidasis betularia.	
„	pectoralis.			Cidaria galiaria.	
				Eupithecia centaurearia.	
				Yponomeuta sp. ?	
				Fidonia cebraria.	
				Cucullia argentea.	
„	pictilis. ?		Microgaster sp. ?		
„	rufoniger.			Leucoma salicis.	
„	scutellatus.		Nematus lati-pes.		
„	semirufus.			Cucullia argentea.	
				Dasychira selenitica.	
				Acronycta rumicis.	
				Yponomeuta malinellus.	
„	splendidu-lus v. 4.			Zygaena peucedani.	
„	streneus.			Cucullia sp. ?	
				Eupithecia actaeata.	
„	testaceus.		Nematus cir-rhopus. Tenthredo re-panda.	Eupithecia pimpinellaria.	
„	vitticollis.			Fidonia cebraria.	
				Cucullia argentea.	
Thersilochus.	morionellus.	Meligethes aeneus.			
„	moderator.	Ceutorhyn-chus cyani-pennis.			

Wirths-Tabelle.

Parasiten.		Wirthe.		
Genus.	Species.	Coleoptera.	Hymenoptera.	Lepidoptera.
Thersilochus	stramineipes.		Nematus Valisnierii.	
Pristomerus	vulnerator.			Carpocapsa pomonana.
Banchus.	monileatus.			Retinia Buoliana. Tortrix Bergmanniana. Hadena baltica.
„	pictus.			Panolis piniperda.
„	volutatorius.			Hadena porphyrea.
Exetastes.	fornicator.			Cucullia balsamitae.
„	illusor.			Hadena contigua.
„	notatus.			Cucullia argentea.
„	tarsator.			Mamestra brassicae.
Scolobates.	auriculatus.		Hylotoma rosarum.	

Ueber den Einfluss des Waldes auf den Zug der Gewitter im Kreise Marienwerder.

Vortrag von **Prof. Dr. Künzer,**

gehalten in der General-Versammlung des westpreuss. botanisch-zoologischen Vereins zu Marienwerder am 2. Juni 1879.

~~~~~~~~~

M. H.

Wenn ich mit dem Thema meines Vortrages auch von der systematischen Botanik resp. Zoologie mich entferne, so glaube ich doch dabei innerhalb des Rahmens unsrer Vereinsbestrebungen zu bleiben, die ja gerichtet sind auf die Erforschung der Pflanzen- und Thierwelt Westpreussens nach allen Richtungen, mit besondrer Rücksichtnahme auf Fragen, die für den Wolstand der Provinz von Bedeutung sind.

Handelt es sich doch bei dem von mir gewählten Gegenstande um den alten Liebling der Deutschen, den Wald, dessen eigentümliches Mysterium von jeher das Gemüt unsers Volkes ganz besonders anzog und anheimelte.

Ich glaube aber auch noch ein anderes, besonderes Interesse für das von mir gewählte Thema bei Ihnen voraussetzen zu können, da der Schauplatz des Waldeinflusses, von dem ich sprechen will, unsre allernächste Umgegend, der Marienwerderer Kreis sein soll. Für Sie, meine Herren aus Marienwerder und Umgegend, wird es sich um eine Ihnen völlig bekannte Landschaft handeln; für Sie, meine Herren aus der Ferne, um eine, welche Sie bei der heute noch vorzunehmenden Excursion nach Fiedlitz in ihrem ganzen Umfange, und hoffen wir, in ihrer ganzen Schönheit sehen sollen.

Zu besserer Orientierung habe ich die Kreiskarte, herausgegeben von der kartographischen Abteilung der preussischen Landesaufnahme 1876 und 1877, mitgebracht. Dieselbe liegt Ihnen hier vor und sind die in meinem Vortrag zu erwähnenden Orte rot unterstrichen. —

Seit mehr als 21 Jahren in der hiesigen Provinz und mit nur einer Unterbrechung von 3 Jahren am hiesigen Orte, fiel es mir bald in den ersten Sommern auf, dass so wenig Gewitter, im Verhältniss zu der grossen Zahl in der Nähe vorüberziehender, unmittelbar über Marienwerder hinwegzogen. Bei meinen häufigen Excursionen, zu denen ich durch meine Tätigkeit als Lehrer der Naturgeschichte am hiesigen Gymnasium veranlasst war, hatte ich oft Gelegenheit zu bemerken, dass in verhältnismässig geringer Entfernung von M. ein Gewitter nebst starkem Regen, ja selbst Hagel niedergegangen war, während in M. und seiner allernächsten Umgebung wenig oder nichts davon zu verspüren gewesen war. Sehr bald erkannte ich, dass weitaus die meisten Gewitter im S oder SW, also bei Neuenburg, erschienen, bis zu einer Zenithdistance von allerhöchstens 40—50⁰ heraufzogen, dann aber, wenn nicht schon früher, fast unfehlbar nach einer von 2 Richtungen sich abwandten, entweder

die Gewitter zogen westlich von M. an der Weichsel entlang gegen N. — oder sie wandten sich, noch südlich von M., plötzlich ostwärts, zogen in einem Bogen südöstlich östlich um M., und verloren sich entweder nach NO im Stuhmer und Rosenberger Kreise, oder, was nicht selten war, zogen im N der Stadt nordwestlich gegen und etwa Mewe gegenüber, wol über die Weichsel, sich dann an diesem Flusse entlang weiter nach N ziehend.

Diese Erscheinung hatte sich mir so oft und bis zu solcher Evidenz gezeigt, dass als der damalige Reg.-Assessor Herr Jacobsohn im Jahre 1867 sein statistisches Hilfsbuch für den Regierungsbezirk Marienwerder verfasste, ich auf sein Ersuchen die gemachte Erfahrung für den gewöhnlichen Zug der Gewitter im Kreise M. constatierte und als besondere kleine Anmerkung in dem genannten Buche aufnehmen liess.

Im Frühjahr 1865 hatte ich die Ehre, hier während seiner kurzen Anwesenheit Herrn Prof. v. Kaemptz aus Dorpat, einem Meteorologen ersten Ranges, später in Petersburg, vorgestellt zu werden und mit ihm einige Ausflüge in die Umgegend zu machen. Als ich bei solcher Gelegenheit ihm von der gemachten Erfahrung Mitteilung machte und mich dabei verwundernd darüber aussprach, dass, wenn es auch natürlich sei, die Gewitter den Höhen nachziehen zu sehen, es doch etwas auffälliges sei, dass der Teil der Höhe, auf welchem M. selbst liegt, so offenbar umgangen werde: erwiderte mir Herr v. Kaemptz: sagen Sie nicht die „Höhe", sondern die „bewaldete Höhe" ist es, was auf diese Richtung der Gewitter Einfluss hat. So wurde ich veranlasst, nach dieser Richtung hin meine Beobachtungen zu erneuern.

Zunächst stellte ich in den beiden hauptsächlichsten Gewittermonaten, Mai und Juni des Jahres 1866 eingehendere und genauere Beobachtungen an. Zu vier verschiedenen Tageszeiten wurden psychrometrische Beobachtungen und zwar in verschiedenen Höhen, sowie auf verschiedenem Boden angestellt, die Windrichtungen sowie der Barometerstand notiert, der Zustand der Atmosphäre nach Wolkenbildung festgestellt. Es sollten mir diese Beobachtungen eine Controle darüber ermöglichen, dass es sich bei allen Gewittern, die sich hier zeigen, immer nur um durchziehende, niemals um solche handelt, die etwa hier entstehen*).

Durch die Freundlichkeit des damaligen Ober-Post-Direktors Herrn Winter wurden mir zur Vergleichung die an der Weichsel Morgens 7 Uhr angestellten Witterungsbeobachtungen (Thermometer und Windrichtung) mitgeteilt.

Ich beobachtete an 17 verschiedenen Tagen Gewitter, und zwar durchweg grössere und M. ziemlich nahe kommende. An mehreren Tagen wurden mehrfache Gewitter beobachtet. Alle aber, ohne Ausnahme, hielten eine der vorhin erwähnten Richtungen ein. Dabei will ich aber allerdings gleich erwähnen, dass ich nur von dem Gros der Gewitterwolken spreche, nur von dem Zuge der Hauptmasse. Nicht ist ausgeschlossen, dass nicht eine oder die andere, ich möchte sagen, Wolkenparzelle gleichsam wie abgeschleudert von der Hauptmasse erschiene und dann allerdings eine zur Hauptrichtung fast senkrechte Richtung vorübergehend einschlagen könnte. In der Tat lassen sich solche Erscheinungen nachweisen, doch sind sie äusserst selten.

In der Folgezeit hielt ich die Resultate der gemachten Beobachtungen fest und beabsichtigte nur die Abweichungen zu notieren. Aber alle von mir in der Zeit hier beobachteten Gewitter trugen betreffs ihrer Richtung denselben Charakter, wie das erste Gewitter d. J. am 16. April 1879, Nachmittags $\frac{1}{4}$4 Uhr**). Es zieht den gewöhnlichen Weg, von S. und SW. kommend, herauf bis etwa 40° Zenithdistance, den Horizont in seiner ganzen Breite füllend; plötzlich, und zwar noch südwärts der Stadt, teilt sich die Masse: der grösste Teil zieht ostwärts, und im Osten der Stadt gegen N.; ein anderer Teil ist direkt jenseits der Weichsel gegen N. gezogen. In der grössten Nähe der Stadt, im SO. stehend, zeigt sich zwischen Blitz und Donner immer noch eine Differenz von 6″, die sehr bald auf 8″ und 9″ steigt. Bei 3 hinter einander folgenden Schlägen in Zeit von kaum 2—3 Minuten beträgt der Unterschied 9″, dann sehr bald 15″. Wenige Minuten darauf verschwindet es, und zwar im N. und NO., fast ganz vom Horizonte. Vereinzelte Wolken treiben über die Stadt hin direkt auf N., starker aber kurzer Regen, gegen Schluss gemischt mit Graupeln. Das ganze Unwetter ist binnen 20 Minuten vorüber. Von irgend welchem Gewitterschaden ist nichts bekannt. — Auch die am 28. Mai d. J. Nachmittags bis Abends herauf- und vorüberziehenden Gewitter zeigten genau denselben Charakter. — Da aber alle der-

---

*) Eine im Jahre 1872 bei einer wiederholten Bereisung des Tatra-Gebirges mir gewordene Gelegenheit auf der sog. Schlagendorfer Spitze die Bildung eines Gewitters beobachten zu können von der ersten Wolkenformation an über dem Walde auf dem Südabhange bis zu dem vollen Ausbruch der electrischen Ausgleichung auf dem Kamme in dem Augenblicke, wo die auf der Nordseite des Geb. lagernden Wolkenmassen mit den auf der Südseite geformten endlich zusammentrafen und zwar, wie eine starke plötzlich aufwärts gerichtete Bewegung der Wolkenmassen zeigte, in recht heftiger Weise, lässt es mir überhaupt sehr wahrscheinlich erscheinen, dass alle über der weiten nordischen Tiefebne sich austobenden Gewitter nicht als solche über dieser Ebne entstanden sind, sondern wol nur von den grossen Wetterscheiden, d. Gebirgen, gleichsam wie abgeschleuderte Wolkenmassen erscheinen, die dann auf ihrem weiteren Zuge der allgemeinen Windrichtung, aber auch dem Einfluss der Bodenconfiguration unterworfen sind.

**) Der Vortragende erwähnte grade dies Gew., weil es namentlich bei den Mitgliedern v. Marienw. noch in bestem Andenken, auch eines der stärksten war.

artige Beobachtungen doch immer nur einen sehr generellen Charakter haben
können, für sichere Constatierung der Gewitterzüge immerhin nur ein annähernd
brauchbares Material schaffen können: so suchte ich eine Controlle meiner Beobachtungen zu erreichen durch Fixierung der durch Blitzschlag entstandenen und
amtlich als solche nachgewiesenen Brände resp. Schäden. Durch die grosse Freundlichkeit und Liebenswürdigkeit unsers Herrn Landrats, eines hochverehrten Mitgliedes unsers Vereins, wurden mir die in bestimmten Zeiten regelmässig einzu-
reichenden „Zeitungsberichte der Bürgermeistereien und Domänen-Aemter aus dem
hiesigen Kreise" zur Einsicht gestattet. Ebenso wurde mir von dem Vertreter der
Mobiliar-, Feuer- und Hagel-Versicherungsgesellschaft für das platte Land in Ost-
und Westpreussen, Herrn Schirrmacher hier, sowie von dem Gen.-Agenten der
Norddeutschen Hagel-Versicherungsgesellsch., Herrn Th. Busch in Danzig, freundlichst Auskunft erteilt. Zu ganz besonderem Danke bin ich aber Herrn Land-
schafts-Sekret. Jüterbogk hierselbst verpflichtet, der mir in der liebenswürdigsten
Weise eine „Zusammenstellung der bei der westpreuss. landschaftl. Feuer-Societät
in den Jahren von 1853 bis 1878 incl. stattgehabten Brände, welche durch Blitz
entstanden sind," besorgte. So gelang es mir, 40 Blitzschläge allein im Kreise
Marienwerder, (wovon 32 auf die Zeit von 1866—1878) sicher zu constatieren,
sowie 12 im benachbarten Rosenberger, 6 im Graudenzer, 8 im Schwetzer, 9 im
Pr. Stargardter, aber nur 3 im Stuhmer Kreise.

Auf der Ihnen vorliegenden Karte habe ich die betreffenden Orte rot unterstrichen. Nur 3 Blitzschläge sind nicht bezeichnet, es sind dies die 3, welche
Marienwerder selbst getroffen haben sollen: am 13. Mai 1866 in der Ober-Bergstrasse, am 31. Mai 1867 im Balewski'schen Hause unterhalb der Kunst am Nie-
dertor, und endlich in der Nacht vom 30/31. August 1878 in der Töpfergasse.
Es ist aber, und dies sei gleich hier bemerkt, bei diesen sog. Schlägen niemals
ebensowenig wie bei einem, das in der Nähe der Unteroffizierschule im vorigen
Jahre eingeschlagen haben soll, auch nur die geringste Spur von Feuer-Einwir-
kungen gefunden worden, keine Glasur, keine Schmelzung, keine Verbrennung.
Es ist immer nur ein Auseinanderwerfen von Gegenständen (und darunter bisweilen recht brennbarer) gefunden worden. Ich komme auf diese Schläge im
Laufe meines Vortrags noch besonders zu sprechen. Noch bleibt mir übrig, über
die geographische Beschaffenheit unsers Kreises einiges zu erwähnen:

Die im Grossen und Ganzen im Kreise M. fast genau von S nach N ge-
hende Weichsel wird zu beiden Seiten von 2 Höhenzügen begleitet. Links treten diese
Höhen bei Neuenburg dicht an den Fluss und bleiben an demselben bis Wessel-Fiedlitz;
hier verlassen sie denselben, um weiter nördlich, bei Gr. Jesewitz, und noch einmal südlich von Warmhof wieder dicht heranzutreten.

Auf dem rechten Ufer treten die Höhen nur südlich von Gr. Wolz (also
schon im Graudenzer Kreise), und nördlich bei Weissenberg im Stuhmer Kreise,
und zwar jedesmal nur auf eine kurze Strecke dicht an die Weichsel. Zwischen
den genannten Orten tritt der Höhenzug in einem bald mehr, bald weniger gekrümmten Bogen von der Weichsel zurück. Am nächsten kommt die Höhe dem
Fluss bei Marienwerder (3700ᵐ), etwa in derselben Entfernung wie nördlich

bei Rudnerweide.*) Am weitesten ist sie entfernt bei Treugenkohl (7600 ᵐ), bei Bialken (6100 ᵐ), also auf der Südseite von M., während auf der nördlichen Seite die grössten Entfernungen z. B. bei Rehhof 5200 ᵐ, bei Schulwiese 4400 ᵐ, bei Weisshof 5200ᵐ sind. Diese Höhenzüge sind zum Teil bewaldet. Auf dem linken Ufer tritt der grosse Bülowsheider Forst fast bis Neuenburg heran. Ein zweiter, kleinerer Forst liegt bei Wessel-Fiedlitz, der Münsterwalder Forst. Zwischen ihm und dem ersterwähnten befindet sich eine waldlose Strecke von etwa 6600ᵐ, die aber nach NO zu breiter wird. Nördlich vom Münsterwalder Forst, der sich selbst nur etwa bis in gleiche Höhe mit Ziegellack (auf dem rechten Ufer) erstreckt, ist das ganze Land zwischen Weichsel und Eisenbahn, ja noch ziemlich weit darüber hinaus, vollständig waldlos.

Auf dem rechten Ufer finden wir 2 grosse Forsten, welche dicht an dem Höhenrande hinziehn: die Jammier Forst im S und die Rehhöfer Forst im N. Getrennt sind diese beiden durch ein vollständig waldloses Plateau, das von der Liebe umflossen wird und von Bialken, Boggusch im S bis Weisshof, Rachelshof im N reicht. Auf diesem Plateau liegt Marienwerder. Die Jammier Forst hat eine durchschnittliche Breite von 3800ᵐ, läuft im N auf dem linken Liebe-Ufer, bei Boggusch, noch in eine Spitze aus (Rospitzer Wald, Liebenthaler Wäldchen), während sie im S an der Kreisgrenze sich in einem schmalen Streifen weiter nach O ausdehnt, etwa bis zur Feldmark Niederzehren. Von hier aus wird das hinter der Jammier Forst liegende waldlose Plateau eingeschlossen von einer Reihe einzeluer, mehr oder minder grosser Waldparzellen, die in einem Bogen sich über Klötzen, Klostersee an die bei Kl. Gilwe beginnende Rehhöfer Forst anschliessen. Aber diese geht von hier durchaus nicht in ununterbrochenem Zuge weiter, sondern besteht zunächst aus 3 den genannten Bogen vollends schliessenden, getrennten Waldparzellen. (Kl. Gilwe, Schrammen resp. Solainen, Schadau). So schliesst also eine zweite Waldzone das waldlose Land hinter der Jammier Forst in einem Bogen bis gegen Weisshof hin ab, freilich nicht ohne Unterbrechung. Von Jerszewo, Weisshof geht nunmehr der Wald an dem Höhenrand entlang, freilich in sehr ungleicher Breite (1400ᵐ bis 2600ᵐ, ja bei Weissenberg sogar 5200ᵐ).

Vergleichen Sie mit diesem Zuge der Forsten die Richtung der eingetragenen Blitzschäden, so finden Sie sofort die Richtung wieder, welche ich im Anfang als die weitaus häufigste für den Zug der Gewitter im Kreise Marienwerder bezeichnet habe**).

Wie können wir uns nun die Tätigkeit des Waldes erklären? Von vorn herein möchte ich es aussprechen, dass nicht etwa eine gewisse physiologische Einwirkung anzunehmen ist, sondern lediglich eine mechanisch physikalische. Der Einfluss des Waldes ist zurückzuführen auf die Theorie der „spitzen Elektricitätsleiter." (Vgl. Wüllner Experiment. phys. II. p. 711 u. flg.) Nehmen wir an, es

---

*) Die directe Entfernung der beiden Höhenzüge beträgt zwischen Marienwerder und Münsterwalde 6350ᵐ, also immer noch bedeutend weniger als zwischen Treugenkohl und Neuenburg.

**) Auf dem linken Weichselufer liegen die Blitzschäden auf der Linie Altjahn, Lalkau, Boehlin zwischen Bülowsheider und Münsterwalder Forst.

Auf dem rechten Weichselufer erkennt man deutlich die Linie Kanitzken-Grabau, dann

befände sich eine + elektrische Wolke über dem Walde. Nach dem Gesetze der Erregung der Elektricität durch Influenz wird in dem unter der Wolke befindlichen Walde — E. gebunden und + E. frei. Die — E. wird, ebenfalls nach bekanntem Gesetz, sich in den Spitzen vorzugsweise ansammeln und, wenn diese spitz genug sind, gegen die Wolken allmählich ausströmen. Es wird so eine gewisse Neutralisierung der elektr. Wolke stattfinden. Dieses Ausströmen wird offenbar bei Nadelholz, das fast nur Spitzen hat und dessen Kronen selbst kegelförmig sind, offenbar regelmässiger und gleichmässiger geschehen als bei Laubholz, das seiner im Ganzen kugelförmigen Kronen und weniger in Spitzen auslaufender Zweige und Blätter wegen sich in unvollkommnerem Grade zur Neutralisirung der gegenüber stehenden elektr. Wolke eignen wird. Dieses Ausströmen ist etwas anderes als der gewöhnliche Verlust an Elektricität durch Zerstreuung, der dadurch bewirkt wird, dass der elektr. Körper an die benachbarte Luft oder an die Staubteilchen in der Luft Elektricität abgibt. Während diese letztere Zerstreuung ununterbrochen dauert, findet jenes Ausströmen nur so lange statt, bis die Dichtigkeit der E. an jener Stelle des Leiters, wo sie am dichtesten ist, (hier also an den Baumspitzen) unter jene, von dem Zustande der Luft abhängige Grenze herabgesunken ist, bei welcher die Ausströmung beginnt. Da die Spitzen der Bäume aber keine mathematischen Spitzen sind, die Dichtigkeit der E. aber an ihnen immer sehr gross ist, so folgt daraus, dass die der elektr. Wolke gegenüber stehende Erdoberfläche immer nur schwache Ladung erhalten kann, so schwach, dass die Dichtigkeit an der Spitze unterhalb jener Grenze bleibt, bei welcher das Ausströmen beginnt.

Die Saugwirkung der Baumspitzen, besonders also der Nadelbäume, vermindert die Elektricitätsmenge der gegenüber stehenden Wolke. Bei Laubwald wird das Ausströmen der E. mehr ruckweise stattfinden, es wird häufiger eine Ausgleichung durch Blitzschlag erfolgen. (Eine bekannte Erfahrung scheint es mir zu sein, dass der Blitz häufiger in Eichen, Buchen, Linden, überhaupt in Laubholz, als in Nadelholz, besonders Fichten, Tannen schlägt.) Zugleich sieht man, dass die elektr. Wolke, einmal über den Wald gelangt, so lange wie möglich an demselben haften, an ihm entlang ziehen wird. Ist aber die elektrische Dichtigkeit der Wolke erst auf ein Minimum gesunken: so wird die Wolkenmasse selbst wieder mehr den allgemein herschenden Windrichtungen folgen. Da die Luft über dem Walde an sich meist kühler ist, nach der eben stattgehabten elektrischen Ausgleichung aber um so mehr: so wird im Allgemeinen der Wind von dem Walde abgerichtet sein.

Die Wolke gelangt so, ehe sie ihre elektr. Ladung ganz verloren, oder auf ein Minimum reduziert hat — (z. B. bei starkem Winde oder kleinen Waldstrecken) auf das benachbarte waldlose Terrain.

Treugenkohl-Ellerwalde vor der Jammier Forst. Hinter derselben geht die eine Linie über Albertsfelde, Nieder- und Hochzehren, Klötzen, Klostersee, Tromnau, Riesenwalde etc. in den Rosenberger resp. Stuhmer Kreis hinein; die andere führt über Gr. Bandtken, Kl. und Gr. Krebs, Littschen, Schadau, Borrishof, Weisshof gegen die Weichsel, wo wir rechts noch Blitzschläge in Ziegellack, Gr. Weide und Kleinefelde erwähnen, links dagegen in Pehsken, Mewe, Warmhoff, Czierspitz, Küche, Rossgarten, Gr. und Kl. Falkenau, Müsland, Gr. Gartz, Gremblin.

Hat die Wolke z. B. noch freie + E., so wird sie in der gegenüber liegenden Erdoberfläche — E. erregen und festhalten; dagegen wird + E. frei werden und bei relativ naher Entfernung des Waldes durch die Spitzen der Bäume in die Atmosphäre ausströmen. Jetzt wird der Wald auf die Wolke abstossend, der zunächst liegende waldlose Boden anziehend wirken. Es wird die Wolke über das waldlose Gebiet, aber nahezu parallel dem Walde ziehn.

Bei Trockenheit der Luft wird eine Ausgleichung der entgegengesetzten E. zwischen Wolke und Erde durch Blitzschlag stattfinden. Eine jede solche Entladung ist aber nur eine partielle. Man nimmt an (s. Wüllner, Experiment. phys. II. p. 769), dass die Electricität im Schliessungsdraht (und das würde hier der Luftkanal sein, durch welchen der Blitz geht), sich nicht nur so lange bewegt, bis die disponible Ladung verschwunden, also die Hälfte der positiven E. von der Wolke zur Erde und die Hälfte der negativen E. von der Erde zur Wolke geflossen ist, sondern dass sie in Folge eines gewissen Beharrungsvermögens sich auch nachdem so die bewegende Kraft aufgehört hat, noch weiter bewegt. Daraus wird dann folgen, dass die Wolke und die Erde jetzt neuerdings geladen werden und zwar entgegengesetzt, wie früher; ist diese Ladung soweit vorgeschritten, dass die neuerdings angesammelte E. in Folge ihrer abstossenden Kraft den fernern Zufluss hindert, so tritt momentane Ruhe ein, und auf diese folgt ein Zurückströmen der E., eine Entladung der neuen Ladung, welche eine entgegengesetzte Richtung hat. Das Spiel wird sich nächst dem wiederholen. Sobald aber die Wolke vorübergehend die entgegengesetzte Ladung, also in unserm Beispiele — E., erhält, folgt, dass sie momentan von der aus den benachbarten Baumspitzen ausströmenden + E. angezogen werden wird. So muss die Wolke gezwungen sein, in der Nähe des Waldrandes ihren Weg zu nehmen; ihre vernichtenden Schläge werden daher auch dort zu suchen sein.

Es ergiebt sich also, dass der Wald als „unvollkommne Spitzen" anziehend auf die Wolken wirkt; auf die über ihm befindliche Wolken wirkt er mehr oder weniger neutralisierend, der Nadelwald mehr als der Laubwald; im weiteren wirkt der Wald richtend auf den Zug der Gewitterwolken, indem er bald anziehend, bald abstossend im Gegensatz zu dem benachbarten waldlosen Boden sich verhält.

Zugleich liegt auf der Hand, dass der häufige Wechsel der Electricitäts-Verteilung bei Wolkengruppen, bei grösseren hinter einander folgenden Wolkenzügen ein Lossprengen einzelner kleinerer Wolken, ja selbst ein Teilen der ganzen Wolkenmasse leicht bewirken kann, wodurch es dann bisweilen geschehen kann, dass solche abgesprengte Wolkenteile vorübergehend einen von der Hauptrichtung etwas abweichenden Zug einschlagen — oder dass, was sich hier so oft zeigt, die spätern Gewitter auf der entgegengesetzten Seite der Weichsel entlang ziehn, als die frühern desselben Nachmittags.

Noch möchte ich auf die Erscheinung des sogenannten „Rückschlags" hinweisen. Befindet sich in der Nähe eines geladenen Conductors A. ein beliebiger Conductor B., so sind in diesem die E. durch Influenz getrennt. Wird A. entladen, so vereinigen sich in demselben Augenblicke die E. von B. wieder. Wirkt also z. B. eine + elektr. Wolke verteilend auf die Erde, bindet also — E., während + E. frei wird und etwa durch benachbarte Baumspitzen ausströmt: so würde an einem benachbarten Orte in einem Conductor ebenfalls die E. durch Influenz getrennt werden können, und sich vereinigen, sobald ein Schlag zwischen Wolke und Erde (oder auch zwischen 2 Wolken) am ersten Orte die Ausgleichung brächte. Ein solcher Rückschlag ist oft von grosser mechanischer Wirksamkeit, ja er kann stark genug sein, um zu töten, aber es gibt kein Beispiel, dass er Entzündung veranlasst hätte. (s. Müller-Pouillet II. p. 746, Lehrb. d. Phys. u. Meteorol.)

Bei der verhältnissmässig geringen Entfernung, in der die Gewitter an Marienwerder vorüberziehen und sich entladen (Gr. Bandtken, Kl. und Gr. Krebs, Littschen, Schadau, Borrishof, Weisshof) ist die Erscheinung des sog. elektrischen „Rückschlags" in Marienwerder zu erwarten. In der Tat bin ich geneigt, 3 in meinen Verzeichnissen erwähnte Blitzschläge in Marienwerder für die Wirkung solcher besonders heftiger Rückschläge zu halten.

Der erste erfolgte am 13. Juni 1866 in der Ober-Bergstrasse. Er ist von mir selbst beobachtet worden und schrieb ich damals folgendes nieder: Um $^1/_2$7 Abends zogen nach einander 3 Gewitter von S herauf. a. ging nach NO ab, wurde durch einen Westwind etwas südlich von Marienwerder über O nach NO geworfen; b. zog sofort von SO der Stadt östlich um dieselbe herum nach NO; c. kam der Stadt sehr nahe, wurde aber kurz vorher nach O und weiter NO geworfen. Dieses 3te Gewitter schlug, ohne zu zünden, in das Haus des Lehrers Hermann auf der Ober-Bergstrasse ein. (Ich erwähne, dass diese Strasse im NO der Stadt liegt und ziemlich hohe Lage hat.) Bei Gew. c. war ziemlich viel Regen, bei a. wenig, bei b. keiner. Um 8 Uhr war auch das 3. Gewitter vorüber. Um $^1/_2$9 Uhr kamen neue Gewitter, von denen eines den Lauf nahm SO-O-NO, das andere (auf der entgegengesetzten Seite der Weichsel) von S nach N. In Marienwerder fiel starker und viel Regen bis gegen $^1/_2$11 Uhr. Der Regen wiederholte sich in der Nacht gegen 2 Uhr. Von der Weichsel war Morgens 7 Uhr gemeldet: t = 18^0 R., SW, heiter. Meine Aufzeichnungen ergaben: Temperatur um 5 Uhr Morgens 8,8^0 R., um 9 Uhr 17,4^0, um 4 Uhr Nachmittags 22,2^0 um 9 Uhr Abends 16,2^0. Wolkenzug bis Mittags NON, aber schwach; nachmittags 4 Uhr NW, dann W, endlich SWS. Das Barometer zeigte Morgens 337''', fiel Nachmittags 4 Uhr auf 335,7''' und stieg nach dem Gewitter wieder auf 336'6'''. Ein zündender Blitzschlag ist nicht constatiert, wol aber sehr starke elektr. Ausgleichungen zwischen den Wolken.

Der oben erwähnte Blitzschlag erfolgte zugleich mit der entschiednen Abwendung der Wolken c. von der Stadt nach NO. Von irgend welcher Feuerspur war nichts zu finden, obwol die betroffnen und auseinander geworfnen Gegenstände trockne Meubles waren.

Der 2. Schlag erfolgte am 31. Mai 1867 in ein Haus am Niederthore, unterhalb der Kunst, (dem Gastw. Balewski, damals Schimkusch gehörig). Es wurde nur Mauerwerk beschädigt, ohne dass irgend welche Feuerspur zu finden gewesen. An demselden Tage und, wie ich Ursache habe anzunehmen, genau zu derselben Zeit erfolgte aber ein zündender Blitzschlag in dem kaum 5000= entfernten Gr. Bandtken. Dieses Gewitter wird in allen Berichten als besonders stark bezeichnet. Auch aus Kl. Sonnenberg im Kr. Rosenberg wird von demselben Tage ein zündender Blitzschlag gemeldet. Es hat also auch dieses Gewitter eine der gewöhnlichen Richtungen an Marienwerder vorbei von SW nach NO genommen.

Der 3. Schlag wird aus der Nacht vom 30/31. August 1878 erwähnt und traf 2 Häuser in der Töpfergasse, (im N. d. Stadt). Der Polizeibericht erwähnt, es sei eine ganz unbedeutende Beschädigung. Es waren einige Dachpfannen durcheinander geworfen und wenig beschädigt. Auch hier hat Niemand die geringste Spur von Feuer, etwa Schmelzung oder Verglasung oder Verkohlung u. dgl. wahrgenommen. Aus Mewe wird von diesem Gewitter gemeldet, es sei besonders stark gewesen und solle in weiterer Umgegend bedeutenden Schaden angerichtet haben. Näheres wird nicht angegeben. Die sonstigen Umstände sprechen aber auch hier dafür, dass die betreffenden Gewitter die gewohnte Richtung um Marienwerder herum genommen haben und nördlich der Stadt, etwa bei Mewe, über die Weichsel gegangen sind.

Noch möchte ich auf folgende Erfahrung hinweisen, deren Richtigkeit ich mehrfach, bes. auf meinen Fusstouren im Gebirge, spec. in dem für meteorologische Erscheinungen so hoch interessanten Tatra-Gebirge, zu beobachten Gelegenheit hatte. An dem Orte, wo der Blitz einschlägt, hört man nur einen einmaligen, dumpfen Knall, nie ein längeres Rollen oder Knattern. Nun habe ich bei den Marienwerder wol am nächsten kommenden Gewittern immer noch mindestens einen Zeitunterschied von 4—6 Sek. zwischen Blitz und Anfang des Donners wahrgenommen. Dies entspricht aber immer noch einer Entfernung von circa 1700 bis 2000 ᵐ.

Noch möchte ich eines Gewitters vom 19. Juni 1871 erwähnen, das unter andern in Ziegellack und Pehsken, rechts und links nahe der Weichsel einschlug und zündete.

Von diesem selben Tage werden Gewitter gemeldet, die wiederholt gezündet haben, in den Kreisen Dt. Krone, Flatow, Schlochau, Conitz. Keinen Blitzschlag erwähnt Schwetz; aber aus Neuenburg kommt die Meldung von einem „so starken Hagelschlag, wie ihn alte Leute nicht erlebt haben wollen." Der Hagelstrich ging von Warlubien her über einen Teil der Feldmarken Gr. Kommorsk, Weide, Sandberg, Kl. Kommorsk, Unterberg, Vorwerk Neuenburg (hier schwächer). Abends war arger Orkan. Die Marienwerderer Hagel-Versicher.-Gesellschaft setzt die Meldung von demselben Hagelwetter fort: es verhagelten bei demselben Stangendorf, Weichselburg, Kanitzken, Grabau, Neuhöfen (Köln.), Semmler, Liebenthal, Wolla, Weisshof.

So nahe dieses mit gewaltigem Sturme und desgl. Gewitter verbundene Hagelwetter auch Marienwerder kommt: es zeigt deutlich die gewohnte Richtung.

Aus all dem Gesagten ergibt sich, dass die Gewitterzüge nur bei Neuenburg über die Weichsel gehn (sowol etwas ober- wie unterhalb, aber nicht über Kozeliec hinaus), dann sich an der Jammer Forst möglichst entlang ziehn und das Land hinter dem Forst heimsuchen. Dann ziehen sie wol an dem 2. Waldgebiet entlang um Marienwerder herum nach dem Rehhöfer Forst hin, und gehn hier, Mewe gegenüber, (auf der Linie Mewe-Warmhof) abermals über die Weichsel zurück. Ein Teil der Gewitter geht gar nicht über die Weichsel, sondern zieht an dieser entlang nordwärts und jenseits derselben. Die aus S kommenden Gewitter ziehen au der Südfronte des Jammier Forstes hin und gehn nach O, entweder in dem Rosenberger Kreis verschwindend, oder sich nach NW wendend, die Linie verfolgend nach Weisshof, Mewe zu.

In den letzten 22 Jahren ist niemals ein Gewitter in dem Raume südlich von Marienwerder zwischen Bialken, Marienwerder, Gorken über die Niederung nach der Weichsel und über dieselbe gegangen.

Grund für die im vorstehenden erwähnten Richtungen der Gewitter ist nicht der Fluss, sondern die eigentümliche Verteilung der Wälder, besonders der Nadelwälder, die hier weitaus am zahlreichsten sind, auf den Höhen, welche die Weichsel rechts und links begleiten.

Verzeichniss

der Mitglieder des westpreuss. botanisch-zoologischen Vereins

den 1. October 1879.

1. Dr. Abegg, Geh. Sanitäts-Rath und Medizinal-Rath, Danzig.
2. A. Aird, Pelonken.
3. Aird jun. Pelonken.
4. Albrecht, Realschullehrer, Marienwerder.
5. L. Alsleben, Hôtelbes., Neustadt Westpr.
6. Dr. Bänitz, Königsberg i. Pr.
7. Bagdahn, Lehrer, Neu-Paleschken.
8. Dr. Bail, Professor, Danzig.
9. Barthel, Gymnasial-Oberlehrer, Neustadt Westpr.
10. Becker, Apotheker, Danzig.
11. Dr. Benzler, Zoppot.
12. Bertram, Danzig.
13. Biber, Kaufmann, Danzig.
14. Bieler, Amtsrath, Bankau.
15. Dr. G. Bockwoldt, Gymnasiallehrer, Neustadt Westpr.
16. Bösler, Kunst- und Handelsgärtner, Marienwerder.
17. Brenske, Rentmeister, Krochow.
18. Brischke, Hauptlehr., Langfuhr b. Danzig.
19. J. Capeller, Gymnasiallehrer, Elbing.
20. Dr. Conwentz, Assistent am Königl. Botanischen Garten, Breslau.
21. Dalcke, Ober-Staats-Anwalt, Marienwerder.
22. Diehl, Dirigent der höheren Töchterschule, Marienwerder.
23. v. Dombrowski, Rittergutsbesitzer, Bohlschau bei Neustadt Westpr.
24. Domning, Apotheker, Hochstüblau.
25. Drawe, Rittergutsbesitzer, Saskoschin.
26. Durand, Stadtrath, Danzig.
27. Eggert, Oberlehrer, Danzig.
28. Fedderson, Forstmeister, Marienwerder.
29. Fibelkorn, Gutsbesitzer a. Warmhoff bei Mewe.
30. Dr. med. Fibelkorn, Marienwerder.
31. Fischer, Rentier, Hochwasser.
32. Frank, Apotheker Lautenburg Westpr.
33. Dr. Freymuth, Kreisphysikus, Danzig.
34. Fritzen, Amtsgerichts-Secretair Neustadt Westpr.
35. Dr. Fröhling, Oberstabsarzt, Danzig.
36. Gigas, Apotheker, Marienwerder.
37. Glaubitz sen., Kaufmann, Danzig.
38. Görendt, Kaufmann, Neustadt Westpr.
39. Gollong, cand., Rathsdorf b. Pr. Stargardt.
40. Grentzenberg, Kaufmann, Danzig.
41. Dr. Griesbach, Gymnasiallehrer, Thorn.
42. v. Groddeck, Justizrath, Marienwerder.
43. Guth, Rittergutsbesitzer a. Alt-Glincz bei Zuckau Westpr.
44. Hanno, Rittergutsbesitzer, Brandow.
45. Harpp jun., Kaufmann, Danzig.
46. Dr. med. Heidenhain, Marienwerder.
47. Helm, Stadtrath, Danzig.
48. Hendewerk, Stadtrath, Medizinalassessor und Apotheker, Danzig.
49. Herweg, Gymnasiallehr., Neustadt Westpr.
50. Herwig, Landrath, Marienwerder.
51. Hesse, Buchhalter, Danzig.
52. Heym, Geh. Regier.-Rath, Marienwerder.
53. Heym, Lehr., Gr. Neugut b. Culm Westpr.
54. Dr. med. Heynacher, Marienwerder.
55. v. Hirschfeld, Regier.-Rath, Marienwerder.
56. J. Höpner, Lieutenant u. Rittergutsbes. Czernikau bei Alt-Kischau Westpr.
57. Holtz, Kaufmann, Danzig.
58. v. Homeyer, Rittergutsbesitzer, Stolp.
59. v. Wangelin-Jacobi, Forstm. Danzig.
60. Jäckel, Landrath, Strasburg Westpr.
61. P. Janzen, Apotheker, Elbing, Tischlerstrasse 45.
62. Janzen, Kaufmann, Danzig.
63. Joël, Rittergutsbesitzer, Zankenzin.
64. Kallenbach, Oberförster, Stangenwalde Westpr.
65. W. Kauffmann, Kaufmann, Danzig.
66. v. Kehler, Director d. Verwaltungsger. Marienwerder.
67. Kiesow, Realschullehrer, Danzig.
68. Dr. v. Klinggräff, Marienwerder.
69. Dr. Köhler, Kreisphysikus und Sanitätsrath, Marienwerder.
70. Kremin, Lehrer, Marienwerder.
71. U. v. Kries, Rittergutsbesitzer, Schönbrück bei Garnsee.

72. E. R. Krüger, Maurermeister, Danzig.
73. Kuczinski, Vicar, Hochstüblau.
74. Dr. Künzer, Professor, Marienwerder.
75. Liebeneiner, Oberförster, Oliva.
76. v. d. Lippe, Apotheker in Danzig.
77. Dr. Lissauer, Danzig.
78. Ludwig, Apotheker, Christburg.
79. Lützow, Lehrer, Oliva.
80. Märcker, Rittergutsbesitzer, Rohlau bei Warlubien Westpr.
81. Mangold, Oberforstmeister, Danzig.
82. Matthiae, Maschinenfabrikbesitzer, Marienwerder.
83. Menge, Professor, Danzig.
84. Michelsen, Apotheker, Danzig.
85. Mielke, Apotheker, Märkisch-Friedland.
86. Möller, Rittergutsbesitzer, Schönwiese bei Nikolaiken.
87. Momber, Oberlehrer, Danzig.
88. Mühle, Kaufmann, Danzig.
89. Müller, Rector, Riesenburg.
90. Münsterberg, Kaufmann, Danzig.
91. Nouvel, Gymnasiallehrer, Marienwerder.
92. Oederer, Rentier, Neustadt Westpr.
93. Dr. med. Oehlschläger, Danzig.
94. Dr. Oehmler, General-Sekretair, Danzig.
95. Ohlert, Direktor, Danzig.
96. Otto, Oberförster, Steegen bei Danzig.
97. Panke, Lehrer, Danzig, Schiessstange 13.
98. Petschow, Stadtrath, Danzig.
99. Pfannenschmidt, Fabrikbes., Danzig.
100. Dr. Pianka, Geh. Medizinalrath, Marienwerder.
101. Plath, Apotheker, Schlochau.
102. Plehn, Landgerichtsrath, Hamm.
103. Plehn, Rittergutsbesitzer, Lubochin.
104. Preuschoff, Pfarrer, Tannsee b. Neuteich.
105. L. v. Pruszak, Lehrer, Oliva b. Danzig.
106. v. Pusch, Direktor d. Verwaltungsgerichts, Königsberg Ostpr.
107. Puttrich, Oberförster, Wirthy bei Pr. Stargardt.
108. Rathke sen., Kunstgärtner, Danzig.
109. Dr. Rehdanz, Gymnasiallehrer, Strasburg Westpr.
110. Dr. Riemann, Oberlehrer an d. Töchterschule, Danzig.
111. Dr. Roquette, Kreisphysikus u. Sanitätsrath, Strasburg Westpr.
112. Freih. v. Rosenberg, Rittergutsbesitzer, Hochzehren.
113. Scheinert, Buchhändler, Danzig.
114. Schemmel, Apotheker, Lessen.
115. Schirmacher, Kaufmann, Danzig.
116. Schlickmann, Forstmeist., Marienwerder.

117. Dr. Schlieter, Lehrer an d. Petrischule, Danzig.
118. Schondorff, Hauptmann a. D., Oliva.
119. Schultz, Hauptlehrer, Danzig.
120. Schultze, Realschullehrer, Danzig.
121. Dr. med. Schulz, Schlochau.
122. Dr. Schulz, Reg.- u. Schulrath, Marienwerder.
123. Dr. Schumann, Oberlehrer, Danzig.
124. Dr. Schuster, Danzig.
125. Schweitzer, Apotheker, Marienwerder.
126. Selcke, Gymnasiallehr., Neustadt Westpr.
127. Dr. med. Semon, Danzig.
128. Sielaff, Admiralitäts-Gerichts-Sekretair, Danzig.
129. Simpson, Apotheker, Bukowitz.
130. Steffens, Kaufmann, Danzig.
131. Steingräber, Apotheker, Oliva.
132. Sterkel, Revierförster, Stellinen b. Tolkemit, Westpr.
133. Stör, Kreisthierarzt, Schlochau.
134. Kreis-Ausschuss des Kreises Strasburg Westpr.
135. E. Straube, Gymnasiallehrer, Elbing.
136. Dr. Strebitzki, Neustadt Westpr.
137. M. Stroessenreuther, Danzig, Karpfenseigen 8.
138. Styller, Apotheker, Strasburg Westpr.
139. Dr. Thiele, Neustadt Westpr.
140. Treichel, Rittergutsbes., Hoch-Paleschken b. Alt-Kischau.
141. v Tretowski, Pfarrer, Hochstüblau.
142. Troschke, Oekonomierath, Marienwerder.
143. Wacker, Oberlehrer, Marienwerder.
144. Werner, Apotheker, Danzig.
145. Werner, Oberförster, Pelplin.
146. P. A. Wessel, Handelsgärtner, Conitz Westpr.
147. Winckler, Departements-Thierarzt, Marienwerder.
148. Zimmermann, Rentier, Ohra.
149. Zobel, Kaufmann, Marienwerder.
150. A. Zygmanowki, Pfarrvikar, Alt-Kischau.

Nachträglich sind noch beigetreten:

151. Otto Wiebe, Rittergutsbes., Adl. Weiss-Bukowitz bei Hoch-Stüblau.
152. Alex. Woyakowski, Inspector, Hoch-Paleschken bei Alt-Kischau.
153. Rehberg, Gymnasial-Zeichenlehrer, Marienwerder.

Fig. I.

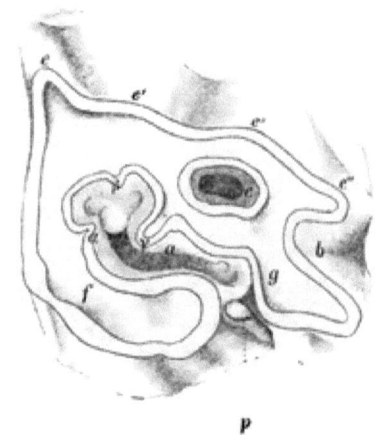

P

Fig. II.

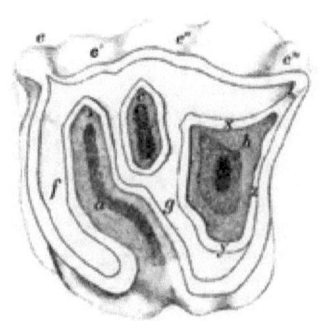

Beitrag zur Kenntniss der Backenzähne von Rhinoceros tichorhinus Fisch.

von J. Kiesow.

(Hierzu eine Tafel.)

Von Rhinoceros tichorhinus oder Rh. antiquitatis Blumenb., dem Nashorn mit knöcherner Nasenscheidewand, werden bisweilen Reste in unserem Diluvium aufgefunden, und besitzt z. B. unsere naturforschende Gesellschaft zwei recht gut erhaltene Backenzähne dieses Thieres, von denen der eine kleinere jüngst acquirirt wurde, während der andere grössere bereits längere Zeit im Besitz der Gesellschaft war. Letzterer, geschenkt von Herrn Steimmig jun., stammt aus Bölkau, ersterer wurde in einer Kiesgrube des Zigankenberges von Herrn Studiosus Hans Treptow in diesem Jahre aufgefunden.

Zunächst war zu constatiren, dass diese beiden Zähne wirklich von Rhinoceros tichorhinus herstammen und nicht etwa von Rh. leptorhinus Cuv. oder Rh. Merckii Jäger, welches letztere einen ähnlichen Verbreitungsbezirk hat wie Rh. tichorhinus. Letzteres zeichnet sich aber vor Rh. Merckii, mit dem es sonst durch den Schädelbau und die zur Hälfte verknöcherte Nasenscheidewand nahe verwandt ist, dadurch besonders aus, dass die beiden vorderen Querhügel der oberen Backenzähne sehr schräge gestellt sind, wodurch es nur dem indischen Nashorn näher steht, und durch die etwas kleineren Backenzähne.

Die beiden im Besitz der Gesellschaft befindlichen Zähne schliessen sich durch ihren Bau am nächsten an das berühmte am Wiluiflusse gefundene und von Brandt ausführlich beschriebene Nashorn an; sie sind kräftig gebaut und vollkommen entwickelt, auch nicht sehr abgekaut. Beide zeigen die vier für Rhinoceros tichorhinus ebenfalls, wenn auch nicht gerade für dasselbe allein, characteristischen Erhebungen der Schmelzfläche an der Aussenseite.

Der grössere Zahn, Fig. I, an der äusseren Schmelzfläche 57 mm. oder 2″ 2‴ lang, hat im Umriss ungefähr die Form eines Trapezes, dessen untere Basis, der vorderen Fläche entsprechend, ungefähr doppelt so lang ist als die obere Basis, welche der hinteren Zahnfläche entspricht. Der Zahn ist mithin schief viereckig. Der Aussenrand ist im Ganzen ein wenig bogig. Der vordere sehr schief gestellte Querhügel f. dringt bis zu $^2/_3$ in die Zahnfläche ein; er ist stark sichelförmig nach hinten gebogen und am Innenrande ein wenig nach der

Zahnfläche hin umgebogen und hinten etwas erweitert. Der hintere, ebenfalls stark schiefe Querhügel g ist ähnlich wie der vordere nach hinten gebogen. Das vordere Thal a ist am Innenrande durch einen kleinen, oben plötzlich zugespitzten Pfeiler p am Grunde geschlossen. In seinem oberen, nach der Aussenseite gerichteten Theile wird das Thal durch 3 Vorsprünge α, β, γ der umgebenden Schmelzfalten eingeschnürt. Dicht über und etwas hinter dem dritten grössten hinteren Vorsprunge γ befindet sich eine längsgestellte, ovale, köcherartige Vertiefung c, welche von dem vorderen Thale vollständig abgeschlossen ist. Das hintere Thal b ist länglich viereckig, hinten breiter als vorn. Die hintere Fläche des Zahnes fällt plötzlich und steil nach hinten ab ohne irgend welche Abdachung oder accessorisches Höckerchen, welches nach Brandt als Andeutung eines dritten Querhügels angesehen werden könnte. Der Zahn stimmt also in allen Haupttheilen mit dem Backenzahn No. VI. des am Wiluiflusse gefundenen Rhinoceros tichorhinus überein; nur fehlt dem von uns besprochenen Exemplar die kleine höckerartige Erhebung am Hinterrande des oberen Backenzahnes No. VI. des Wiluischen Nashorns. Auch erwähnt Brandt dort nicht einen an unserem Zahne beobachteten kleinen Pfeiler p am Ausgange des vorderen Thales. Da jedoch das Variiren in der Form der Backenzähne bei den Rhinocerosindividuen derselben Art bekannt ist, so darf man sich gewiss für berechtigt halten, diese höchst geringen Abweichungen auf jene Ursache zurückzuführen, und müssen wir mithin, zumal da die Beziehungen zu den anderen Backenzähnen des Rhinoceros tichorhinus auch von anderen Localitäten viel entferntere sind, den eben besprochenen Zahn als Backenzahn No. VI. und zwar des linken Oberkiefers hinstellen.

Zum linken Oberkiefer gehört auch der kleinere Zahn, Fig. II., dessen Länge 41 mm. oder 1″ 7‴ beträgt. Die Kaufläche ist fast quadratisch. Von den 4 Erhebungen des Schmelzes am Aussenrande ist die zweite c′ etwas reducirt, die dritte c″ oben an der Kaufläche in 2 Erhebungen getheilt, welche weiter unten zusammen laufen. Der vordere Querhügel f und das vordere Thal a sind gleichmässig sichelförmig gekrümmt; letzteres erreicht mit seinem vorderen Schmelzrande fast die Aussenseite des Zahnes. Die köcherartige Vertiefung c ist gut ausgebildet, lang elliptisch und quer gestellt. Der hintere Querhügel g springt fast ebenso weit nach innen vor wie der vordere; dann wendet er sich im flachen Bogen nach hinten und verbindet sich fast senkrecht mit der äusseren Zahnfläche. Das hintere, sehr breite Thal b ist kesselförmig abgeschlossen und bildet auf der Kaufläche annähernd ein Fünfeck, dessen äussere, nach hinten und aussen geschweifte Seite x ungefähr doppelt so lang ist als die innere gegenüber liegende y. Diese äussere Seite x fliesst mit dem äusseren Zahnrande, der nach hinten gelegenen anliegenden Fünfecksseite z und dem hinteren Zahnrande an der hinteren Aussenkante c‴ zusammen. Die hintere Fünfecksseite läuft dem hinteren Zahnrande in seiner ganzen Länge parallel und liegt demselben dicht an. Dieser Zahn steht dem Zahn No. IV. des am Wiluiflusse gefundenen Nashorns am nächsten. Bei letzterem ist das hintere Thal allerdings nicht geschlossen, sondern trägt am Ausgange noch einen Vorsprung als Andeutung eines dritten Querhügels; auch steht bei ihm die köcherartige Vertiefung durch eine enge Spalte mit dem vorderen Thale in Verbindung. Doch scheint mir dieser kleine Unterschied für die

Bestimmung der Stellung des Zahnes in der Zahnreihe von untergeordneter Bedeutung zu sein, und möchte ich ganz entschieden, besonders auch mit Rücksicht auf die Grössenverhältnisse, den zuletzt beschriebenen Zahn als Zahn No. IV von Rhinoceros antiquitatis angesehen wissen.

Bei der Verschiedenheit der Fundstätten beider Zähne ist die Zugehörigkeit derselben zu einem und demselben Individuum selbstverständlich ausgeschlossen, und doch haben die beiden Zähne wieder so viel Verwandtschaftliches, dass man sie als demselben Typus von Rh. tichorhinus angehörig betrachten muss. Dieses Verwandtschaftliche liegt in dem beiden Zähnen gemeinsamen Mangel der Andeutung eines dritten Querhügels, welche bei den mehr nach hinten gestellten Backenzähnen der russischen Rhinocerosschädel meist deutlich vorhanden ist. Deshalb ist es auch wohl erlaubt, trotz der bekannten bei den verschiedenen Vorkommnissen beobachteten Grössenunterschiede der gleichstelligen Zähne von Rh. tichorhinus, hier unsere beiden an verschiedenen Localitäten aufgefundenen Zähne einer Prüfung bezüglich ihrer Grösse zu unterziehen, und ziehe ich hier wieder die Brandt'schen Untersuchungen über Rh. tichorhinus vom Wiluiflusse heran, nach welchen das Längenverhältniss des Zahnes No. IV. zum Zahne No. VI. sich ungefähr wie 2 : 3 stellt. Dieses Verhältniss trifft für unsere beiden Zähne zu; mithin ist dieses eine, wenn auch nicht schwer in's Gewicht fallende, weitere und nicht unwillkommene Bestätigung der oben entwickelten Stellungsverhältnisse in der Zahnreihe. Mit wie unzuverlässigen Factoren man aber bei der Bestimmung einzelner Rhinoceroszähne zu rechnen und mit welchen Schwierigkeiten man dabei zu kämpfen hat, lässt sich daran ermessen, dass sogar bei demselben Individuum die entsprechenden Zähne der verschiedenen Seiten bisweilen von einander etwas abweichen.

Danzig, 14. Mai 1879.